이채필이 던진 짱돌 2

이채필이 던진 짱돌 2

초판 1쇄 발행 2025년 11월 11일

지 은 이	이채필
발 행 인	권선복
편　　집	한영미
교정교열	권보송
디 자 인	김소영
전 자 책	서보미
발 행 처	도서출판 행복에너지
출판등록	제315-2011-000035호
주　　소	(07679) 서울특별시 강서구 화곡로 232
전　　화	0505-666-5555
팩　　스	0303-0799-1560
홈페이지	www.happybook.or.kr
이 메 일	ksbdata@daum.net

값 30,000원
ISBN 979-11-24134-00-9 (03810)

Copyright ⓒ 이채필, 2025

* 이 책은 저작권법에 따라 보호받는 저작물이므로 무단전재와 무단복제를 금지하며, 이 책의 내용을 전부 또는 일부를 이용하시려면 반드시 저작권자와 〈도서출판 행복에너지〉의 서면 동의를 받아야 합니다.
* 잘못된 책은 구입하신 곳에서 바꾸어 드립니다.

도서출판 행복에너지는 독자 여러분의 아이디어와 원고 투고를 기다립니다. 책으로 만들기를 원하는 콘텐츠가 있으신 분은 이메일이나 홈페이지를 통해 간단한 기획서와 기획의도, 연락처 등을 보내주십시오. 행복에너지의 문은 언제나 활짝 열려 있습니다.

이채필이 던진 짱돌 ②

대한민국
고용노동
개혁 시리즈 2

이채필 지음

[추천 서문]

김대환
제21대 노동부 장관 · 제11대 경제사회발전노사정위원회 위원장

저자 이채필 전 장관의 행보가 심상치 않다. 공개 토론회에 지정 토론자로 참석하면서 족히 소책자 한 권의 분량은 됨직한 양의 토론자료를 내놓더니 급기야는 두 권 합쳐 무려 900쪽에 육박하는 이 책의 출간을 통해, 또다시 세상을 향해 짱돌을 던지고 싶은가 보다.

짱돌은 저자가 소아마비로 인한 장애에 위축되지 않고 스스로의 입지를 확보한 방어적 수단을 넘어 중앙정부 공무원으로 평생을 보내다시피 하면서 기존 관행에 얽매이지 않고 문제를 제기하고 정책 아이디어를 제공하는 돌직구이기도 하였다. 어떻게 보면 저자는 필요할 때마다 짱돌을 던짐으로써 자신의 생을 진척시킴과 더불어 국민의 권익 향상에 헌신하는 삶을 살아온 셈이다. 때로는 스스로 아찔할 때도 있었지만 단순히 운이 아니라 뛰어난 능력에 더하여 끈질긴 노력으로 전화위복을 거쳐 최초의 고용노동부 공무원 출신 장관에까지 이른 저자의 생애는 당연히 이야깃거리가 풍부할 수밖에 없다.

그러나 이 책은 저자의 자서전적 성격보다는 복잡다단한 노동 관련 정책의 생산과정에 대한 역사적 기록의 성격이 훨씬 더 강하다. 저자가 우수한 성적으로 행정고시에 합격하여 노동부를 택하고 이후 산업안전, 고용, 직업능력, 노사관계 등 고용노동 행정 전반을 다루면서 실사구시의 자세로 정책을 개선하고 개발함과 동시에 법제화를 위한 다방면의 노력을 있는 그대로 기록함으로써 역사적 가치를 더해주고 있다. 그 배경에는 날카로운 문제의식과 더불어 그때마다 돌직구를 던지는 배짱이 있음을 읽을 수 있으며 이는 저자가 은근슬쩍 내보이는 실력과 끈기에 의해 뒷받침되고 있음을 알 수 있다.

초임 사무관 시절 현안을 담당 과장의 처지에서 생각하라는 선임자의 주문에 대해 과장이 아니라 장관의 입장에서 생각해야 하지 않느냐고 한 것부터가 대수롭지 않았다. 아마도 처음이자 마지막인 지방 근무 시절에는 선제적으로 역학 조사를 시행하여 직업병을 밝혀내는가 하면, 이후 줄곧 본부에서 정책을 담당하면서 실사구시의 자세로 정책개발을 해 온 과정은 저자의 자취이기도 하지만 우리나라 고용노동 행정의 축적으로 보아야 할 것이다. 부서와 분야를 가리지 않고 열정과 실력으로 괄목할 성과를 기록함으로써 저자는 어느 부서에서나 우선 영입 대상이 된 걸로 알려져 있다. 업무처리가 깐깐하기로는 누구에게도 뒤지지 않는다는 평판이 자자하다.

이렇게 볼 때 저자가 '개혁의 그늘'에서 기록하고 있는 로스쿨(구치소) 경력(?)에는 이해가 닿지 않는다. 깐깐한 업무처리가 적을 만들 수는 있다고 하더라도 이른바 '적폐 청산'의 희생양이 되기에는 근거가 되지 않는다. 본인의 항변은 물론 증인의 증언도 빛을 보지 못해 그늘에 갇혀 지낸 시간은 저자 자신만이 아니라 사회적으로도 큰 손실이 아닐 수 없다. 그나마 역경을 당당하게 견뎌내고 사면 복권을 받은 것은 다행이지만, 이제 저자의 심상치 않은 행보가 이를 넘어서고도 남으리라 믿는다.

흔히들 고용과 노동문제를 대수롭지 않게 얘기하는 데 그치지 않고 전문성 없이 목소리만 높이는 경향이 있는가 하면 골치 아픈 문제로만 치부하여 걱정에서 걱정으로 끝나는 경우도 적지 않다. 전자의 경우는 이 책을 통해 귀중한 성찰적 고찰의 기회를 얻을 수 있으리라 믿는다. 후자의 경우, 고용노동 문제가 중요할 뿐만 아니라 해결되어야 하고 해결될 수 있다는 실마리를 찾을 수 있을 것이다.

반드시 문제라는 관점에서만이 아니라 우리 사회의 발전단계에서 요구되는 경제사회 정책의 차원에서도 이 책은 시사하는 바가 크다. 정책가나 연구자뿐만이 아니라 노동으로 오늘을 살아가는 만인에게 일독을 권한다.

[추천사]

이채익 한국해운조합 이사장 (前 3선 의원, 국회 행정안전위 위원장)

　이채필 장관께서는 효성이 지극하고 사람을 귀히 여기며, 순발력과 정의로운 용기, 강력한 리더십의 소유자입니다. 울산의 푸른 바다와 굳센 바람을 닮은 사람, 이채필 전 고용노동부 장관(집안 동생)은 평생을 사람과 노동의 가치를 지켜온 참된 공직자입니다.

　이채필 장관은 울산 출신으로, 어려운 환경 속에서도 늘 학문과 삶의 길을 포기하지 않았습니다. 검정고시로 고등학교 과정을 마치고 영남대학교 행정학과를 졸업하였으며, 서울대학교 행정대학원에서 석사 학위를 받으며 행정의 이론과 실무를 두루 닦았습니다.

　1981년 제25회 행정고시에 차석 합격한 이채필 장관은 노동 행정 분야에 평생을 바쳤습니다. 청와대 노동비서실, 고용노동부 산업안전국장, 고용정책관, 직업능력정책국장, 노사협력정책국장, 기획조정실장, 노사정책실장, 차관 등 요직을 두루 거치며, 대한민국 노동정책의 발전에 헌신했습니다. 특히 노동의 존엄성과 일자리의 가치를 사회 전반에 뿌리내리는 데 크게 기여했습니다.

　이채필 장관은 2011년 자신의 실력으로 이명박 정부의 자랑스러운 제3대 고용노동부 장관으로 임명됨으로써 인간 승리의 상징이 되었습니다. 현장 중심의 노동 행정을 펼친 이채필 장관의 리더십은 단호하면서도 따뜻했습니다. 정책의 목적을 '사람'에 두고, 사회적 약자를 보호하는 제도를 강화하였으며, 노사 간의 대화와 협력을 통해 사회적 갈등을 완화하는 데에도 큰 역할을 했습니다. 특히 고용노동부 장관 시절에 노사관계 선진화를 위한 복수노조 제도, 전임자 임금 지급 금지와 근로시간 면제제도를 도입하였으며, 고졸 채용을 늘리는 '열린 고용 사회 구현'에 앞장섰고, 일자리 창출을 위해 고용을 늘리는 중소기업과 취업한 청년에게 세액 공제 혜택을 제공함으로써 더불어 성장하는 기업생태계를 조성하는 데 크게 기여했습니다.

공직을 떠난 이후에도 이채필 장관은 사회적 약자와 장애인 그리고 안전 문제에 대한 관심을 멈추지 않았습니다. 자신의 신체적 한계를 넘어, 한국장애인재단과 안전생활실천시민연합, 사회복지 관련 활동을 통해 '함께 사는 사회'를 실천하고 있습니다.

이제 이채필 장관은 자신의 인생 여정을 「짱돌」이라는 자서전으로 세상에 내놓았습니다. 제목처럼 이채필 장관의 삶은 화려하지는 않지만 단단하고, 누군가의 길을 지탱해 준 짱돌 같은 존재였습니다.

어려움 속에서도 꺾이지 않는 의지, 권력보다 사람을 우선한 공직 철학, 그리고 묵묵히 나눔을 실천한 이채필 장관의 삶은, 우리 사회가 지향해야 할 진정한 리더의 모습입니다.

이채필 장관의 이야기는 한 개인의 성공담을 넘어, "사람을 위한 행정, 정의로운 사회를 향한 헌신"의 기록입니다. 이 이야기는 많은 사람들에게 용기와 희망을 줄 것이며, 이채필 장관이 남긴 발자취는 앞으로도 오랫동안 우리 사회에 따뜻한 울림으로 남을 것입니다.

권 혁 고려대학교 노동대학원 교수

　노동은 인간의 삶 그 자체입니다. 노동문제는 늘 복잡하게 얽혀 있기 마련입니다. 이 책은, 바로 그 노동문제에 매달려 치열하게 고민하면서 평생을 보낸 고용노동 행정관료의 경험을 담고 있습니다.

　소아마비라는 장애를 딛고 고용노동 행정을 총괄하는 고용노동부 장관을 역임했던 저자 이채필의 화려한 회고가 아니라, 아쉬움과 희망을 담담하게 풀어내는 성찰의 글로 읽힙니다. 가벼우면서도 묵직하고, 서사적이면서도 도발적인 그의 문장에서, 오랜 세월 노동 현장의 현실과 행정의 이상 사이에서 순탄치만은 않았던 시간의 흔적을 발견하게 됩니다.

　이 책의 놀라운 점은 디테일입니다. 저자는 마치, 젊디젊었던 사무관 시절부터 이 책을 내기로 아예 작정하고 있었던 것처럼 이야기를 풀어내고 있습니다. 이 책에 담긴 다양한 에피소드가 그리 생생하게 다가올 수 있었던 것도 실은 섬세한 디테일 덕분입니다. 거기에다 저자의 예리한 통찰력과 지칠 줄 모르는 열정으로 추진하였던 행정 사례들을 접하게 되면서 흔히들 간과하기 쉬운 핵심 요소들을 다시 한번 되새길 수 있게 해줍니다.

　이 책의 제목 『이채필이 던진 짱돌』이 새삼 흥미롭습니다. '짱돌'은 작고 동글해서 손에 쥐기 좋은 돌입니다. 그 작은 돌로 다윗은 골리앗을 쓰러뜨렸고, 대학생들은 대한민국의 민주화를 이끌어 냈습니다.

　AI 시대 노동시장은 예측조차 버거울 정도로 빠르게 변화할 것입니다. 이 책에서 필자가 던진 짱돌은, 분명 우리 사회의 노동 현실에 던지는 다급하면서도 진심 어린 질문입니다. 그가 던진 '짱돌'이 우리나라 새로운 노동2.0의 시대를 앞당기는 디딤돌이 되었으면 하는 바람입니다.

이지만 연세대학교 경영대학 교수

한번 읽기 시작하면 끝까지 읽을 수밖에 없는 도서를 추천한다. 책 장을 넘길 때마다 다음 내용에 대한 호기심이 생기는 글이다. 생생한 기억과 검증된 자료에 근거한 내용이기 때문이다. 본 도서의 저자는 1982년~2013년까지 31년간 행정공무원으로서 국가 고용노동 행정을 담당했으며, 고용노동부 공무원 출신 제1호 장관인 이채필 장관이다.

본 도서에는 한 행정공무원 자신의 합리적 가치관과 행정 철학, 그리고 구수하면서 애틋한 삶의 향기가 조화롭게 섞여 있다. 독자의 이성을 자극하며 마음을 뭉클하게 하는 특징이 있다. 개인적 삶과 시대적 환경에서 비롯된 행정에 대한 저자의 회고를 넘어, 독자 역시 자신의 과거 경험과 추억을 현시점에 재현하고프게끔 하는 레트로(Retro)적 내용으로 가득하다.

본 도서는 대한민국 고용노동 개혁 시리즈 [1]과 [2] 두 권으로 모두 8개 장으로 구성돼 있다. 제1장 '짱돌의 시작 - 나의 선택, 노동행정'에서는 저자의 어린 시절의 추억과 애잔함을 독자들이 편안하게 읽을 수 있게끔 한다. 저자는 넉넉하지 못한 가정 환경에서 7남매 중 다섯째로 태어났다. 세 살 무렵 소아마비 전염병에 걸린 장애인으로 주변의 편견, 그리고 좌절과 실패를 굳건히 이겨내면서 꿈과 희망을 포기하지 않는 삶과 그 과정에서 겪게 된 주변 사람들의 인정과 세상의 부조리를 해소하려는 노력을 잔잔하게 전하고 있다. 저자는 역경과 행복이 뒤섞인 자신의 삶을 '짱돌'에 비유하고 있다. 그리고 자신이 고용노동부(당시 노동부)를 선택한 이유를 부인과의 대화 내용을 통해 밝히고 있다.

제2장은 '일자리와 현장 – 정책은 사람을 향해야 한다'라는 제목에서 행정공무원으로서 고용노동부에 재직하면서 담당한 '고용 정책'들의 입법화 배경과 에피소드를 소개하고 있다. 특히 1991년 시행된 '장애인 고용촉진법 제정', 그리고 '장애인고용촉진기금 예산 출연'과 '장애인고용촉진공단 설립' 과정에서 겪은 관계 부처의 반대와 설득 과정이 생생하게 기술돼 있다. 현재의 모성보호급여가 고용보험기금에서 부담하게 된 사연, '선(先) 취업 후(後) 진학'과 고졸 청년취업 활성화 제도 도입, 직원 위주에서 고객 중심으로 고용센터 운영 개편, 그리고 대한민국 고용 정책의 근간으로 평가되는 제100차 국제노동기구(ILO)에서 기조 연설한 '성장-고용-복지의 균형 모델'을 접하게 된다.

제3장 '소용돌이의 노사관계 – 법과 갈등 사이의 줄타기'와 제4장 '13년만의 노동 개혁 – 복수노조 시행과 노조 전임자 폐지'에서는 저자가 관여하거나 추진한 '노동 행정'에 대한 생생한 증언이 기록돼 있다. 'LP 판(板) 위의 CD : 법과 원칙의 틀 내에서 노사자율적 해결'이라는 저자의 노동행정 철학을 읽을 수 있다. 대한민국의 갈등적 노사관계 해소를 위하여 노·사·공익을 포함한 폭넓은 국민적 공감을 바탕으로 한 노사정 대타협을 통한 노동 개혁, 근로시간면제제도 도입과 노조 전임자 개혁, 그리고 복수노조 허용과 교섭창구단일화 제도 등 다양한 노사관계 개혁의 실행 과정이 구체적으로 기술돼 있다.

제5장 '안전과 정의 – 산업재해와 중대재해법의 이면'에서는 산업재해로부터 안전한 나라를 만들기 위한 산업안전·보건 관련 법 개정, 그리고 무엇보다 안전 문화·의식 확산과 중대산업사고 예방 센터 설치 관련 내용으로 가득하다. 제30차 세계산업보건대회 기조연설 '산업재해 예방 및 근로환경 개선을 위한 한국의 전략'에서 한국 산업보건의 주요 현안과 산업재해 예방 전략을 중점 소개하였다. 이 기조연설 내용을 통하여 산업안전·보건 행정의 미래와 방향을 찾을 수 있다. 그리고 현재 사회적 이슈가 되어 있는 중대재해처벌법의 사회·경제·역사적 배경과 안전한 나라를 만드는 과정에서의 형사처벌 중시법

의 한계를 명확히 했다.

제6장 '이상한 나라의 국회와 행정부 – 행정과 정치, 관료제의 책무성'에서는 행정적 절차와 법적 요건을 넘어서는 정무적 감각과 판단이 초래한 '행정이나 정책의 과도한 정치화'를 안타까워하는 저자의 심정을 느낄 수 있다. '잡월드 설립 과정', '비정규직 보호법', '최저임금 과속 인상', 그리고 '근로시간 단축' 등 다양한 행정·정책 사례에서 법과 상식을 벗어난 '선심성 포퓰리즘'과 '선심성 행정'이 초래한 사회·경제적 혼란과 부작용을 체계적으로 기록하고 있다. "정치는 51%가 동의하면 추진해도 되지만 정책은 1%만 잘못되어도 결국 실패하기 때문이다"라는 저자의 공직관은 모든 공무원에게 귀감이 될 것이다.

제7장 '개혁의 그늘 – 짱돌 이후, 성찰과 책임'은 개혁을 추진한 공무원의 퇴임 이후 겪게 된 굴곡진 삶(적폐 청산의 진면목)을 수사와 재판 과정에서의 경험과 기록 중심으로 독자에게 전하고 있다. 제8장 '우문현답 – 밑바닥 정신으로'에서 30여 년간 공직 생활을 회고하면서 다양한 에피소드를 소개하고 있다. 특히, "친(親) 노동, 친(親) 경영, 친(親) 일자리 장관" 대목에서 저자의 고용노동 정책에 대한 묵직한 신념과 철학, 국민·국가 사랑을 느낄 수 있다.

본 도서는 한 명의 고용노동 행정가의 개인적 회고록을 넘어서 좌절과 실패를 경험하고 있는 모든 사람들에게 꿈과 희망의 메시지를 전달하고 있다. 대한민국 행정공무원으로서 고민·고뇌, 굴곡·아픔, 그리고 행정의 미래 비전과 방향을 제시하고 있다. 고용노동 분야를 비롯하여 국가 정책을 다루는 행정공무원, 기업 경영 실무자, 노동조합 관계자, 그리고 관련 전문가뿐만 아니라 미래의 꿈과 희망을 가꾸는 모든 사람들에게 본 도서의 일독을 권한다. 나아가서는 본 도서가 대한민국 고용노동 개혁 시리즈이기에 조만간 후속 저서가 나오기를 기대한다.

함병호 한국교통대학교 화학물질 안전관리 특성화대학원 교수

이 책의 제목을 처음 접하는 순간, 띵~하는 충격에 짱돌이라는 단어의 함의를 다시 생각했습니다. 그제야 이 책의 줄거리를 대충이라도 가늠할 수 있었습니다.

짱돌은 던져짐으로 인해 결과를 일으키는데, 자신에게 던져진 짱돌은 스스로의 한계를 깨기 위한 노력과 고뇌의 성과를, 남에게 던져진 짱돌은 크든 작든 파문을 초래하여 변화의 실마리를 제공하여 디딤돌이나 주춧돌이 되기도 합니다.

신체적 장애를 가진 저자가 공무원 입직 전에 던진 짱돌은 자신의 처지를 한탄하기보다 "강한 신체는 정신을 강하게 만든다"는 토머스 제퍼슨의 말을 무색하게 할 정도로, 강한 정신력이 한계를 극복하기 위한 공격과 방어의 기재로 활용된 것으로 보이고, 입직 후에는 침착된 불합리를 개선하는 변화의 트리거로 작용한 결과 5급 사무관이 장관의 자리까지 올라 노동 행정의 변화를 이끌었습니다.

일반인들이 상식 수준에서 판단하기에 장관, 차관 등 고위직들은 국가행정을 실질적으로 이끌어가는 핵심 인물로 소관 사무를 결정하고 집행하는 권한을 행사하지만 큰 틀에서 정책 방향만 결정하고 세부적인 사항은 실무자들에 의해 집행됩니다.

그렇기 때문에 구체적인 내용은 잘 알지 못할 것으로 생각하지만, 이 책에 기술되어 있는 내용을 살펴보면 실무를 경험하지 않으면 언급할 수 없는 매우 구체적인 내용들이 언급되고 있다는 점에서 저자는 사무관, 과장, 국장, 실장 등의 보직을 두루 거치면서 노동 행정 전반에 대한 실무적인 내용과 절차를 누구보다 잘 이해하고 있었기 때문에 완벽할 정도로 조직을 장악할 수 있었고, 이를 기반으로 직원들이 정책이나 제도의 집행 자체에 매몰되기보다 그 취지와 본질을 충실히 구현하는 데 주력할 것을 강조하였고, 이를 통하여 자신의 철학과 현실적 판단을 노동정책 전반에 충실하게 반영할 수 있었던 것으로 보입니다.

정부 부처 중에서도 성향이나 스펙트럼이 다양한 고용노동부라는 조직시스템 안에서 여러 가지 어려운 환경을 어떻게 극복하고, 복잡하게 얽힌 고용 노동문제에 변화를 끌어낼 수 있었을까? 이는 아마도 "공무원은 인기를 먹고 사는 연예인이 아니며, 존경받는 성직자는 더욱 아니다. 행정가는 표를 먹고 사는 정치인이 되어서도 안 되며, 국민 전체에 대한 봉사자이기에 '비록 욕을 먹더라도 할 일은 하는 사람'이어야 했다"라고 강조한 저자의 자세에 그 답이 있다고 생각됩니다.

짱돌의 진실을 기반으로 한 짱돌 같은 삐딱 선을 탄 태도, 예측 불가한 마이웨이, 주변에 많은 사람들을 불편(?)하게 했던 본질을 꿰뚫는 생각과 소신 등 이런 구체적인 것들이 궁금하신 분들께 이 책을 강력히 추천합니다.

최상률 노무법인 최상인업 대표·· 행정(노동정책)학 박사

『이채필이 던진 짱돌』 – 이채필 장관님의 자전적 에세이 초안을 읽는 내내, 제 마음 한켠에서는 오래된 그리움과 새로운 감동이 교차했습니다. 활자로 새겨진 문장 하나하나가 살아 움직이며 제 가슴을 두드렸습니다.

그 안에는 수많은 결단의 순간, 인간적인 갈등, 그리고 어떤 역경 속에서도 결코 포기하지 않았던 한 사람의 신념이 고스란히 녹아 있었습니다.

평생 함께 고용노동 현장을 지켜왔던 사람으로서, 그분의 이름이 새겨진 책을 손에 쥐었을 때, 수십 년의 기억이 영화처럼 되살아났습니다.

그날 밤, 단숨에 책장을 넘기며 제 마음에 떠오른 한마디 – "그는 진정한 고용노동행정의 달인, 그리고 노사관계의 포청천이었다." – 사실입니다.

이채필 장관님의 삶은 단순한 '공직자'의 궤적이 아니었습니다. 그것은 국민을 향한 치열한 헌신의 기록이자, 현장을 향한 뜨거운 진심의 여정이었습니다.

때로는 고독했고, 때로는 거친 파도에 부딪혔지만, 그는 언제나 '옳은 일'을 선택했습니다. 이 책은 그래서 단순한 회고록이 아닙니다.

한 시대를 온몸으로 살아낸 진정한 공직자의 인간 이야기이자, 대한민국 고용노동행정의 새로운 장을 연 리더의 영혼의 기록입니다.

그는 취임사에서 이렇게 말했습니다. "고용노동정책과 여러 부처의 정책들을 국민, 현장, 일자리의 관점에서 섬세하게 다듬고 과감히 고치겠다." "청년,

여성, 장애인, 고령자 등 취업이 어려운 계층이 잘할 수 있는 분야에서 일할 기회를 늘리겠다." 그 말은 단순한 구호가 아니었습니다. 평생 그가 몸소 실천한 '행동의 철학'이었습니다.

그의 정책은 국민 중심 행정의 교과서였고, '사람을 향한 행정'의 모범이었습니다. 그는 늘 새로운 성장동력과 선진 서비스산업에서 '괜찮은 일자리'를 창출하고, 일·학업·가정·노후·건강이 조화된 삶을 꿈꾸었습니다.
그는 정책을 통해 '행복한 일터'를 만들려 했고, 언제나 행정을 통해 '따뜻한 나라'를 그렸습니다.

노사관계의 최전선에서 그는 언제나 균형을 강조했습니다. "노사 어느 한쪽에 치우치지 않고, 국민 전체를 위해 일해야 한다." 그 한마디는 그의 행정 철학의 축약이자, 이념보다 사람을 앞세운 실용과 상생의 리더십을 상징합니다.
그의 리더십은 냉철한 판단력과 따뜻한 인간미가 공존하는, '사람 냄새 나는 행정'의 진면목이었습니다.

그는 또한 늘 이렇게 말했습니다. "현장에 답이 있다." 그의 좌우명 '우문현답(우리의 문제는 현장에 답이 있다)'은 그의 행정 철학이자 인생의 나침반이었습니다. 비판 속에서도 그는 신념을 굽히지 않았고, "욕을 먹더라도 옳은 일은 반드시 하겠다"는 결기로 대한민국의 고용노동행정을 한 걸음 더 전진시켰습니다.

하지만 이 책의 숨은 주인공은, 그의 아내이자 평생의 동반자이신 사모님이 아닐까 싶습니다. 강원도 홍천의 노동문제연구소 '개운재'에서 두 분을 뵈었을 때, 저는 알 수 없는 울림으로 가슴이 뜨거워졌습니다.
그날의 진정한 주인공은 장관님이 아니라, 묵묵히 그 곁을 지켜온 한 여성의 사랑과 헌신이었습니다.

국가를 위해 헌신한 시간 뒤에는 언제나 한 가정의 눈물과 기도가 있습니다.
그 눈물이 있었기에 그는 흔들리지 않았고, 그 사랑이 있었기에 수많은 고비마다 다시 일어설 수 있었습니다. 세 자녀를 키우며 남편의 곁을 지켜온 아내의 헌신은 이 책 속에서 고요히 빛나며 독자의 마음을 깊이 울립니다.

장관님은 이렇게 고백하셨습니다. "내 인생의 가장 큰 행운은 아내를 만난 일이다." 그 짧은 문장 안에, 인생의 진리가 담겨 있습니다.『이채필이 던진 짱돌』은 한 사람의 성공담이 아니라, 부부가 함께 걸어온 사랑과 인내, 그리고 인간 승리의 기록입니다.

이 책은 대한민국의 고용노동행정이 어떻게 성장했고, 한 리더가 어떤 마음으로 국민과 마주했는지를 보여주는 살아 있는 역사입니다. 이채필 장관님이 던진 '짱돌'은 세상을 향한 외침이자, 변화를 향한 도전이었으며, 결국 사람과 사랑, 그리고 정의를 향한 신념의 상징이었습니다.

『이채필이 던진 짱돌』은 우리 모두에게 묻습니다.
"당신은 오늘, 옳은 일을 선택하고 있는가?" 이 책이 모든 공직자와 일터의 리더들에게 진심과 사명, 사랑과 헌신의 참된 의미를 일깨워주는 귀한 이정표가 되길 진심으로 바랍니다.

김종환 6223 미래포럼 수석 부위원장

『이채필이 던진 짱돌』은 소아마비, 검정고시, 행정고시 청백리로 사시다 정치의 희생양이 되었으며, 세상의 편견을 이겨낸 불굴의 의지로 점철된 한 인간의 공직자로 걸어온 위대한 사랑의 여정이다.

돌이켜보면, 이채필 장관님을 처음 만난 것도 경상일보 대표이사 사장을 마치고 떠나시는 날 어디서 불쑥 날아온 짱돌처럼 우리 부부를 초청하는 전화를 주셨다. 우아한 한정식집의 첫 만남에서 장관님은 근엄한 겉보기와 달리 격의 없이 포용하는 따뜻한 흡입력에 빠져서 우리 부부는 저자의 인품을 존경하는 팬이 되었다.

『이채필이 던진 짱돌』이 책의 원고가 메일로 오고 저자께서 추천사를 써달라고 하셨다. 고용노동부 장관을 역임하신 국가 원로의 회고록이고 고용노동 개혁의 지침서라서 역대 대통령이나 장관 아니면 대학 총장의 추천사를 받는 것이 이 책의 품격에 맞다고 생각했다. 그럼에도 지방의 이름 없는 후배 어부에게 『이채필이 던진 짱돌』의 책 제목처럼 추천사를 파격적으로 부탁하시니 한편으로는 영광스럽기도 하고 또 다른 한편으로는 당혹스럽기도 하여 중압감이 가슴을 짓눌렀다. 고사하다가 용기를 내어 이 책의 원고를 읽으면서 나는 깜짝 놀랐다.

저자의 성품이 불굴의 의지로 살아온 강직하신 분이라 책 내용이 아주 딱딱하리라 예상했는데 시작부에서 저자가 겪은 인생의 우여곡절은 드라마틱한 단편소설 같았으며, 중·후반부 고용노동부 공직 생활 속에 제도 개선과 개혁 부분의 경험은 이 시대 만인의 현대판 신(新) 목민심서였다.

이 책은 오직 저자만이 독자들에게 들려줄 수 있는 특별한 이야기들로 가득하다. 저자는 누구도 가보지 않은 길을 걸으며 쌓아온 고유한 경험과 통찰을 섬세하고 생생한 언어로 풀어냈다. 그의 회고록은 단순한 기록을 넘어, 한 분야를 개척한 공인의 집념과 열정이 고스란히 담겨 있다. 독자들은 그의 발자취를 따라가며 영감을 얻고, 각자의 삶에 적용할 수 있는 귀한 교훈을 발견하게 될 것이다.

저자는 중증 소아마비로 장애를 평생 안고 사셨지만, 어려운 가정 환경과 장애를 불굴의 의지로 학업을 성취하고 공직의 최고봉인 장관직을 청백리로 수행하셨으며 영화처럼 아름다운 러브스토리를 간직한 주인공이다.

이 장관님 부인이, "살면서 억울한 옥살이가 힘드셨나? 장애인으로 사는 게 힘드셨나?"라는 눈물로 얼룩진 질문에 대하여, '장애인으로 사는 게 훨씬 힘들었다'는 저자의 대답은 비장애인에게는 큰 울림으로 어필된다. 장애를 극복하고 대한민국 공직 역사에 큰 성취를 이루어 많은 사람들에게 희망과 용기를 심어준 위대한 인간 승리의 지난한 여정이 여기 담겨 있다.

끝으로 간디가 밝힌 사회를 병들게 하는 일곱 가지로 첫째 철학 없는 정치, 둘째 도덕 없는 경제, 셋째 노동 없는 부(富), 넷째 인격 없는 지식, 다섯째 인간성 없는 과학, 여섯째 윤리 없는 쾌락, 마지막 일곱째 헌신 없는 종교라는 악덕은 여전히 개선되지 않고 있는데, 저자는 극단적인 가치체계 충돌, 인간 생명의 존엄성 상실, 비인격적 경쟁 시내에서 직접 밝히는 사랑과 지혜의 등불은 누구에게나 위기를 이겨내는 삶의 방식과 개혁의 이정표가 된다.

그렇기 때문에 이 책은 근래에 보기 드문 참인생 회고록이며, 특히 공직에 몸담고 있거나 관심 있는 분들에게 귀감이 되는 가이드이자 필독서라고 감히 장담하며 일독을 권한다.

안상규 공인노무사 (前 고용노동부 근로감독과장)

제 영혼을 깨운 하나의 돌멩이

이채필 전 고용노동부 장관님의 책 『이채필이 던진 짱돌』에서 '짱돌'은 누군가에게는 거칠고 투박한 단어일지 모르지만, 장관님을 오랜 시간 곁에서 보아왔던 제게 그 단어는 그의 삶 전체를 관통하는 하나의 상징이자 철학으로 다가왔습니다. 그것은 불의에 맞서는 용기였고, 주어진 운명에 굴복하지 않는 저항이었으며, 차가운 현실의 벽을 깨뜨리고자 했던 공직자로서의 평생에 걸친 약속이었다고 생각합니다.

저는 1987년 9급 공무원으로 시작하여 2001년 노동부 보험제도과에서 주무관으로 근무하던 중 과장(3급, 부이사관)님으로 처음 모셨고, 이후 그분이 국장, 실장, 차관, 장관님으로 나아가시는 과정을 주욱 지켜보았습니다. 그렇기에 감히 말씀드린다면 이 책은 단순한 회고록이 아닌 장관님 스스로의 '고백록'이자, 공직자가 나아가야 할, 아니 우리 사회가 함께 나아가야 할 길을 제시하는 묵직한 제언이라고 생각합니다.

좁고 올곧은 길을 걸어간 공직자

제가 장관님을 존경하는 가장 큰 이유는 화려한 경력이나 높은 자리가 아니라, 그가 평생을 지켜온 공직자로서의 철저한 자기 절제와 청렴함 때문입니다. 이 책에 담긴 그의 공직 철학은 결코 미화된 이야기가 아닙니다. 제가 직접 보고 느꼈던 진실입니다.

한 번은, 저희가 국정감사 자료를 제출하면서 통계를 잘못 작성하여 국회에 보낸 적이 있고, 모 의원실에서 해명을 요청한 적이 있었는데, 과장님을 모시고 국회로 가면서 제가 "과장님, 저희가 국정감사 자료를 잘못 제출한 것 때문에, 이렇게 되어서 죄송합니다"라고 말씀드렸더니, "대외적인 문제나 애로사항을 해결하라고 과장이 있는 것이다. 괜찮다"라고 말씀하시는 것을 보고, 당시 15년 가까운 공직 생활을 하였던 저로서는 처음으로 진정한 리더의 모습, 책임(責任)을 회피하지 않는 진정한 리더의 진면목을 접하게 되었습니다.

또한 공직자의 진정성은 결국 그가 남긴 정책의 결과로 증명됩니다. 역대 정부에서 13년간 누구도 풀지 못했던 '복수노조 허용과 노조 전임자 문제'라는 고차방정식을 노사정 대타협으로 풀어냈습니다. 그 이후 2025년 8월 현재까지 14년간 복수노조 허용 및 시행은 우리나라 노동 현장에서 큰 갈등없이 정착되어 가고 있습니다. 이는 노란봉투법으로 불리는 노동조합법 제2·3조 개정 및 시행을 앞둔 현시점에서 시사하는 바가 크다고 아니할 수 없습니다.

이 짱돌은 누구를 위하여 던져졌는가

이 책은 자신의 한계와 싸우며 더 나은 삶을 꿈꾸는 모든 이들을 위한 용기의 기록입니다. 공직의 무게에 흔들리는 후배 공직자들에게는 꺾이지 않는 소신의 지침서가 될 것이며, 세상이 불공정하다고 느끼는 청년들에게는 원칙과 실력으로 세상을 바꿀 수 있다는 희망의 증거가 될 것입니다.

한평생, 그는 가장 낮은 곳의 목소리에 귀 기울였고, 가장 어려운 길을 피하지 않았으며, 가장 중요한 가치를 위해 자신을 던졌습니다.

부디 이 책을 통해, 한 올곧은 공직자가 자신의 온 생을 바쳐 던진 짱돌이 어떻게 우리 사회의 굳은 땅을 깨뜨리고 희망의 씨앗을 심었는지, 그 위대하고도 감동적인 여정을 함께해 주시길 간질히 바랍니다. 그가 던진 짱돌 하나가 제 영혼을 깨웠듯, 이 책을 읽는 모든 분의 가슴에도 뜨거운 용기와 희망의 파문을 일으키리라 확신합니다.

목차

추천 서문 4

추천사 7

제5장 안전과 정의
– 산업재해와 중대재해법의 이면

01 전자부품 회사의 직업병 사고와 생식독성 물질 규명 28
02 언론사상 초유의 사태 : 8개 사 무더기 기소 34
03 산업보건과장 부임과 오염(汚染)의 유혹 36
04 '산업의학전문의' 배치·활용과 감사 서신 39
05 개념은 의미를 담는 그릇 : '대행' 기관 제도 폐시 43
06 백화점 개·보수 공사 사고 45
07 안전문화 확산 : 김우수 안전헬멧 전달 및 안전수칙 선포 49
08 삼성반도체 백혈병 사태와 보건관리 개선 모니터링 56
09 산재보험 제도 시행 49년 만의 첫 '업무상질병 인정 기준' 개정 61
10 중대산업사고 예방센터 시범 설치 68
11 제30차 세계산업보건대회(ICOH) 기조연설
    : '산업재해 예방 및 근로환경 개선을 위한 한국의 전략' 71
12 "처벌 강도가 낮아 산재 예방이 안 된다"
    : '반은 맞고, 반은 틀렸다' 84
13 중대재해처벌법 개편 방향 : 무거운 형사벌 vs 경제적 제재 87
14 기업의 안전의식은 어디까지 왔는가? 92
15 '안전한 나라'는 가능한가? 95

제6장

이상한 나라의 국회와 행정부
– 행정과 정치, 관료제의 책무성

01	'정치 예산' 계상 요구와 '뒤끝'	102
02	시행규칙을 법 개정으로 바꾸려는 의원입법 시도	104
03	공직을 마감할 뻔했던 잡월드 설립	109
04	세상에 이런 국회? 여의도 정치와 표(票)퓰리즘	130
05	비정규직 보호법은 과연 입법목적을 달성하였나?	145
06	번갯불에 콩 볶듯 선심성 정년 연장	159
07	이상한 나라의 국회와 행정부 : '존경하는 의원님' 남발	167
08	혼돈(Chaos)의 여의도, 폭주하는 괴물	173
09	최저임금 과속 인상과 또 다른 정책 실패	176
10	최저임금 결정과 심의 준거	183
11	장시간 근로를 이유로 한 사상 최초의 수시 근로감독	200
12	현대차 등 완성차업체의 주간연속 2교대제 시행	203
13	길고도 험난한 근로시간 단축의 역사	207
14	실근로시간 단축 근로기준법 개정 추진과 제동	211
15	행정과 정치, 관료제의 책무성 : 내 사전에 차선은 없다	227

제7장

개혁의 그늘
– 짱돌 이후, 성찰과 책임

01 '노조 아님 통보'와 노조설립 신고 제도 개편	**234**
02 노동 개혁의 후과	**245**
03 대질조사와 영상녹화 조사 요구를 모두 거부한 검찰	**254**
04 검찰 출석 시, 나는 왜 휠체어를 타게 되었나	**260**
05 적폐 재판의 진면목	**265**
06 대법원장의 '좋은 재판' 주문과 여론재판	**270**
07 '무죄 추정의 원칙'?	
: 실무에선 오직 '유죄 추정'만 있을 뿐	**272**
08 미리 보여준 '유죄 예단' 재판(1)	**275**
09 미리 보여준 '유죄 예단' 재판(2)	**278**
10 반대 증거는 애써 무시한 '유죄 예단' 재판	**286**
11 인생을 나락에 빠뜨린 엉터리 수사와 자의적 판결	**293**
12 암장(暗葬) 수사와 기교(奇巧) 재판	**299**
13 구치소장의 전언 : "이 장관은 사기 당했어"	**303**
14 기울어진 사법부 개혁, 어떻게?	
: 판결문 전면 공개(증거 기록 포함)	**305**
15 로스쿨 다이어리 207(2020.2.7.~8.31.)	**309**

제8장 **우문현답
- 밑바닥 정신으로**

01 그때도 틀리고 지금은 발등의 불   **338**
02 현실판 삼고초려   **345**
03 발탁 인사와 일선 직원 특별승진으로 조직의 활력 도모   **366**
04 "승진했다기보다 직위해제 당한 기분입니다"   **373**
05 노동부에서 고용노동부로의 개편(Ⅰ)
   : 고용정책 총괄 업무 중점 추진   **376**
06 노동부에서 고용노동부로의 개편(Ⅱ)
   : 고객과 소통하는 고용노동 행정   **381**
07 밑바닥 정신 : 평생 사무관으로도 감사   **385**
08 직원들이 일 잘하게 만드는 방법   **389**
09 공무원이 업무에 전념토록 하는 정치권 대처법
   : 책임(責任)은 장관이, 공(功)은 실무자에   **396**
10 대통령과의 첫 독대 : "이 장관, 대통령 할 생각 있나?"   **404**
11 우문현답(愚問賢答) : (우)리의 (문)제는 (현)장에 (답)이 있다   **421**
12 잦은 공무원 순환 전보 문제 : 국장급 공무원 교육 제도 고쳐야   **432**
13 공공기관 임원 임용과 위선적 공모제
   : 누구를 위하여 종은 울리나?   **434**
14 친(親) 노동, 친(親) 경영, 친(親) 일자리 장관   **442**
15 "아직도 한국에서 기업을 하십니까?" : 기우(杞憂)가 되길   **458**

에필로그 가지 않은 길 **469**
출간후기 **471**

제5장

안전과 정의
- 산업재해와 중대재해법의 이면

01 전자부품 회사의 직업병 사고와 생식독성 물질 규명
02 언론사상 초유의 사태 : 8개 사 무더기 기소
03 산업보건과장 부임과 오염(汚染)의 유혹
04 '산업의학전문의' 배치·활용과 감사 서신
05 개념은 의미를 담는 그릇 : '대행' 기관 제도 폐지
06 백화점 개·보수 공사 사고
07 안전문화 확산 : 김우수 안전헬멧 전달 및 안전수칙 선포
08 삼성반도체 백혈병 사태와 보건관리 개선 모니터링
09 산재보험 제도 시행 49년 만의 첫 '업무상질병 인정 기준' 개정
10 중대산업사고 예방센터 시범 설치
11 제30차 세계산업보건대회(ICOH) 기조연설 : '산업재해 예방 및 근로환경 개선을 위한 한국의 전략'
12 "처벌 강도가 낮아 산재 예방이 안 된다" : '반은 맞고, 반은 틀렸다'
13 중대재해처벌법 개편 방향 : 무거운 형사벌 vs 경제적 제재
14 기업의 안선의식은 어디까지 왔는가?
15 '안전한 나라'는 가능한가?

01
전자부품 회사의 직업병 사고와 생식독성 물질 규명

1995년 8월 19일(토), 경남 양산의 전자부품 회사에서 직업병 사고가 발생하였다는 다음 내용의 언론 기사가 크게 보도되었다.[1]

여성 근로자들이 전자 제품 조립공장 안에서 이야기를 나누고 있었다.
"저기. 나, 요즘 몸이 좀 이상해. 매달 있던 월경이 요즘 없어."
"너도 그래? 나도 그런데. 나도 얼마 전부터 그게 사라져 고민하고 있었는데⋯."
LG전자부품에서는 1994년 말부터 월경이 사라져 생리대가 필요 없는 여성 근로자들이 하나둘씩 늘어나기 시작했다. 결혼도 하지 않은, 아기도 낳지 않은 미혼 여성은 물론, 결혼 후 아기를 가지려는 여성에게서 월경이 없다는 것은 보통 문제가 아니다. 하지만 그 문제는 당시 여성으로서 입 밖으로 꺼내기 쉽지 않은 일이었다.

우리나라 최초의 생식독성 직업병 사건은 이렇게 여성 근로자들의 집단 월경 이상 문제에서 발단이 됐다. 여성 근로자에게만 불임이 생긴 것은 아니었고, 같은 작업환경에서 일했던 남성 근로자들도 마찬가지 처지였다. 다만 여성은 월경 중단이라는 쉽게 드러나는 생식 이상 현상이 있지만, 남성은 겉으로 드러나는 것이 없어 역학조사가 이루어진 뒤에 정자 감소증, 무정자증, 정자

---

[1] https://www.pressian.com/pages/articles/66601 (프레시안 2011.7.19.자 보도 참고)

운동성 감소증, 고환 조직 이상 등이 광범위하게 일어났다는 사실이 드러났다.

이 사건으로 우리나라에서 세계 최초로 발견한 2-브로모프로판(2-Bromopropane)에 의한 생식독성 직업병으로 자리매김하게 되었다.

이들이 근무한 부서는 전자제품 부품으로 쓰이는 택트(TACT) 스위치를 조립하는 곳이었다. 반도체나 전자부품은 정밀하게 작동해야 하므로, 미세한 먼지와 불순물을 없애기 위해 반드시 세척 공정을 거치게 된다. 세척 공정에는 필수적으로 세척제가 사용된다. 택트 스위치 조립공정에서도 물론 세척제가 사용됐다. 세척액이 들어있는 세척조에 전자부품을 담그는, 이른바 '침지(浸漬)' 방식으로 세척이 이루어졌다.

LG전자부품은 1994년 2월을 기점으로 그전에는 프레온을 세정제로 사용했으나 그 뒤부터는 일본에서 들여온 '솔벤트 5200'이란 상품 이름을 지닌 세정제를 사용했다. 프레온이 지구 오존층을 파괴하는 주범이라는 낙인이 찍혀, 그 대체 물질을 찾는 과정에서 일본이 개발한 제품이었다. 일본에서 무해한 제품이라고 해서 그런 줄 알고 이를 수입해 사용한 것이다.

10여 명의 여성 근로자가 1년 가까이 생리가 끊기는 등 집단 생식 장애뿐만 아니라, 2명은 재생 불량성 빈혈 증세가 나타나 병원 입원 치료를 받고 있었다. 이들의 고통은 1995년 8월 18일 〈부산일보(석간)〉와 8월 19일 〈한겨레신문〉(토요일) 제2사회면 톱기사로 '전자부품 회사 근무 세정삭업 여성 근로자 18명 유기용제 집단 중독 증세'란 제목의 부산발 기사로 다루어져서 알게 되었다.

▲ 엘지전자부품의 산업재해를 다룬 〈한겨레신문〉 1995년 8월 19일 자. ⓒ안종주

당시 LG전자부품㈜를 관할하던 양산지방사무소의 기관장이 바로 필자였다.

사건을 알게 된 즉시 노동부 산업안전국(본부)과 신속하게 전화로 협의하여, 당시 관련 규정상 노동부(산업안전국)에서 의뢰하게 되어 있던 역학조사였음에도 장선식 산업안전국장의 구두위임을 받아, 일선 관서장이었던 내가 직접 산업보건연구원에 역학조사의 즉각적인 실시를 요청했다.

역학조사는 언론 보도가 난 지 2~3일 만인 21일(월요일)에 이루어졌다. 보도 다음 날이 일요일인 점을 감안하면, 이는 즉각 초스피드로 조사가 시작된 것이다.

나는 일선 행정기관장으로서 "산업보건연구원 역학조사팀의 활동을 적극적으로 뒷받침해 줄 것이니, 어떠한 결과가 나오든 염려하지 말고, 모든 직업병 우려나 가능성까지 최대한 밝혀 줄 것을 각별히 당부하고, 필요한 지원과 협조를 아끼지 않겠다"라고 하였다. 언론에서도 이렇게 발 빠르게 대응한 것은 매우 이례적이라고 평가할 만큼 신속했다.

산업보건연구원의 산업의학연구실 박정선 박사(현 대구가톨릭대학교 산업보건학과 석좌교수)를 팀장으로 하고, 직업병진단센터 김양호 박사(현 울산대학교 직업환경의학과 교수), 산업위생연구실 박동욱 박사(현 한국방송대학교 환경보건학과 교수) 등을 조사원으로 하는 역학조사팀은 환자들이 진료받은 병원을 방문해 검진 결과를 수집하였다. 또한 입원 환자를 면접 조사하는 한편, 회사를 방문하여 관련 서류와 화학물질 사용 실태 등을 충실히 조사했다.

1995년 8월 말 화학물질 정성·정량 분석을 실시한 결과, '솔벤트 5200'에는 2-브로모프로판이라는 독성 물질이 다량 함유되어 있는 것으로 밝혀졌다. 이 물질은 당시까지만 해도 세계적으로 그 독성 영향에 대하여 거의 알려지지 않았다. 왜냐하면 이 물질과 관련한 사건이 없었고, 연구도 거의 이루어지지 않았기 때문이다. 그래서 산업보건 전문가들에게 친숙한 물질안전보건자료

(MSDS)에도 독성 영향에 대한 별다른 언급이 없었다. 산업의학 교과서에서도 그 독성 영향이 다뤄지지 않았다.

국내에서 내로라하는 산업의학 전문가들도 이 물질에 대해서는 아는 것이 없었다. 역학조사팀이 2-브로모프로판에 의한 질환일 가능성이 있다는 분석을 내놓았을 때, 대다수 산업보건 전문가들은 처음에는 가능성이 낮다고 보거나 회의적인 반응을 보였다.

회사 쪽은 "솔벤트 5200을 생산한 일본 회사에서 인체에 해(害)가 없다고 밝혀, 문제가 없다고 판단해 세정제로 사용해 왔다"라고 밝히기도 하였고, 자신들이 잘 모르는 것에 대해서는 무시하는 학자들의 태도도 한몫하였던 것으로 보이는 부분이다. 결국 화학물질 가운데 무독성은 드물고, 어떤 식으로든 유해성이 있을 가능성이 있음에도, 인체에 해롭지 않다고 단정하는 물질에 대한 안전 불감증과 일본 회사의 말을 곧이곧대로 믿은 것이 화근이었다.

일본은 이 세정제를 개발해 우리보다 먼저 사용했다. 하지만 일본 근로자들은 우리와 같은 심각한 생식 장애를 겪지는 않았다. 그 이유는 유해성에 대비해 호흡 보호구 착용을 철저히 하는 등 나름대로 방호 장치를 가동했고, 안전 교육을 했기 때문이다. 하지만 우리는 안전하다는 말에 회사와 노동자 모두 이 물질에 대한 노출을 크게 신경 쓰지 않았다.

역학조사팀이 당시 조사한 보고서를 보면, 작업 공간 주변의 공기를 채취해 분석한 결과 2-브로모프로판이 무려 4,000μpm이 넘었다. 근로자들은 아무런 의심 없이 세정제 침지로 안에 얼굴을 집어넣고 작업을 했다. 그러니 새로운 작업환경에서 일한 지 불과 몇 달(최단 4개월) 만에 생식 이상 환자가 발생하기 시작한 것이다. 1년 이상 부품 조립 부서에서 일한 근로자 25명 가운데 23명에게서 생식 장애 질환이 발생했다. 이는 한마디로 고농도의 브로모프로판에 노동자들이 노출되어 왔다는 방증이었다.

역학조사가 시작되는 단계에서부터, 관할하는 일선 기관장으로서 철저한 역학조사 실시와 직업병 규명에 애로사항이 생기지 않도록 노사 관계자에게 협조를 당부하였을 뿐만 아니라, 역학조사팀에도 어떠한 외압이나 영향을 받지 않고 전문가로서 소신과 역할을 발휘해 줄 것을 독려하였다.

또한, 해당 물질을 사용하는 공정의 근로자뿐만 아니라 다른 근로자에 대한 피해 우려(영향)가 없는지도 알아보고 필요한 건강상 조치를 하기 위하여, 해당 물질을 사용하는 공정에서 일하는 (이에 더하여 한 번이라도 일한 적이 있는) 근로자는 물론, 업무시간 중 해당 작업실을 오간 사람, 그리고 검진을 희망하는 근로자 전원에 대해 회사의 비용 부담으로 특수건강진단을 임시로 실시하도록 하였다.
이때 실시기관도 기존에 검진을 담당해 온 (대행) 기관이 아니라, 인근에서 가장 공신력이 있는 대학병원(인제대 병원)에서 실시하도록 특별히 조치하였다.
이어서 역학조사 중간결과가 나오자마자 산업안전공단(울산지사)으로 하여금 즉시 '안전진단을 실시'하고, 그 결과에 따라 물리적으로 철저하게 분리하는 등 '작업환경을 개선'하고, 사용 물질도 무해성이 입증된 다른 물질로 대체하도록 지시하여 이와 유사한 사고가 재발하지 않도록 지도하였다.

이를 계기로 관내 특수건강진단과 작업환경측정 대행 기관의 관할구역 범위를 광역으로 확대(양산 → 양산, 김해, 밀양)하는 한편, 관할구역별 단수 기관 지정제도에서 광역 단위로 복수 지정을 원칙으로 '대행 기관의 관할구역 및 지정제도 개편'을 단행하여 사업체와 해당 (검진, 측정) 기관이 상호 경쟁과 선택(대체) 가능한 체제가 되도록 제도 운영을 개선하여, 서로 유착하는 폐단을 줄이는 조치까지 강구하였다.

이와 관련하여 9월 25일 국회 국정감사와 상임위원회에서도 이 사건의 발생에서부터 후속 처리에 이르기까지 많은 관심과 질의응답이 집중되었다.

정부에 대하여 당시 매우 비판적이었던 산업보건학계의 인사들이 국회 해당 상임위원회 의원실을 통하여 자료 제출 요구를 바탕으로 확보한 자료와 정부의 활동을 분석한 결과, 이 사건 처리와 관련하여 정부가 취한 행정적 조치는 누가 하더라도 이보다 완벽하게 대처하기는 어렵겠다고 평가하기도 하였다.

하지만 나는 처음 맡은 일선 기관장이었기에 어떻게 하는 것이 잘하는 것인지도 모르는 상황이었고 더 큰 문제는 발생한 사고가 아는 게 없는 산업보건 분야라서 더욱 막막했다. 하지만 원점(zero base)에서 바라보고 의문점은 담당 직원에게 납득이 갈 때까지 물어보고, 법과 상식의 기반 위에서 최선을 다하려고 노력하였을 뿐이다.

그런데 이미 터진 사고를 수습한 행정적 결과는 불행 중 다행으로 괜찮게 나왔다. 지나고 보니 무슨 일이든 지레 겁을 먹거나 피하지 않는 용기 있는 공직자가 되게 하는 계기가 되었다.

정리하자면 1995년 LG전자부품에서 세척 작업을 하던 여성 근로자 23명에게 집단 생리불순, 불임, 빈혈 등의 증상이 나타나 고용노동부와 산업보건연구원에 의해 업무와의 인과관계를 밝혀냈고, 2-브로모프로판(2-Bromopropane)이 2012년 3월 26일 자로 세계 최초로 생식독성 물질로 고시하게 된다.

훗날 이 회사는 근로자 유기용제 집단 중독 사태가 계기가 되어 결국 폐업하기에 이르는 등 우리 사회에 큰 교훈을 주었다.

02
언론사상 초유의 사태 : 8개 사 무더기 기소

전자부품 회사의 직업병 사건과 관련하여, 부산·울산·경남의 주요 신문에서 양산 지역을 출입하던 대부분의 언론사에 해당하는 무려 8명의 기자가 검찰(관할 : 울산지청) 수사를 받고 재판에 회부되는 언론사상 초유의 사태가 발생하였다.[2]

1995년 12월 19일, 기업체의 비리를 보도하지 않겠다며 광고를 받은 4개 언론사의 기자를 '공갈 및 배임수재 등'의 혐의로 울산검찰에서 구속 기소하였고, 또 다른 4개 언론사 기자가 불구속 기소되었다.

이들은 지난 8월 LG전자부품(주)에서 여성 근로자들의 솔벤트 중독에 의한 무더기 직업병 발병 사고와 관련하여, 보도하지 않는 조건으로 회사 측으로부터 수수료를 받은 혐의였다. 즉, 광고 수주에 있어서 언론사의 지위를 이용한 부당한 압력을 행사하거나, 취재 보도와 연계하여 영업활동을 하지 않아야 하는 규정 위반이라고 했다. 그러나 당시 회사의 안전상 의무 이행 등을 지도·감독하는 양산지방사무소 산업안전과 감독관들은 이와 같은 불미스러운 사건에 연루되거나 휘말리지 않았다.

초보 일선 기관장으로 부임하였던 필자는 평소에 부서별로 직원들을 관사로

---

2. 매일경제신문, 1995년 12월 20일 자 언론 보도

초청하여 이내가 정성껏 준비한 음식으로 오찬을 함께하며, 회사나 민원인 등 이해관계자들을 상대하면서 금품수수는 물론 담배 한 개비라도 얻어 피우는 일이 없기를 신신당부하였는데, 이와 같은 부정이나 비리에 오염되지 않고 바른 처신을 해준 직원들이 고마웠다.

그랬기에 이후 사회적으로 크게 이슈화되고, 국회 환경노동위원회의 매서운 국정감사나 언론의 심층 보도, 사회단체의 이목이 집중되며 비판이 쏟아져도 우리는 스스로 할 일 하며 의연하게 대처할 수 있었다.

03
산업보건과장 부임과 오염(汚染)의 유혹

산업보건과장으로 부임한 다음 주, 누군가가 사무실로 찾아왔다. 그는 우리 부 산하기관인 산업안전공단 산업보건연구원에 근무하던 의사 자격을 가진 연구자였다. 산업의학과 관련한 이슈 보고서를 정리하여 설명해 주기 위하여 예고 없이 직접 방문한 것이었다. 새로운 부서에 부임한 초기여서, 나로서는 정작 무엇에 중점을 두어야 할지 고민하던 시기였기에 반갑고 고마웠다.

이렇게 업무를 열심히 하는 연구자가 있으니 다행스럽고 안도하는 마음이 들었다. 특히 정책 당국자로서 관련 동향과 신경 써야 할 부분에 대해 조언까지 해주니, 어찌 고마운 마음이 들지 않겠는가? 그런 마음으로 감사를 표하는 뜻에서, 앞으로 궁금한 것이 생기면 수시로 자문을 구할 테니 도와달라는 부탁을 했다.

그런데 갑자기 그는 나의 흡족한 마음을 꺼림칙하게 만드는 말을 덧붙였다. 앞으로 나나 우리 가족이 아프거나 의학적 도움이 필요하면, 언제든지 자신이 나서서 병원 입원이나 수속을 책임지고 해주겠다며 자신을 두루 편하게 활용해 달라는 것이었다. 일종의 '병원 서비스 편의 제공'을 하겠다는 것이었다.

그 순간, 나는 예전에 들었던 한 얘기가 떠올랐다.

수년 전 청와대비서실에서 근무할 때 모셨던 최 모 비서관의 얘기였다. 그는 "자신이나 가족이 병원에 갈 일이 생겨도, 부처 업무를 하면서 아는 지인의 도움을 받으려 하지 않았고, 자신의 신분도 밝혀지지 않도록 일반인으로 예약해서 갔다"라고 말했다.

그러면서 근무하는 사람(이나 가족)의 부처(보사부)가 병원에 알려지기라도 하면, 별 도움도 되지 않으면서 괜히 이름만 팔리고 귀찮아진다고 했다. 그런 비공식적인 도움은 소용이 없다는 것이다. 대신 친구가 운영하는 치과에 갔더니, 여러 차례 가야 할 횟수를 줄여주는 것은 큰 도움이 되더라고 했다.

그 얘기를 듣고, 나도 병원에 아는 사람이 있으면 (혹시나 불안한 마음에) 도움을 받을 수 있으면 좋겠다는 막연한 생각을 깨끗이 정리했다. 그런 연유로, 병원 편의를 제공하겠다는 그에 대해서 나는 딱 거기까지라고 딱 선을 그었다.

그 후 지나오면서 직간접적으로 경험한 그는 부지런하게 일하는 성실함은 인정할 만했으나, 해당 분야에서 최고의 실력자는 아니었다. 다만 사내 정치에는 아주 유능한 인사였고, 그로 인해 본의 아니게 실력 있고 자기 직분에 충실한 동료와 선후배가 더러 피해를 보기도 했다.

이 경험을 통해 내가 배운 점은 인재를 활용할 때 그 사람의 장단점을 잘 가려 적재적소에 배치해야 하고, 또 조직 내에서 협업 분위기를 해치는 존재는 기관의 역량 발휘를 저해할 수 있으므로 세심하게 인사해야 한다는 것이었다.

세계 최초 생식독성 물질 규명과 행정적 지원의 중요성

한편, 양산지방사무소장을 마치고 본부에 와서 고용관리과장을 거쳐 산업보건과장으로 일하는 동안, 우리나라에서 세계 최초로 생식독성 물질을 발견한 적이 있는데, 그것이 바로 2-브로모프로판이다.

이것을 발견하게 된 계기는 양산 소재 LG전자부품에서 전자부품의 세정제로 사용한 물질의 유해성을 종합적으로 밝힌 결과였다. 이 사건 발생 이후, 사태를 수습하는 모든 과정에 이르기까지 역학조사뿐만 아니라, 특수건강진단 실시, 작업환경 실태조사, 사용물질의 대체, 작업환경 개선 및 보건 진단 등 행정적 지원이 함께 이루어졌다.

특히 역학조사와 분석 과정에서 어떤 외압도 받지 않고 소신껏 진행할 수 있도록 당시 일선 기관장으로서, 나중에는 정부의 업무부서 실무 책임자로서 필요한 뒷바라지를 하였다. 이는 여건 조성이나 분위기 형성 등 행정가로서 필요한 조치들과 결합되어, 시너지 효과의 산물로 직업성 발암물질이 규명된 것이다.

이런 과정을 거친 후, 역학조사와 분석의 책임자로 활약한 산업보건연구원의 박사들이 최초로 발생한 직업병 사례에 대한 분석과 연구 결과 및 정부와 공단의 직업병 진단 심사데이터를 바탕으로 국제적인 학술지에 논문이 게재되었다면서 그 논문을 보내주었다. 논문을 살펴보니, 학문적 연구 성과와 학자로서의 권위를 인정하기에 충분했다.

하지만 당시의 연구진은 정부의 적극적이고도 능동적인 역할은 물론, 행정가의 다양한 지원이나 평가의 중요성에 대한 사항은 전혀 기술되지 않았다. 특정 인물을 거명하라는 것이 아니라, 정부와 행정의 지원과 적절한 협업의 의미에 대해 강조할 필요도 있을 것이라는 생각이 들었다.

그런데 학술지 논문의 성격상 본문에서 기술하는 것이 자연스럽지 않다면, 주석(註釋)으로 간략하게 언급함으로써 앞으로 그와 유사한 사례에서 종합적인 연구와 행정 지원의 협업을 통해 관련 분야의 발전을 도모할 수 있다는 생각에 다소 아쉬운 구석은 있었다.

한편으로는 이 사건 연구진들은 산업의학자(직업환경의학자)로서 연구와 분석에만 매진했을 뿐, 개인적 영달을 추구하거나 상급 기관에 정치 행위를 하지 않는 순수한 인재들이었다.

결론적으로, 오래전 나에게 귀한 조언을 해준 선배 덕분에 스스로를 점검하고, 사람을 대할 때 그가 어떤 인품의 소유자인지 가늠할 수 있는 판단력도 조금 더 갖출 수 있었기에, 나의 이 경험담을 늘어놓았다.

04
'산업의학전문의' 배치·활용과 감사 서신

1995년, 전자부품 회사의 세정 작업에서 유기용제 중독 사건이 발생하였고, 그 무렵 용접 작업에서 망간 직업병 중독 사건을 비롯하여 여천공단 근로자 역학조사 등 직업성 질병이 사회적 이슈로 크게 부각되기 시작했다.

그런 분위기 속에서, 양산지방사무소장으로 직업병 사건처리를 진두지휘한 경험이 있던 나를 산업안전국장이 장관께 요청하여 산업보건과장으로 배치한 결과였다고 하였다. 그런데 산업보건은 안전사고와 달리, 그 위험성이 눈에 잘 보이지도 않고 예방 효과도 더디게 나타나는 특징 때문에 정책을 추진할 때 국민적 신뢰를 얻는 것이 중요했다.

그러나 정부에 산업보건 전문가가 거의 없었을 뿐만 아니라, 정책 우선순위에서도 시급한 현안에 밀려 소홀하게 다루어지고 있었다. 그러니 정책적 대응이나 사실과 다른 외부의 지적에 대하여 제대로 항변하지 못하는 어설픈 상황이 반복되었다. 잘못된 지적이든 올바른 비판이든 마찬가지였다.

그래서 실력 있는 산업의학 전문의와 함께 산업보건 행정을 추진하기로 결단했다. 이 분야 최고의 전문가를 모시는 것이 관건이었기에, 산업의학 전문의를 1996년 10월 노동부(산업안전국 산업보건과) 전문위원으로 채용하기 위해 필요한 절차를 밟았다. 그렇게 최초로 찾은 인물이 바로 산업의학 전문의 이상준 박사였다.

이후 관련 정책을 마련하면서, 늘 그의 산업의학적 견해를 확인하고 현실에 부합하는 정책이 되도록 완성도를 높여갔다. 이렇게 마련한 방안을 이 박사와 함께 발표하거나 언론에 설명하니, 정부 정책의 권위도 더하게 되었다.

또한 관련 분야 학자들과의 토론이나 협의를 적극적으로 진행할 수 있었고, 필요한 정책적 대응이나 설명은 물론 당국자로서 일하는 데 자신감을 가지게 되었다. 정부에 비판적인 인사(야당이나 노동계 등)들로부터 더 이상 "노동부가 비전문가들 위주로 엉터리 정책을 추진한다"라는 억지 주장도 급격하게 힘을 잃어갔다.

당시 인도주의실천의사협회 양ㅇ승 박사, 아주대학교 환경공학과 장ㅇ연 교수 등을 비롯한 산업보건학계의 의문스러운 주장도 충분히 논박할 수 있었다. 급기야 이들과 한국일보, 매일노동뉴스 등 언론 지상 논쟁을 시리즈로 연재하며 시시비비를 가렸다.

또한 조선업체, 자동차 제조업체 도장 작업 근로자의 유기용제 중독으로 인한 골수장애, 중추신경계 장애 발생이 증가하는 추세였고, 영상표시단말기(VDT) 취급 근로자의 근골격계 장애 문제에 대한 작업환경 개선과 교육 및 건강 보호 방안도 마련했다. 이와 관련하여, 당시 15년 이상 장기간 전화국에 근무하던 근로자들의 근골격계 질환 문제에 대한 의견 수렴과 산재 인정 기준을 마련하는 등 필요한 조치를 했다고, 1997년 5월 30일 산재 근로자가 진념 장관께 "장관님! 감사합니다"라는 감사의 서신을 보내왔다. 이 내용은 후일 언론에 보도되기도 하였다.

쾌적한 작업환경을 조성하고 근로자의 건강을 보호하기 위하여 산업안전보건법에서는 작업환경측정(제125조)과 특수건강진단(제130조) 제도를 두고 있었다. 그런데 관련 법령에는 작업환경측정이나 건강검진을 실시하는 기관의 지정 요건, 지정 신청과 취소 사유, 평가, 실시 주기와 대상, 검사의 항목과 실시 방법, 결과 보고 등에 대한 행정 규제가 훨씬 다양하고 복잡하게 규정되어 있었다.

그 결과, 사업주나 안전·보건 관리자 및 담당 감독관들도 이러한 도구 내지는 수단에 치중할 뿐, 정작 작업환경 측정이나 특수건강진단을 실시하는 기본 목적에 부합하는 본질적인 임무 수행은 소홀히 하는 경향이 있었다.

즉, 작업환경측정이나 특수 건강진단의 실시 결과에 따른 조치를 해야 하는 의무 조항이 있고, 또한 적절한 시설·설비 설치, 작업장소 변경 등 사후관리에 대한 후속 조치 위반 시의 벌칙이 더 높게 규정되어 있는데도 이를 중점적으로 지도하지 않았다.

작업환경이나 근로자의 건강 관련 개선 조치가 시간이 걸리더라도 진전되어야 함이 본질이다. 그러나 이러한 개선 조치보다 측정이나 검진 미실시 관련 벌칙 부과에 치중하는 등, 수박 겉핥기식 업무 관행이 반복되어 왔다.

정부에서 많은 사업장을 단속하여 위반 사항을 발견하고 점검하면 개선이 되어야 한다. 하지만 다음 해에 결과를 확인해 보면, 또다시 비슷한 위반을 반복하는 경우가 비일비재했다. 이는 당국자의 문제의식 결여에서 초래된 수단(手段)과 목적(目的)의 전도 현상이라고 할 수 있다.

일선 기관장 시절, 관내 특수건강진단과 작업환경측정 (대행) 기관의 관할구역 범위를 광역으로 확대(양산 → 양산, 김해, 밀양)하는 한편, 관할 구역별 단수 기관 지정제도에서 광역 단위로 복수 시징을 원칙으로 '대행 기관의 관할구역 및 지정제도 개편'을 단행하였다. 이를 통해 사업체와 해당 (검진, 측정) 기관이 상호 경쟁과 선택(대체)이 가능한 체제가 되도록 제도 운영을 개선하여, 유착이나 갑을 관계의 폐단을 줄이는 조치를 강구하였다.

여기서 한 걸음 더 나아가, 작업환경측정이나 특수건강진단 기관의 질(質) 관리를 높이기 위해 시행하는 정도관리(精度管理) 운영도, 수요가 크게 증가하거나 긴급한 상황이 발생하면 안전공단 산업보건연구원에서 수시로 정도관리를 실시할 수 있도록 개선하였다.

산업보건 정책이나 제도의 집행 자체보다, 직원들이 그 취지와 본질을 충실히 구현하는 데 주력할 것을 강조하였다. 그 이유는 고위당국자의 '반짝' 관심이 필요할 때가 있더라도, 제도로 뒷받침되는 정책이 근본 취지에 맞고 일관되게 실행될 때 비로소 그 효과가 배가되기 때문이었다.

〈참고〉 "장관님! 감사합니다", 한국무재해신문, 1997년 7월 1일

05
개념은 의미를 담는 그릇 : '대행' 기관 제도 폐지

산업안전보건법에서는 사업주가 사업장에 보건관리자/안전관리자를 두어 보건/안전에 관한 기술적 사항을 사업주 또는 관리책임자를 '보좌'하고, 관리감독자에게 '조언·지도'하는 업무를 수행하도록 하고 있다. 또한 사업주·관리책임자 및 관리감독자는 그에 상응하는 적절한 조치를 해야 할 의무가 법으로 규정되어 있다.

그러나 안전보건 문제는 상시근로자 300명 미만을 사용하는 사업주(기업활동 규제완화를 위한 특별조치법에 따라 300명 이상 사업장도 허용 : 2021년까지)에 대하여 산안법상 보건관리자/안전관리자의 업무를 보건관리/안전관리 대행 기관에 위탁할 수 있도록 허용하였고, 그 경우 그만큼 보건관리자/안전관리자로 인정해 주었다.

결과적으로 사업주가 보건관리자를 자체 선임하기보다는 외부 기관에 대행을 맡기는 위탁률이 늘어나(1997년 61% → 2004년 74% → 2017년 77%) 의도와 다르게 악화되었다. 또한 '안전관리자'의 경우에도 '보건관리 대행' 제도의 바람직하지 않은 선례를 따라 안전관리 대행 기관에 위탁(2017년 72%)하고 있다.

사업주가 주체가 되어 보건상의 조치를 적극적으로 이행하고, 필요시 이들 기관을 도우미로 삼아 '보좌, 조언, 지도'하는 업무에 국한하여 위탁을 허용한 것인데, 사업장이 주도해야 할 안전보건에 필요한 조치마저 회피하는 수단으로 변질되고 말았다. 특히 위탁 대상 기관을 보건관리/안전관리 '대행(代行) 기관'이라는 용어로 사용하다 보니, 사업주가 해야 할 필수 이행 조치까지 모두 떠넘기는 구조로 오인·인식되는 경향이 강했다. 그동안 우리나라의 비약적인 경제·사회 발전 수준에 비추어 보면, 보건관리/안전관리를 외부에 대행하는 제도는 조속히 폐지하는 것이 옳은 방향이다.

　개념(概念)은 의미를 담는 그릇과 같다.
　2004년 산업안전국장 시절에는 보건관리자와 안전관리자의 회사 내부 지정을 확대하고, 외부 위탁(대행) 제도는 조속히 폐지하는 방향으로 검토하였다.
　이에 "산업안전 정책 포럼"에서 '보좌, 조언, 지도' 역할을 '대행'하는 '기관'이라는 용어 대신에 필요시 제3자가 전문적으로 돕기 위하여 '지원'하는 '지원기관'으로 명칭부터 바꾸기로 하였다.
　이런 취지가 제도로 구체화(대행 기관 → 전문 기관 : 2013.6.12. 법 개정, 2014.3.13. 시행)되기까지 상당한 시일이 흘렀다. 명칭도 대행 기관과 지원기관의 중간에서 대행 기관 뉘앙스에 가까운 '전문 기관'으로 절충되어 바뀌었다.

　위탁 제도에 대한 개선은 여전히 미루어진 상태인데, 이는 기득권 집단이 된 대행 기관들의 이해관계를 고려한 것으로 짐작된다. 아무튼 사업장 종사자의 위험이나 위해 요인을 잘 찾아낼 수 있는 전문 기관으로 거듭나길 바란다.
　차제에 규제 완화 차원에서 과도기적으로 도입된 외부 대행 제도의 근본적인 재검토가 시급하다. 산재 예방을 위한 안전보건관리 체계를 제대로 구축·이행하려면 사업장 내부의 전문인력으로 보건관리자/안전관리자를 지정(배치)하는 한편, 이들의 실력 향상과 함께 이를 장려하는 활동을 활성화해야 한다.

　앞으로 최고 경영자와 함께하는 이들의 적극적·능동적 활약이 중대재해처벌 등에 관한 법률의 처벌을 피하는 것은 물론, 종사자의 산업재해 예방에 실질적인 첫발이자 이를 가늠하는 중요한 지표가 될 것이다. 그러나 중요한 것은 사업주가 안전관리자나 보건관리자와 같은 참모(스태프)에게 맡길 것이 아니라 이들의 '보좌, 조언, 지도'를 받긴 하되, 업무 계선(라인)에서 안전보건관리 활동을 책임지고 주도적으로 해야 함을 소홀히 하지 말아야 한다.

06
백화점 개·보수 공사 사고

가. 산재사고 사망만인율 국제 비교

e-나라지표(국정모니터링지표) 자료에 의하면 2020년 기준으로 연간 산재재해자 수 108,379명(재해율 0.57%), 사망자 수 2,062명이고, 근로자 1만 명당 사망자 수가 1명을 상회(산재사망만인율 1.09‰)할 정도로 산업재해로 사망하는 근로자가 많이 발생했다.

2024년 기준으로 우리나라의 산재사고 사망자 수는 827명으로 산재사고 사망만인율은 0.39‰이며, 외국의 경우 산재사고 사망만인율(‰)은 나라마다 통계 산출 방법, 적용 범위, 산업분포, 업무상재해 인정 범위 등이 달라 단순 비교는 곤란하지만, 2022년 기준으로 미국 0.37, OECD 평균 0.29, 일본 0.13, 독일 0.12, 영국 0.03으로 우리나라와 비교할 수 없을 정도로 차이가 크다.

그런데 2004년 4월 19일 LG건설에서 시공하던 L 백화점 부천점 개·보수 공사 현장에서 외벽면의 석재를 알루미늄 재질로 교체하는 작업을 하던 중, 쌓아놓은 석재의 무게를 견디지 못한 비계(飛階) 위에서 작업하던 근로자 4명이 사망하고 17명이 부상을 입는 사고가 일어났다.

사고 당일 현장 작업중지 및 안전진단 명령을 조치하고, 다음 날 안전보건감독을 실시하고, 산업안전보건법 위반에 따른 관리 책임을 물어 현장소장과 하청소장 2명을 구속하였다.

한편, 산업안전보건법 위반으로 인신 구속된 현황은 매년 통틀어도 한 자릿수 이내에 불과할 정도로 적었는데, 당시 검찰이 사업주에 대한 안전 관련 법 위반을 경제 사범으로 보아 제재를 관대하게 하는 경향에서 초래된 한계도 있었다. 대검과 적극적으로 협의하고 본부에서 일선 지방관서의 업무를 지원하여 그해에(2004년) 전년도(7명)보다 무려 2배에 달하는 13명을 구속하였다.

이후 2004년 5월 14일, 노동부에서 LG건설과 하청업체에 대하여 건설업 등록기관(서울시청, 양천구청)으로 하여금 영업정지를 요청하였으나, 6월 18일 서울시가 LG건설에 대해, 6월 25일 양천구가 하청업체(성수프론티어)에 대해 각각 1천만 원의 과징금을 부과하였다.

제도를 처벌 위주로만 운영하는 것은 타당하지 않다. 하지만 그렇다고 해서 가장 큰 권한과 의무가 있음에도 요리조리 빠져나가는 사업주의 책임을 제대로 규명하지 못하는 점도 문제였다. 제도적으로 노동부 장관의 영업정지 요청이 있어도 시·도지사 및 시·군·구청장이 6월 이내의 영업정지 또는 5천만 원 이하의 과징금 부과를 (선택적으로) 할 수 있어서 (영업정지 대신) 과징금 부과에 그쳤다.

나. 산업안전 업무 추진 체제 보강 및 산안법 위반 구속영장 분석

또 다른 한편으로는 필자가 2004년 산업안전국장을 하면서 산업재해 예방과 감독 활동을 강화하기 위하여 산재예방 5개년계획(2005~2009년)을 새로이 수립하고, 우리 부의 안전 감독관이 검찰과 합동으로 안전을 점검하는 제도를 운영함으로써, 전국의 사업장은 물론 관계 부처의 관계자 모두가 안전의식이 해이해지지 않고 경각심을 유지하도록 하였다.

이와 더불어 관계부처와 협의하여 업무 추진 기반을 보강하였다. 산업안전

감독관을 30% 증원(251명 → 325명 : 2004년 9월)하였을 뿐만 아니라, 기술직 공무원 특별채용 전형을 중앙인사위원회에만 맡겨두지 않고 우리 부에서 직접 위임받아 74명(화공, 건설 등 기술직 7급)의 전문인력을 신속하게 추가로 뽑았다.

그 과정에서 정진우 안전정책과 사무관(현재 서울과기대 안전공학과 교수)이 생소하고도 번거로운 성격의 업무인데도 싫은 내색 한번 내지 않고 헌신적으로 처리해 주었기에, 소기의 성과를 거둘 수 있었다.

산업안전보건법 위반에 따른 당시의 구속영장 발부 현황을 보면, 최근 중대재해에 대한 국민적 공분이 커졌는데도 구속영장 발부는 오히려 예전보다 감소한 수준이다. 즉, 처벌법 자체의 존재 유무가 핵심 관건이 아니었음을 확인해 주고 있다.

2003년 노무현 정부 이후 산업안전보건법 위반 구속영장 발부 현황은 2003년 6건 7명, 2004년 10건 13명, 2005년 2건 2명, 2006년 2건 4명, 2007년 3건 3명, 2008년 1건 1명, 2009~2011년 각 0건, 2012년 1건 1명, 2013년 1건 2명, 2014년 0건, 2015년 4건, 2016년 1건, 2017년 3건, 2018년 0건, 2019년 1건, 2020년 1건 2명, 2021년 3건으로 이러한 상황을 확연히 보여주었다.

일례로 고용노동부에서 집계한 2013~2017년 산재 사망·상해 사고의 피고인 2,932명의 형사처벌 수준을 분석한 결과, 징역이나 금고형을 받은 사람은 86명으로 전체 피고인의 2.9%에 그쳤다. 집행유예(981명, 33.5%)나 벌금형(1,699명, 57.3%)이 대부분이었고, 벌금형의 경우도 개인 평균 420만 원, 법인 평균 448만 원으로 채 500만 원이 되지 않았다.

이처럼 처벌 수준이 미미하다 보니 법에서 정한 각종 안전보건 사항을 지키지 않았을 뿐만 아니라, 지키더라도 형식적으로 대응하는 관행으로 이어져 산재가 끊이지 않고 있다. 이에 정부는 안전보건을 경영의 핵심 요소로 자리 잡게 하고 형식적이던 안전보건 규정을 실질적으로 이행하도록 하기 위해, 사업주나 경영책임자에게 직접적인 형사 책임을 지우는 중대재해처벌법을 만들게 되었다.

2018년 12월 10일 태안 화력발전소에서 일하다 숨진 하청근로자 김용균 씨의 어머니인 김미숙(김용균재단 이사장) 씨가 2020년 8월 26일 '안전한 일터와 사회를 위한 중대재해기업처벌법 제정에 관한 청원'이란 제목으로 올린 청원이 9월 22일 오전 9시 30분경 동의자 10만 명을 돌파하면서, 중처법 입법이 논의되어 온 만큼 여러 가지 시대적 상황이 반영된 것이다.

07

안전문화 확산 :
김우수 안전헬멧 전달 및 안전수칙 선포

1981년 산업안전보건법 제정 이후 PSM, MSDS 제도 도입 등 산재 예방제도의 구체화와 함께 안전문화 선진화를 본격적으로 전개해 왔다. 특히 산업환경 변화에 따라 법적으로 강제하는 기존 방법으로는 선진국 수준으로 재해를 줄이고 경제적 손실을 방지하는 데 한계가 있고, 근로자의 안전과 건강 확보를 위한 양질의 일자리 실현 및 재해로 인한 경제적 손실을 막기 위해서는 안전의식 제고를 통한 자발적 예방 노력이 중요하다고 인식하여 '안전문화 선진화' 추진계획을 수립(2008년 6월)하였다.

안전문화 선진화의 개념은 노·사 스스로 작업 관련 위험요인을 발굴하고, 이를 안전하게 만들려는 행동이 자연스럽게 나타나는 상태로의 전환을 의미하며, 법은 최소한만 규정하고 사업장이 자율적으로 사업장 내 유해·위험 요인을 발굴하여 개선하도록 하였다.

안전문화 선진화 추진계획의 주요 내용은 주로 중·소 규모 사업장의 노·사 안전보건 의식을 향상시키고, 자율적 위험관리 활동을 확산·촉진하기 위한 안전문화 인증제 도입, 사업장 위험성 평가 활동 지원 및 캠페인 전개, 안전보건 교육체계의 합리화, 안전문화 홈페이지 구축 등을 주요 내용으로 하였다.

가. 조기 안전보건 교육과 안전의식 제고

사업장의 재해 예방 활동이 실효성을 거두기 위해서는 어려서부터 안전을 생활화·체질화하는 것이 중요하다는 점에서 '어린이 안전의식 향상 사업'을 추진하였다. 초등학교 어린이를 대상으로 안전문화를 주제로 한 창작 및 개사곡의 안전동요제를 실시하여 우수 팀을 선정하고 고용노동부 장관상 등을 수여하였으며, 스카우트 대원 및 일반 국민이 참여하는 범국민 안전문화 페스티벌을 개최하여 다양한 행사를 실시하였다. 그 외에도 어린인 안전캠프, 안전가족 피크닉을 개최하고, 초등학교용 안전보건 교과서 및 지도서를 개발하여 보급하였다.

1995년부터 정부는 사회 전 분야에 걸쳐 안전이 우리의 생활과 문화 속에 정착될 수 있도록 민·관 및 관련 단체를 중심으로 안전문화 운동을 추진해 왔다. 안전사고 발생을 효과적으로 예방하기 위해서는 산업현장은 물론 사회 전반의 안전의식 함양과 안전의 생활화가 중요하기 때문이다.

또한 정부는 전 국민의 안전보건에 대한 붐을 조성하기 위하여 매년 7월 첫째 주를 '산업안전보건 강조주간'으로 설정하고, 산업재해 예방을 위한 각종 홍보 및 행사를 개최하고 있다. 이 행사는 개막을 알리는 산업안전보건의 날 기념식을 시작으로, 국제안전기기·작업환경개선·소방산업전시회, 국내외 안전보건 기술세미나, 안전보건 우수사례 발표대회, 안전보건 UCC Show, 어린이 안전동요제, 안전보건 퀴즈대회 등 국민이 참여하는 다채로운 행사가 펼쳐졌다.

국민이 직접 참여하는 안전문화 활동으로 월 1회라도 자기 주변의 위험요소를 스스로 찾아내고 점검하는 생활습관을 통해 재해를 예방하는 계기를 마련하고자, 1996년 4월부터 매월 4일을 '안전점검의 날'로 지정하여 범국민적 캠페인을 전개하였다. '안전점검의 날' 행사와 함께 지역 특성에 맞는 다양한 안전문화 운동 프로그램을 마련하고, NGO, 노사단체, 업종별 협의체 등을 기반으로 민간단체를 활용한 다양한 안전문화 사업을 전개함으로써 지역민의 안전의식을 제고하고 지역사회 안전문화 운동의 저변을 확대하였다.

또한 작업장 주변을 지나가거나 점검하느라 순회하다 보면, 상당히 위험해 보이는데도 현장에서 일하는 사람들은 아무렇지도 않은 것처럼 태연히 작업하는 모습을 접하게 된다. 이는 아마도 사람들이 가진 '적응(適應)'을 잘하는 특성 때문이 아닌가 싶다. 거기에다 뭐든 관성(慣性)이 붙으면, 처음에는 위험하게 보이던 작업도 반복되거나 일상이 되면 통상(通常)의 작업으로 그러려니 하면서, 자신도 의식하지 못하는 사이 위험에 대한 경계심이 서서히 무너지게 된다.

이런 상황에서 '안전수칙'을 지키고 안전한 작업이 일상화되도록 하는 대표적인 방법이 바로 작업 전 안전점검회의(TBM : Tool Box Meeting)를 하는 것이다. 매일 TBM을 통해 위험 요인을 상시 공유하고 서로 조심하도록 하여 몸과 마음을 가다듬는 것 또한 중요한 이유이다.

삼성중공업 거제조선소 현장 방문(2012.6.25.)

"안심일터 만들기 안전인증 제품 사용 권장" 행사에 참석한 모습.
왼쪽 네 번째부터 노인식 삼성중공업 대표이사 사장, 필자, 이용근 거제조선소 노동자협의회 위원장

나. 배달 라이더 안전문화 확산 : 김우수 안전헬멧 전달과 안전수칙 선포

   2011년 9월, 중국집 음식 배달을 하던 중 서울 강남구의 한 교차로에서 맞은편에서 오던 승용차와 정면 추돌하여 현장에서 즉시 사망하는 사고가 발생했다. 그런데 고 김우수(1957.5.28.~2011.9.25.) 씨는 월 급여 70만 원 중 상당 금액을 어린이들을 위하여 후원한 사실이 알려지면서 화제가 되었다.

   이 사고를 계기로 당시 고용노동부 산업안전국에서 안심일터추진본부 운영을 총괄하던 함병호 서기관은 늘어나는 배달 수요를 염두에 둔 오토바이 안전문화 확산의 계기로 삼자는 제안과 함께 행사계획을 마련했다. 그렇게 하여 '김우수 안전헬멧 전달 및 안전수칙 선포식'을 개최하게 되었다.

   2011년 11월 17일, 한국외식업중앙회, 강남구청, 한국어린이재단 등 민간기관과 공동으로 서울 강남구 소재 국립국악고등학교에서 오토바이 배달원 300여 명을 초청한 가운데 고인에 대한 묵념으로 행사를 시작하였다. 이어 고 김우

수 씨의 모습과 안전배달 문구가 새겨진 '김우수 안전헬멧'을 행사에 참석한 오토바이 배달원 전원에게 전달하고, '교통신호 지키기'와 '헬멧 착용하기' 등 오토바이 배달원들이 반드시 지켜야 할 7가지 사항과 하지 말아야 할 7가지 사항이 담긴 '7-7 오토바이 배달 안전수칙'을 선포하고 안전운전을 결의했다.

이는 오토바이 배달원 생활을 하면서도 기부를 통해 불우 어린이를 돕다가 사망한 김우수 씨의 숭고한 뜻을 기리고, 위험에 노출된 오토바이 배달원들의 안전의식을 고취하기 위하여 마련한 행사였다. 왜냐하면 오토바이 운행 중 사고가 나면 충돌 위치에 따라 다르지만, 안전모를 착용한 경우 머리에 중상을 입을 가능성이 24%인 반면, 안전모를 착용하지 않을 경우 최대 99%에 달한다는 보고가 있었기 때문이다.

이후 2020년 2월부터 대유행하기 시작한 코로나19 팬데믹의 영향으로 국민의 생활 양상 변화와 함께 배달 수요가 급증함에 따라, 배달 라이더의 안전의식이 생활화되도록 선도적으로 전개한 활동이라는 점에서 의미가 매우 크다.

〈참고〉 "퀴즈 풀며 배운 안전지식 현장에 적용해 사고 예방",
경상일보, 2015.11.26.

"퀴즈 풀며 배운 안전지식 현장에 적용해 사고 예방"
산업안전보건 골든벨 열려… 삼양사 김성민 과장 최종 1인

'반응이 없는 심정지 환자의 맥박은 15~20초간 측정해야 한다. 맞으면 ○, 틀리면 ×로 표기해주세요.' 우승자를 가리기 위한 마지막 문제였다. ×를 적은 삼양사 김성민 과장과 ○를 적은 LS니꼬동제련 노형준 기술혁신팀장의 희비가 엇갈렸다. 정

▲ 고용노동부 울산지청과 안전보건공단 울산지사, 경상일보가 공동주관한 '산업안전보건 골든벨을 울려라' 행사가 26일 울산동천체육관에서 열렸다. 참가자들이 진지한 표정으로 정답을 들어 보이고 있다. 김동수 기자 dskim@ksilbo.co.kr

답은 ×. 15~20초가 아니라 5~10초였다.

전국에서 처음으로 기업체 관리감독자들의 산업안전보건 지식수준을 알아보는 대회가 산업수도 울산에서 열렸다. 고용노동부와 안전보건공단, 경상일보사는 26일 울산시 중구 동천체육관에서 '산업안전보건 골든벨을 울려라' 행사를 열었다. 이날 행사에는 울산석유화학안전관리위원회(20개 사), 온산공단안전관리협의회(55개 사), 여천안전협의회(60개 사), 언양지역안전협의회(13개 사) 회원사, 현대차 등 149개 사 관리감독자 300여 명이 참가했다.

안전 실천의 의미를 되새기고 안전 문화를 널리 확산하기 위해 마련된 이번 행사는 산업안전보건법, 산업안전보건에 관한 규칙, 산업현장 4대 필수 안전수칙 등과 관련한 문제를 ㅇ·× 또는 단답형으로 풀고 최후의 6인을 대상으로 실행능력평가를 하는 방식으로 진행됐다.

삼양사 김성민 생산팀 과장은 최종 1인에 선정돼 고용노동부 장관상과 150만 원 상당의 여행상품권을 받았다. LS니꼬동제련 노형준 기술혁신팀장은 2위에 올라 안전보건공단 이사장상과 80만 원 상당의 여행상품권을, 신한기계 상선의장부 김정훈 차장은 3위에 올라 경상일보 사장상과 30만 원 상당의 부산 롯데호텔 숙박권을 각각 받았다.

이철우 울산노동지청장은 "국내 어느 지역에서도 진행되지 않은 산업안전보건 콘테스트에 참가한 여러분들의 노력으로 울산의 산재사고가 감소하고 있지만 여전히 위험물질이 많다는 점을 항상 염두에 둬야 한다"며 "이번 행사를 계기로 배운 안전지식을 현장에도 전파해 사고를 줄이는 계기로 삼아달라"고 당부했다. 신통원 안전보건공단 울산지사장은 "울산은 화학 위험물질을 다량 취급하기 때문에 중대재해가 언제라도 발생할 수 있다는 사실을 잊지 말고 안전을 확보하는 데 모두 노력하자"고 말했다.

이채필 본사 대표이사는 "산업재해 발생 위험이 높은 울산에서 골든벨에 참가한 여러분들이 안전과 관련한 이상징후가 보이면 즉각 원인과 대책을 찾아야 하고, 결국 울산을 위기에서 구하는 영웅이 될 것"이라고 강조했다.

이왕수기자 wslee@ksilbo.co.kr

08
삼성반도체 백혈병 사태와 보건관리 개선 모니터링

가. 삼성반도체 기흥공장 방문 : 백혈병 사태에 회사의 책임성 주문

　삼성전자 반도체 공장 백혈병 논란은 2007년 3월, 삼성반도체 기흥공장에서 일했던 황유미(당시 23세) 씨가 급성 백혈병으로 사망하면서 시작되었다.
　속초상고 3학년이던 황 씨는 졸업을 앞둔 2005년 삼성반도체 기흥공장에 취업하여 반도체 원판인 웨이퍼를 과산화수소, 황산암모늄 등 혼합액에 담갔다 빼는 디퓨전 공정에서 일했다.

　한국경제를 이끌어가는 굴지의 대기업에 입사했다는 자부심은 잠깐이었고 일을 시작한 지 2년여 만에 '급성 골수성 백혈병'에 걸려 꽃다운 나이에 숨을 거뒀다. 황 씨가 사망하자 그의 부친 황상기 씨는 2007년 6월 근로복지공단에 산업재해 유족급여를 신청했다. 그러나 2009년 5월 근로복지공단은 업무와 질병의 인과(因果)관계가 밝혀지지 않았다는 이유로 산업재해를 인정하지 않았고 급여 지급도 거절했다.

　그런데 반도체·LCD 제조 공정에서 일한 피해자가 추가로 발생했고, 이후 백혈병·뇌종양·유방암·자궁경부암·피부암 등 각종 질병에 걸린 공장 근로자들과 시민단체가 잇따라 삼성에 보상과 대책 마련을 요구했다.
　2007년 11월 '삼성반도체 집단 백혈병 진상규명과 노동기본권 확보를 위한 대책위원회'인 '반올림(반도체 노동자의 건강과 인권지킴이)'이 발족되어 삼성전자 백혈병 문제가 시민운동으로 확대되었다.

삼성전자는 반도체 공장의 근무 환경과 백혈병 발병 간 인과관계가 없다는 입장을 고수했다. 삼성전자는 이미 "(산업안전보건공단 산업보건연구원에서 실시한) 두 차례의 역학조사 결과, 반도체 작업공정과 백혈병 발병은 별다른 연관성이 없는 것으로 파악됐다"라고 강조하였다.

또한 삼성전자는 2010년 미국의 산업환경 관련 회사인 인바이런에 용역을 맡겼고, 1년 뒤 인바이런은 "백혈병 발병과 직접적 상관관계를 찾지 못했다"라고 발표했다. 그럼에도 불구하고 잇따른 백혈병 의심 환자가 발생함에 따라, 반도체 백혈병 논란은 쉽사리 잠재워지지 않았다.

필자는 이에 앞서 1995년 양산지방사무소장 시절, LG전자부품 회사에서 유기용제(세정제) 사용으로 인한 직업병 사고와 관련한 역학조사를 지원하고, 사후 수습에 관여한 경험이 있어서 그 심각성을 잘 알고 있었다. 마침, 2011년 6월 서울행정법원이 고 황유미 씨 등 2명에 대해 산업재해로 인정함으로써 막혔던 사태를 푸는 계기가 마련되었다.

회사가 더욱 전향적인 자세를 갖도록 할 필요가 있다고 판단하여, 2011년 8월 10일 15시에 삼성반도체 기흥공장을 직접 방문하고, 권오현 사장을 만나 다음과 같이 압력성 주문을 가했다.

"삼성이 지금의 초일류 기업을 있게 한 근로자들의 고통을 덮으려 하지 말고 책임을 다하는 자세로 충분히 보상해야 한다"라고 하였으며, 또한 "반도체 등 전자산업의 사업장에서 사용되는 독성 화학물질과 환경으로부터 근로자의 건강을 보호하고, 직업병 사고가 재발되지 않도록 자체 보건관리 강화 방안을 수립하고, 세부 실천 방안을 마련할 것"을 주문했다.[3]

---

3. 李노동, 삼성전자에 직원 건강관리 주문, '백혈병 논란' 공장 방문 보건방안 수립 촉구, 연합뉴스, 2011년 8월 17일 기사, 이채필 노동부 장관, 삼성반도체 기흥공장 방문, '백혈병 사망 논란' 보건관리 특별요구, 경인일보, 2011년 8월 18일 기사

〈참고〉 李노동, 삼성전자에 직원 건강관리 주문,
'백혈병 논란' 공장 방문 보건방안 수립 촉구, 연합뉴스, 2011.08.17.

李노동, 삼성전자에 직원 건강관리 주문
'백혈병 논란' 공장 방문 보건방안 수립 촉구

이채필 고용노동부 장관이 사업장 직원들의 백혈병 사망 논란이 빚어지고 있는 삼성전자에 보건관리 강화방안의 수립을 주문했다. 이 장관은 지난 10일 삼성반도체 기흥공장을 방문해 자체 보건관리 개선 계획에 대한 세부 실천 방안을 조속히 마련할 것을 요구했다고 고용부가 17일 밝혔다.
고용부는 이 장관의 이번 방문이 삼성전자 반도체사업부(삼성반도체) 직원들의 백혈병 역학조사에서 유의미한 결과가 나오지는 않았지만, 근로자들의 보건관리를 강화할 것을 특별히 요구하는 차원에서 이뤄졌다고 설명했다. 삼성반도체에서 근무하다 백혈병으로 사망한 직원과 일부 유가족은 지난 6월 법원에서 산업재해 인정 판결을 받은 바 있다.

이 장관은 기흥공장에서 사용하고 있는 400여 종의 화학물질과 신규로 사용하는 화학물질의 독성(유해성)을 파악해 효과적으로 관리하고, 14개 공정에 국한된 화학물질 모니터링을 41개 전체 공정으로 확대해 달라고 당부했다. 또 화학물질의 유해성을 근로자에게 효과적으로 확실하게 전달하도록 하고, 산업보건 업무를 구체적으로 뒷받침할 수 있는 전담 산학의학 전문의(專門醫) 등을 사업장별로 확보하라고 주문했다. 이 장관은 삼성 측이 추후에 공지하겠다고 밝힌 '퇴직 후 암 발병자에 대한 세부 지원방안'을 가급적 한 달 이내에 마련하고, 이를 철저히 이행해 달라고 촉구했다. 또한 법적으로 관리하고 있는 화학물질 외에 비(非)법적 관리물질도 유해성(발암성, 생식독성, 변이원성 등)을 파악해 관리해 달라고 당부했다고 고용부는 설명했다.

삼성반도체 기흥, 화성공장에는 2만 8천500여 명의 근로자가 일하는 것으로 고용부는 파악하고 있다. 고용부는 삼성전자 자체 계획과 고용부 추가 요구사항을 이행하려면 2012년까지 약 110억 원, 2020년까지 약 1천억 원이 소요될 것으로 보고 있다. 퇴직 임직원에 대한 암 치료비 지원을 포함하면 소요 금액은 더 많을 것으로 고용부는 전망했다.

고용부는 산업보건 전문가와 함께 모니터링팀을 만들어 삼성전자 측의 세부 추진 계획 이행 상황을 주기적으로 관리할 방침이다. 한편, 고용부는 사업장에서 영업비밀 보호 대상이 아닌 유해 물질(벤젠, 톨루엔 등 788종)을 영업비밀로 규정하는 것을 금지하는 등 영업비밀 제도가 제대로 운영될 수 있도록 관련 규정을 고치기로 했다. (연합뉴스 2011.08.17.)

나. '삼성반도체 보건관리 개선 모니터링위원회' 발족 운영

일회성 방문이나 주문에서 그치지 않고, '삼성반도체 보건관리 개선 모니터링위원회'를 구성하여 발족했다. 박정선 산업안전보건공단 박사, 홍윤철 서울대 의대 교수, 강대희 서울대 의대 학장, 임종한 인하대 의대 교수를 비롯한 10여 명의 산업보건 전문가들로 삼성반도체 보건관리 개선을 위한 기구를 만들어, 모니터링과 논의의 장(場)으로 운영하였다.

이후 2011년 11월 18일 10시 30분 고용노동부 서울청 청사에서 1차 회의를 개최하였으며, 2012년 2월 2일 10시 30분(메리어트 호텔) 2차 회의를, 2012년 3월 16일 14시(강남성모병원 가톨릭의과학연구원) '역학조사 전문가 토론회' 및 2012년 7월 24일 11시 30분(플라자호텔) 오찬을 겸한 '역학조사 평가위원회'를 열어 관련 논의를 계속하였다.

삼성전자 역시 국내외 산업보건 전문 연구진 20여 명으로 조사단을 구성하여 1년여 기간 반도체 생산라인 근무환경에 대한 조사를 진행하였다. 결국, 2012년 9월부터 삼성전자가 백혈병 문제와 관련하여 양보하겠다며 대화 의사를 가족들에게 전달하면서 협상 분위기가 급진전되었다.

　삼성전자와 '반올림'은 사건 11년 만인 2018년 11월 2일, 삼성전자 '반도체 백혈병' 피해자 전원 보상에 합의한 것으로 알려졌다.[4] 즉, 삼성전자는 '반도체 사업장에서의 백혈병 등 질환 발병과 관련한 문제 해결을 위한 조정위원회'(위원장 : 김지형 전 대법관)가 낸 중재안을 조건 없이 수용한 것으로 알려졌다.

　2018년 11월 23일, 삼성전자는 '반도체 백혈병' 문제에 대한 사과문을 발표하고 피해자 보상 합의 이행을 약속했다. 이로써 삼성전자 반도체 사업장의 직업병 보상 문제는 11년 만에 종지부를 찍게 되었다. 하지만 피해 보상에 앞서서 근본적인 직업병 예방과 근무환경 개선 활동이 가장 중요했다.

---

4. '삼성 백혈병' 보상 11년 만에 마침표… 피해자 전원 보상, 한겨레 신문, 2018년 11월 1일 기사

09

산재보험 제도 시행 49년 만의 첫 '업무상질병 인정 기준' 개정

우리나라 4대 사회보험 제도 중 최초로 시작된 것이 산재보험인데, 1964년 1월 1일부터 시행(1963.11.5. 산업재해보상보험법 제정)되면서 직업병에 대한 국가 차원의 보상이 이루어졌다.

초기에는 직업병이 사회문제로 크게 인식되지 못하다가 1980년대 말 수은·카드뮴·크롬 등 중금속 중독 사고가 알려지면서 사회적 관심이 높아졌다. 특히 1988년 원진레이온의 이황화탄소(CS_2) 중독 사고로 인해 직업병이 중대한 사회적 문제로 부각되었다. 이후 1995년 물질안전보건자료(MSDS) 제도가 도입되었고, 뇌심혈관 질환의 인정 기준으로 과중한 업무와 스트레스가 반영되었으며, 근골격계 질환이 인정 기준에 채택되었다. 2000년대에 들어와 근골격계질환, 스트레스, 실내 공기질 등과 관련하여 사업주의 의무사항이 법으로 규정되었다.

우리나라의 직업병 인정 기준은 근로기준법과 산업재해보상보험법(산재보험법)이 규율하고 있으나, 재해보상 이행을 확실히 보장하기 위한 책임보험적 성격을 지닌 산재보험법이 주로 적용되었다. 산재보험법 제37조와 시행령 제34조(업무상질병 인정 기준) 별표에는 23개 항목이 규정되어 있었다.

가. 종전 업무상질병 인정 기준에 대한 평가와 외국의 사례

이 규정이 개정되기 전까지 업무상질병 인정 기준 범위가 협소하다는 지적이 있었다. 그 근거는 산재보험법 시행령 별표에 명시된 발암물질이나 암의 종류가 상당히 제한적이었고, 나열된 '열거 방식'의 기준 외에는 직업성 암이 아니라고 판정하기 때문이었다.

즉, 산재보험법 제37조 제3항 및 시행령 제34조는 근로복지공단이 산재 승인 여부를 판단할 때 다음 세 가지 요건에 모두 해당해야 업무상질병으로 인정하도록 명시하였다.

① 업무 수행 과정에서 유해·위험 요인을 취급하거나 유해·위험 요인에 노출된 경력이 있을 것
② 유해·위험 요인을 취급하거나 유해·위험 요인에 노출되는 업무시간, 그 업무에 종사한 기간 및 업무 환경 등에 비추어 볼 때 해당 요인이 질병을 유발할 수 있다고 인정될 것
③ 유해·위험 요인에 노출되거나 유해·위험 요인을 취급한 것이 원인이 되어 그 질병이 발생하였다고 의학적으로 인정될 것

유럽연합(EU)은 산업화의 진전에 따라 과거의 업무상 사고(事故) 중심에서 질병(疾病) 중심으로 그 범위를 확대하였다. 독일의 경우 독일 연방정부와 독립된 상임위원회에서 격월로 직업병 목록을 추가하는 작업을 하여 새로 발병하거나 증가하는 직업병에 유연하게 대처하고 있다. 또한 스웨덴은 산재보험과 건강보험을 통합하여 국가 공영 의료체계를 갖추어 별도의 절차 없이 담당 의사의 판단에 따라 산재보험 또는 건강보험으로 치료받도록 하고 있다.

일부에서 이런 점을 이유로 우리나라의 직업병 인정 기준의 범위가 협소하다는 주장을 하고 있으나, 이들 국가에서 '뇌심혈관 질환'의 경우 우리나라와

같이 광범위하게 인정하고 있지 않은 점은 거론하지도 않았다.[5]

나. 새로운 업무상질병 인정 기준 개정 경위

업무상질병 인정 기준 고시(고용노동부 공고 제2013-58호, 2013.2.26.)는 산재보험 제도 시행 49년 만에 처음 개정된 것인데, 사회적으로 이슈화된 '삼성반도체 백혈병 사건'도 업무상질병 인정제도를 개선하는 계기가 되었다.

이 고시는 2010년 11월부터 노사정(한국노총, 민주노총, 한국경총, 중기중앙회, 고용노동부, 근로복지공단 등)이 참여하는 산재보험 제도개선 TF(업무상질병 인정기준위원회)를 구성하고, 논의한 결과를 바탕으로 한 개선 방안이 2013년 2월 노사정 합의로 도출되었다.

이어 2013년 2월 15일(금) 15시 30분부터 서울 강남구에 소재한 팔래스호텔에서 "업무상질병 인정 기준 개선 방안"에 관한 정책토론회를 개최하였다. 신계륜 국회 환경노동위원회 위원장도 이 토론회에 참석하여 개선 방안이 나오기까지 그간의 활동을 높이 평가하는 축사를 하였고, 이례적으로 토론회가 모두 끝날 때까지 자리를 떠나지 않았을 정도로 관심을 가지고 지켜봐 주었다.

이 정책토론회에서 나는 "새로운 유해 요인을 대폭 보완하고, 분류체계를 유해 요인별 체계에서 근로자(질병명) 중심으로 개편하여 업무상질병 인정제도가 한 단계 더 발전하게 되었다"라고 하면서, "해당 기준을 충족하면 개인 질병이 원인이 아니라는 명백한 반증(反證)이 없는 한 업무상질병으로 인정될 수 있도록 하여 재해근로자가 산재로 인정받는 부담을 줄이고, 보상기준이 공정

---

5. 새로운 업무상질병 인정기준의 의의와 과제, 성균관의대 직업환경의학과 김수근, 2013

"업무상질병 인정 기준 개선 방안"에 관한 정책토론회 참석자(왼쪽부터 김양호 울산대 직업환경의학과 교수, 신영철 근로복지공단 이사장, 신계륜 국회 환경노동위원회 위원장, 필자, 백헌기 산업안전보건공단 이사장, 송재철 한양대 직업환경의학과 교수)(2013.2.15.)

하게 운영될 수 있도록 고용노동부와 근로복지공단의 전문성과 객관성을 높여 나가자"라며 업무에 임하는 장관의 소회와 각오를 밝혔다.

당시 김경윤 산재보험정책과장이 열정을 기울여 실무적으로 뒷받침하지 않았더라면 알찬 성과를 거둘 수 없었을 것이다. 전문적이고도 기술적인 분야이다 보니 일반 행정가로서는 능통하기 어려워 기피하는 업무였다. 당시 김인아 연세대 예방의학 교수(현, 한양대 직업환경의학과 교수) 등과 함께 구체적인 방안을 마련하고, 노사를 설득하기 위하여 21차례에 걸친 논의를 하였다. 이분들이 열정적으로 일하였기 때문에 어려운 상황에서도 노사정이 공감하고 합의를 이루어 낼 수 있었다고 생각한다.

업무상질병(疾病)에 대하여 업무와 질병의 인과관계를 입증하려면 전문적인 의학 지식과 화학물질에 대한 정보 등이 필요한 경우가 많아서, 업무상사고(事故)에 비해 인과관계를 증명하는 것이 어렵다. 특히 최근 산업이 고도화되고 작업공정에 신기술이 도입됨에 따라 작업환경이나 작업에 사용되는 화학물질도 다양해지고 있어, 업무와 근로자의 질병 사이에 인과관계를 파악하기가 훨씬 어려워진 것이 현실이다.

우리 사회에서 근로자가 질병에 걸렸을 때, 그것이 업무상질병으로 인정되어야만 산재보험을 통해 생활을 보장받을 수 있다. 그러나 단순히 질병을 목록으로 열거하는 방식만으로는 산재보험 급여 제도를 제대로 운영하기에는 여전히 한계가 존재한다. 따라서 질병명과 발병인자별 인정 요건을 더욱 구체적으로 세분화하여, 제도의 법적 안정성과 운영의 일관성을 지속적으로 도모할 필요가 있다.

다. 새로운 업무상질병 인정 기준의 주요 개정 내용과 특징

2013년 2월 26일 새로 마련한 업무상질병 목록은 8개의 신체 해부학적인 질병 분류와 직업성 암 및 3개의 질병 원인에 따른 분류(생물학적·화학적·물리적 인자 등) 12개 항목이 있고, 13번째 항목으로 포괄(包括) 규정을 두는 등 총분류된 목록은 91종으로 대폭 확대하였다.

새로 마련한 인정 기준은 목록으로 명시한 업무상질병 인정 기준에 해당하지 않더라도 질병과 유해 요인의 연관성이 확인되면, 업무상질병으로 인정하도록 근거 규정(포괄 조항)을 명시하였다.

즉, '열거 방식'과 함께 '혼합방식'을 채택하여, 목록으로 열거되지 않아도 산재보험법 제37조의 인정 요건을 충족하는 경우에는 인정할 수 있도록 '포괄주의'를 채택하였는데, 새로운 업무상질병 인정기준(고용노동부 장관 고시, 2013.7.1. 시행)의 주요 내용과 특징은 다음과 같다.

① **분류방식 개편** 기존의 업무상질병 인정 기준은 유해요인(발병인자) 중심으로 되어 있었다. 따라서 근로자들이 질병에 걸려 진단받은 진단명으로는 자신의 질병이 업무상질병에 해당되는지 알아보기 어려웠다.

그러나 이번 개정은 유해 요인별 체계에서 근로자 중심으로 개편하여, 질병명으로 목록을 열거하고 질병과 유해 요인을 연계한 질병 계통별로 개편하여 근로자가 알기 쉽도록 분류방식을 바꾸었다.

② **업무상질병의 인정 범위 확대** 그동안 사회적으로 관심이 높았던 직업성 암의 유해 요인 14종을 추가(기존 9종 ⇒ 개선 23종)하고, 원인적 연관성이 확인된 12종류의 암을 추가(기존 9종 ⇒ 21종)하는 등 유해 요인을 추가함으로써 업무상질병의 인정 범위를 확대하였다. 또한 호흡기계 질병의 유해 요인도 대폭 확대하고, 특히 '분진작업에 노출되어 발생하는 만성폐쇄성폐질환'을 명문화하여 진폐에 해당되지 않는 경우에도 적정한 보상을 받을 수 있도록 하였으며, 새로운 유형의 업무상질병인 정신질환 중 발병의 연관성이 확인되는 '외상후스트레스장애'를 인정 기준에 포함하였다.

바뀐 업무상질병 목록을 ILO의 직업병 목록과 비교하면, 우리나라의 새로운 인정 기준이 총 181종으로서 ILO 직업병 일람표의 총 98종에 비하여 더 많은 수준이다.

③ **뇌심혈관 질환 인정 기준 : 만성 과로 기준에 '업무시간' 도입** 새로운 뇌심혈관 질환 인정 기준은 2011년에 노사정의 추천을 받아 전문가들이 개선안을 만들고, 이를 바탕으로 2012년 산재보험 제도개선 TF에서 노사정이 수십 차례에 걸친 논의를 통해 합의안으로 마련하였다.

그 결과 기존 고시에 규정된 만성 과로 인정 기준에 '업무시간' 개념을 도입하여 만성적인 과중한 업무에 대하여 판정의 객관성과 예측 가능성을 높이도록 하였다. 즉, "업무시간이 12주간 주당 평균 60시간(4주간 주당 평균 64시간)을 초과하는 경우에는 업무와 발병의 관련성이 강하다"는 점을 고려하여 만성 과로 여부를 판단하도록 하고, "업무시간이 60시간을 초과하지 않아도, 업무시간이 길수록 업무와 발병의 관련성이 증가하며, 야간 근무는 주간 근무보다 더 많은 부담을 유발할 수 있다"는 점을 고려하여 판단하기로 하였다. 그 결과 뇌심혈관 질환의 업무 관련성을 판단할 때 일관성을 높일 수 있게 하였다.

그러나 우리나라 근로자의 근로시간과 뇌심혈관 질환의 발병 위험도에 대한 국내 연구가 거의 없는 상황이라 외국의 관련 연구 결과를 바탕으로 하는 아쉬움이 있었다.

한편, 만성 과로의 업무상질병 인정 기준에서 "업무시간이 12주간 주당 평균 60시간(4주간 주당 평균 64시간)을 초과하는 경우 업무와 발병의 관련성이 강하다"는 부분과 관련하여, 주 52시간제 실시로 실근로시간이 단축되면서 법이 금지하는 장시간 근로를 해야 마치 만성적 과로를 인정하는 것처럼 오해하거나, 기준이 지나치게 높다는 지적을 감안하여 52시간으로 기준을 재개정(2018.1.1.)하게 되었다.

④ **근골격계 질환의 자연경과적 변화 관련 인정 기준** 또한 근골격계 질환의 경우, 연령에 따른 자연경과적인 변화가 신체부담 업무로 더욱 빨라진 경우도 업무상질병으로 인정하도록 명문화하였으나, 관련 실증연구가 부족하여 객관적인 기준을 제시하지 못하고 말았다. 따라서 업무상질병 조사 및 판정 시에 퇴행성 소견이 있는 경우라도 업무 관련성 평가를 진행할 수 있도록 하려면, 관련 업무 지침을 계속 보완해야 하는 숙제를 안고 있다.

10
중대산업사고 예방센터 시범 설치

화학물질 취급 사업장이 밀집된 지역에 화재·폭발·누출 등 중대산업사고가 발생하면 그 위험이 해당 사업장 근로자의 피해에만 그치지 않고, 지역 주민을 포함한 일대에 걸쳐 광범위한 사고로 확대될 우려가 커 유해·위험 설비의 안전관리를 위하여 노동부 산업안전 감독관, 산업안전공단 전문가, 소방서와 지방자치단체 등 관련 기관의 연계 등 협업 체제를 구축하여 대처해야 한다.

그래서 중대산업사고를 야기할 가능성이 있는 공정·설비를 지속적으로 관리하기 위해 사업주가 잠재된 사고의 위험요인을 사전에 발굴·제거하여 사고를 예방하는 공정안전관리(Process Safety Management) 제도를 운영하였다. 그런데 2004년 산업안전국장 당시 울산·여천·대산 석유화학 공단에 입주한 공정안전관리(PSM) 대상 사업장이 150여 개에 이를 정도로 설비의 규모가 워낙 크고, 화학물질을 대량으로 취급하는 노후시설이 늘어나 막대한 피해 야기가 우려되어, 이들 지역부터 중대산업사고 예방센터(약칭 중방센터)를 시범 운영하기로 하고, 2004년 국회 예산심의 시 15억 원의 예산을 확보하였다.

화학공장의 위험물질 누출, 화재·폭발과 같은 중대산업사고는 사업장의 근로자뿐만 아니라 인근 주민, 환경 및 국가 경제에까지 큰 영향을 미치는 대표적인 화학사고이므로, 화학물질을 다량으로 취급하는 업종과 설비에 의한 화학사고 예방이 중요하다고 생각했고, 화학공단의 노후화가 빠르게 진행되어 필요한 보수와 예방관리가 시급하다고 판단하였다.

2005년 2월에는 중대산업사고 예방센터 설치·운영에 관한 노동부 예규(제509호, 2005. 2. 25.)를 제정하여 심사 및 확인을 전문적으로 실시하고, 이행상태 평가와 점검을 지방고용노동관서 산업안전 감독관과 안전보건공단 기술직 직원이 합동 근무를 통해 유기적으로 협업하도록 하였다. 중방센터는 화공분야를 전공한 함병호 사무관(박사)의 뛰어난 전문성과 열정적인 뒷받침 덕분에 우리는 당국자로서 소신을 가지고 업무를 추진할 수 있었다.

참고로 안전보건공단은 1987년 12월에 근로자의 안전과 보건을 유지 증진하고 사업주의 재해예방 활동을 촉진하고자 설립된 기관으로, 공단 설립 초기에 업무를 꼼꼼하게 챙기는 정동철 이사장(전 노동부 차관)이 부임하여 기술사 330명, 기사·산업기사 920명 등 이론과 실무를 겸비한 안전보건 전문인력이 주축을 이루었고, 사업장 경험을 보유한 경력자를 신규 채용하여 산업재해 예방에 필요한 전문기술력을 중시했다. 공단은 근로자와 재해자 비중이 높은 제조업과 건설업 사업장에 대한 기술지도를 통하여 사업장 실정에 맞는 맞춤형 재해예방 대책을 제시하고 안전보건 교육과 연계하여 지원하는 기관이다.

직(職)이 아니라, 목숨을 걸고 일해야

한편, 필자가 2012년 장관 시절 현대자동차 노사 현안문제로 울산을 방문할 기회가 있었는데, 예전에 국장 때 설치한 중대산업사고 예방센터가 의도한 바와 같이 제대로 운영되고 있는지를 확인하기 위하여 자투리 시간을 활용하여 현장을 찾아가 보았다.

기대와 달리, 중대산업사고 예방센터가 위치한 장소는 석유화학 공단 지역과는 상당히 먼 거리의 울산 시내에 소재하고 있었다. 건물을 임차하는 과정이나 직원들의 출퇴근 사정 등을 고려하면 이유 있는 선택으로 볼 수도 있으나, 일반적인 사무실과 달리 중방센터를 설치한 취지에는 맞지 않는 위치였다.

그래서 중대산업사고 예방센터를 설치한 의미를 잘 살릴 수 있는 곳으로 가급적 조기에 이전하도록 촉구하였다. 단순히 자신의 직(자리)을 거는 정도가 아니라 목숨을 걸고 일해야 한다는 뜻이었다. 왜냐하면 대규모 화학사고가 났을 때 자신들이 가장 먼저 위험에 처할 만한 곳에 근무해야 평소에 위험을 줄이려는 노력을 더욱 배가할 것이기 때문이었다.

그렇기 때문에 중방센터 운영 규정(노동부 예규 제509호, 2005. 2. 25.)에서 권역별로 동남권·호남권·충청권·대경권·수도권에 설치하되, 그 소재지는 관할구역에서 화학공단에 접근이 쉬운 지역에 두도록 명시(제3조)한 것이다. 마치 불이 날 우려가 큰 곳 주변에 접근하기 쉽도록 소방서를 두는 것과 같다.

이후 2012년 6월 구미국가산단에서의 불산가스 누출 사고로 구미 지역에 설치하였고, 2014년 1월 익산 지역에 추가하여 전국을 6개의 광역권으로 하는 중대산업사고 예방센터로 확대되었다. 그 결과, 중대산업사고는 관련 화학공정의 확대에도 불구하고 1996년 20건에서 2016년 11건으로 감소하였고, 중·소규모 화학공장의 화학사고도 지속적으로 줄어들었다.

중대산업사고 예방센터를 시발로 2014년 환경부, 국민안전처 등 5개 부처 합동 근무 형태로 화학물질 다량 취급 사업장 밀집 지역에 '화학재난합동방제센터'를 출범하여 여기서 함께 운영되고 있다.

하지만 당초 공정안전관리제도를 체계적으로 정착시키기 위해 궁극적으로 종합위험관리체계(IRMS, Integrated Risk Management System)를 구축·보급하려 했으나, 여태까지 제대로 작동되지 않고 있다. 종합위험관리체계는 가상사고 선정 프로그램, 신뢰도 분석 프로그램, 사고피해 예측 프로그램 등으로 구성되어 사업장의 위험성을 정량적으로 관리하여 사고를 예방하도록 지원하는 시스템으로, 전문인력의 확보가 중요한데도 화학재난합동방재센터가 출범하면서 시너지 효과보다는 사실상 주인 없는 기관으로 전락하는 등 제약 요소가 가중되어 흐지부지된 실정이라 아쉽다.

제30차 세계산업보건대회(ICOH) 기조연설
: '산업재해 예방 및 근로환경 개선을 위한 한국의 전략'

2012년 3월 19일 멕시코 칸쿤에서 개최된 '제30회 세계산업보건대회(ICOH)'에 차기 대회 개최 국가대표(고용노동부 장관) 자격으로 참석하여 '산업재해 예방 및 근로환경 개선을 위한 한국의 전략'이라는 주제로 기조연설을 하였다.

이 대회 기조연설에서 산업안전보건의 세계적 흐름에 비춰 본 한국 산업안전보건의 주요 현안과 산업재해 예방 전략을 발표하고, 특히 현재 소규모 사업장 밀집 지역에서 시범 운영되고 있는 '근로자건강센터'와 화학공단이 밀집한 권역의 '중대 산업사고 예방센터' 설치 운영 사례를 소개하였다.

아울러 장시간 근로는 근로자의 건강 및 산업재해에 부정적 효과를 초래하는 만큼 산업재해를 감소하기 위해서라도 장시간 근로 문제를 해결하는 것이 한국의 당면 과제임을 강조하였다.

제30회 세계산업보건대회 기조연설 장면 (2012년 3월 19일, 멕시코 칸쿤)

제30회 세계산업보건대회에 참가한 대한민국대표단 일행. 왼쪽 두 번째부터 산업안전보건공단 박정선 산업보건연구원장, 백헌기 이사장, 필자, 노재훈 연세대 보건대학원 교수 (2012년 3월 19일)

〈참고〉 '우문현답'의 자세로 산업안전·고용노동 분야 현안 해결,

안전저널, 2012.5.4.

'우문현답'의 자세로 산업안전·고용노동 분야 현안 해결

이채필 고용노동부장관

산재 감소는 안전보건에 종사하는 관계자들이 흘린 소중한 땀의 결실

이채필 고용노동부장관이 취임 1년을 맞는다. 이 장관의 취임 후 산업안전보건 분야는 산업재해자의 감소, 산재율 감소 등의 많은 성과를 이루어 냈다. 산재감소를 위한 각 계의 노력을 한데 모아나갔던 것이 이렇게 큰 성과로 나타난 것이다.

이외에도 이 장관은 복수노조제 정착, 근로시간 줄이기 등 다양한 고용노동정책을 추진하면서 산업현장의 불합리한 점을 고치려 많이 노력해 왔다는 평가를 받고 있다. 본지는 창간 3주년을 기념해 취임 1년을 맞는 이채필 장관을 만나봤다.

그리고 이 장관과 우리나라 산업안전 분야 및 고용노동 분야의 산적한 문제점들과 이를 개선하기 위한 고용노동부의 노력 등에 대해 이야기를 나눠봤다.

Q. 장관님께서 취임하신 지 1년이 다 되어갑니다. 지난 1년간 어떠한 마음으로 고용노동부를 이끌어 오셨는지요.

제가 지난해 5월 31일에 고용노동부장관에 취임하였으니, 벌써 만으로 1년이 다 되어갑니다. 30년 가까이 고용노동업무를 해왔고 장관직을 맡은 지도 1년이 다 되어가지만, 여전히 막중한 책임감에 어깨가 많이 무겁습니다.

1년 가까이 보내면서 시대의 요구는 '일자리'이며, 많은 국민들이 '일자리'에 목말라하고 있다는 것을 다시 한번 깨닫게 됐습니다. 그래서 국민들의 걱정을 조금이나마 덜어드리고 '좋은 일자리'를 하나라도 더 만들기 위해 저는 '일자리'를 제1의 우선순위에 두고 '국민'과 '현장'의 관점에서 정책을 추진하고 있습니다.

즉, 일하고 있는 근로자뿐만 아니라, 일자리를 구하는 구직자, 그리고 일자리를 만들어 내는 기업의 입장을 모두 아우르면서도 정책의 최종 수요자가 공감할 수 있는 정책을 마련하고 실천하고자 노력하고 있는 것입니다.

앞으로도 '일자리를 더하는 노동시장과 노사관계가 되도록 최선을 다해야겠다'라는 다짐을 매일매일 되새기며 정책추진에 만전을 기해 나갈 것입니다.

Q. 장관께서는 평소 현장을 중요하게 여기시는 것으로 알고 있습니다. 특별한 이유가 있으신지요.

'사회 있는 곳에 문제 있고, 문제 있는 곳에 대안 있다'라는 것이 평소 제 신념입니다. 그래서 정책이 살아 움직이는 현장을 중히 여기고 있습니다.

예컨대, 지표상으로는 우리나라 고용상황이 상당히 나아지고 있으나, 국민이 체감하는 사정은 여전히 어렵습니다. 이는 정책이 아직 국민의 피부에 와 닿지 않고, 현장에서는 일자리 창출의 걸림돌이 많다는 것을 의미합니다.

그렇기 때문에 저는 현장의 목소리를 듣고 답을 구하기 위해 시간 나는 대로 현장을 찾아다닙니다. '우문현답(愚問賢答)'이라는 말이 있습니다. '어떠한 질문에도 현명한 답을 한다'는 원래의 의미 외에도 '우리의 문제는 현장에 답이 있다'는 의미로 사용되고 있습니다.

앞으로도 '우문현답'의 자세로, 언제 어디서나 현장의 생생한 목소리에 귀 기울이며 열정을 다해 고용노동정책을 펴나가겠습니다.

Q. 지난 1년 동안 많은 정책을 추진하셨는데요. 기억에 남는 정책이 있으면 몇 가지만 소개해 주시길 바랍니다.

1년 동안 추진했던 많은 정책들이 주마등처럼 스쳐 지나갑니다. 어느 하나 중요하지 않은 정책이 없었기에 몇 가지만 딱 집어서 말하기가 쉽지 않네요. 그렇지만 주요한 정책 중 대표적인 부분 몇 가지만 말씀드리겠습니다.

우선, 우리 노사관계의 해묵은 과제였던 복수노조·교섭창구단일화 제도가 지난해 7월부터 시행되었습니다. 현재 창구단일화 진행률이 97%에 이를 정도로 매우 순조롭게 정착되고 있다고 평가됩니다. 이 복수노조 제도를 통해 조합원의 다양한 의견을 대변할 수 있게 되었고 조합원을 위한 서비스 경쟁도 강화되면서 노동운동의 민주성이 전체적으로 높아지게 됐다고 생각됩니다.

다음으로, 근로자들의 근로조건이 많이 개선되었다고는 하지만 장시간 근로, 일하는 사람 간의 지나친 격차 등과 같은 불합리한 관행은 여전히 고쳐지지 않은 채 남아있습니다. 이에 우리 고용노동부에서는 지난해 7월부터 주 40시간제를 5인 이상 사업장으로 확대 적용하고, 자동차 업종의 교대제 개선을 포함한 장시간 근로 개선을 추진하는 등 근로자의 건강과 삶의 질을 높이기 위해 적극 노력해 왔습니다.

여기에 비정규직 근로자에 대한 불합리한 차별을 해소하기 위해 '비정규직 종합대책'을 발표했고, 공공부문이 모범을 보이자는 차원에서 '공공부문 비정규직 고용개선 대책'도 마련하였습니다.

이 같은 노력으로 일반 근로자는 물론 비정규직 등 사회 취약계층의 근로조건을 보호하려는 움직임이 사회적으로 확산되는 등 많은 효과를 거둘 수 있었다고 생각합니다.

그리고 우리 사회의 고용 패러다임이 예전에는 학력주의였습니다. 하지만 지난해 민간 기업을 중심으로 고졸채용 바람이 불고 정부에서도 '열린 고용사회 구현 방안'을 발표하는 등 실력 중심의 분위기가 퍼지고 있습니다. 실력의 사다리로 학력의 벽을 뛰어넘는 '열린 고용사회'로 변화하고 있다고 할 수 있는 것이지요. 아주 긍정적이고 의미 있는 진전이라고 할 수 있겠습니다.

이외에도 취업에 어려움을 겪고 있는 분들의 일할 기회 늘리기를 위한 '일자리 현장지원 활동', '제2차 고령자 고용 촉진 기본계획', '장애인 고용 확충을 위한 종합대책' 등도 기억에 남는 정책이라고 할 수 있습니다.

Q. 본격적으로 산업안전보건 분야에 대해 질문드리겠습니다. 10여 년 동안 0.7%대로 정체되었던 산업재해율이 0.6%대로 감소했습니다. 이러한 비결은 어디에 있다고 보시는지요.

2009년까지 0.7%대에 정체되었던 우리나라 산업재해율은 2010년에 0.69%, 그리고 지난해에 0.65%를 기록하는 등 점차 감소하고 있는 상황입니다.

아직 만족할 수준은 아니지만 감소하는 추세를 보이고 있어 다행이라 생각합니다. 이러한 결과는 노·사의 노력과 더불어 안전보건에 종사하는 관계자들이 흘린 소중한 땀의 결실이라고 생각합니다.

정부에서도 2010년 12월부터 노사민정이 참여하는 '안심일터 추진본부'를 구성·운영하여 범사회적으로 재해예방 분위기를 확산시키고자 노력해 왔습니다. 또한 사업주와 근로자의 안전의식을 높이기 위해 법 위반 사업장에 대한 법 집행을 강화하고, 안전보건 인프라 확충을 위한 제도개선도 다각도로 추진해 왔습니다.

이러한 정부의 노력과 노·사, 안전보건 관계자의 힘이 더해져서 산업재해가 최근 감소세에 접어들지 않았나 생각됩니다.

Q. 하지만, 우리나라 산업재해 발생 수준은 OECD 국가 중 여전히 최상위로 평가되고 있습니다. 선진국 수준의 안전문화를 이루기 위한 방안에는 어떠한 것들이 있다고 생각하시는지요.

우리나라는 건설업, 조선업, 화학업 등 고위험 업종의 비중이 매우 높게 나타나는 등 안전보건관리에 취약한 산업구조를 가지고 있습니다. 게다가 산업안전보건의 역사가 선진국과 비교하면 상대적으로 짧아 노·사의 안전의식도 낮은 실정입니다. 전반적으로 안전보건이 산업의 근간으로 자리 잡기에는 어려움이 많은 환경인 것이지요. 하나 저는 우리나라이기에 비교적 빠른 시간 안에 선진국을 따라잡을 수 있을 것이라고 믿고 있습니다.

우리나라는 전후 척박한 환경에서 세계적으로도 유례가 없는 짧은 기간에 고도성장을 이룩한 국가입니다. 이런 국민적 역량이 있기 때문에 산업안전보건 분야에서도 비록 녹록지 않은 환경이지만 압축성장을 하는 성과를 거둘 수 있을 것입니다.

이를 위해서는 무엇보다 노·사, 특히 사업주들로 하여금 '안전보건기준을 지키는 것이 지키지 않는 것보다 유리하다'라는 인식을 하루빨리 갖게 하는 것이 중요합니다. 이런 점을 감안해 우리 고용노동부는 사업장에서 노·사의 높은 안전의식을 기반으로 자율적인 재해예방활동을 전개할 수 있도록 사전예방 지도·홍보를 강화하는 한편, 법 위반 사업장에 대한 적발 확률과 처벌 강도를 높여 나가고자 합니다.

여기에 산업안전보건법 적용의 사각지대를 최소화하고 안전보건기준의 현실 적합성과 실효성을 높이는 등 산업안전보건 법제도도 점진적으로 선진화해 나갈 방침입니다.

그리고 적극적으로 안전보건활동에 참여하고자 하는 중소기업 등 산재예방활동 우수 사업장에 대한 인센티브 부여 방안도 지속적으로 모색코자 합니다. 개선 의지가 있지만 재정·기술능력이 부족한 사업장에 대한 지원을 강화하는 것도 산업안전보건을 선진화하는 중요한 수단이기 때문입니다.

이밖에 근로자 건강을 위협하고 산업재해를 유발하는 '장시간 근로'도 산업안전보건 수준의 선진화를 위해 반드시 해결해야 할 숙제이기에, 이 부분에 대한 개선노력도 게을리하지 않을 것입니다.

"안전보건기준의 현실 적합성과 실효성 높여 나가면서 법제도 선진화 추구"

Q. 산업안전보건법이 사회구조의 변화 등을 감안해 개선되고, 이것이 현장에 제대로 자리 잡는 것 또한 매우 중요할 것 같습니다. 이러한 취지로 앞으로 법 개정을 준비하고 계신 사항이 있으시다면 소개 부탁드립니다.

최근 아웃소싱이 일반화되면서 유해·위험업무의 외주도 증가하고 있습니다. 특히 사내 협력업체는 도급업체보다 유해·위험이 높은 작업을 분담하는 경우가 많은 것이 현실입니다. 업무 특성상 도급업체의 조치 없이는 재해예방의 실효를 거두기 어려운 것이지요.

따라서 우리 고용부는 도급업체의 안전보건 책임 및 의무를 강화하는 방향으로 산업안전보건법령의 개정을 추진하고 있습니다. 제조·건설업으로 한정되어 있던 도급인의 안전보건조치를 모든 업종으로 확대하고, 도급업체로 하여금 수급업체에 유해·위험 정보를 제공토록 하는 것이 대표적인 예입니다.

그리고 최근 실계단계에서의 안전성 검토 미흡으로 인한 대형사고가 초고층 건축물 공사, 대형 가시설물 사용 현장 등에서 다발하고 있는 상황입니다. 지난 2010년 7월 부산해운대 초고층아파트 RCS폼 추락사고가 단적인 예라고 할 수 있습니다. 설계단계부터 안전성이 제대로 검토되지 않아 세 사람이 사망한 매우 안타까운 사건이었습니다.

그래서 앞으로는 일정한 규모 이상의 건설공사에 대해서는 설계완료 전에 발주자로 하여금 관계 전문기술자의 안전성 검토를 받도록 하면서 근로자들의 안전을 확보해 나갈 계획입니다.

Q. 최근 폭발사고가 많이 발생하고 있는데, 그 원인과 대책에 대해서도 한 말씀 부탁드립니다.

지난해 울산의 현대EP㈜, 구미의 TK케미칼에서 폭발사고가 있었고, 올해에도 영주의 OCI머티리얼즈, 울산의 태광산업 등에서 크고 작은 화재·폭발사고 발생했었습니다. 이들 사고는 안전관리 시스템 미흡, 사업주와 근로자의 안전의식 부족 등이 그 원인으로 파악되고 있습니다. 즉, 안전에 조금만 더 신경을 썼더라면 충분히 막을 수 있었던 사고였지요. 이 점이 참으로 안타깝습니다.

화재·폭발사고는 해당 사업장뿐만 아니라 인근 지역주민에게도 큰 영향을 미칠 수 있기 때문에 무엇보다 철저한 예방관리가 필요합니다.

이에 정부에서는 대형산업재해 예방 전담조직으로 운영 중인 '중대산업사고예방센터'를 재정비하여 구미에 대경권예방센터를 신설하고(현재 수도권·동남권·대경권·호남권·충청권에 설치), 센터의 위치를 공단지역으로 전진 배치하였습니다. 또한 소방서 등 각종 유관기관과 공조하여 중대산업사고에 대한 2중 3중의 예방감시시스템도 구축했습니다.

앞으로도 공정안전보고서(PSM) 제출 사업장에 대한 감독을 강화하고 PSM 미적용 사업장에 대한 기술지도를 실시하는 한편 PSM 적용 대상물질을 선진국 수준으로 확대하면서 중대산업사고의 예방기반을 보강해 나갈 계획입니다.

Q. 다른 업종과 달리 건설업 재해는 계속 증가한 것으로 나타나고 있습니다. 이에 대한 대책에 대해 한 말씀 부탁드립니다.

전체적으로 산업재해가 감소하는 가운데 건설업 산업재해는 작년에 이어 올해에도 증가하는 추세입니다. 3월 기준으로 지난해 건설업 사고재해자 수는 3,938명이었는데 올해는 4,556명으로 15.6% 정도 증가한 것입니다.

건축 관련 규제가 완화됨에 따라 근린생활시설·다세대주택공사 등 중소 규모 건설공사가 크게 증가한 것이 주된 원인으로 파악되고 있습니다.

이러한 상황을 감안하여 앞으로 다세대·원룸·상가 등 재해가 많이 발생하는 소규모 건설현장에 대한 지도감독을 강화하고, 안전관리 불량 현장과 관련해선 수시감독 체계를 구축하여 공사 규모를 불문하고 법 위반사항에 대해 엄정 조치해 나갈 계획입니다.

또한 '건설현장 안전보건지킴이'를 130명 정도 채용하여 20억 원 미만 공사현장에 대한 지도·순찰을 강화하고, 3억 미만 현장에 대해서는 민간전문지도기관을 활용하여 재해예방 기술지도를 실시해 나갈 방침입니다.

이외에도 '안전점검의 날(매월 4일)'에 보호구 착용 여부를 집중 점검하고, 사업주뿐만 아니라 근로자에 대해서도 재해예방기법을 다각적으로 홍보하는 등 산업현장 전반에 안전수칙을 준수하는 문화가 뿌리내릴 수 있도록 적극적으로 노력해 나갈 계획입니다.

"산재 근로자들이 제대로 치료받고 다시금 일할 수 있는 사회 만들 것"

Q. 산재로 다친 근로자들에 대한 보상과 요양도 중요하지만, 제대로 치료받고 다시 일터로 돌아갈 수 있게 하는 '재활서비스'도 매우 중요합니다. 이와 관련하여 얼마 전 '제3차 산재보험 재활사업 중기발전계획'을 세웠다고 들었습니다. 이에 대한 말씀 부탁드립니다.

연간 약 3만 7천 명의 산재장해인이 발생하고 있는 상황입니다. 정부에서 산재근로자에 대한 치료(요양)와 생계지원(보상)을 하고 있으나, 이들이 막상 직업에 복귀하지 못할 경우 개인·사회적으로 많은 문제가 야기될 수 있습니다.

그렇기 때문에 산재근로자가 제대로 치료받고 치료 후 직업·사회에 복귀할 수 있도록, 산재보험 정책의 패러다임을 재활 중심으로 전환시킬 필요가 있습니다.

이런 취지에서 이번에 '제3차 산재보험 재활사업 중기발전계획'을 마련하게 된 것입니다. 이번 계획의 주요 내용은 다음과 같습니다.

먼저, 기존에는 요양을 끝낸 후에나 직업복귀를 고민했지만 이제는 '요양단계부터 재활서비스를 연계'하는 방식으로 개선됩니다. 이를 위해 요양 초기부터 맞춤형 재활계획에 따라 필요한 서비스를 제공받고, 입원 중인 병원에서 재활치료가 어려울 경우 재활전문병원과 연계하여 치료를 받을 수 있도록 할 방침입니다.

두 번째로 의료기관의 전문 재활치료가 확대됩니다. 이를 위해 산재병원에 대해서는 단순한 물리치료 외에 신체기능 회복훈련, 작업능력 평가 및 강화훈련, 일상생활훈련을 통합적으로 제공토록 할 방침입니다.

여기에 산재환자 재활에 적극적인 관심을 가지는 병원 중심으로 민간병원(지정병원)을 지정하는 가운데, 재활치료 비용의 지원을 확대하면서 민간기관의 재활치료도 활성화해 나갈 계획입니다.

그 외에도 원직복귀가 어렵거나 직무전환을 원하는 산재근로자를 위해서는 요양기간 중 직업훈련을 받을 수 있는 기회를 확대하고, 산재근로자의 경험을 살릴 수 있는 업무도 적극 발굴하여 일할 기회를 제공하려 합니다. 더불어 요양이 끝난 후의 건강관리와 복지지원도 확대할 계획에 있습니다.

산재 근로자들이 제대로 치료받고 다시금 일할 수 있는 사회를 만들기 위해 앞으로 저와 고용노동부는 이들 계획의 차질 없는 추진에 만전을 기할 것입니다.

Q. 얼마 전 멕시코에서 열린 세계산업안전보건대회를 다녀오신 것으로 압니다. 어떠한 성과가 있었나요?

지난 3월 멕시코에서 전 세계 약 2,200명의 산업보건 전문가들이 참석한 가운데

"모두를 위한 산업보건(occupational health for all)"을 주제로 '제30회 세계산업보건대회'가 개최되었습니다.

여기에 차기 개최국의 대표 자격으로 대회에 참석, '산재예방 및 근로환경 개선을 위한 한국의 전략'을 주제로 기조연설을 하면서 산업안전보건에 대한 우리나라의 전략을 각국의 대표들에게 소개했습니다.

이를 통해 우리나라의 근로자건강센터, 중대산업사고 예방센터, 예방요율제 도입, 장시간 근로개선 노력 등 중소규모 사업장 안전보건정책에 세계 산업보건 전문가들이 큰 관심을 가질 수 있었습니다. 세계산업보건협회(ICOH) Dr. Kogi 회장은 대회 개막연설에서 소규모 사업장 근로자를 대상으로 하는 '근로자건강센터'를 우수 정책사례로 소개할 정도였습니다.

이외에도 대회에서는 국제기구 및 각국 관계자들을 초청한 가운데 'Korean Night'를 개최하기도 했습니다. 이 자리를 통해 차기대회(ICOH 2015, 2015.5.31~6.4, 서울)의 성공적 개최를 위한 각국의 협조를 이끌어 낼 수 있었습니다.

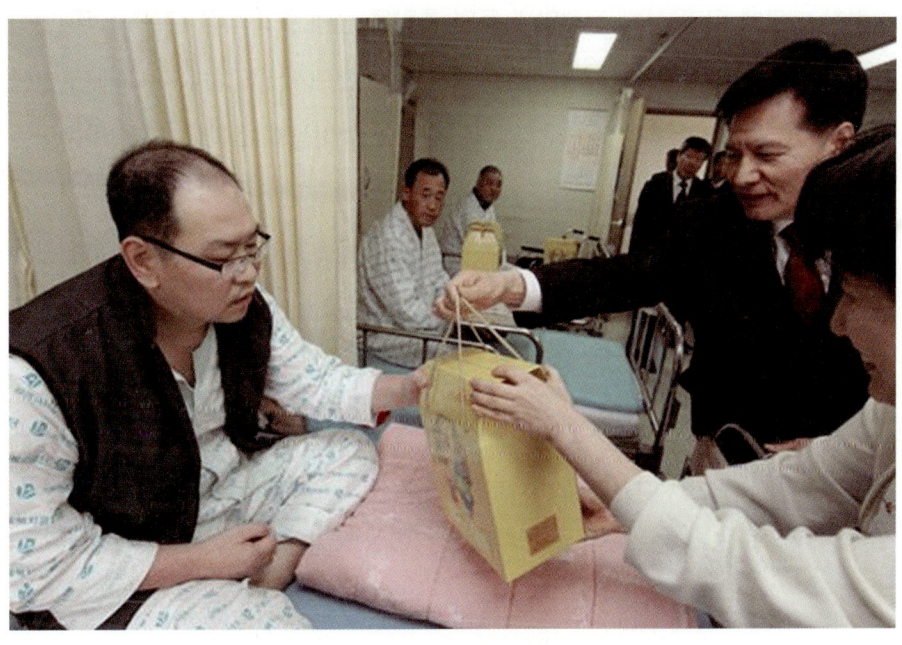

"휴일근로를 연장근로에 포함시켜 근로시간 단축 유도"

Q. 최근 장시간 근로 개선을 적극 추진하고 계십니다. 장시간 근로 개선은 산업안전 측면에서도 매우 중요한데요. 장시간 근로 개선의 필요성, 그리고 고용부의 계획 등을 설명해 주시길 바랍니다.

지난해 우리 근로자들은 연평균 2,116시간 정도 일했습니다. OECD 국가에 비해 연간 약 2.5개월 정도 더 일한 셈이지요.

말씀하신 대로 장시간 근로는 근로자의 건강에 해를 줌은 물론 산업재해에도 취약하게 만듭니다. 또 일과 가정의 양립을 어렵게 하고 생산성을 저하시키며 우리 경제의 일자리 창출 기반도 약화시키는 등 많은 문제점을 불러옵니다.

지난해 기아차 광주공장에서 특성화고 학생이 현장실습 중 주 60시간 이상 2개월 넘게 일하다가 쓰러진 것에서 볼 수 있듯, 장시간 근로는 단기적으로는 잘 모르지만, 누적되면 큰 피해를 주는 것입니다. 하루에 11시간 이상 일할 경우 심근경색 발생 위험이 정상 근로보다 2.94배 높다는 연구결과도 나온 바 있습니다.

그렇기 때문에 우리 사회 전체의 노동의 총량을 늘리는 동시에 근로자 개개인의 노동의 질을 높이기 위한 '장시간 근로'의 개선은 반드시 필요합니다. 그래야만 근로자, 기업, 국민 모두에게 유익한 일석오조(一石五鳥) 이상의 효과도 기대할 수 있는 것입니다.

이에 정부는 장시간 근로를 조장할 수 있는 제도의 허점을 메우기 위해 휴일근로를 연장근로에 포함시키고, 근로시간 특례업종을 줄이는 방향으로 제도 개선을 추진하고 있습니다. 또 노와 사, 국민 등 사회 전반의 공감대를 형성하기 위해 장시간 근로 개선의 모범사례를 발굴하여 적극 홍보해 나가고 있습니다.

앞으로도 우리 고용부는 이 '장시간 근로 개선'에 역량을 집중하면서 짧은 시간 동안 집중적으로 일할 수 있는 근로문화를 산업현장 곳곳에 조성해 나갈 것입니다.

Q. 전국 산업현장의 경영진 및 근로자분들에게 당부의 한 말씀 부탁드립니다.

근로자의 안전과 건강 확보는 법적 책임을 떠나 기업의 사회적 책임(CSR)과 인간다운 노동(Decent Work)의 핵심적인 요소입니다.

사업장에 안전이 생활화되기 위해서는 경영진의 의지와 실천이 무엇보다 중요합니다. 경영자는 안전보건문제를 생산 활동의 부가적인 요소가 아니라 생산 활동 중에 반드시 포함되어야 하는 필수적 요소로 삼아야 합니다. 안전관리가 부실한 기업은 전반적인 경영 관리도 잘할 수 없다는 사실을 반드시 알아두시길 바랍니다.

근로자 역시 재해예방활동에 대해 주인의식을 가질 필요가 있습니다. 안전수칙을 잘 준수하는 것은 자신을 보호하는 것일 뿐만 아니라 가족과 나아가 기업을 지키는 일이기도 하다는 점을 꼭 명심해 주시길 바랍니다.

Q. 마지막으로 "주간 안전저널"이 창간 3주년을 맞았습니다. 축하의 한 말씀 부탁드립니다.

'안전저널'의 창간 3주년을 진심으로 축하드립니다. 안전저널은 '더욱 안전한 대한민국 만들기'라는 기치 아래 우리 사회 전반에 안전문화를 확산시키는 데 크게 기여하고 있습니다.

근로자가 재해 걱정 없이 안심하고 일할 수 있는 일터를 만드는 것은 매우 중요합니다. 정부는 근로자가 건강하고 안전하게 일할 수 있는 여건을 만들기 위해 최선을 다할 것입니다. 안전저널도 기업·근로자와 산업안전보건행정을 연결하는 매개체로서, 전국 방방곡곡의 일터에 안전문화 풍토를 조성하는 데 앞장서 주시길 바랍니다.

다시 한번 창간 3주년을 축하드리며, 독자들에게 더 큰 사랑을 받는 언론으로 성장해 나가길 기대합니다.

기자명 임동희 기자 입력 2012.05.04. 11:48

12
"처벌 강도가 낮아 산재 예방이 안 된다"
: '반은 맞고, 반은 틀렸다'

2020년 6월 3일 이 모 고용노동부 장관이 김영란 대법원 양형위원장을 찾아가 산업안전보건법(일명 '김용균법')에 대한 법원의 처벌 기준을 높여달라고 요구하였다는 기사와 사진이 언론에 보도된 바 있다.

고 김용균 씨는 한국서부발전의 하도급업체 한국발전기술에서 계약직 근로자로, 2018년 12월 10일 혼자 석탄 운송 컨베이어 벨트 밑에서 떨어진 석탄을 치우다 벨트에 끼여 숨졌다.

'고 김용균 사망사고 진상규명과 재발 방지를 위한 석탄화력발전소 특별노동안전조사위원회'(김용균 특조위)는 2019년 8월 위험이 외주화된 원·하청 구조를 사고 원인으로 지목하고, 공정을 무리하게 쪼개 여러 협력사에 외주를 준 결과 위급 상황에 대비하기 불가능할 정도로 현장과의 소통이 단절되어 산재 위험에 상시적으로 노출됐다고 주장했다.

그에 앞서 2016년 5월 서울 구의역에서 스크린도어를 정비하던 하청업체 근로자 김 모 군이 사망한 후 하청 근로자에 대한 원청의 책임을 강화하고 유해하거나 위험한 작업의 도급을 금지하는 법 개정안이 발의됐지만 기업의 반발로 국회에 계류되어 있다가, 연이은 김용균 하청 근로자 사망사고로 2018년 12월 국회에서 산업안전보건법 개정안이 통과되어 일명 '김용균법'이라 불리기도 한다.

이 장관은 "법 내용은 선진국 수준이지만 처벌이 약하여 사업주가 지키지 않는다"라고 하였으며, 만들어진 법은 괜찮은데 법원의 판결이 솜방망이라서 산재를 줄이는 효과가 약하다는 의미였다.

그런데 이 주장에는 약간의 오류가 있다. 산재사고에 대하여 그간 사법당국의 처벌 수준이 낮았던 것은 사실이지만, 법적 처벌 강도가 우리나라보다 낮은 독일이나 일본, 영국의 경우 산업재해 발생이 적은 이유를 잘 살펴야 한다.

그것은 1970년대 영국의 '로벤스 보고서'로 불리는 독보적인 산업안전 정책 제안서를 통해 알 수 있는 바와 같이, 법적 처벌 강도나 규제에 의존하기보다는 회사마다 제각기 특성에 맞게 위험을 줄이려는 자기 규율적 안전의식(위험성 평가)과 안전 문화를 만드는 노력을 꾸준히 전개하는 것이 효과적임을 알아야 한다.

로벤스 보고서에 따라 1974년 노동보건안전법이 제정되고 50년의 노력 끝에 사망자가 연간 1,000명에서 200명 아래로 줄어들었다고 한다. 그만큼 '현장의 자율성'을 강조해 현장의 위험을 잘 아는 근로자와 사용자가 나서는 게 효과적이며, 처벌보다 예방, 노사 협치가 중시되었다.

2024년 기준으로 우리나라의 산재사고 사망자 수는 827명으로 산재사고 사망만인율은 0.39‰이다. 외국의 경우 산재사고 사망만인율(‰)은 나라마다 통계 산출 방법, 적용 범위, 산업분포, 업무상재해 인정 범위 등이 달라 단순 비교는 곤란하지만, 근로자 1,000만 명당 사망 인원이 우리나라가 390명이라면 2022년 기준으로 미국 370명, OECD 평균 290명, 일본 130명, 독일 120명 그리고 영국은 30명에 불과하다.

2020년 6월 4일 경기 이천물류창고 화재로 38명이 사망한 사고가 생겼는데, 문제는 불연재 사용을 추진하는 인센티브형 규제나 안전관리자의 활동에 대한 사업주의 의무를 개정하는 것인데도 그러한 규제는 개혁하지 못한 채 산업재해의 예방활동 시스템을 정교하게 짜지 못한 것이다.

김용균 씨의 죽음 이후 제정된 또 하나의 법이 '중대재해 처벌 등에 관한 법률'(중처법)이다. 건설업 등 원청의 위험 외주화나 비리(非理) 구조(構造)까지 시스템에 대한 통찰 없이 처벌(處罰) 만능주의(萬能主義)에 빠지면 또 하나의 전시행정(展示行政)이 될 수 있다. 처벌을 면하기 위한 소극적 행동에 그치게 되면 사고를 막지 못한다.

예방에 초점을 둔 법과 정책이 중요하며, 예방을 위하여 합당하게 노력한 경영자는 면책될 수 있어야 한다. 노력했는데도 발생한 예상치 못한 사고는 조사를 신속히 마무리하고 개선프로그램을 이행하면 책임을 덜어주는 제도도 필요하다.

처벌만 강화한다고 산업재해 예방효과가 생기는 것이 아니므로 처벌은 결코 답이 아니다. 사업장과 일상생활에서 안전보건 활동이 시스템과 안전 문화로 자리잡히게 해야 한다. 각 사업장의 산재 예방 활동, 작업하는 근로자의 안전의식, 노사가 안전한 현장을 만들도록 지원하는 정부의 정책 의지와 역할이 발휘되어야 한다.

13
중대재해처벌법 개편 방향
: 무거운 형사벌 vs 경제적 제재

중대한 인명 피해를 초래하는 산업재해가 발생했을 경우 사업주에 대한 형사처벌을 강화하는 내용으로 중대재해 처벌 등에 관한 법률(약칭: 중처법)이 2021년 1월 26일 제정되었다(2022.1.27. 시행, 5인 이상 50인 미만 사업장은 2024.1.27. 시행).

중처법(제6조, 제7조)에 따르면 중대산업재해로 근로자가 사망(死亡)할 경우 사업주 또는 경영책임자 등에 1년 이상의 징역이나 10억 원 이하의 벌금을, 법인에 50억 원 이하의 벌금을 부과(양벌규정)할 수 있다. 또한 근로자가 동일 사고로 6월 이상 치료가 필요한 부상(2명 이상) 또는 동일 유해 요인으로 1년 이내 직업성 질병(3명 이상)에 걸릴 경우 7년 이하 징역이나 1억 원 이하의 벌금을, 법인에 10억 원 이하의 벌금을 부과(양벌규정)할 수 있다.

이는 안전상·보건상 조치를 하지 않아 근로자가 사망한 경우 '7년 이하의 징역 또는 1억 원 이하의 벌금'에 처하게 한 산업안전보건법(제167조, 제173조)에 비하여 처벌이 강화된 것이다. 또한 법정 형량을 주로 살인 등 중범죄에 대한 처벌 방식인 '하한형'으로 규정한 것도 특징이다.

중대시민재해(중대재해처벌법 제10조, 제11조)에 이르게 한 사업주 또는 경영책임자 등에게 1년 이상의 징역 또는 10억 원 이하의 벌금에 처하며, 징역과 벌금을 병과할 수 있다(타 부처 소관).

중처법은 안전보건 관리체계 구축, 재해방지대책 수립, 행정기관 시정명령

사항 이행 계획 수립, 법적 의무로 부여된 안전보건 관리사항 이행 계획 수립 등을 하도록 하였다. 이를 다시 세분화하면 안전보건에 관한 목표와 경영 방침 설정, 사업장 특성에 따른 유해·위험 요인 파악 및 개선 절차 수립, 재해 예방에 필요한 인력·시설 장비의 구비 등에 필요한 예산 배정 및 시행, 안전보건관리 책임자 지정·권한 및 예산·평가 기준 마련, 안전보건에 대한 종사자 의견수렴 절차, 중대산업재해 대처 매뉴얼 작성, 하도급 업자에 대한 안전보건 평가 기준 및 관리비용 마련 등이다. 그밖에 안전보건에 대한 교육계획과 점검 계획도 마련해야 한다.

중대재해처벌법의 특징과 시사점

과거 산업재해는 무관심과 부주의로 많이 발생하였다. 강한 처벌법 제정으로 안전에 대한 관심이 높아진 것은 사실이며, 이는 그 사이에 이룬 또 하나의 성과이기도 하다. 현행 사업안전보건법(약칭 산안법)이 법인을 법규 의무 준수 대상자로 하고 안전보건 규정을 위반하면 사업주를 처벌하는 데 반해, 중처법은 중대산업재해 등 발생을 요건으로 법인과 별도로 사업주에게도 법적 책임을 묻고 있다.

중처법에서 안전보건 관리체계의 구축 등에 필요한 구체적인 내용은 시행령에 위임하였으나, 그 시행령 내용은 구성요건을 구체화하지 않고 동어반복 수준에 그친다. 사업주나 경영 책임자 등 중처법 대상자가 안전보건 법령의 어떤 사항을 어떻게 구체적으로 준수해야 하는지를 잘 숙지해서 대비해야 한다.
반면에 산안법은 법에서 정하는 안전상, 보건상 필요한 조치를 충실하게 이행하는 것으로 국한된 데 비해 중처법은 의무가 더 강화된 것이다.

중처법에 대하여 노동계에서는 5인 미만 사업장은 처벌 대상에서 제외하는 유예 조항이 마련되어 처벌 수위가 낮다는 의견인 반면, 경영계에서는 기업에 과도한 책임을 지게 하여 기업활동이 위축될 것이라는 주장과 관련 조문이 모호하여 기업들이 법 시행에 대비하기 어렵다는 비판이나. 사실, 인력과 자금이 모자라는 중소기업의 입장에서는 입법 취지에도 불구하고 대비하는 게 쉽지 않다.

중소기업주들이 힘들어하는 것은 이렇게 많은 항목을 준비하는데, 참고할 만한 구체적인 '표준'을 이 법에서 직접 제시하지 않은 점이다. 하지만 기존 '산안법'의 경우 사업장에서 갖춰야 할 시설, 장비와 설비, 공정 등을 구체적으로 제시하고 있는데, '중처법'은 이런 조치들이 실질적으로 작동할 수 있도록 산재 예방에 필요한 인력 및 예산 등 '안전보건관리 시스템(체계)'을 만들고 이를 이행하여 안전보건을 확보해야 하는 것이 입법 취지임을 유념하면 어렵지 않게 해답을 찾을 수 있다.

또한 중처법의 적용 대상에 하수급자가 제외된 것은 행위자에 대한 책임주의 원칙에 어긋나는 것처럼 보일 수 있다. 사고에 직접적 책임이 있는 행위자인 수급자는 가벼운 처벌을 받게 되는 데 반해, 관리감독 책임 등 2차적 책임이 있는 원도급 사업주는 훨씬 가중 처벌하고 있어서 형벌과 행위자의 책임 사이에 형평성이나 비례성을 갖추지 못한 것으로 자칫하면 오해될 수 있다.

하지만 기존의 산안법 등 안전관계 법령과 중처법을 유기적으로 연계한 것은 단순히 입법 만능적 시각에서 채찍만 든 차원이 아니라 중대산업재해와 중대시민재해를 효과적으로 예방하는 시스템 안전을 강화하기 위한 장치이다. 따라서 각 사업장의 위험성평가 결과 중요한 안전상 조치나 보건상 조치를 하지 않았을 경우 의법조치하는 등 위험성 평가 의무와 유기적으로 결합될 때 자기 규율적 산업재해 예방 활동이 실질적으로 강화된다.

중대산업재해예방 특별회계 설치·운영 제안

중처법의 특징은 중대산업재해 발생 시 사업주 또는 경영 책임자에게 무거운 처벌을 통하여 중대산업재해 예방 노력을 강화하도록 하기 위함이다.

1년 이상이라는 형벌의 하한선 규정을 둘 정도로 강한 형사적 제재를 부여하다 보니 어떻게든 형사책임을 피하기 위하여 안전공학적 예방 노력을 기울이기보다 법률적·행정적·사무관리적 대응에 치중하는 경향이다. 형편이 어려운 중소기업은 안전을 포기하거나 아예 운에 맡기기도 한다.

이를 개선하기 위한 특단의 방안을 제안하려고 한다. 즉, 중처법 위반 기업에 대하여 사법당국의 형사벌 처벌에 맡기지 말고, 보다 적극적으로 실질적 제재 효과가 될 만한 수준의 과징금을 부과하는 경제적 제재방안을 검토할 필요가 있다.

중처법의 위반 여부는 단순히 경영 책임자의 법적 의무(안전보건 관리체계 구축 등) 위반뿐만 아니라 이들과 중대재해 발생 사이의 인과관계 그리고 예견가능성까지 종합적으로 입증해야 한다. 이에 대응하기 위하여 기업에서 일회성 경비로 지출할 뿐 사업장의 안전관리에는 도움이 되지 않는 고액의 변호사 비용만 치르는 대신 고액(예시 : 사망자 1명당 10억 원)의 과징금을 재원(수입)으로 열악한 중소기업의 중대산업재해 예방 등 안전보건 관리 활동에 지원(지출)하는 것이 실질에 맞기 때문이다.

사고의 재발 방지를 위한 전문 기술적 서비스 지원과 행정적 컨설팅 및 지도·감독이 따라야 한다. 특히 안전관리자나 보건관리자도 두지 못하는 20인 미만의 취약한 중소기업의 안전보건 활동이나 인프라 구축을 중점적으로 지원하여 중대산업재해를 예방하는 '중대산업재해예방 특별회계'(약칭 중특회계)를 설치하고 이를 효과적으로 운영할 필요가 있다. 손쉽게 산재보험 및 예방 기금(약칭 '산재기금')을 떠올리기 쉽다. 그러나 다음과 같은 이유로 '산재기금'보다

'중특회계'를 따로 설치·운영하는 것이 효과적이다. 현행 '산재기금'에는 산업안전보건법상 각종 과태료 수입이 포함될 수 없으며, '산재기금'의 사용 용도가 산재보험 급여, 근로복지공단 출연금, 산재예방시설 설치 운영, 산재예방사업이나 비영리법인 위탁 업무, 진폐근로자를 포함한 재해근로자 복지 증진 등에 이를 정도로 매우 넓고 다양하다. (산재보험법 제96조) 따라서 중소기업의 중대재해 예방에 특화하여 지원하려면 '중특회계'를 설치 운영하는 것이 선택과 집중 차원에서도 실효성이 훨씬 높다. 이를 위하여 경제적 제재 효과가 있는 수준으로 과징금 부과, 중특회계 설치와 수입금 구성(산안법 위반 과태료 수입 포함) 및 활용, 회계 관리 등에 관한 근거를 마련하기 위하여 중처법을 개편·보완할 때이다.

14
기업의 안전의식은 어디까지 왔는가?

그동안 산재사고 사망자가 많이 줄었다고 하지만, 2024년 경기 화성에 소재한 리튬배터리 공장에서 폭발 사고로 23명의 근로자가 사망했다. 이처럼 아직도 매년 800명 이상의 근로자가 일하다 목숨을 잃는 등 사고 사망만인율도 0.39명(1만 명 기준, 2024년) 대에 머물고 있다.

중대재해처벌법을 제정하고 산업안전보건법을 개정할 때 정치권과 노동계, 시민단체에서는 대기업과 중견기업이 산업재해 발생의 진앙으로 보았다. 그러나 이들 법 시행 후 결과는 이러한 주장과 달랐다. 2025년 초까지 지난 3년간 800여 건의 주요 사고 가운데 31건이 기소되었고 그중 29건이 유죄 선고를 받았는데, 대기업은 한 군데도 없었으며, 처벌받은 곳의 87%가 중소기업이었으며 중견기업은 13%에 그쳤다. 결과적으로 대기업이나 재벌 등을 겨냥한 입법이 중소기업을 더욱 위축시키는 결과를 낳았다.

중대산업재해의 약 60%가 50인 미만 중소기업 근로자에게 발생하여 '산재 공화국'이라는 오명에서 헤어나지 못하고 있다. 2023년 기준 전체 사업장 297만 2,587개 중 812개(50인 미만 사업장 637개, 50인 이상 사업장 175개) 사업장에서 1명 이상씩 사고성 사망재해가 생겼다. 통계상 전국의 사업장 가운데 중대재해를 실제로 경험한 사업장은 0.03%(50인 미만 사업장은 0.03%, 50인 이상 사업장은 0.35%)로 99.97%의 사업장은 중대재해가 발생하지 않았다.

그런데 사람들은 사고성 재해 발생을 경험하지 않으면 중대재해는 나와 무관하다고 인식하니 이부리 처벌을 강화하더라도 사고가 생기지 않을 것으로 기대하기 쉽다. 많은 사람들이 이렇게 생각하니 기업의 자발적인 안전 투자나 활동을 기대하기 어렵다. 그렇지만 예기치 않은 순간 재해가 일어날 수 있고, 단 1건의 재해로도 사업은 존폐 위기에, 생명은 기로에 처한다.

산업안전보건법은 안전보건 '관리 책임자'에게 주로 책임을 묻지만, 중대재해처벌법은 '경영 책임자'에게 무거운 처벌을 통해 중대재해의 예방을 도모한다. 안전·보건상의 조치 등 기술적인 조치가 산업안전보건법에서 구체적으로 규정되어 있는데, 안전·보건상 조치를 하지 않아 중대재해가 발생하면 처벌받는 것이지, 이들 필요한 조치를 다 했다면 중대재해가 생겨도 법적으로 문제가 되지 않는다.

중대재해처벌법 제정 이후 달라진 것은 당장 경영 책임자가 처벌받지 않으려고 하는 '책임의 회피', '위험의 외주화'가 지상과제로 되어, 대형 로펌 등 변호사 좋은 일만 시킨다는 얘기가 시중에 나돌고 있다. 중대재해처벌법의 적절성과 실효성에 대하여 많은 논란이 있는 것은 사실이나 그럼에도 부인할 수 없는 것은 중요한 '진전'이라는 점이다. 입법 취지가 제대로 작동되도록 하는 것이 관건이며, 정부는 중대재해처벌법과 산업안전보건법을 고치고 계속 보완해야 한다.

회사가 어려울 때 가장 권한이 많은 사람이 직접 앞장서야 한다. 그렇게 하면 위기를 타개하는 데 필요한 예산이나 시간에 대한 제약도 사라진다. 이는 비단 안전 분야에 국한되는 것이 아니다. 근로자도 회사를 살리고 안전을 지키려는 의식이 무장되고 안전 규칙도 더욱 충실하게 준수하려 할 것이다.

그런데 중소기업에 대기업과 같은 조건으로 안전보건 관리 체계 확보 의무를 부과하는 것은 현행 법령의 정합성과 지원 방식에 대한 재검토가 요청된다. 다음과 같이 기존 안전 법령상 50인 미만, 그중에서도 특히 20인 미만 사업장에는 적용이 제외된 규제가 많은 상황에서 기술 지도나 재정지원 없이 당장 대기업 수준으로 이행케 하는 것은 현실적으로 많은 어려움이 따른다.

필자가 생각하는 선진국의 요건은 각국에 적용하는 기준, 예컨대 OECD 안전보건 기준과 같은 가이드 라인을 만드는 나라이다. 마찬가지로 선진화된 산업안전 사업장은 제각기 현장에서 직면하는 유해 위험 요인이나 특징에 부합하는 예방 활동 기법을 개발하고 실천하는 데서 기업의 안전의식이 여실히 드러난다.

〈사업장 규모에 따른 산업안전보건법 규제〉

구 분	5인 미만	5~19인	20~49인	50~99인	100~299인
안전 및 보건에 관한 계획 (제14조)	×	×	×	×	×
안전보건관리책임자 (제15조)	×	×	×	○ (제조업)	○ (제조업·서비스업)
관리감독자 (제16조)	×	○ (제조업·서비스업)	○ (제조업·서비스업)	○ (제조업·서비스업)	○ (제조업·서비스업)
안전관리자 (제17조)	×	×	×	○ (제조업·서비스업)	○ (제조업·서비스업)
보건관리자 (제18조)	×	×	×	○ (제조업·서비스업)	○ (제조업·서비스업)
안전보건관리담당자 (제19조)	×	×	○ (제조업)	×	×
산업보건의 (제22조)	×	×	×	○ (제조업·서비스업)	○ (제조업·서비스업)
산업안전보건위원회 (제24조)	×	×	×	○ (제조업)	○ (제조업)
안전보건관리규정 (제25조)	×	×	×	○ (제조업)	○ (제조업·서비스업)
안전보건교육 (제29조)	×	○ (제조업·서비스업)	○ (제조업·서비스업)	○ (제조업·서비스업)	○ (제조업·서비스업)
근골격계 유해요인조사 (제39조)	○ (제조업·서비스업)	○ (제조업·서비스업)	○ (제조업·서비스업)	○ (제조업·서비스업)	○ (제조업·서비스업)
작업환경측정 (제125조)	○ (제조업)	○ (제조업)	○ (제조업)	○ (제조업)	○ (제조업)

15
'안전한 나라'는 가능한가?

가. 중처법 관련 규정의 상호 유기성

현장의 유해 위험 요인을 개선하는 과정을 거치면 중대재해처벌법이 규정(요구)한 안전보건 관리 체계가 자연스럽게 구축되므로 기업에서 안전보건 관리 체계 구축에 나서도록 하는 것이 가장 중요하다.

중대재해처벌법 시행령 제4조의 규정은 매우 복잡하고 어려운 사항들로 나열되어 있다. 그런데 원리를 따라가다 보면 어느 하나 개별적으로 분절되거나 동떨어진 준수사항이 아니다. 기능적인 흐름을 중심으로 살펴보면 다음과 같이 각각의 규제나 요구사항들이 유기적으로 얽혀있음을 알 수 있다.

먼저 유해 위험 요인을 확인(시행령 제4조 제3호)하기 위해서는 종사자의 의견 청취(시행령 제4조 제7호)가 필요하며, 이를 조치하기 위해서는 관리감독자와 안전보건관리 책임자에게 내용을 보고하고 개선할 방안을 살펴보아야 한다.

안전보건관리책임자 등은 실제 개선 소지를 위하여 사업주에게 보고하고, 사업주는 예산과 책임 권한을 할당(시행령 제4조 제4호)하게 된다. 이후 할당받은 예산과 권한에 대한 안전 전담 조직을 구성(시행령 제4조 제2호)하여, 안전보건관리 책임자 등이 제대로 개선 조치하는지 확인(시행령 제4조 제5호)하고, 안전관리자 등으로 하여금 전반적인 안전보건 사항에 대해 지도 조언(시행령 제4조 제6호)을 받으며, 문제 발생 시 비상 대피나 작업 중지 등이 원활한지 검토(시행령 제4조 제8호) 해야 한다. 즉, 유해 위험 요인을 도출하고 개선 조치하기 위해서는 시행령 제4조 제3호 → 제7호 → 제4호 → 제2호 → 제5호 → 제6호 → 제8호가 충족될 수밖에 없다. 이러한 일련의 과정이 안전보건 관리 체계(System)에 해당한다.

나. 정부와 공단, 기업의 선택과 집중 필요

안전한 나라로 가는 길을 우리는 이미 알고 있다. 사고성 재해를 집중적으로 관리하되 근본적으로는 안전보건 관리 체계를 구축하도록 컨설팅을 시작으로 재해를 예방하는 기반을 형성하는 것이 중요하다.

따라서 위험에 미리 대비하는 자세로 재해 예방에 성공적인 모범사례를 안내하고 이를 활용하도록 정부와 산업안전보건공단, 민간 전문 기관이 앞장서고 동기부여가 되어 확산하는 분위기 형성에 역점을 둘 필요가 있다. 유해 위험 요인 개선 조치에 대한 계획을 단계적으로 수립하거나 정부의 지원 사업에 적극 참여하여 개선 조치를 시도하는 경우 중소기업 사업주를 당장 규제하기보다 이러한 노력을 충분히 평가하고 다양한 활동을 장려하는 것이 효과적이다.

자원이 제약된 여건에서 물량 위주 다다익선 대응 또한 결코 능사는 아니다. 특히 중소기업의 안전보건 지원 사업은 예산 규모와 사업 종류 측면에서 우리나라가 산재 예방 선진국과 비교해도 적지 않지만, 비용 대비 효과는 높지 않다. 그 이유를 한마디로 지적한다면, 현재 중소기업 안전보건 사업이 '고기 잡는 방법'을 가르쳐주는 게 아니라, 고기를 직접 잡아주려는 데 비중을 두고 있기 때문이다.

중소기업 대상 자율안전관리 기법의 개발과 교육을 통한 보급이 미흡하고 직접적인 경제적 지원에 해당하는 사업이 중심을 이루고 있어 중소기업의 안전관리 능력을 육성하고 사업 효과를 지속 가능하게 하는 데는 한계가 있다.

공단(산업안전보건교육원)에서 그동안 실시해 오던 위험예지 훈련 교육과정도 사망재해 감소 대책에 중점을 둔다는 명분으로 2018년부터 폐지하여, 기본적인 교육과정이라 할 수 있는 위험예지 활동, 아차 사고 보고 활동 등 자율적 안전 활동 기법을 중소기업에 보급하는 사업이 줄어들었다.

정부와 공단, 민간 전문 기관, 나아가 노사가 중점을 두어야 할 활동에 '선택과 집중'을 하고, 어떻게 수행하는 것이 더 나은지에 대한 전략적 접근이 필요하다.

우리나라에서 안전에 관한 최고의 기술적 인재 집단이 산업안전보건공단인데, 그렇다고 해서 공단이 모든 걸 다하도록 맡기서는 안 된다. 공단은 중소기업의 안전보건에 관한 '기술적 지도'와 '안전 역량을 강화하는 교육'에 집중하되, 각종 재정적 지원 사업은 정부(고용노동부)의 행정적 지도 감독 기능과 연계하여 관련 공무원이 집행하는 것이 시너지 효과를 낼 수 있다.

가령 기술지원 사업을 사업장의 자율적 안전관리 능력을 육성하는 데 초점을 맞추는 등 사업장 특성에 맞는 안전관리 기법을 보급하는 수단으로 활용하고, 공단이나 전문 기관에서 중소기업에 적합한 자율적 안전 활동을 지원하고 활성화하기 위한 교육훈련 프로그램을 다양하게 개설하고 적극 보급할 필요가 있다.

기술적·재정적 능력이 취약한 중소사업장은 위험 기계·공정, 장비의 개선·교체 및 스마트 안전 장비를 지원하되, 원·하청 기업의 안전관리 수준에 격차가 많은 점에 유의하여 하청 기업에 중점을 두어야 한다. 이를 위하여 조세특

례제한법상 안전시설 및 활동 투자 세제지원, 대중소기업 상생협력기금 지원, 노사발전재단의 사업장 고용·작업 환경 개선 등 일터 혁신 지원 사업으로 동참할 수 있다.

조사 결과 위험성 평가에 참여한 사업장은 그렇지 않은 사업장보다 사고 사망자가 67%가량 감소한 것으로 나타났다. 그렇기에 위험성 평가의 범위와 실효성을 높이는 것이 중요하다. 이를테면 작업 전 안전점검회의(TBM)의 활성화가 산업재해 예방에 의미가 있는 것처럼 법의 준수 여부를 따지는 규제 관리 차원이 아니라, 사업장의 근로자뿐만 아니라 모든 '종사자'가 참여하는 위험성 발견과 감지를 통하여 기업의 자율적인 안전 예방 활동과 개별 근로자의 안전 행동을 이끌어 내는 시스템이 정착되면 안전한 나라로 가는 길이 열릴 것이다.

안전을 도모하고 중대재해가 생기지 않도록 하는 '예방 활동'이 근본적 대처임에도 많은 사업주가 예방에는 아직도 인색한 실정이다. 중대재해처벌법상 형사적 처벌에 대응하기 위하여 '소 잃고 외양간 고치듯' 대형 로펌에 거액을 바치는 소모성 경비 지출 대신 평소 실효적인 예방 활동과 위험 요인 개선에 집중토록 하는 것이 바람직하다. 사업주나 경영 책임자는 변호사나 법률가보다 '안전공학' 전문가들과 더욱 자주 접촉하고 예방 컨설팅에 대한 논의가 늘어나길 기대한다.

안전은 '한 방(one shot)'에 해결되거나 '하루아침'에 달성할 수 있는 것이 아니다. 자발적인 관심과 꾸준한 노력이야말로 산재 예방을 넘어 기업의 경쟁력이 강화될 수 있다. 또한 사업주의 안전조치가 완벽하고 위험 요소를 제거해도 근로자가 안전 법규와 수칙을 위반하는 등 근로자의 부주의 역시 안전사고 발생에 상당한 비중을 차지하고 있는 점도 무시할 수 없다. 따라서 보호구 미착용이나 안전장치 제거 등 고의나 반복된 안전수칙 위반 행위 시 산업안전보건법 제6조(근로자의 의무)를 근거로 근로자에 대한 과태료 부과 방안도 검토할 필요가 있다. 그러니 사후 수습에만 치중할 것이 아니라 '사전 예방' 중심의 안전 패러다임이 확립될 때 노사를 비롯한 모든 종사자의 안전의식 형성과 안전한 일터가 된다. 안전을 우선하는 안전 풍토(Safety Climate) 조성, 이것은 마음먹기에 따라 충분히 가능하다.[6]

---

6. 사전 예방 중심 안전 패러다임 확립해야, 일자리연대 · 이데일리 일자리 포럼, 2025.6.26.

제6장
이상한 나라의 국회와 행정부
– 행정과 정치, 관료제의 책무성

01 '정치 예산' 계상 요구와 '뒤끝'
02 시행규칙을 법 개정으로 바꾸려는 의원입법 시도
03 공직을 마감할 뻔했던 잡월드 설립
04 세상에 이런 국회? 여의도 정치와 표(票)퓰리즘
05 비정규직 보호법은 과연 입법목적을 달성하였나?
06 번갯불에 콩 볶듯 선심성 정년 연장
07 이상한 나라의 국회와 행정부 : '존경하는 의원님' 남발
08 혼돈(Chaos)의 여의도, 폭주하는 괴물
09 최저임금 과속 인상과 또 다른 정책 실패
10 최저임금 결정과 심의 준거
11 장시간 근로를 이유로 한 사상 최초의 수시 근로감독
12 현대차 등 완성차업체의 주간연속 2교대제 시행
13 길고도 험난한 근로시간 단축의 역사
14 실근로시간 단축 근로기준법 개정 추진과 제동
15 행정과 정치, 관료제의 책무성 : 내 사전에 차선은 없다

01
'정치 예산' 계상 요구와 '뒤끝'

　국회 환경노동위원회 예산심의 때 어느 여당(새천년민주당) 의원이 느닷없이 1억 원 규모의 예산을 계상해달라는 질의를 하였다. 명목은 진폐근로자 복지 증진을 내세우며 민간단체(진폐재해자협회)의 운영비(運營費)를 지원해 달라는 것이었다.
　사업 내용을 살펴보니 어려운 근로자를 위한 사업이 아니라, 관련 민간단체(간부)를 위한 지원에다 일단 시작하면 계속될 경직성(硬直性) 예산이었다. 자신이 노동계 출신임을 고려하여 신규 예산을 책정해 달라는 것이었다. 지지기반 확보를 위한 정치 예산이었다.

　정치인들은 여야 가릴 것 없이 평소에 '피 같은 세금'이라는 말을 입에 달고 살면서, 자그마치 매년 1억 원의 나랏돈을 마치 어린이에게 용돈을 주듯 하찮게 생각하는 듯했다. 더욱이 예산회계법상 국회에서 신 비목의 설치나 증액 시 정부가 동의하지 않으면 불가능하다. 그래서 국민의 혈세인 정부 예산을 낭비해서는 안 된다고 보아 즉석에서 '반대 의견'을 적은 답변 요지를 장관께 드렸다.

　답변에 나선 진념 장관도 실무 의견과 같이 '부동의'하였다.
　공익을 위하여 존재하는 공무원이 나라 재정을 함부로 쓰려는 정치인의 요구에 쉽사리 동의하는 것은 국민에 대한 배신행위로 여겨져 산업보건과 과장이었던 필자로서는 반대할 수밖에 없었다.

"고작 1억도 안 되느냐?"

하지만 난리가 났다. 그 의원은 "고작 1억도 (계상하면) 안 됩니까?" 하면서 불같이 화를 냈다. 아마도 정부가 여당 의원의 체면을 세워주는 것은 당연하고, 다음 선거에도 유리하니 (자신이 요구한 예산이) 의당 수용될 것으로 낙관한 모양이었다.

다음날 직속 상사였던 최 모 산업안전국장이 끈질기게 나를 설득하였다. 고민 끝에 절충 방안을 대안으로 제시할 수밖에 없었다. 그래서 민간단체 '운영비' 지원은 하지 않되, 진폐근로자의 건강관리를 위한 '교육사업'으로 명목과 내역을 완전히 바꾸고, 예산의 규모도 1억 원에서 2천만 원으로 대폭 줄이고 '사업성 예산'으로 조정하여 수정 제안하는 것으로 정리했다. 금액을 좀 더 늘리려고 해도 대상 인원과 사업의 성격상 그렇게 나올 수 없는 구조였다.

실제로 광산 근로자의 진폐증은 발병 후 상당 기간이 경과한 후에 증상이 나타나 인과관계 입증이 곤란해 진폐법(진폐의 예방과 진폐근로자의 보호 등에 관한 법률)으로 진폐 근로자에 대한 보호를 강화하고 진폐 장해등급을 추가하여(당초 1~11등급에서 13등급을 신설) 진폐증이 경미한 경우에도 진폐 위로금 혜택을 받도록 인정 기준을 넓혔고, 여러 지원 사업을 하고 있었다. 그렇기 때문에 진폐 근로자의 건강관리를 위하여 도움을 주는 것은 필요할 것으로 보았다.

그렇지만 과연 취지대로 교육사업이 진행될 것인지는 솔직히 미덥지 않았다. 그렇게 해당 의원의 체면도 세워주면서 사업성 위주로 바꾸었다. 효과 여부는 일정 기간 운영해 보면 결과가 말해줄 것이었다.

나중에 그 의원은 노사정위원회 위원장을 역임한 적이 있는데, 사무실에서 나를 마주쳤을 때 한참 동안 쩨러(?)보더니 고개를 옆으로 돌렸다. 그의 기분이 말해준 '뒤끝'은 여전히 작렬했다. 이후 선거에 연거푸 나왔다가 뜻을 이루지 못한 그는 인간적으로 연민이 들었다. 상식의 눈으로 의구심이 든 위인치고 실망을 안겨주지 않은 사례는 드물다.

02
시행규칙을 법 개정으로 바꾸려는 의원입법 시도

또 다른 한 여당(열린민주당) 의원이 의원입법으로 산업안전보건법 개정안을 발의했다. 그 내용은 '간염 바이러스 보유자'에 대한 채용 차별과 제한을 방지하기 위하여 근로자 신규 채용 때 건강진단 기관이 실시하는 건강진단 결과를 해당 사업체에 업무능력 여부만 사업주에게 통보하고, 비밀보호의 실효성 확보를 위한 벌칙을 신설하자는 것이었다. 간염 바이러스 보유자 입장에서는 일단 일리가 있어 보였지만, 행정부의 소관 임무를 국회에서 관여하기 위한 꼼수로 보여 삼권분립 정신에도 맞지 않았다.

그 이유는 산업안전보건법 시행규칙에서 규정하는 건강진단의 시기, 검진 항목, 방법 등은 기술적·행정적 사항으로 국회의 입법사항이 아니었다. 특히 산업안전보건법의 적용 범위는 근로자가 된 이후의 안전보건을 다루는 것이지, 채용 단계의 규제는 입법 체계상 이 법의 소관이 아니었다. 그럼에도 법률로 상향하여 (법) 개정하려는 것은 국회가 행정부의 임무에 직접 관여하려는 편법적인 활동이자, 입법 체계와도 맞지 않으므로 반대하지 않을 수 없었다.

국회 환경노동위원회 법안심사 소위원회에서 이러한 논의가 있었다.
그 의원은 정부의 의견을 수용하지 않고 어떻게든 법 개정을 하고야 말겠다는 주장을 고집하여 의견이 대립되었다.

산업안전보건법 취지상 '채용 시 건강진단'은 근로자로 이미 채용이 이루어진 이후(以後) 적정한 업무에의 배치(配置) 여부를 판단하기 위한 '배치 전 건강진단'(시행규칙 제98조 제4호, 1999년 8월 신설) 성격임을 강조하였다.

문제는 그동안 '채용 시 건강진단'이라는 잘못된 용어를 사용하여 혼란을 초래한 것이었다. 그렇기 때문에 해당 조항은 삭제할 계획이 있음을 밝혔고, 아울러 (착오를 초래하여) 없어질 해당 시행규칙 조항의 존치를 전제로 상위 법률을 개정하는 것은 또 다른 문제가 야기됨을 설명했다. 따라서 (직무) 배치 전 건강진단이 '채용' 문제는 다루지 않기 때문에 의원입법으로 개정하려는 목적과는 관련이 없음을 여러 차례 설명하였다.

차관도 산업안전보건법 시행규칙의 채용 시 건강진단 조항은 악용 소지가 없도록 삭제할 계획이라 하였다. B형 간염 바이러스 보균 문제를 공개하느냐 마느냐 하는 부분도 산업안전보건법 제43조 6항·7항에 근로자의 건강 보호·유지 외의 목적으로 사용하지 못하게 되어 있고 동의 없이 공개하지 못하므로 사실상 프라이버시를 지키도록 하고 있다. 좀 더 검토하여 향후 (의원과) 상의하겠다고 말했다.

고용정책실장도 '고용정책기본법'에서 병력(病歷)을 이유로 모집·채용에 있어서 차별하지 못하게 고용상의 차별을 규제하는 법안이 당일 오전에 통과되었고, 산업안전보건법상 '채용 시 건강진단'은 채용된 이후 배치 단계에서의 건강진단인데 용어상 오해가 있었던 것이라고 하며 적절한 기회에 '채용 시 건강진단' 용어를 바꿀 것임을 밝혔다.

그런데도 해당 의원은 "16대 국회 때 전염병예방법으로 병력에 의해 차별받아서는 안 된다는 조항을 넣었으나 효과가 없다면서, 오늘 고용정책기본법에 병력을 (고용상의 규제로) 추가했다고 가능할 것으로 생각한다면 탁상공론이자 책상 행정이라며, '신규로 채용하는 때'를 '배치 전 건강진단 시'로 고치면 되잖아, 그러면 아무런 문제가 없다"라고 말하는 등 (국어사전에 나오는 개념과도 다르게 법률에 규정하자는 발상으로) 자신의 일방적 의견을 고수하는 주장을 하였다.

제종길 법안심사소위원장(대행)도 해당 의원이 대표 발의한 산업안전보건법 중 개정 법률안에서 '재직'하는 근로자의 산업안전보건법 시행규칙 사항을 신규 채용할 때 적용하기 위한 법 개정으로는 적절하지 않다고 지적하며, 법안 제43조 (건강진단) 제3항의 규정은 다음 소위에서 재논의하는 것으로 정리했다.

가. "상임위를 환노위로 옮겨야겠다"

그런데도 "왜 이제까지 운영했습니까?", "이제 이것은 필요 없고 잘못된 것이기 때문에 빼겠다고 한마디 하면 그것으로 끝나는 것입니까?", "신규 채용에 대해서 조금만 '융통성' 있게 이 부분을 해소하는 방안을 강구해야지, 해주지 않으려고 하면 한도 끝도 없는 이야기"라며 막무가내였다.

급기야 차관이 "아니, 그렇게 말씀하시면… (안 됩니다). 문제가 이제 드러났기 때문에 말씀드리는 겁니다."라고 하며 양해를 구했다.

심지어 그는 "아니, 상임위를 (정무위에서) 환노위로 진짜 옮겨야겠다", "이제까지 잘못됐으니까 고칠 거라고 얘기하는 사람들이 어디 있어요? 행정을 그렇게 하는 겁니까? 그러면 시행규칙에다가 왜 그렇게 해 놨느냐고요?", "그렇게 무책임하게 얘기하는 사람들이 어디 있어요?", "왜 이제 바로잡아요?"라며 은근히 집권 여당의 실세임을 내비치며 압박을 가해왔다. 목불인견(目不忍見)이었다.

법안심사소위원장이 나서서 "아니, 됐습니다. 의원님, 그만 해요"라고 하며 강제로 회의를 마무리하였다.

담당 국장이었던 나와 실장, 차관이 성의껏 설명하고 국회 법안심사소위원회 위원장까지 나서서 발의된 개정법안은 재검토와 재논의가 필요하다고 했지만, 자신이 원하는 것을 이루기 위해 무리한 요구를 하는 것은 당연하다고 생각하는 듯했다.

예전에 그는 청와대에서 실무자로 근무하여 시행규칙 조항을 법으로 상향하는 입법이 억지임을 잘 아는, 실무역량도 갖춘 분인데도 무리를 했다. 권력을 잡으면 관용은 아랑곳하지 않고 무섭게 행사할 듯한 위인이라는 염려가 들었다.

나. 강강약약(強強弱弱) : 강자에게 강해지고, 약자에게 약해져

"(영국) 의회는 남자를 여자로, 여자를 남자로 만드는 것 외에는 다 할 수 있다."
영국의 헌법학자 다이시(A. V. Dicey, 1835~1922)가 한 말인데, 그 의원은 한 걸음 더 나아가, 3권분립인 대한민국 국회에서 행정부 소관인 시행규칙 사항까지 법으로 개정하려는 '입법 만능주의'의 '완장'을 찬 것처럼 보였다.

나중에 2022년 6월 더불어민주당에서 정부의 '시행령'을 국회가 통제하려는 '국회법 개정안'을 발의하기도 하였으니, 일찌감치 그 전조를 미리 보여준 셈이다. 간염 바이러스 보유자들만 유권자로 보였을 뿐 그 외엔 안중에 없어 보였다. 공무원들도 유권자이자 국민인데 여의도 정치인에게 행정부 공무원은 한낱 '가·붕·개'로 무시해도 될 만큼 가벼운 존재였나보다.

한때 청와대비서실에서 우리가 같이 일한 적도 있어서 안면이 있었다. 법안심사를 마치고 나오면서 복도에서 마주친 그는 나에게 딴지를 걸었다. 기분이 많이 상한 필자는 좀 심한 말투로 대꾸하고 말았다. 물론 나의 수양이 모자란 탓에 억누르고 있던 감정을 숨기지 못했다. 하지만 그보다는 이날 선을 넘은 그의 무지막지한 행태를 접하면서 여야를 떠나 기대는 실망으로 바뀌어 도와주고 싶은 마음부터 식어갔기 때문이다.

불의를 저지르는 상대가 강할수록 나는 강해졌고, 약자(弱者)에게는 약해지는 그런 사람이 나였다. 나도 모르게 강강약약(强强弱弱)으로 대응하는 투지가 이상하게 샘 솟았다.

다음 해 나는 고용정책심의관으로 자리가 바뀌면서 후임 국장에게 후속 업무를 인수인계하였다. 이후 관계 부처와 협의하고 입법예고 등 절차를 밟느라 상당한 시일이 걸려 채용 시 건강진단 실시 의무 조항을 폐지하는 산업안전보건법 시행규칙(2005년 10월 7일, 제98조 제1호 삭제, 제98조의2 및 제98의 3 채용 시 건강진단 문구 삭제, 99조 제1항 삭제) 개정(2006.1.1. 시행)으로 마무리되었다.

그런데 이번 사안의 근원은 1999년 8월 28일 우리 부에서 유해(有害)부서 업무에의 배치(配置) 여부를 판단하기 위한 '배치 전 건강진단'을 신설하는 시행규칙을 개정할 당시 '채용 시 건강진단' 조항을 정비(삭제)하지 않고 그대로 놔두어 괜한 우려를 초래한 것이다. 결국 담당자의 부실 검토와 잘못으로 인해 생긴 제도와 불필요한 오해를 바로잡느라 한동안 정력을 낭비해야만 했다.

이 오류가 어떻게 생겼는지 추적해 보았더니 P 모 과장의 작품이었다.
오랜 기간 국방 분야에 복무하다 행정부에 진입해 온 경력자여서 그랬는지 뭔가 없애거나 정리하는 게 불안한 심정에서 엉거주춤하다 보니 깔끔하게 처리하지 못한 결과였다. 정책·법안 실명제(實名制)가 필요함을 보여준 또 하나의 사례였다.

03
공직을 마감할 뻔했던 잡월드 설립

먼저 나 자신이 저지른 탁상공론과 이를 통해 배웠던 이야기부터 해본다.

초임 시절 부녀소년과 사무관으로 일했다. 전국의 일선 관서에서 일하는 산업상담 업무 세미나를 개최하게 되었는데 장소가 문제였다. 당시에는 전국적인 회의를 하게 되면 으레 서울에서 했었는데, 나는 일부러 대전으로 정했다. 아무렴 대전이 전국에서 중간 지대이니 어디서 오든 참석자들 모두에게 편리할 것으로 막연히 생각했다. 그러나 이는 오산이었다.

당시 서울과 수도권도 기차와 버스로 이동하였을 뿐만 아니라 강원도와 경북, 제주도 등에서 대전으로 가려면 수도권으로 왔다가 다시 대전으로 가야 하는 번거로움이 있었다. 물정이 어두웠던 나는 그런 사정을 내다보지 못했고, 잘하려고 하다가 더 나쁜 결과가 되었다.

물론, 지금은 전차와 버스 노선이 다양하게 생겨서 그때보다 편리하게 갈수 있게 되었지만, 그럼에도 서울에 비하면 불편하다. 나아가 단순히 많은 사람에게 좋을 거라고 선의로 생각한 것이 반드시 모두에 좋은 게 아닐 수 있음을 깨달았다.

한편, 잡월느는 전국의 칭소년들이 와서 이용하는 시설인데 입지를 대선, 천안, 안산, 시흥, 광명, 강화 등으로 함이 좋지 않겠느냐고 주장하는 정치인들이 여럿 있었다. 나의 이러한 경험을 그분들께 먼저 들려주고 싶다.

가. 잡월드 설립 배경

2005년부터 고용정책심의관으로 일하던 중 청소년들의 직업체험과 진로탐색을 지원하기 위한 잡월드(Job World)의 입지 선정과 관련하여 정치인들은 자신들의 지역구로 유치하려는 압력성 요청을 많이 하였다.

그렇지만 이용자들의 편의와 사업의 성공 가능성을 높이기 위하여 여야 정치인들의 요구를 무시한 채 우리 부에서는 전문가들로 구성된 잡월드 부지선정평가위원회의 결정대로 하기로 방침을 세웠다. 그렇게 선정된 경기도 성남으로 확정을 지어 발표하였다.

그러자 당시 여당 의원들의 반발과 함께 '결정 취소' 및 '담당자의 책임'을 거론하는 상급 부처의 압력까지 더해졌다. 당시 업무 담당 국장으로서 공정하고 합리적으로 진행시켰다고 자부하였기에 이를 거부하였다. 하지만 결국엔 총리실 특명 조사를 받게 되어 고통의 시간을 보냈었다. 필자의 공직 생활 중 이 무렵이 가장 힘 빠지고 의욕이 저하된 시기였다.

2001년 한국직업능력개발원 조사 결과 우리나라의 1만 6천여 개 직업 중에서 고교생의 50% 이상이 선호하는 직업은 불과 17개(의사·변호사 등)에 불과할 정도로 직업 실태에 대하여 너무나 무지한 상황이었고, 노동부로서는 고용과 노동을 담당하는 부처로 아동기부터 올바른 진로와 직업 선택을 지원하는 인프라를 구축할 필요가 절실했다. 이에 어린이와 청소년의 진로 탐색, 직업체험 기회를 제공하여 적성과 능력에 맞는 미래의 직업 선택을 지원하기 위하여 노동부에서 수년 전부터 종합직업체험관(Job World) 설립을 추진해 왔다.

설문조사를 해보니 '희망 직업이 없다'는 응답을 한 초등학생의 비율이 14%였고, 중학생은 30%, 고등학생은 38%로 조사되어, 학년이 올라갈수록 희망 직업이 늘어야 할 텐데 오히려 반대로 줄어들었다. 이유는 주로 대학 입시를 위한 시간을 보내다 보니 현실에 도움이 되는 공부만 집중했지, 세상과 인간

관계를 아는 공부를 할 기회가 없었던 것으로 나타났다.

그래서 청년 취업을 궁극적으로 담당하는 부처였던 노동부에서 이러한 역할을 피할 수 없었기에 일본·독일·미국의 직업체험관 운영과 키자니아 등 민간사례를 참고하여 이 사업을 시작하게 되었다.

하지만 이 사업을 추진하는 과정에서 2004~2005년 노동부가 주관하는 것이 과연 타당한지에 대하여 기획재정부와 교육부 등 관련 부처, 국회 관련 상임위에서 의견이 분분하게 나누어졌다.

결국 우리 부의 계획대로 노동부가 추진하는 것으로 결론이 도출되었다. 역시 '목마른 사람이 우물을 판다'는 속담처럼, 이 방면에 문제의식을 가지고 개선하기 위하여 접근한 전임 고용정책심의관과 고용관리과장이 시작해 놓은 길을 따라 나도 그 대열에 본격적으로 합류하게 되었다.

나. 잡월드 부지선정평가위원회 구성·운영

잡월드는 2005년부터 2012년까지 부지 2만 4천 평(8만㎡), 연건평 1만 2천 평(38,796㎡) 규모로 총사업비 2,007억 원을 들여 건립하여 직업세계관, 청소년체험관, 어린이체험관, 진로설계관 등의 콘텐츠를 갖춘 종합 직업체험관이다. 개원 7년 만인 2019년에 이용자가 연 600만 명을 돌파할 정도로 청소년의 직업 탐색과 진로 선택에 도움이 되는 등 상당한 성과를 거두었다.

그런데 일의 진행 과정에서 예상치 못한 시련이 나를 기다리고 있었다. 2005년 종합 직업체험관 부지 선정을 위하여 전국 지방자치단체를 대상으로 40일간 공모하였고(2005.3.16.~4.25.) 전국 36개 기초자치단체(경기 8, 인천 1, 강원 1, 충청 13, 호남 7, 영남 6)에서 유치 제안서를 제출하였다.

노동부는 관련 전문가로 구성된 부지선정평가위원회에서 심사 평가(2005. 4.27.~5.1.)를 한 결과 1순위로 결정된 성남시 분당구(정자동 4-6번지)를 부지로 확정·발표(2005.5.2.)하게 되었다. 당시에 우리는 잡월드가 성공하기 위해서는 잡월드 부지 선정이 대단히 중요한 요소로 생각했고 관련 분야 전문가들이 객관적이고 공정하게 합리적으로 결정하여야 했기 때문에 절차상으로도 하자가 생기지 않도록 모든 노력을 기울였다.

잡월드 부지선정평가위원회는 한국학술진흥재단의 전문가를 바탕으로 건축토목, 도시계획, 전시체험 분야의 평가위원 후보자 인력풀을 준비하고 후보자 인력풀(80명) 중에서 잡월드설립추진단 사무소 소재지를 관할하는 경찰서 경찰관 2명(조ㅇ국, 연ㅇ우) 입회하에 무작위로 추첨하여 뽑힌 순서대로 심사 기간 중 참여가 가능한지 현장에서 전화로 확인하여 평가위원(15명 : ⓐ 건축토목 6명, ⓑ 도시계획 5명, ⓒ 전시체험 4명)을 선정했다. 평가 위원장도 평가위원들이 자체 호선하여 서울대 김성균 교수(도시 및 지역계획 전공)가 선출되었다.

평가 회의는 3박 4일간 격리 합숙 토론(평가 기준과 평가방식 결정, 서면심의 표결, 현지 실사)을 하면서 평가의 전(全) 과정을 비디오 촬영하는 등 공정한 평가가 되도록 하였다. 심사 기간 중 외부와 차단한 채 이들 전문가에게 오직 잡월드가 성공하는 것 외에는 일체 다른 고려 없이 입지를 선정해 주기를 간곡히 요청했다. 이렇게 심도 있는 자체 논의에 따라 1순위 후보지가 정해졌다.

부지선정평가위원회의 부지 선정 평가회의 결과에 의하면 전국을 대상으로 검토하였지만 주 이용객인 초·중·고등학생이 밀집한 수도권에 먼저 설립하는 것이 사업의 성공 요인으로 판단되었고, 대중교통 이용의 편의성과 접근성이 양호하고, 배후 도시에 이용 가능한 인구 등 잠재 고객이 많고(2005년 당시 수도권 인구의 비중이 전국의 48.2% 차지), 부지확보가 쉬운 시유지(市有地)가 부지토목 측면에서 지장물이 없어 공사가 용이하며, 해당 지자체의 지원계획 및 실현 가능성에서 가장 좋은 평가를 받은 지역으로 최종 후보지가 확정된 것이었다. 부지 선정 이후 평가 결과에 대한 집중 열람 기간(5.16.~5.21.)을 운영하여 평가 경위를 설명하고 평가자료도 공개하였다.

다. 국내외 반면교사 : 전시체험용 시설부지 선정 실패 사례

부지 선정을 잘못하여 실패한 국내외 대표적인 사례가 여럿 있다.

① 일본에서도 도쿄 인근 대도시를 놔두고 정치적 유력자의 영향력 행사로 인하여 '나의 직업관' 입지를 잘못 선정해 실패한 전철이 있다.

즉, 일본의 경우 '나의 직업관'이 정치권 유력자의 입김이 크게 작용하여 교토 남단 간사이 학술연구 도시로 입지가 결정되었는데, 이 부지는 도쿄에서 482km 떨어진 먼 거리여서 신칸센으로 2시간 30분, 자동차로 6시간 40분 소요되고, 전철로 환승한 다음에도 2.1km를 도보로 25분이나 걸리는 위치에 있었다.

2003년 10월에 개관(開館)하였으나 교통 접근의 애로 및 불편에 따른 이용 부진 등의 실패로 인하여 불과 6년여 기간 만인 2010년 3월 일본은 직업관을 폐관(廢館)하게 되는 등 시행착오를 치렀다.

② 우리나라에서도 국립중앙과학관을 대전 지역에 건립하였다(1990년 10월).

대전이 지리적으로 우리나라 중간 위치였지만 당시의 교통 사정은 의외로 편리하지 않아 이용자가 적어 기대에 미치지 못하는 등 입지 선정의 실패임을 깨닫게 되었다.

이러한 시행착오 끝에 전국에서 차지하는 수도권 인구의 비중 등을 고려하여 천억 원이 넘는 나랏돈을 더 들여서 과천에 국립과학관을 추가 건립(2008년 11월)하는 등 실패 사례가 있다.

이에, 우리는 업무 초기 단계부터 일본 등에 출장을 가서 현지 상황을 면밀히 둘러보고 종합적으로 분석하는 등 외국과 민간의 사례를 반면교사(反面敎師)로 삼아 성공적인 잡월드 건립과 운영이 되도록 하기 위하여 만반의 준비를 하였다.

결과적으로 잡월드 부지로 정해진 성남시 분당 지역은 서울역에서 25km로 차로 40분, 전철로 수내역에서 800m 거리에 도보로 10분이면 될 정도로 교통이나 접근이 편리한 위치였다. 이용자들이 접근하기 편하고 교통이 전국적으로 연결되어야 효과를 기대할 수 있다는 부지선정평가위원회의 평가 의견에 가장 부합한 적지였다. 물론 그런 입지 조건에다 훌륭한 콘텐츠를 갖추어 비로소 성공할 수 있었다.

인접부지 우선 매입권 확보

2005년에 확정한 잡월드는 부지 2만 4천 평(8만㎡), 연건평 1만 2천 평(38,796㎡) 규모였으며, 추후 잡월드의 기능 확장 시 인접부지 우선 매입권도 확보하여 다양한 활용 전략까지 미리 대비하였다.

즉, 잡월드 인근 시유지(市有地) 부지를 처분하고자 할 경우는 자치단체(성남시)에서 반드시 주무 부처(고용노동부)와 잡월드의 사전 동의를 받도록 조건을 부과하는 등 나름의 장치까지 강구해 놓았다. 이렇게 만약의 경우까지를 대비하는 장치를 마련하는 것이 전문적인 행정가의 소임으로 생각했다.

라. 여당의 반발과 상부의 압력

부지 선정을 위한 공모가 시작되자 여야 정치인들은 자신의 지역구로 정해달라는 요청이 계속되었지만, 처음부터 우리는 부지선정평가위원회의 심사평가에 맡기로 하였기에 일체의 정치적 요구는 무시한 채 전문가의 평가 결과에 따라 확정 발표하였다. 우리는 정치적 바람을 타지 않기로 각오했다.

그러자 환노위 여당 J, C, W, L, K 의원실에서 관계 공무원을 국회로 불러 심사 평가 및 업무 진행 상황을 점검한다며 꼬투리를 잡으려고 혈안이 되었다.

그렇지만 아무리 들여다봐도 업무처리 과정에 별다른 하자가 발견되지 않자, 여당 간사를 비롯한 의원들은 국무총리를 찾아가 국가균형발전 차원에서 공공기관의 부지를 수도권으로 정한 것은 잘못이라는 엉뚱한 핑계를 대며 결정을 취소하라는 압력이 가해졌다.

급기야 2005년 5월 12일 공공기관 이전 관련 고위 당·정·청 간담회가 열리고 "수도권에 공공기관 부지를 선정하는 (잘못된) 사례가 있다"라는 지적이 나왔다. 이어서 5월 18일 총리실 간부회의에서 노동부가 잡월드 부지를 성남으로 결정한 행위를 재검토하고, 책임을 규명하라고 하였음을 총리실 관계자를 통해 전해 들었다.

그러나 직업체험관은 관련 법상 '전시(展示)시설'로 국가균형발전의 핵심 시설이 아니었고(수도권정비계획법 시행령 제3조 3호), 공공기관 지방 이전의 대상에서도 제외(국가균형발전특별법 시행령 제15조)되어 있었다.

부지 선정 계획 단계부터 전국을 대상으로 공정한 절차에 따라 진행하였기 때문에 수도권 위치를 이유로 이미 확정 발표한 내용을 번복하는 것은 타당하지도 않고, 아무런 명분도 없었으며, 법적·정치적·행정적 부담도 너무 컸다.

또한 설령 재공모를 한다고 해도 내용이나 절차상 하자가 있거나, 수도권 국책사업에 대한 전면 재검토를 전제해야 하지만 사실이 그렇지 않았기 때문에 실행이 불가능한 상황이었다.

특히 여당 의원들로부터 당시 이른바 소위 '야당 지역'(고ㅇ길, 신ㅇ진, 임ㅇ희 의원과 이ㅇ엽 시장의 소속 정당이 모두 한나라당이었던 성남)에 잡월드 부지를 결정한 것은 부처의 '정무적' 판단 잘못이라는 비판이 나왔다. 이는 자신들의 요구가 관철되지 않자, 여당 열린우리당 지도부에서 정부의 부지 선정 결정을 뒤집으려는 움직임이었다.

총리실 간부회의 이후 잡월드 부지 결정 과정에 대한 특명 조사가 시작되었다. 정부가 처음부터 특정 지역을 복안으로 생각하고 접근하였거나, 심사위원들이 그에 맞춘 요식행위를 하지 않았을까 하는 의구심을 가지고 심사에 참여한 위원들을 일일이 조사하였다. 하지만 어느 누구에게도 그런 의심이 갈만한 노동부의 행위가 없었음이 확인되는 등 문제될 만한 꼬투리가 전혀 나오지 않았다고 한다.

드디어 5월 31일 15시경 총리실 조사심의관이 나를 보자는 전화를 걸어왔다. 그는 필자가 예전에 기획관리실 행정관리담당관을 하던 시절 총리실 규제개혁심의관을 하였기에 나와 잘 아는 사이였다. 그는 "잡월드 사업에 대하여 조사하였으나 업무처리를 철두철미할 정도로 공정하고 깔끔하게 했더라"라고 하면서 서두를 꺼냈다. 덧붙여 말하길 "행정 관료의 시각에서 볼 때 훈장을 여러 개 받아도 모자랄 정도로 업무를 열성적으로 추진한 사례라고 생각된다"라고 말했다. 하지만 조사 결과 문제될 만한 것은 없다고 해도 조치(?)가 필요하다는 상부의 입장이 있으니, 타협을 좀 해보자는 제안을 조심스럽게 꺼냈다.

한마디로 상부의 지시로 자신도 어쩔 수 없으니, 황당한 제안을 양해해 달라는 뜻이었다. 즉, 가벼운 잘못이라도 있는 것처럼 '자진신고'를 해주면, 자신이 책임지고 가벼운 문책(주의나 경고 등 경징계)으로 잘 마무리해 주겠다고 하였다. 서로 양보하고 절충하여 소위 '셀프 징계'를 감수하라는 뜻이었다.

한편으로는 그도 얼마나 입장이 곤란했으면 이런 통사정을 할까 싶었다. 정해진 시나리오에 따라 자신은 조역(助役)을 하고 한시바삐 손을 떼고 싶었던 것이다.

당시에 우리 부 장·차관을 비롯한 잡월드설립추진단 직원 모두가 잡월드 사업이 성공할 수 있는 위치로 입지를 정하기 위하여 최선을 다해왔는데 정치적 이유나 외압에 무너진다면 그건 너무 억울하다는 생각이 들었다. 난감했다.

여당 유력자들이 희망하는 지역으로 입지를 결정한다면 해당 의원이나 여당의 선거에 도움이 될 수 있을지는 몰라도, 국민 전체 입장에서 긴 시각으로 잡월드 사업의 성공을 우선해야 하는 공무원의 양심으로는 그건 허락될 수 없었다. 결국에는 잘못한 게 있으면 처벌받는 것이 마땅하지만, 없는 잘못을 만들어서 징계받으라는 것은 언어도단이 아닌가 하는 생각을 떨칠 수 없었.

그래서 나는 "만약 사소한 잘못이라도 있다면 사표를 내겠습니다. 그러나 없는 잘못을 어떻게 스스로 만들 수 있습니까? 차라리 제 목을 치세요"라고 힘주어 말했다. 그렇게 하여 그 제안은 일언지하에 거절했다.

마. 뜻밖의 총리 경질과 상황 반전

빗나간 '정무적 감각', '정무적 판단'

사무실에 돌아와서도 나는 한동안 일이 손에 잡히지 않았다. 고민에 고민을 거듭했다. 하지만 아무리 생각해도 옳지 않은 일에 타협(野合)할 수는 없었다. 그런 불의한 요구는 내가 설령 불이익을 입는 한이 있더라도 거부(拒否)하는 게 낫다는 확신이 들었다. 시간이 갈수록 그런 심정이었다. 아닌 것은 아닌 것이어야지 상황이 어렵다고 거짓 자백을 할 수는 없었.

총리실도 비상이 걸렸는지 다음 날 국무조정실 차장이 우리 부 차관에게 전화를 걸어와, "부처 간에 서로 원만하게 협력관계를 유지하자면서 책임지는 시늉이라도 내주면 좋겠다"라며 압박하는 분위기로 짐작되는 얘기가 있었음을 전해 들었다.

당시 국무 차장으로부터 협조 요청을 받은 우리 부 차관은 나더러 '정무적 감각'으로 '정무적 판단'을 하여 '타협'해야 하지 않겠느냐고 점잖게 말했다. 하지만, 실은 나를 꾸짖는 느낌이 들었다.

내가 생각한 정무적 감각이나 정무적 판단은 실무자의 좁은 안목에 갇히지 않고 보다 폭넓은 시각에서 문제를 바라보며 여러 변수를 두루 고려해 차원 높게 일하는 것이었다. 그게 당연하고 합리적인 자세라고 생각하며 그렇게 지도해 주는 선배를 진심으로 존경했다. 평소에는 그래왔다.
하지만 이날 차관이 강조한 '정무적 감각'과 '정무적 판단'의 취지는 단순히 행정적 절차와 법적 요건을 뛰어넘는 또 다른 숨은 의미가 담겨 있었다. 공무원이 법과 절차를 무시하고 눈치 보는 처신을 하라고 에둘러 말한 것이었다. '행정이나 정책의 과도한 정치화'였다.

그날 차관이 전한 국무조정실 차장의 입장을 우리 부를 책임지는 장관에게 보고하지 않을 수 없었다. 하지만 일종의 '타협'을 권유한 우리 차관의 '정무적'이란 말씀은 차마 꺼낼 수 없었다. 내가 모시는 차관을 인간적으로 욕되게 하는 보고는 도저히 하기 어려웠다. 그래서 나머지 사항 위주로 장관께 말씀드렸다.

나는 김대환 장관께, "(잡월드 부지 선정에) 정치적인 고려를 하지 않아 물의를 일으켰습니다. 죄송합니다"라는 말로 보고 서두를 시작했다.
돌아가는 상황과 전모를 보고받은 김 장관은 "공직자가 합법적 합리적으로, 투명하고 공정하게 결정한 행위에 대하여는 아무리 상부의 말씀이라 해도 옳지 못한 지시를 수용할 수 없다"라고 하면서, 또한 "총리실에 거두어달라고 요구할 것이니 절대 흔들리지 말라"라고 하며 실무자들의 처진 어깨에 힘을 실어주었다. 장관께서도 국무위원의 일원으로서 총리실과의 관계를 감안하면 자신의 입장이 곤란해질 수 있는데도 실무자에게 지지와 격려를 해주니 큰 힘이 되었다. 이렇게 소신껏 일할 수 있게 지원을 아끼지 않은 김 장관을 진심으로 존경했다.

이번 사안은 상급 부처의 입장이니만큼 장·차관이 곤란해지지 않도록 '정무적 판단'이나 '정무적 감각'을 발휘해 수용하는 것이 좋겠다는 의견이 나로서는 부적절하다고 생각됐다. 그동안 청소년의 진로와 직업관 형성을 위하여 우리가 추진한 정책과 함께 노력한 이유는 온데간데없이 사라지고 억지 꼬임만 남았다. 최선을 다해서 일한 실무자더러 부당한 요구에도 백기 투항이라니 황당했다.

웬만하면 나 역시 손해를 좀 보더라도 묵묵히 행정가의 소임을 다하고 싶었다. 나라의 안위를 위하여 이 한목숨 바치라고 한다면, 굳이 그런 상황이 되면 설령 요구하지 않더라도 기꺼이 자청할 수 있을 것 같다. 하지만 기관끼리 관계가 불편해지는 걸 피하려고 던져주는 먹잇감 신세로 되기는 싫었다.

나는 누군가에게 작은 디딤돌이라도 되고 싶은 마음으로 공직을 수행해 왔는데 가치 없는 희생양으로 전락하고 싶지는 않았다. 결과적으로 여러 사람이 나의 훌륭한 반면교사가 되었으니 귀한 스승을 만난 건 틀림이 없다.

한편, 총리실에서는 우리에게 사소한 잘못이라도 있는지 찾으려고 그해 5월 이후 해를 넘겨서까지 점검하는 등 특명 조사는 계속되었다. 특별히 문제될 만한 것이 나오지 않는데도 사건을 종결하지 않고 펜딩 상태로 몰고 가니, 우리는 여당의 압박과 상급 부처의 감사를 받느라 거의 탈진 상태에 빠졌다.
그런 와중에 2006년 1월 정치인 출신 한 인사가 우리 부처의 신임 장관 후보로 발표되었다. 혹시라도 나는 이 사건이 장관 교체와 관련이 있는 것이 아닌가 하는 마음에 기분이 영 찜찜했다. 일하고 싶은 의욕도 점점 사라져갔다.

또 다른 한편으로는 청와대(노동비서실)의 상황도 알아보았다. 비서실에서는 우리 부의 잡월드 부지 선정 업무 진행 경과에 대하여 노무현 대통령에게도 이미 보고가 되었고, 별다른 의견이 없었던 것으로 확인되었다. 게다가 성남으로 잡월드 부지를 확정 발표한 이후 여당의 반발에 대하여도 대통령께 보고

하였으나 역시 개의치 않았음을 권재철 노동 비서관으로부터 전해 듣고서야 김 장관을 향한 나의 고맙고도 미안한 마음을 조금 누그러뜨릴 수 있었다.

김 장관은 원래 진보 성향인 참여연대 출신 경제학자로 참여정부에서 노동부 장관으로 일했지만 재임 당시 노사 양쪽에 공정한 원칙을 적용하는 등 합리주의자로 평가받았다.[7] 여러모로 열린 시각의 특별한 분이다.

참고로 김 장관은 2년간의 재임 기간 중 무려 16개의 치아가 흘러내려 임플란트를 해야 할 만큼 업무에 몰입하고 헌신적으로 국정을 수행하였다. 2006년 2월 장관직에서 물러나면서 재임 중 받은 각종 강연료 수입과 장관직 재임으로 인상된 (사학연금의) 퇴직금 상당액을 모두 모아 열심히 일한 우리 부 직원들의 노고에 대한 고마운 마음을 담아 '휴양시설'을 확보하도록 쾌척하였다.

자신은 과로에 따른 사실상 업무상 재해를 입고도 사비로 치료하면서, 서울 강남도 아닌 경기도 안양의 크지 않은 아파트에서 30년 넘게 거주할 정도로 형편이 넉넉하지 않았는데도 후진을 아끼고 위하는 마음이 앞섰던 대단한 분이셨다.

그런 배경으로 직원을 위하여 처음 콘도(한화 지리산 콘도, 패밀리형 20평형) 2구좌를 확보하기 시작하였고, 김 장관의 사비 쾌척이 나비효과를 불러 정부 업무평가에서 우리 부가 받은 포상금을 보태 2007년까지 16구좌(4억 6,550만 원)의 직원 휴양시설을 갖추게 되어 연중 이용할 수 있는 조그만 터전이 마련되었다.

이후 본부 직원들에게 3구좌, 서울청과 중부청·부산청·대구청·광주청 직원들에 10구좌(각 청별 2구좌), 직원 수가 상대적으로 적은 대전청·경기청과 노동위에 3구좌(각 1구좌)를 배정하여 활용하는 형태로 운영하고 있다.

---

7. 장관 취임 초부터, 들뜬 노동계를 향하여 '기대감'을 낮추라, 긴장한 경영계에 대하여는 '피해의식'을 줄이라고 당부하였다.

뜻밖의 상황 반전

그 와중에 뜻밖의 사건이 터졌다. 다음 해 3·1절 철도파업 첫날 관련 부처 공무원들이 비상근무를 하는 가운데 총리와 그 일행이 지역 기업인들과 골프를 쳤다는 기사가 언론에 도배되었고, 이후 사퇴(경질)하는 바람에 그동안 곤란한 상황이 한꺼번에 정리되었다. 이처럼 기적 같은 일이 갑자기 벌어졌다.

담당 S 국장으로부터 전화가 왔다.

"이 국장님, 뉴스 봤죠? 이제 다 끝났습니다. 저도 손 털었습니다. 이제 모두 잊어버리세요. 그동안 미안했습니다"라는 목소리가 수화기 너머로 들려왔다.

내가 공직 생활을 하면서 터득한 경험이 하나 있다.

그것은 업무는 아무리 폭주할 정도로 많아도 감당할 수 있지만, 납득할 수 없는 상사의 지시나 감사가 있을 때 가장 견디기 힘들었다. 그런 지시나 압력에 굴복해 정도를 벗어나게 되면 언젠가는 문제가 될 것이기 때문이었다.

행정은 법령과 상식 등 기본에 충실한 바탕 위에서 종합적인 고려가 되도록 정무적 판단으로 보완하는 것이 맞다. 그러나 정무적 판단이 마치 전가의 보도처럼 활용되면 모래 위에 지은 사상누각처럼 위험한 결과를 가져올 수 있다.

바. 의원들의 몽니와 '궁즉통'

여당 의원 예신 갑질

일부 여당 의원들은 이후에도 예산심의권으로 정부의 잡월드 사업 추진을 훼방 놓으려 했다. 환노위 간사를 비롯한 여당 의원들은 잡월드 설립에 대한 국회 예산심의에 부정적으로 임하며 부지 매입비와 설계비, 행정 경비를 대폭 삭감하였다.

2005년 11월 4일 예산심의를 하면서, (환노위 여야 의원 3명씩 동수로 구성된) '예산소위'에서 심의된 2006년도 예산심의 검토액을 열린우리당이 다수를 차지한 환노위 '전체 회의'에서 반영되지 않도록 부지 매입비 검토 예산의 50%를 삭감(476억 원 → 238억 원)하였다. 특히 설계비와 행정 경비를 100% 삭감하여 사업 착수조차 하지 못하도록 방해하고 반전을 시도하였다. 예산 갑(甲)질로 뒤끝이 작열했다.

무슨 일이든 "되게 하려면 많은 사람이 힘을 합쳐야 하지만, 안 되게 하는 데는 한 사람의 훼방만으로도 충분하다"라는 속담이 있듯, 일부 의원들의 부정적 행태는 사업 추진에 걸림돌로 작용했다. 국회의원은 국가이익을 우선하여 양심에 따라 직무를 행하여야 하는데도 헌법 규정(제46조 2항)을 허공으로 사라지게 하는 모습과 잡월드 예산삭감 등 끈질긴 훼방은 목불인견이었다. 행정부에 대한 입법부의 합리적인 견제를 넘어 자신들의 정치적 목적(선거)을 위하여 권한을 남용하는 구태 정치로 우리에게 처절한 고통을 안겨주었다.

돌이켜보면 당시 한나라당(야당) 소속 환노위 이 모 위원장과 전 모 위원 등은 막상 부지 선정 결과가 발표되자 자신들의 요구가 전혀 반영되지 않았음에도 일체 부정적인 질의나 발언을 한마디도 하지 않았다. 그 반면 당시 열린우리당(여당) 소속 의원들의 집요한 행태와는 크게 대비되었다. 여야를 떠나서 이렇게 점잖게 나오면 인간적으로 미안한 심정이 들었다. 사람의 마음을 사로잡는 것은 이런 것들이었다.

묘책을 찾아서

정부의 일원이었던 우리는 국회에서 삭감된 부지 매입비 예산에 대한 대응책을 어떻게든 찾아야 하는 상황이었다. 당시 잡월드 유치와 지원에 적극적인 자치단체장이었던 성남시장은 과거에 국회 상임위원장도 역임한 경험이 있었고, 성남의 미래와 발전을 위해서는 의미 있는 기관이 중요함을 잘 알고 있었다.

그래서 그런지 잡월드의 입지가 성남으로 확정된 발표문을 자신의 집무실 책상 서랍에 넣어두고 잡월드설립추진단 실무자를 만날 때면 이를 꺼내 보이는 등 자랑스럽게 생각할 정도로 지원에 적극적이라고 들었다.

그렇게 하여 성남시와 잡월드설립추진단(단장 : 고용정책심의관, 팀장 : 이현수 과장)이 수차에 걸친 협의를 하고 함께 찾은 처방은 다음 세 가지였다. 그야말로 궁즉통(窮則通)이었다.
① 잡월드 유치 신청 시 제출한 해당 지자체의 지원계획을 바탕으로 사업이 중단되지 않도록 현안을 해결하기 위한 적절한 대책을 모색하기로 하였다.
② 부지 매입비를 '매입' 시점이 아니라 부지 '결정' 시점의 공시지가로 (소급) 조치하였다.
③ 시장의 재량범위 내에서 부지 확보에 어려움이 없도록 전폭적인 자치단체의 협조('기준지' 공시지가를 조정하여 공시지가를 전반적으로 낮추기)를 받아 국회에서 깎인 예산 문제를 가까스로 해결하게 되었다.

사족으로 잡월드가 완공된 후 부지를 저가로 공급했다고 후임 자치단체 관계자가 이를 비판하며 문제 삼은 적이 있다. 그러나 당시 잡월드 유치를 자치단체와 국회의원들이 그토록 열의를 가지고 접근했던 만큼 당시의 성남시장은 그에 상응하는 지원 조치를 해준 것이고, 공공기관인 잡월드 부지는 나라의 재산으로 관리되어 국가 예산을 절감하는 결과가 되었다.

사. 잡월드의 방만한 경영과 도덕적 해이 사전 방지

잡월드 설립과 더불어 기관 운영의 기조를 잘 세우는 것이 중요했다.

국가기관이 제공하는 서비스라는 이유로 전액 무료(無料)로 이용하게 하자는 실무자들의 의견이 초기에는 다수였다. 그러나 나는 단돈 얼마라도 비용의 일부를 수익자가 부담하는 방식으로 설계하기를 희망했다.

나라에서 서비스를 공짜로 제공하면 사람들이 그런 서비스의 가치도 낮은 것으로 생각하는 경향이 있다. 게다가 약간의 비용이라도 부담해야 종사자들이 더욱 책임감을 가지고 서비스의 질적 수준을 개선하고 사업의 효과성 제고와 경상경비 절감을 도모할 수 있을 것으로 보았다. 결국 수익자 부담 정신과 약간의 경쟁시스템을 갖추는 것이 타당하다는 의견으로 모아져 그렇게 하는 것으로 방향이 설정되었다.

또한 2011년 3월 이명박 대통령께서 박재완 장관에게 전화를 걸어왔다. "잡월드 운영에 경상경비를 최대한 절감하는 방안을 사전에 강구하라"라고 강조하였으며, 또한 "식당 등 부대시설은 대기업이 아닌 '중소업체'에서 공정한 절차에 따라 위탁 운영(아웃소싱)할 수 있도록 하라"라며 중소업체와의 상생 방안을 검토하라는 (대통령 지시) 말씀을 장관으로부터 전달받았다.

직업체험관의 상시 운영에 있어서 본질적 요소가 아닌 식당·매점이나 자판기·의무실 운영 및 청소·경비·주차·시설관리 등은 민간에 위탁운영(용역)하고, 어린이·청소년 직업체험 콘텐츠의 개발과 리뉴얼 등은 국내외 전문가들이 보완·발전시킬 수 있도록 하여 이용자의 만족도 제고와 경직적인 비용 절감이 되도록 하였다.

잡월드 운영에 있어서 또 다른 중요 사항은 수익자의 적정 비용부담 원칙에 그치지 않고 광고 수주와 푸드 코트·카페 운영, 기부금 수익(법정 기부금 단체 지정)

등 지체 수익 창출 방안을 강구하여 재정 악화 요인을 미리 방지하는 것이었다. 특히 공공기관 경영이 방만하게 운영되지 않고 서비스의 질적 수준도 꾸준히 개선되고 업무량 변동이나 수요에 따라 탄력적으로 부응토록 다양한 형태의 인력(기간제, 시간제 등 계약직) 활용 등 종사 인력의 비대화를 방지하였다.

잡월드의 수입과 지출 예산 규모를 살펴보면 2012년 개관 당시부터 2015년까지의 정부 출연금은 매년 100억 원 내외 수준에 그쳤고, 자체 사업수익(입장료·광고·부대사업)은 130억 원 이상 거두어 출연금보다 더 많았다.

하지만 문재인 정부 등장 이후 2018년 공공기관 비정규직의 정규직화 추진 등으로 용역이나 위탁 사업 인력을 묶은 (자회사) 용역회사 전환·운영하는 한편 자체 사업수익은 코로나 팬데믹으로 이전보다 감소하여, 정부의 출연금 예산은 수지차 보전 때문에 2018년 이후 매년 200억 원을 초과하는 규모로 크게 늘어났고(2021년 출연금 269억 원), 연간 지출 규모 역시 2018년 이후 300억 원을 상회하게 되었다(2021년 총지출액 396억 원).

특히 2020년 11월 11일 '숙련기술체험관'이 잡월드 부지에 추가 건립되어 대한민국 명장이나 국제기능올림픽 입상자 등 국내 최고의 숙련기술인들이 체득하고 경험한 기술과 직업의 세계를 어린이·청소년·청년들과 함께할 수 있는 터전이 갖추어졌다.

한편, 한국잡월드는 2022년 5월 개관 10주년을 맞이할 정도로 운영 경험과 연륜이 쌓인 만큼 앞으로는 직업체험 서비스의 양적 확대가 아니라 이용자의 선호(희망하는 시기, 직송 및 산업현장 교수 등을 주 강사로 매칭)에 부응하는 예약제 시스템으로 정착하고 맞춤형 서비스를 활성화할 필요가 있다.

또한, (대한민국 명장이나 국제기능올림픽 선수 등) 홍보·역사실은 일부 인사 위주의 전시로 물리적 공간 활용에 그칠 것이 아니라 다수 숙련기술인들의 동영상 자료를 올려 언제 어디서나 볼(검색) 수 있도록 콘텐츠를 보완하는 대신 어린이·청소년·청년 등의 다양한 수요를 고려한 '해당 분야 대한민국 명장 등과의 만남·대화의 광장'이 연중 개최될 수 있게 하며 질적 도약의 전당으로 거듭나야 할 것이다.

한국잡월드 개관식에 참석하여 축하하는 인사말을 하는 필자

한국잡월드 개관에 앞서 테이프 커팅을 하는 장의성 초대 이사장과 고용노동부 장관(좌우에서 각각 일곱 번째)을 비롯한 주요 참석자들의 모습(2012년 5월 15일)

〈참고〉 잡월드 건립에 대한 비판적 보도와 사실관계

잡월드 건립에 대하여 혹독한 비판 기사가 언론의 지면(2011년 3월 9일)을 도배하였으나,[8] 이는 사실과는 거리가 먼 내용이었다.

① "청년 1만 명(연봉 2,000만 원)을 채용할 돈으로 공무원(公務員) 500명 일자리 만들었다. 공무원들이 자기들 (나갈) 일자리를 늘리려고 공기업을 또 만든다"라는 언론 보도에 대하여
⇒ 한국잡월드의 임직원 정원은 52명(당시 채용인원 48명, 2022년 64명으로 증가)이었고, 핵심 업무 외에는 용역이나 위탁운영(아웃소싱)으로 사업을 수행했다.
당시 언론 보도된 500명의 퇴직 공무원을 위한 일자리를 만든다는 지적은 일본의 실패 사례를 우리가 그대로 답습할 것으로 상상한 전제에서 쓴 악의적 기사였다.

② "실패한 日本 모델을 그대로 베꼈다. 일본에서도 후생노동성이 직업체험관을 운영하는 법인을 만들면서 퇴직 관료들이 대거 낙하산으로 내려가 물의를 빚었다"라는 언론 보도에 대하여
⇒ 한국잡월드 설립 초기 노동부에서 진출한 관료는 이사장과 본부장 각 1명뿐이었다. 이사장은 해당 업무 경험(고용노동부 고용서비스정책관)이 풍부한 전문가를 초대 기관장(장○성: 2012.1~2015.2)으로, 그리고 초대 기획본부장(조○준)은 이공계 출신 기술직으로 본부와 일선기관에서의 다양한 업무 경력을 감안한 전문성과 추진력을 발휘하기 위한 적재적소 차원의 인력 지원(추천)이었지 퇴직 관료를 내보내기 위한, 이른바 '낙하산' 인사 개념은 전혀 아니었다.
따라서 500명의 퇴직 공무원을 위한 일자리를 만든다는 언론 지적은 어불성설이

---

8. 실직자 줄 돈 2,000억으로 초호화 건물 짓는 고용부, 조선일보, 2011.3.9.

었다. 심지어 당시 조 모 고용노동부 장관정책보좌관이 (홍보협력) 본부장으로 가기를 희망하였지만, 잡월드 업무 수행과 기관 발전에 확실히 기여할 수 있는 인사를 뽑는다는 원칙으로 했기에 그녀는 후보에서조차 제외되었다.

③ "실패한 일본 모델을 본받았다. 일본은 2003년 청소년들의 긍정적 직업관을 형성하겠다는 취지로 총 580억 엔(약 7,000억 원)을 들여 '나의 직업관(私のしごと館)'이란 이름의 직업체험관을 지었으나 방문자가 많지 않아 운영난을 겪다 7년 만인 지난해 3월 문을 닫았다"라는 언론 기사에 대하여
⇒ 일본의 경우 정치적 유력자의 입김에 좌우되어 도심지가 아닌 교토 외곽의 교통이 불편한 곳으로 입지가 선정되었고, 직업체험관 운영 프로그램이나 체험 직종도 산업현장의 변화와는 거리가 먼 전통 분야로 하는 등 폐쇄적으로 접근하여 실패할 수밖에 없었다.

그러나, 우리나라의 경우 잡월드는 일본의 이러한 시행착오를 답습하지 않기 위하여, 최적의 성공모델을 수립하고, 최적의 입지 선정과 적합 직종, 프로그램 등 고객수요에 맞는 적합한 모델로 설계하고, 공모에 참여한 지자체의 파격적인 지원과 협조(부지 가격 책정 등)를 통해 총 2,007억 원의 투자로 설립하는 등 기사 내용이 사실과 거리가 먼 것으로 밝혀졌다. 그 결과 2012년 5월 15일 공식 개관한 한국잡월드는 개관 1년 만인 2013년 5월 29일 100만 명의 방문자 수를 기록하였고(2014.7.27. 200만), 개관 3년 만인 2015년 10월 13일 300만 명 방문(2016.7.28. 360만), 개관 5년 만인 2017년 2월 3일 400만 명의 방문자를 기록하였고(2018.6.5. 500만), 개관 7년 만인 2019년 11월 15일 600만 명의 관람객 기록을 돌파하는 등 경이적인 성과를 세웠다.

2016년 자유학기제 전면 시행을 전후하여 지자체와 민간 분야에서 운영하는 직업체험관이 늘어나면서 잡월드는 이들 기관과 경쟁해야 했다. 게다가 2020~2022년 코로나 시국을 맞아 대면접촉이 어려워져 2023년 9월 기준 누적 방문자가 720만 명에 그치는 등 이용자 증가가 주춤하였다. 특히 일본 후생노동성에서 2014년 한

국잡월드를 방문하고 이사장을 비롯한 관계자를 만나 한국의 잡월드 운영과 부지 선정평가 경위 등 성공 요인 및 비법을 파악해 가기도 하였다. 이것은 늦게 시작한 우리가 일본보다 (정치적 압력에 굴복하지 않는 등) 한 차원 더 발전되었음을 보여주는 단적인 사례다.

④ 한편, 2011년 3월 9일 자 언론 기사 보도에 앞서 잡월드(Korea Job World) '상표'를 양보해 달라는 비공식 주문이 있었고, 이를 거부하자 비판적 기사가 쏟아지기도 하였다. 필자 역시 이를 믿고 싶지는 않지만, 해당 실무진의 보고와 고충을 토로하는 하소연에 얼마나 괴로운 심정이었는지 다시 상상하기만 해도 끔찍하다.

⇒ 2005~2006년 당시 우리 부의 '잡월드 설립준비추진단'(단장:고용정책심의관, 팀장:이헌수 과장, 사무관:고광훈, 김현철) 실무진에서는 한국잡월드(Korea Job World) 상표 등록을 특허청에 이미 마쳤고 홈페이지 개설 준비와 홍보 활동에 착수하였기 때문에 그런 요구를 들어줄 수 있는 상황이 아니었다.

당시 실무진들의 마음고생이 얼마나 심했으면, "앞으로 만약 해당 언론사의 자녀들이 잡월드에 직업체험을 하러 오면 이용을 도와주기보다는 쫓아내고 싶다"라고 심정을 고백할 정도로 원성이 자자했다.

다만, 설립 당시에는 전혀 예상치 못한 상황으로 전개된 측면이 하나 있다.

즉, 문재인 정부에서 공공기관 비정규직의 정규직화 추진으로 인해 외부 용역 자회사(잡월드 파트너즈) 운영 비용과 수익 보전 대상 직원(2018년 289명 → 2022년 338명)으로 편입되어, 사실상 잡월드의 직원처럼 처리되면서도 정작 책임경영을 위한 방안은 강구하지 않았다. 이는 물론 500명의 퇴직 공무원을 위한 일자리를 만든다는 언론의 지적과는 성격이 다르지만, 잡월드의 운영에 경직성이 정치적으로 더해진 부분은 결과적으로 안타깝게 된 점이다.

04
세상에 이런 국회? 여의도 정치와 표(票)퓰리즘

정부에서 실무 공무원으로 일할 때 국회 상임위원회가 열리는 날이면 흔히 듣는 단골 질의가 있었다. 국회의원이 장관을 상대로 하는 질의 시, "(어떤) 법률을 제정하거나 개정할 의향이 없는가?"를 묻기 일쑤였다. 이처럼 정부더러 어떤 법을 만들라는 것이고, 또 다른 하나는 예산을 늘려달라는 등 주로 이 두 가지였다.

우리 헌법이 국회의원에게 보장한 가장 중요한 권한이 바로 입법권인데, 의원이 저런 질의를 하다니 마음속으로 의아하다는 생각을 한두 번 한 게 아니다. 당시 국회는 실력이 모자라서 그랬는지 몰라도 법률안을 만들어 제출하는 실질적 주체는 정부였다. 그게 여의도 정치의 현실이었다.

지금은 어떤가? 최근 국회에 제출되거나 통과하는 법률안은 거의 의원입법이다. 20대 국회에서 정부 법률안이 통과된 것은 가뭄에 콩 나듯 아주 드물었다. 우리나라가 국제협약에 가입하여 시행하기 위한 법률 정도가 고작 정부가 제출한 법안이었다. 그런 법안은 웬만한 국회의원 실력으론 어림 턱도 없으니 정부 부처가 오랜 기간에 걸쳐 준비해 제출한 것이다.

우리나라는 제헌헌법(제39조)에서부터 '국회의원'과 '정부'에 법률안 제출권을 부여해 왔다. 정부 제출 법안은 부처 협의, 공청회, 총리실 규제심사, 법제처 법제 심사, 차관회의와 국무회의를 거치기 때문에 절차도 복잡하고 시간도 많이 소요되며 완성도가 높다.

문재인 정부 들어와서 부동산법 등 거의 모든 법률을 의원입법으로 처리한 것도 손쉽게 처리하기 위한 목적이었고, 공수처법, 검수완박법 등 소위 개혁입법은 100% 의원입법이었다. 그 외에 의원들이 발의하는 법률안은 법률이 되어서는 안 될 만큼 황당한 것도 있어서 좀 과장해서 말하면 '의원입법 망국론'이 나올 판이었다.

서울(세종로와 과천청사)에서 세종시로 행정부가 대거 옮겨간 박근혜 대통령 시절 이후 행정부의 정책 주도권이 국회와 정치권으로 넘어갔다. 이 무렵부터 정부에서 일하는 공직자들의 사기 저하와 함께 법률안 제출도 의원입법 위주로 완전히 판이 바뀌기 시작했다.

입법부(立法府)가 '통법부(通法部)'로 인식될 정도로 과거 행정부(行政府) 우위도 문제였지만, 이젠 의회 독재로까지 불리게 될 만큼 행정부는 숨쉬기조차 어려울 정도로 질식시키는 막강 국회에 대한 견제를 통한 균형이 깨져 심각한 문제라 하지 않을 수 없다.

예산도 마찬가지다. 정부에서 편성한 예산안을 놓고 국회에서 예산심의를 하는 동안 유력 의원들이 자기 지역구 예산을 끼워 넣는 경우가 많다. 예산권을 하원에 부여한 미국보다 우리나라 국회가 심했으면 심했지 덜 하지 않다. 그러니 만약 예산편성권을 국회에 넘기면 어떤 꼴이 될지 뻔하다.

우리 헌법(제46조)상 국회의원은 국가이익을 우선하여 양심에 따라 직무를 행하도록 하고 있다. 이것은 국익을 위한 국민 전체의 입장을 대표하는 역할을 하라는 것이다. 그러나 현실은 그렇지 않다. 어느 의원이 자신의 지역구 예산을 많이 챙겼다거나 지역 이익에 치중한다는 비판적인 보도가 나오기라도 하면 다음 선거에 더 유리해진다는 게 여의도 정치의 현실이다. 유감스럽게도 그렇다.

우리나라 국회의원은 한 명 한 명 모두 '헌법기관'이지만, 실제 움직이는 행태를 보면 소속 정당의 소위 '당론'이나 '방침'에 따라 움직이는 장기판의 '졸(卒)'과 같은 신세가 되기도 한다. 의원들은 공천을 의식하여 정당의 뜻과 지역 주요 인사의 환심에 혈안이 되어 당과 지역이기주의에 매몰된 존재처럼 보이는 경우가 많다. 모두 그런 것은 아니지만, 항상 그렇지 않다고 부인할 수 있는 의원이 얼마나 될까?

포퓰리즘을 위한 여야 공생과 담합으로 다수당의 다수결 독재와 입법권 남용에 따른 정책 왜곡이나 국민의 우려는 날로 심각해지고 있다. 국민은 생산적인 정치와 해법을 찾는 정치를 보고 싶다. 국민 전체의 이익에 충실하게 판단하거나 그런 자세로 일하는 선량이 잘 보이지 않는 게 현실이다. 실로 안타깝다.

가. 이상한 예산심의와 예결위 소소위 관행

과거 국회의 예산안 조정은 속기록 없이 비공개로 진행됐던 예산안 소위(舊계수조정소위)에서 실질적으로 거의 다 이뤄졌다고 해도 과언이 아니다. 그러나 2008년 말 국회 개혁 차원에서 예산안 소위에도 속기록이 도입되자, 외부에 공개할 수 없는 내밀한 거래를 위해 '소소위(小小委)'라는 비공식 협의체를 새로 만들었다. 이렇게 만들어진 '소소위'는 통상 국회 예결위원장과 여야 예결위 간사 3인으로 꾸려진다.

그런데 예결위 소소위 운영은 예산의 정치화 현상을 더욱 부채질한다. 국회법에 따르면 모든 소위원회는 회의 내용을 공개하는 게 원칙이며, 비공개회의를 진행하더라도 반드시 회의록을 작성해야 하지만, 소소위는 국회법에 근거 조항이 없다 보니 속기록도 남지 않고 회의를 비공개로 하면서 야합의 장이자 '쪽지 예산'(지역구 민원 예산) '카톡 예산' 창구로 변질되고 있다.

2012년 말 소소위가 감시의 눈을 피해 호텔 방에서 비밀리에 열리기도 했는데, 당시 소소위가 열린 호텔 방에는 쪽지 민원 수천 건이 쏟아져 들어와 여야는 지역 민원성 예산 4조 원을 증액해 여론의 호된 질타를 받았다. 이 때문에 여야가 '호텔 방 심사'는 없앴다.

하지만 예산안 법정 처리 시한(12월 2일)을 앞두고 기재부와 여야가 감액·증액 결정을 위한 소소위를 가동하여 '닥치고 증액' 정치가 끊이지 않고 계속되었다. 이렇게 편승하니 예산의 정치화 현상을 더욱 부채질하고 만다. 이처럼 장막 뒤에서 쪽지 예산이나 나누는 국회의 예산안 심의 행태가 계속되는 한 국회와 정부의 국민적 신뢰와 수준은 갈수록 내리막길이다.

나. 원수지간 여야, 기적의 협치 : 포퓰리즘(populism)을 넘어 표(票)퓰리즘으로

여야 정치권은 원수처럼 싸운다. 그러나 포퓰리즘 정책이나 선심성 복지, SOC 사업, 자기들 밥그릇 챙기는 일에는 한 몸처럼 움직인다. 싸움판을 벌이기 바쁜 정치권이 국민 혈세를 선심성으로 뿌리는 일에는 여야가 '기적'의 협치를 연출한다. 국회 예산 심사 때마다 지역 민원 사업 예산을 무더기로 끼워 넣는다. 쏟아지는 증액 요구로 정부안보다 수조 원 이상 불어난 예산이 예결위로 넘어가고 비공개 예산 소소위에 지역 민원 쪽지 예산이 수천억 원씩 밀실에서 정해진다.

여야 정치권은 아동수당, 노인 기초연금, 코로나 보상금 등 현금을 뿌리는 데 예외 없이 한목소리를 냈다. 심지어 2022년 코로나 손실보상금 지급을 위한 62조 원 규모의 추경에 합의하면서 생기지도 않은 추가 예상 세수를 미리 당겨쓰는 전례 없는 '가불·외상 추경'을 했다.

그간 적자 추경에 반대했던 국민의힘과 정부 정책에 발목 잡아 온 민주당이 2022년 6월 지방선거에서 표를 얻으려 돈 풀기에 여야가 번개처럼 빠르게 합심했다. 이것은 정치적 매표 행위로 보이지 않는가? 옛 그리스, 아르헨티나, 베네수엘라, 튀르키예처럼 원칙(原則)이나 철학이 없는 포퓰리즘(populism)은 표(票)퓰리즘이 되기 때문이다.

문재인 정부 때 민주당이 고교 무상교육을 2년 내 실시하는 안을 내자 국민의힘은 당장 앞당겨 시행하는 안을 냈다. 민주당이 가덕도신공항 건설을 추진하겠다고 하자 표를 의식한 국민의힘도 맞장구를 쳤으며, 가상화폐 과세에 청년층이 반발하자 여야는 곧바로 과세 유예에 합의했다.

그 예로 가덕도신공항 추진 경과를 구체적으로 살펴보면 다음과 같다.

국토연구원은 2011년 4월 가덕도가 신공항 입지로 타당성이 없다는 결론을 내린 바 있고, 세계 최고 수준의 공항설계 업체인 파리공항공단엔지니어링(ADPi)은 2016년 6월 21일 연구용역(책임자 장마리 슈발리에 수석 연구위원) 결과 밀양이나 가덕도신공항 건설이 아닌 김해공항 확장을 최선의 대안으로 제시한 바 있다. 가덕도와 밀양은 주변 환경, 비용 측면에서 공항 입지로 부적합하다는 이유였다.

문재인 정부 들어와 2021년 4월 부산시장 보궐선거를 앞두고 김해공항 확장 방안을 폐기했다. 김해신공항(김해공항 확장)을 문제 삼으면서 검증위원회를 꾸리더니 여야가 부산 표심을 의식하여 밀어붙인 가덕도 신공항특별법이 2021년 2월 26일 통과되면서 김해신공항 계획은 폐기되고 가덕도신공항 건설이 다시 살아났다.

윤석열 정부 출범 이후 2023년 3월 15일 가덕도신공항을 매립식으로 건설하겠다는 계획을 국토교통부가 발표했다. 이처럼 여야는 세금을 뿌리는데 손을 잡고, 세금을 깎아주는데도 손을 맞잡았다.

무역에서 갈수록 비중이 커지는 항공 물류의 중요성을 감안할 때 우리나라에서 주요 제조 산업단지를 배후에 둔 부산권 공항의 확충(김해공항 확장 등)을 부정하거나 항공 물류 허브를 나라별로 몇 개의 거점 국제공항으로 두는 것을 반대하는 것은 아니다. 다만 안전한 공항을 지을 수 있는 넓은 육지를 가까이 두고도 멀리 떨어진 바다 위에 안전이 취약한 공항을, 그것도 엄청 많은 돈을 들여가며, 공기도 더 늘어나는 이상한 선택을 하겠다는 발상은 아무리 이해하려고 해도 합리적이라고 생각되지 않는다. 참으로 이상한 나라의 정치적 발상이자 행태라 하지 않을 수 없다.

2022년 정부 예산안에도 없던 의원 복지·홍보·출장비와 보좌진 월급 등을 맘대로 증액했다. 선거 때마다 경쟁적으로 세비 삭감을 공약했지만, 한 번도 지키지 않았으며 오히려 세비를 셀프 인상했다. 국회의원 세비는 1억 5,690만 원(2024년 기준)으로 올라 국민소득과 대비할 때 OECD 국가 중에서 가장 높은 나라에 속한다.

2010년에 5급 비서관을 1명 증원하더니 2017년에는 8급 비서를 늘렸다. 북유럽은 의원 2명이 비서 1명과 같이 일하는데 우리는 보좌진이 인턴 포함 9명에 달한다. 하지만, 의회 효과성 평가에서 북유럽이 최고이고 우리는 꼴찌 수준으로 알려졌는데, 역전하는 날이 언제 오려나?[9]

다. 나라의 이익 < 당의 입장 < 자신의 금배지?

세종 관가에선 "정치권은 1년 앞 선거만 바라본다"라고 푸념한다. 반면에 여의도 정치권에서는 "민심을 제대로 못 읽는 관료들에 나라를 맡길 수 없다"라는 말이 나온다.

정치권이 정책 결정의 키를 잡으면 국민 여론이 정확하게 반영되는 것이 아니라 또 다른 형태의 포퓰리즘만 양산하는 것이 아닌지 심히 우려된다. '입법 독주'와 '여당 지시'가 극에 달했던 2021년 마구잡이 재정지출로 1년 만에 124조 1,000억 원이 늘어나며 역대 최대 증가 폭을 기록했다.

정치권에서 '사욕을 버리고 공공의 이익을 위해 힘써 일한다'라는 '멸사봉공

---

9. 원수지간 한국 여야 협치의 '기적', 국민 혈세로 선심성 돈 뿌릴 때, 조선일보, 2023.4.15.

(滅私奉公)'은 기대하기 어렵게 되었고, 멸공봉사(滅公奉私)뿐인 경우가 많다.

나라의 이익보다 당의 이익이 앞서고 당의 입장보다 자신의 금배지를 우선하는 정치 상황이라 최소한 선공후사(先公後私)만은 확실히 해야 함에도 선공(先公)은 고사하고 후공(後公)조차 찾기 힘들다.

정치인에게 나쁜 포퓰리즘은 한번 맞으면 중독되기 쉬운 '아편'과 같다.

정치는 표(票)를 바라보며 쫓는 경우가 많다 보니 정작 사회를 지탱하는 근간인 시스템(system)을 망가뜨리는 경우까지 보게 된다. 직업공무원을 비롯한 행정가들은 이 점을 깊이 새겨야 한다.

어릴 적 베트남에 파병 가던 우리 장병들에게 살아서 돌아오라고 외치며 손을 흔들었던 기억, 전우를 위해 목숨을 바칠 정도로 자기 사명에 너무나 충실하여 하늘의 별이 된 참군인 고 강재구 중대장의 모습이 다시 가슴 뭉클하게 떠오른다. 군인은 목숨 걸고 나라의 영토를 지키고, 행정부를 비롯한 직업공무원은 국민을 위하여 자신에게 주어진 직분에 충실해야 한다.

객관적 경제·사회 상황에 따라 결정되어야 할 정책이 여론을 의식한 정치권의 이해관계에 맞춰 정책이 흔들릴 가능성에 국민적 우려를 낳고 있다. 그러나 당정이 엇박자를 내 정책 혼선이 생기지 않도록 협의하는 것이 맞지만 선거를 얼마 안 남긴 시점에서 정책 주도권이 정치권의 일방 독주로 넘어가는 것 또한 매우 위험하다.

필자가 목격하고 경험한 바에 의하면 선거 때 캠프 출신 인사들이 하나둘 대통령비서실에 진출하면서부터 행정이나 정책의 전문성과 책임성에 균열이 가기 시작했다. 김대중 정부와 문재인 정부 이후부터 대통령비서실 행정관이나 비서관 경력을 총선 등 출마용 징검다리로 삼는 경우가 대거 늘어나면서 정치적 중립이나 정부의 경쟁력이 더욱 저하되고 있다. 이들 중에는 역량이 출중한지 의문이 드는 정치 지향적인 인사나 폴리페서(polifessor)가 많았다.

라. '국회(國會)의원'이라 쓰고 '구쾌(口快)의원'으로 읽혀

대중인기영합주의를 의미하는 포퓰러리즘(popularism)과 달리 포퓰리즘(populism)은 남미에서 좌파 분배주의와 결합한 페론의 재정파탄을 가져온 나쁜 사례를 들어 상대를 포퓰리스트로 공격하려는 의미가 포함되어 있다.[10]

그런데 우리나라 중앙 정치무대에서 퍼주기 포퓰리즘이 본격적으로 등장한 것은 박근혜 새누리당 후보와 문재인 민주통합당 후보가 맞붙은 2012년 대선이 시발점으로 10여 년 남짓이다. 모든 노인에게 기초연금 월 20만 원을 약속한 박 후보는 기초연금을 5년에 걸쳐 2배(9만 원 → 18만 원)로 올리자는 문 후보를 누르고 대통령에 당선됐다. 임기 첫해 "약속을 못 지켜 죄송한 마음"이라며 대상을 소득 하위 70%로 축소했지만, 정치적 이득은 톡톡히 챙겼다.

그때 일을 문재인 후보는 단단히 기억해 뒀던 것 같다. 21대 총선을 하루 앞둔 2020년 4월 14일 헌정사상 첫 긴급재난지원금 지급을 결정했다. '고무신 선거'의 부활이란 비판도 나왔지만 4인 가족 기준 100만 원이 전 국민에게 지급(9조 7천억 원)됐고 더불어민주당은 대승을 거뒀다. "오랜만에 한우 맛을 봤다"라는 반응에 문 대통령은 "가슴이 뭉클하다"라고 심정을 밝혔다.

나는 2022년 대선이 한국 포퓰리즘 역사의 신기원이라고 생각한다.

이재명 민주당 후보는 실행에 수백조 원이 드는 '기본 시리즈'를 앞세웠다. 이행 불가능한 공약이라는 지적이 나와도 그는 "앞으로도 그냥 포퓰리즘을 하겠다"라고 말했다. 포퓰리스트라는 낙인(烙印)이 정치인에게 불명예가 아닌 후진 정치의 문을 여는 시대로 만들었다. 특히 선거를 앞둔 현금성 살포 정치는 마약과 같아 건강한 경제활동을 위축시키게 되며, 이런 정치는 상식을 파괴하고 민주주의의 선을 넘는 타락한 선거로 치닫게 된다.

윤석열 국민의 힘 후보도 이에 질세라 병사 월급을 200만 원으로 응수했고,

---

10. 조기숙, 『포퓰리즘의 정치학』, 도서출판 인간사랑, 39쪽, 2016년

교사와 공무원노조의 활동에도 세계적으로 유례가 없는 근로시간 면제 제도를 적용하겠다는 공약까지 발표했다. 선거 막바지엔 '50조 원 자영업자 손실 보상' 공약도 내놨다.

2023년 4월 윤석열 대통령이 "모든 정책은 당정이 협의하라"라고 내각에 지시한 후 여당이 제일 먼저 한 일은 대통령 지지율을 의식한 전기·가스 요금 동결이었다. 또한 여야가 표를 목표로 합의한 정치공항 건설에 막대한 비용이 들어갈 가덕도 신공항특별법(2021년)에 이어 광주 군공항 이전 특별법과 대구·경북 신공항 건설특별법(2023년)은 양당이 압도적 찬성으로 합의 처리했다. 두 공항 건설과 이전에 20조 원의 엄청난 비용이 들지만 예비타당성 조사도 면제했고, 달빛 철도 특별법까지 통과했다.[11]

여야 의원들의 최대 관심은 어떻게 하면 나랏빚을 줄일까가 아니라 나랏돈을 더 쓰는가에 있는 것처럼 보였다. 여야가 국회 상임위 소위에서 공공투자사업에 대한 예비타당성 조사의 면제 대상을 크게 늘리는 국가재정법 개정안은 합의로 통과시켰다. 사사건건 충돌하던 여야가 총선을 앞두고 도로·철도 등 지역 민원 선심성 사업을 예비타당성 조사 없이 마음대로 할 수 있도록 찰떡 공조했다.

2015년부터 국가채무가 급격하게 증가하기 시작하였다. 정부 수립 이후 70년간 쌓인 국가채무는 660조 2,000억 원에서 문재인 정부 임기말 1,067조 4,000억 원으로 늘어났다. 역대 정부의 국가채무 증가 상황을 살펴보면 김대중 정부 이후 각 정부의 평균 증가액은 약 198조 원에 달한다. 글로벌 금융위기 속 이명박 정부(2008~2013년)에서 180조 8,000억 원, 기초연금을 도입한 박

---

11. 박중현, 마약만큼 끊기 힘든 포퓰리즘의 유혹, 동아일보, 2023.4.12. 고현곤 칼럼, 닥치고 가덕도, 중앙일보, 2024.1.30.

근혜 정부(2013~2016년)에서 170조 4,000억 원 늘어났으며, 코로나 팬데믹이라는 특수 상황 속에 문재인 정부(2017~2022년)에서 407조 2,000억 원 늘어났고, 뒤이어 윤석열 정부(2022~2025년)에서도 205조 9,000억 원이나 증가하였다.

하지만 재정건전성 확보를 위한 법제화는 미루어 왔다. 재정준칙은 연간 재정적자 폭을 국내총생산(GDP)의 3% 이내로 줄이자는 것으로 전 세계 100개국이 넘는 나라에서 도입한 글로벌 스탠더드이다. 또한 경제위기와 같은 급박한 상황에서는 적용 예외가 인정되는 만큼 어느 정도 융통성도 갖췄다. 이런 기초적인 장치마저 거부하는 것은 눈덩이처럼 빠르게 불어나는 국가채무에 눈 감고 나라 살림이 거덜 나는 것을 방치하겠다는 것과 다름이 없다.

윤석열 정부 들어와서도 국회 기획재정위원회 의원들은 건전재정 사례를 공부한다면서 혈세를 들여 유럽에 열흘간 출장을 다녀왔다. 그래 놓고 이들은 귀국 후 처음 열린 법안 심사회의에서 재정준칙을 가장 마지막 안건으로 배치하며 논의를 회피했다. OECD 국가 중 재정준칙 제도를 도입하지 않은 나라는 에르도안 대통령이 여러 포퓰리즘 정책에 의지하여 장기 집권하고 있는 튀르키예와 우리나라뿐이다. 21대 국회는 한국의 포퓰리즘 역사에 길이 남을 것이다.

이재명 정부 출범 31일 만인 2025년 7월 4일 모든 국민에게 1인당 15~55만 원을 '민생 회복 소비 쿠폰'으로 지급하는 내용을 담은 약 32조 원 규모의 추가경정예산안이 국회 본회의를 통과했다. 이는 정부가 제출한 2차 추경안(30조 5,000억 원)보다 민주당에서 이것저것 끼워 넣어 1조 3,000억 원을 증액한 31조 8,000억 원짜리 추경안으로 늘어났다. 여당 단독으로 처리한 추경안은 국민에게는 선심성(善心性) 소비 쿠폰이라는 돈 풀기였고, 자신에게는 야당 시절 전액 삭감한 대통령실·수사기관의 특활비 부활(復活)이었다. 승수효과가 극히 낮은 (무상으로 지급하는) 이전(移轉) 지출에 재정을 푸는 것은 안 그래도 높은 물가에 악영향을 가져올 텐데 재원 마련은 미래세대인 청소년에게 빚을 떠안기는 국가채무 증가로 귀결된다.

우리나라 헌법상 예산에 변경을 가할 필요가 있을 경우 정부는 추가경정예산안을 편성하여 국회에 제출할 수 있다(제56조). 국가재정법상 추경예산을 편성할 수 있는 요건은 다음 세 가지로 그 사유를 엄격히 제한하고 있다(제89조).

 하지만 2025년 2차 추경 편성 시 전쟁이나 대규모 재해가 없었고, 경기침체나 대량 실업, 법령에 따른 국가의 지급 의무가 있는 지출이 증가한 사정 때문도 아니었다. 민생경제 회복의 마중물이라는 정치적 명분을 세웠으나, 실은 2025년 6월 4일 이 대통령 당선 축하를 위한 포퓰리즘 예산으로 비쳐 헌법과 국가재정법에 반하는 위헌적 추경예산 편성이라고 지적해도 납득할 수 있는 해명이 어려울 것이다.

국가재정법 제89조(추가경정예산안의 편성) ① 정부는 다음 각호의 어느 하나에 해당하게 되어 이미 확정된 예산에 변경을 가할 필요가 있는 경우에는 추가경정예산안을 편성할 수 있다.
1. 전쟁이나 대규모 재해(「재난 및 안전관리 기본법」 제3조에서 정의한 자연재난과 사회재난의 발생에 따른 피해를 말한다)가 발생한 경우
2. 경기침체, 대량실업, 남북관계의 변화, 경제협력과 같은 대내·외 여건에 중대한 변화가 발생하였거나 발생할 우려가 있는 경우
3. 법령에 따라 국가가 지급하여야 하는 지출이 발생하거나 증가하는 경우
② 정부는 국회에서 추가경정예산안이 확정되기 전에 이를 미리 배정하거나 집행할 수 없다.

 또 다른 한편으로는 우리 국회의원 개개인을 만나보면 훌륭한 선량들이 많다. 그렇지만 언젠가부터 국민의 마음 한편으로 도매금으로 매도되게 하는 국회의원들도 있다 보니, '국회(國會)의원'이라 쓰고 말만 번지르르하게 하는 '구쾌(口快)의원'으로 읽히기도 한다. 입만 살아있을 뿐 다른 사람(기관)이 한 일에 숟

가락 올리기 좋아하는 생색내기 선수라는 뜻도 있어서 참담한 심정이다. 국리민복은 없고 권력(정권 쟁탈)만 추구하는 정치로 국민에 해가 되는 '국해(國害)의 원'이라는 말은 듣지 않길 바랄 뿐이다.

종국적으로는 선량을 뽑은 국민의 수준이라고 둘러대거나 호도하지만, 각 당에서 그렇고 그런 후보만 공천하니 유권자의 입장에서는 마음에 들지 않더라도 정작 투표지에는 '뽑을 후보 없음' 칸이 아예 없다. 결과적으로 (당에서 공천한 후보 중에서만 골라야 하는) 제한된 선택이나 가부 외에 국민 의지를 표현할 수 있는 제도나 방법이 없다. 그러니 유권자가 할 수 있는 것은 기껏해야 다음 선거 때까지 기다리며 분노하거나 강요된 무관심뿐이다.

따라서 이런 칸에 득표한 비율이 일정 기준(예: 주민투표 성립 요건)을 넘으면 적격자로 다시 공천하여 재선거하거나 해당 임기 동안에는 대표자를 공석으로 하는 등의 방안이 나오기를 기대한다. 우리 정치의 후진이나 퇴행을 가속화시키는 현실적인 요소 가운데 이와 같은 제도의 미비가 불러온 측면도 있다.

마. 선심성 포퓰리즘에 대한 제동

우리나라에서도 선심성 포퓰리즘에 제동을 걸려는 시도가 있긴 했다.
2012년 이명박 정부에서 박재완 장관이 이끌던 기획재정부는 "박근혜-문재인 대선캠프 복지공약 이행에 최소 268조 원이 든다"라고 발표했다. 하지만 여야의 반발, 중앙선거관리위원회의 석연찮은 반대로 포퓰리즘의 싹을 도려내는 데 실패했다. 그 후 10여 년간 한국 정치판에 포퓰리즘은 뿌리를 내렸다.

대중에만 영합하여 정치하는 자질이 부족한 정치인들이 많다. 노력하는 개인에게 정당하게 보상하는 인센티브 시스템이 파괴되면 사회의 성장은 멈추고 쇠퇴한다. 그런 정책을 추구하여 실패로 점철한 한때 선진국의 역사적 경험에서 보여준 바와 같이 포퓰리즘은 열심히 일하는 사람의 기회를 빼앗고 하향평준화 사회를 초래한다. 정치권과 합세한 일부 노조가 나쁜 포퓰리즘에 기름을 붓거나 기승을 부리면 국민을 오도하게 된다. 대중의 인기에 영합하는 것이 민주주의의 피할 수 없는 속성이기도 하지만 그것이 과하면 민주주의의 위기를 초래하게 된다.

정치인은 성공적인 리더(Leader)가 될 것인지, 아무 직책을 맡지 않은 일반 국민처럼 팔로워(Follower)에 머물 것인지에 그 답이 나와 있다.

정치가 막 나가면 행정은 어떻게 해야 하는가? 요즘 공무원에 대한 인기가 추락하고 자부심도 약화되고 있다. 그럼에도 관련 정책 주무 부처에서 열린 자세로 소통하면서 비전과 청사진을 가지고 여야 정치권과 국민을 최대한 설득해야 함이 공직자의 본분이다.

1998년 IMF에 의해 도입된 예타 제도가 흔들리지 않도록 하고 정치적 압력이나 지역 주민의 민원에 흔들려서는 안 된다. 예타 운용 지침에 의하면 수도권과 비수도권에 대한 판단기준에 상당한 차이를 두어 경제성 기준치 가중치가 수도권은 60~70%인 반면, 비수도권은 30~45%로 낮아서 비수도권에 훨씬 유리한 구조이다. 따라서 재정을 지키는 '골키퍼'인 재정 당국은 예타 제도를 엄격하게 운용해야 하며 이 눈치 저 눈치 볼 필요가 없다.

일본이 잃어버린 30년 동안 경기부양을 위해 수많은 추경으로 지역 SOC 사업을 추진했으나 돈만 퍼부었을 뿐 실제 경기는 냉랭했다. 오히려 빈 도로와 막대한 빚만 남겼다. 지역 인구가 줄고 고령층이 증가한 상황에서 도로·철도 시설 이용자가 크게 줄었기 때문이다. 따라서 불가피한 경우에도 예외는 최소한에 그쳐야 하며 이런 자세를 권한 남용으로 매도하면 곤란하다.

예타 면제 제도의 운용 실적은 문재인 정부에서 144건의 사업에 119조 6천억 원으로, 이명박 정부에서 90건에 61조 1천억 원이 2배, 박근혜 정부 94건에 25조 원의 5배이다. '토건 경제'와 '삽질 경제'라며 비난했던 문재인 정부는 두 정부를 합한 금액을 가볍게 넘었다.[12]

포퓰리즘에 깊이 중독된 나라가 무사히 빠져나온 전례를 보지 못했다.

따라서 포퓰리즘 정치에 중독되기 쉬운 마약 같은 요소를 걷어내는 행정이 되어야 한다. 행정과 정치는 상호 견제와 균형이 이루어져야 건강해진다. 예컨대 신공항 건설이나 달빛 고속철도 건설, 철도 지하화 등 대규모 투자가 필요한 사업에 대하여 특별법 등으로 예타를 면제하는 경우 최소한의 견제 장치가 필요하다.

즉, ① 건설과 운영에 국가 예산을 부담하되 국비 투자에 상응하는 자치단체도 비용의 일부 부담을 전제로 연동하거나, ② 전액 민간 자본 투자를 전제로 함으로써 경제성과 운영 성과를 고려하는 투자의 타당성 검토가 작동되어 장기적인 재정건전성 악화를 방지하는 방안이 있어야 한다.

세계 어디를 다녀봐도 정치가 후진국이면서 선진국이 된 나라를 여태까지 보지 못했다. 포퓰리즘(인기영합주의), 지역이기주의, 부정부패, 반대를 위한 반대는 '후진적 정치'를 따라다니는 대표적인 꼬리표였다. 정치가 후진적일수록 합리보다 독선, 토론보다 아집, 진영을 나누는 편 가르기, 실용보다 이념에 집착한다. 우리나라가 진정으로 선진국이 되려면 사회적 기회비용을 줄여주는 '정치 선진국'부터 되어야 한다.

여론에 민감할 수밖에 없는 게 정치인이다. 정무적 유불리를 따지다 반기시 않는 결정은 주저할 수 있다. 그럼에도 1차 책임은 국가이익을 우선해야 하는

---

12. 고영주·장영관, 『대통령이 된 간첩』, 402쪽, 2024년

국회의원에게 있다. 하지만, 선의로 포장된 포퓰리즘의 범람(氾濫)을 견제해야 하는 것은 우리 헌법(제7조)상 국민 전체에 대한 봉사자로서 국민에 대하여 책임지는 행정가(行政家)에 달려있다.

그렇기 때문에 다양한 위험과 난관이 도사릴수록 국정의 중심 원칙과 가치를 잊지 않아야 하며, 갈수록 정치에 짓눌리는 행정으로 가고 있는 우리나라에서 행정과 정책의 중심 가치가 흔들려선 안 된다. 한 치의 흔들림 없는 행정이 국정의 중심에 우뚝 설 때 국정의 난맥도 줄이고 국민의 신뢰와 지지도 받을 수 있게 된다.

정치가 포퓰리즘에 빠지면 정책도 망가지기 쉽다. 정책의 지나친 '정치화'를 막으려면 헌법상 공무원의 신분보장과 정치적 중립의무를 부여한 직업공무원들로 구성된 행정이 답해야 한다. 나아가 정부는 직접적인 개입·통제보다 경제주체들의 자발적 참여를 유인함으로써 시장 실패와 시스템 실패를 개선하는 데 중점을 두고 끊임없는 혁신과 도전을 통해 새로운 환경 여건에 맞는 효율적인 사회·경제 시스템을 구축해야 한다.

진짜 농부는 날씨를 탓하지 않고 일꾼은 연장(도구)을 나무라지 않는다. 프로 행정가라면 여건이나 남 탓을 하지 않고 극에 달한 '도덕적 해이'를 막는 해법을 찾아야 한다. 그게 바로 행정을 하는 공무원이 걸어야 하는 길이자 끊임없이 혁신에 나서고 도전해야 하는 우리의 사명이라고 생각한다.

05
비정규직 보호법은 과연 입법목적을 달성하였나?

가. 지옥으로 가는 길은 선의로 포장돼

'비정규직'의 개념과 범위에 대하여 국제적으로 통일된 기준은 없다. 경제협력개발기구(OECD)는 비정규직 대신에 임시직 근로자(temporary worker)와 시간제 근로자(part-time worker)를 정규직과 대비되는 개념으로 사용하고 있다.

반면에 우리나라는 노사정위원회가 2002년 7월 비정규직을 한시적(기간제) 근로자, 시간제 근로자, 원청과 도급 계약을 맺은 하청업체 소속으로 원청에 파견되어 일하는 파견·용역 근로자, 일일(호출) 근로자, 특수고용 근로자, 가정 내 근로자 등 비전형 근로자 대부분을 포함하는 개념으로 규정했다. OECD보다 그 범위가 훨씬 넓다.

정부와 학계는 노사정 합의 기준에 따라 비정규직의 범위를 파악하고 있지만, 노동계가 주장하는 비정규직의 범위는 이보다 넓다. 대표적으로 사내 하청업체 소속 정규직도 노동계에서는 비정규직으로 봐야 한다고 주장한다.

2006년 12월 21일 제정되고 2007년 7월 1일부터 시행된 '기간제 및 단시간근로자 보호 등에 관한 법률'(약칭 기간제법)과 '파견근로자보호 등에 관한 법률'(약칭 파견법)을 통칭하여 비정규직법이라 일컫는데, 비정규직 근로자는 ① 기간제(한시적) 근로자 ② 단시간(시간제) 근로자 ③ 파견근로자 등을 말한다. 따라서

'비정규직법'이나 '비정규직 보호법'이라는 명칭의 법률은 1,500여 개 되는 우리나라 법률(그중 고용노동부 소관 법률은 50개) 중에 존재하지 않는다.

2006년 노무현 정부에서 이상수 장관 시절 비정규직 보호법을 제정한 것은 기간제(계약직)나 파견직 근로자로 일한 지 2년이 넘으면 회사가 해고하지 못하게 하고 정규직으로 전환해 준다는 것이 주요 골자였다.

그런데 '비정규직 보호'가 비정규직 근로자에게는 '양날의 칼'이 되고 말았다. 근무 기간 2년이 됐을 때 계속 고용하느냐 해고하느냐가 회사의 선택에 따라 정해지는 등 비정규직 보호 입법의 취지와는 다르게 작동되었다. 결국 지옥으로 가는 길은 선의로 포장되어 있었다.

나. 100만 비정규직 해고대란설과 노동 장관의 진퇴

노동시장에서는 2008년 당시 45.8%였던 정규직 전환율이 2009년으로 접어들자 10%대(10.7%)로 떨어진 상태였고, 특히 기간제 근로자 2년 근로 후 정규직 전환율도 이와 마찬가지로 2004년 15.6%에서 2015년 4.9%까지 떨어졌다.[13] 그것은 시장(市場)이 제도(制度)의 허점을 파고들었다는 뜻이다.

이 법 시행 2년(2009년 7월)을 앞두고, 2008년 10월 이영희 노동부 장관이 "2009년 7월부터 100만이 넘는 비정규직 근로자가 불안한 상태에 들어간다"라고 주장하며 대응 방안을 모색하고자 했다. 기간제 근로자를 고용한 사업주들이 경제적 어려움 가중을 이유로 계속 고용의무를 피하기 위해 무기 계약직으로 전환하지 않을 우려에 따라 2009년 4월 1일 '기간제 사용기간을 4년으

---

13. 조선업 상생협의회 전문가 간담회, 머니투데이, 2023.1.12.

로 연장'을 담은 비정규직법 개정안을 발의했다. 이런 일련의 움직임이 나중에 '100만 비정규직 해고대란설'로 증폭되었다.

이영희 장관은 7월 1일 정부과천청사에서 기자회견을 열어 "비정규직법 개정이 이뤄지지 않은 데 대해 매우 유감스럽다"라며 "비정규직 근로자의 실직 사태를 막을 수 있도록 정치권의 조속한 결단을 촉구한다"라고 강조했다. 또한 "국회가 행정부의 정당한 법률 제안권 행사를 무시하는 비민주적 처사를 이해할 수 없다"라는 의견을 피력하였다.

이영희 장관은 한국노총에 근무한 경력까지 있는 노동법 전공 교수(인하대) 출신인데 "정부가 기업에 정규직 전환을 강요할 수는 없는 일"이라고 하였다.
이 장관은 "한국노총은 비정규직법을 만들 때 주도했기 때문에 책임 의식을 안 느끼려고 이 법 고치는 것을 반대하고 있고, 민주노총은 지난번 '사유 제한'을 둬야 한다며 반대하다가 지금은 이 법 그대로 가야 한다고 주장하고 있다"라고 하면서 양대 노총을 강하게 비판했다. 나아가 "비정규직의 고용 특성상 고용해지, 곧 해고는 대기업이 아닌 대부분 4~5명을 고용하고 있는 노동조합도 없고 규모가 작은 사업장에서 벌어지는 '조용한 해고', '약자들의 해고'"라는 지적까지 덧붙였다.

이영희 장관은 비정규직 근로자를 만나 "쌍용차 정리해고 규모가 900명이고, 비정규직법으로 해고당할 사람은 1만 명인데, 900명은 사회적 문제고 1만 명은 사회적 문제가 아니냐?"라며 "노조가 정규직 중심이어서 비정규직 문제를 자기 문제로 생각하지 않는다"라고 하면서 비판적으로 지적하였다.

이영희 장관은 2008년 2월 이명박 정부의 초대 노동부 장관으로 취임하였으나 19개월 만인 2009년 9월에 퇴장하고 말았다. 당시 이영희 장관은 비정규직 4년 유예 법안의 조속한 처리를 정치권에 요구하였으나, 정치권에서는 주무장관이 오히려 착실한 법 시행(施行) 준비를 소홀히 하였다며 책임을 물어 사퇴를 촉구하는 목소리가 거세게 나왔다. 말하자면 정치입법에 따른 하자(瑕疵)를 보완하자는 정부 당국의 개정 요구에 오히려 정치권이 적반하장 식으로 반응했다.

결국 그는 퇴임을 앞둔 인터뷰에서 "12월까지는 장관직을 수행할 것으로 생각했다"라며 "복수노조와 전임자 문제는 나의 책무라고 생각했지만, 신임 장관에게 넘기게 됐다"라며, 중책이라 생각했던 과제를 끝내지 못한 아쉬움을 진하게 남긴 채 끝내 정치적 쓰나미에 휩쓸려 퇴진하고 말았다.

이영희 노동부 장관은 퇴임 직전에 자신의 심경을 이렇게 밝혔을 정도로 장관직을 수행하면서 필생의 과제로 완수하고 싶었던 것이 바로 복수노조 시행과 전임자 폐지였다. 이를 위하여 2008년 11월 13일부터 노사관계선진화위원회에 논의체를 구성하고 대안을 도출하기 위한 다각적인 논의를 전개하여 2009년 3월 23일 의견 접근한 결과를 언론에 밝힐 수 있을 정도로 공익위원 합의가 이루어졌고, 7월 20일 합의에 공식 서명하였으니 이영희 장관 재임 중에 해법의 기본적 토대가 마련된 것이다. 이를 발판으로 삼아 후임인 임태희 장관의 취임 이후 정치력 발휘로 많은 진전을 이루게 된다. 노사정 합의를 비롯해 제도로서 현실화하는 내용은 관련 부분에서 구체적으로 기술한다.

한편, 당시 비정규직 실무를 담당한 이기권 근로기준국장은 비정규직법 적용을 받고 있던 97만 명가량이 계약 갱신을 앞두고 있었기 때문에 일부는 정규직이 되고, 일부는 계약 해지되는 점을 감안한 풍선효과를 고려한 것이라 하였다.
나중에 그는 2014년 7월 8일 국회 환경노동위원회 고용노동부 장관 인사청문회 후보자로서 "2009년 당시 100만 해고대란설을 제기한 것은 통계 부족으로 정확히 예측하지 못한 업무상 한계가 있었다"라고 시인한 바 있다.

다. 발묘조장(拔苗助長) 비정규직 보호법

과연 비정규직법은 입법 취지나 목적을 달성하였는가? 사업주는 물론 해당 비정규직 근로자가 계속 고용하기를 원해도 무기 계약직이 된 이후 초래될 고용상 부담을 우려하여 계약 기간을 앞당겨 해지하는 결과를 초래하였다. 이렇게 반응하는 것이 노동시장이므로 비정규직 보호법(保護法)은 비정규직의 해고(解雇)를 조장하는 '비정규직 양산법(量産法)'의 성격도 있었다.

우리나라 사용자들이 노동시장에서 비정규직 근로자를 계속 고용할지 말지 판단하는 데 걸린 기간은 통상 3년 넘게 소요되는 상황이었다. 그런데 정치권에서는 이런 사정은 깡그리 무시한 채 비정규직의 사용기간을 과학적 근거도 없이 주먹구구식 선심성으로 2년으로 줄이고, 이를 초과하면 제재하는 장치로 만든 것이 비정규직 보호법이었다.

정규직으로 할지 여부는 해당 사업체의 공정한 판단기준에 따라 자율적으로 이루어질 사안이다. 단순히 일정 기간(期間)이 경과했다고 해서 획일적으로 정규직으로 전환하게 하는 것 자체가 민간 기업의 인사경영권을 무시하는 발상이었다.

누가 비정규직 근로자를 진정으로 위하는가? 비정규직을 줄이고 차별을 철폐하라고 외치는 양대 노동단체를 비롯하여 노사는 임금협상과 단체협약 과정에서 비정규직 근로자의 입장에 별로 관심을 두지 않았다. 오히려 비정규직이나 하청업체 근로자에게 사신돌의 힘든 작업을 떠넘기면서 더 낮은 임금으로 일하게 하는 등 비정규직을 자신들의 희생양으로 삼는 사례가 있기도 하다.

비정규직 보호법을 만들었으나 실제 노동시장에서 비정규직이 보호되기에는 역부족이다. 한번 정규직으로 채용하면 해고가 사실상 어렵고, 연공형으로 임금을 계속 인상할 수밖에 없는 정규직 일자리는 점점 줄어들고 비정규직은 거꾸로 늘어나는 현실이 되었다. 비정규직 보호법이 비정규직 근로자의 고용안정을 가져온 효과는 거의 없다. 비정규직 보호법 제정은 입법 만능주의의 덫에 걸려든 셈이다.

농부는 싹이 나올 때까지 기다려주어야 하는데, 모가 빨리 자라도록 일부러 잡아당기는 발묘조장(拔苗助長)과 같은 발상으로 접근한 것이 비정규직 보호법이었다. 노동시장의 현실을 무시한 채 정규직화를 지나치게 서두른 규제가 비정규직법 제정이었고 결국에는 효과보다 부작용을 앞당겼다.

라. 비정규직 제로 정책의 역설 : 따뜻한 가슴 vs 냉철한 머리

'선의'로 도입한 정책이라고 해도 당사자뿐만 아니라 다른 경제 주체들에게까지 피해를 준 것은 어제오늘의 일이 아니다.

로마의 정치인 율리우스 카이사르(BC100~44년)가 비록 "아무리 나쁜 결과로 끝난 일이라 해도 애초에 그 일을 시작한 동기는 선의"라고 지적하였으며, 영국의 경제학자 프리드리히 하이에크(1899~1992)가 말한 "지옥으로 가는 길은 선의(善意)로 포장되어 있다(The road to hell is paved with good intentions)"라는 것과 같이, 좋은 의도로 출발했다고 해서 그 결과까지 좋게 되는 것은 아니다.

노동시장의 경험적 판단 기간을 존중하여 사용 제한 기간을 당초 2년에서 4년으로 조정하기 위한 법 개정안은 정치권과 노동단체의 위선(僞善)으로 무산되고 비정규직의 어려움을 가중시켰다. 정치적 선심 입법이 마련되면 이후에는 쉽사리 거의 손댈 수 없는 불가역(不可逆) 상태가 되고 만다.[14]

---

14. 위기 자초한 이영희 장관 사퇴론 확산, 한겨레신문, 2009.7.8.

비정규직법의 주요 내용은 기간제 근로자를 2년을 초과하여 계속 고용 시 무기 계약직으로 간주하고, 단시간 근로자의 초과 근로를 제한하며 파견근로자는 파견 대상 업무를 제한(32개)하고 파견근로자 2년 초과 고용 시 직접 고용 의무를 부과했고, 불법파견 시 즉시 직접 고용 의무를 부과했다.

이 법의 또 다른 목적은 기간제 근로자, 단시간 근로자 등 비정규직 근로자에 대한 차별적 처우와 남용 행위를 규제하는 것이었다. 즉, 동일 유사 업무를 하는 기간제, 단시간, 파견근로자와 정규직 간에 차별을 금지하고, 위반 시 근로자는 노동위원회에 차별시정 신청 또는 근로감독관이 직권으로 차별 여부 조사 및 시정 지도(노동위원회의 확정된 시정명령 미이행 시 1억 원 이하의 과태료를 부과)하는 것이다.

기간제 근로자 또는 단시간 근로자, 파견근로자에 대하여 근로기준법 제2조 제1항 제5호에 따른 임금, 정기상여금, 명절 상여금 등 정기적으로 지급되는 상여금, 경영성과에 따른 성과금 그밖에 근로조건 및 복리후생 등에 관한 사항에 대하여 합리적인 이유 없이 불리하게 차별적 처우를 하지 않도록 한 것이다. 비정규직에 대한 불합리한 차별시정 및 남용을 방지하기 위하여 2011년 9월 비정규직 종합대책을 마련하고, 비정규직 보호법 등 8개 법령을 2012년 개정·시행하였다.

비정규직 근로자 현황(각 년도 8월 경제활동인구조사 근로형태별 부가조사결과)은 이 법 시행 초기였던 2007년 35.8%(573.2만 명, 임금근로자 1,600.6만 명 대비)에서 5년이 경과한 2012년 33.2%(595.4만 명, 임금근로자 1,794.1만 명 대비)로 비정규직의 비율이 2.6%p 감소하는 듯하였다. 그러나 기간제·파견법의 정규직 전환이나 고용안정 효과는 미흡했고 2012년 전체 비정규직 595.4만 명 중 5인 미만 사업장 소속이 26.9%(159.9만 명)를 차지하는 등 비정규직의 처우개선이나 차별시정을 강화할 필요성이 더 컸다.

그런데 문재인 정부에 들어와서 소득주도성장 정책을 내걸고 비정규직의 정규직 전환과 제로화를 위한 과도한 시장 개입으로 비정규직의 비율과 인원이 오히려 늘어나 '비정규직 제로의 역설(逆說)'로 나타났다.

문 대통령은 취임 이틀 후 2017년 5월 12일 첫 외부 일정으로 인천국제공항공사를 찾아가 "공공부문 비정규직 제로(0) 시대를 열겠다"라고 선언했다. '임기 내 공공부문 비정규직 제로'를 선언한 자칭 '일자리 정부'를 표방한 문재인 정부의 성적표를 살펴보자.

문 대통령의 '대통령 1호 업무 지시'였던 비정규직 제로를 약속할 즈음 비정규직의 비율은 2017년 8월 32.9%(임금근로자 2,000.6만 명 가운데 비정규직 657.8만 명)였다. 이후 비정규직의 비율은 2019년 36.4%(임금근로자 2,055.9만 명 가운데 비정규직 748.1만 명), 2021년 38.4%(임금근로자 2,099.2만 명 가운데 비정규직 806.6만 명), 2022년 37.5%(임금근로자 2,172.4만 명 가운데 비정규직 815.6만 명)로 치솟기만 했다.

결국 2012년 33.2%(595.4만 명, 임금근로자 1,794.1만 명 대비)에서 2017년 32.9%(임금근로자 2,000.6만 명 가운데 비정규직 657.8만 명)으로 2012~2017년 사이에 비정규직 근로자의 비율은 0.3%p 감소한 반면, 비정규직 근로자 수는 62.4만 명 늘어났고, 최근 5년간(2017~2022년) 비정규직의 비율과 인원이 각각 4.6%p, 157.8만 명이 늘어나 비정규직의 정규직화 정책의 허상이 뚜렷하게 드러났다.

또한 300인 이상 기업의 고용형태에서 '소속외 근로자'(파견·용역·사내하청 등을 포함)의 고용 현황을 살펴봐도, 2022년 3월 17.9%(935천 명)를 차지하여 2021년(17.4%, 864천 명)에 비하여 늘어났는데, 열악한 비정규직의 규모가 더욱 빠르게 증가하고 있음을 보여준다.[15]

---

15. 2022년 고용형태 공시 결과, 고용노동부, 2022.8.25.

< '22년 고용형태공시 현황('22.3.31. 기준, 3,687개사) >

구분		전체 근로자(소속+소속 외)	소속 근로자(기간정함없음+기간제)			기간정함없음		기간제			소속 외 근로자
				전일제	단시간	전일제	단시간		전일제	단시간	
'22년	규모(천명)	5,234	4,299	4,005	294	3,248	3,153	95	1,051	852	199	935
	비중(%)	100.0	82.1	93.2	6.8	75.6	73.4	2.2	24.4	19.8	4.6	17.9
지난해	규모(천명)	4,973	4,109	3,864	245	3,172	3,088	84	937	776	161	864
	비중(%)	100.0	82.6	94.0	6.0	77.2	75.2	2.0	22.8	18.9	3.9	17.4
증감	규모(천명, %)	+261 +5.2	+190 +4.6	+141 +3.6	+49 +20	+76 +2.4	+65 +2.1	+11 +13.1	+114 +12.2	+76 +9.8	+38 +23.6	+71 +8.2
	비중(%p)	0.0	-0.5	-0.8	+0.8	-1.6	-1.8	+0.2	+1.6	+0.9	+0.7	+0.5

일자리를 늘리는 데는 기업의 역할이 굉장히 중요하다.

기업은 노동과 경영으로 구성되는데 노사 모두의 노력이 필요하다.

비정규직 활용에 대하여 다양한 견해가 있을 수 있다. 상시 지속적인 업무에 대하여는 정규직을 활용하는 것이 바람직하나, 기업이 불황기에도 호황기 인력을 그대로 유지하는 것은 부담스럽기 때문에 인력 운용의 탄력성을 위하여 비정규직을 쓸 수 있고, 근로자의 입장에서도 아이를 키우거나 가사를 병행하거나 학업을 병행하는 등 필요의 산물로 비정규직 활용이 늘어나는 측면도 있다.

이미 코로나19를 통해 단기 노동자(Gig Worker) 시대가 현실로 다가온 상황이므로 고용형태의 다양한 활용 차원에서 그 필요성은 불가피할 것이다. 그러나 비용 절감을 목적으로 비정규직을 과도하게 남용하는 것은 탐욕(貪慾)이므로 비정규직의 과도한 활용, 불합리한 차별, 사회안전망의 사각지대에 빠지지 않도록 비정규직 보호 정책 추진에 중점을 두는 것이 타당하다.

아무리 취지가 좋아도 선택에는 대가가 따르므로 "지옥으로 가는 길은 선의로 포장되어 있다"라는 말처럼 비정규직 제로 시책의 결과 '악어의 눈물', '희망 고문' 현실을 가져오고 말았다.

따라서 정부의 정규직 전환 압박보다는 불합리한 차별시정에 중점적으로 대응하고, 비정규직은 고용이 불안한 만큼 상당액의 임금 보전을 해주는 방식이 오히려 현실적일 것으로 생각한다. 또한 비정규직에 대하여 정규직 노조 역시 비정규직을 배려하는 연대와 단결하는 활동이 마땅하다.

문 대통령의 인천국제공항 방문 이후 나타난 노동시장 상황은 그야말로 비정규직 제로(0)의 역설이었고, 15년이 넘는 비정규직법의 시행 결과 정규직이 늘어나기보다는 비정규직 취업기회만 감소되어 비정규직에 더 불리한 결과를 낳았다.

비정규직을 줄이고 정규직을 늘리게 하자는 선의가 역설적으로 질 좋은 일자리는 줄어들고 질 나쁜 일자리만 늘어나는 결과로 이어졌음이 확인되었는데도 이 법은 20년이 다 되어가도록 여전히 개정되지 못하고 있다.

문재인 정부가 내세웠던 비정규직의 정규직화가 작동하지 않았음은 관련 분야 전문가들의 의견으로도 확인된다.[16] 권혁 고려대 노동대학원 교수는 "비정규직 제로라는 표현을 민간은 차라리 고용을 자제하는 게 낫다는 메시지로 받은 것"으로 분석하여, 민간에는 정부 메시지가 신규고용을 중단하도록 만드는 신호로 작동했다는 것이다.

또한 가속화하는 고령화 추세를 고려할 때 비정규직 확대는 돌이키기 어려운 시대적 현상이라는 분석도 나온다. 권순원 숙명여대 경영학과 교수는 "55세 이상 고령 근로자는 은퇴한 이후 기간제 근로자로 취업하는 경우가 대부

---

16. '월급 고작 183만 원' 인국공 근황⋯ 비정규직 제로의 역설, 국민일보, 2021.10.28.

분"이라며 "베이비붐 세대가 은퇴를 시작한 환경이라서 앞으로 비정규직은 계속 늘어날 수밖에 없는 조건"이라고 했다. 비정규직의 정규직화를 고집하는 것은 인구 구조상 불가능하다는 것이다. 비정규직의 처우개선 등 노동시장 안정을 위해서 정부의 유연한 대응이 필요하다는 지적이고 무조건 정규직화를 부르짖기보다 시장이 움직일 수 있는 여건을 만드는 데 초점을 둬야 한다는 뜻이었다.

케임브리지대 알프레드 마셜(Alfred Marshall, 1842~1924) 교수는 경제학자가 가져야 할 덕목으로 '따뜻한 가슴과 냉철한 머리'(warm heart and cool head)를 꼽았다. 이것은 정책 당국자에게 따뜻한 가슴으로 이로운 세상을 지향하기를 바란 것이지만, 그것을 실현하기 위한 정책의 기본 바탕에는 냉철한 머리와 이성으로 절실하게 고민하지 않으면, 따뜻한 세상이 되기는커녕 처참한 역설적인 결과가 될 수 있음을 경고한 것으로 느껴졌다.

비정규직 보호법의 기저에도 '정규직은 선(善), 비정규직은 악(惡)'이라는 2분법적 구분과 '비정규직을 없애는 것이 선(善)'이라고 우기는 위선과 무지, 무책임이 깔려있다. 국민을 잘살게 만들겠다는 좋은 의도와 따뜻한 마음에서 비롯되었을지 몰라도 진정으로 국민에게 이로운 결과가 나오는 정책인지를 냉철하게 판단해야 한다.

기간제, 단시간, 파견근로자 등을 포괄하여 '비정규직'이라는 용어를 사용하고 있으나 비정규직은 법적 개념도 아니므로 일반화시켜 사용하는 것은 국민정서에 호소하는 선악(善惡) 구도로 정책을 몰고 갈 우려가 있다. 이분법적으로 구분하는 단어를 제도나 정책, 법령에 사용하면서 잘못된 프레임이 씌워졌다.

어느덧 직장이 계급(階級)인 사회가 되면서 비정규직 개념 자체가 하나의 신분(身分)처럼 변화하였다. 차제에 정규직과 비정규직으로 구분하기보다 가치 중립적인 표현(예시 : permanent worker/상용직, temporary worker/비상용직, part-time worker/시간제 등)으로 용어를 사용하는 것이 실사구시 정책을 추진하는 기반이 될 것이다.

정치적 목적이 너무 앞섰던 이 법의 시작(始作)은 비정규직(을) 보호(하는)법이었으나 결과(結果)는 비정규직(을) 양산(하는)법이 되고 말았다. 비정규직법의 제정과 태생부터 무리한 규제 조항의 시행이 초래한 부작용을 목격하면서 정책당국자는 '따뜻한 가슴'(warm heart)을 지향하되, '냉철한 머리'(cool head)를 바탕으로 '정교하고 섬세한 정책'을 구사해야 함을 절감하게 되었다.

정치는 51%가 동의하면 추진해도 되지만 정책은 1%만 잘못되어도 결국 실패하기 때문이다. 시행착오를 반복하면서 여전히 착한 정책에 집착하는 정치인들에게 얼마 전 작고한 '경영의 신', '윤리경영의 선구자'로 불린 일본 기업인 이나모리 가즈오 교세라 명예회장(1932~2022)이 남긴 "작은 선함(小善)은 큰 악(大惡)과 닮았고, 큰 선함(大善)은 비정(非情)함과 닮았다"라는 철학을 들려주고 싶은 심정이다.

기업은 해고할 수 있을 때 인력을 채용하려 하므로 고용이 늘어나려면 해고도 가능해야 한다. 채용해도 해고가 크게 어렵지 않은 탄력적인 노동시장, 촘촘한 실업 대책으로 튼실한 사회안전망을 구축하고 근로자의 직업능력 개발을 지원하는 적극적 노동시장 정책이 필수적이다.

<참고> 비정규직을 정규직으로 전환한 진짜 속사정

이명박 대통령 주재로 2012년 1월 13일 청와대 영빈관에서 '2012년도 일자리 창출 100대 우수기업 격려 행사'가 있었다. 그 자리에는 한 은행장도 참석하였는데, 그는 내부 출신 최초의 은행장으로 당시 그 은행은 비정규직 전

이명박 대통령(가운데)이 주재한 가운데 개최한
'2012년도 일자리 창출 100대 우수기업 격려 행사'에 참석한
서정진 셀트리온 회장과 조준희 IBK 기업은행장(앞줄 좌우에서 각각 첫 번째)을 비롯한 주요 인사들의 모습
(2012년 1월 13일, 청와대 영빈관)

원을 정규직으로 전환하고 우수 고졸 직원 채용 등에 앞장선 사례로 대통령의 치하를 받았다.

청와대 행사 때 뵌 그를 나중에 다시 만날 기회가 있었다. 그때 내가 묻지도 않은 숨은 사정을 실토하여 깜짝 놀란 적이 있다.

"이 장관님, 제가 왜 비정규직 전원(全員)을 정규직으로 전환했는지 아십니까? 진짜 이유는 따로 있었습니다. 전국의 많은 지점에서 사고가 빈발하여 골치가 아팠습니다. 고민 끝에 이것을 막는 가장 효과적인 방법은 정규직으로의 전환 외에는 길이 없다고 판단한 것입니다."

그가 말한 '사고'란, 비정규직의 계약 기간 연장이나 정규직 전환을 앞두고 지점의 비정규직 직원과 중간 간부들 사이에 고과평가 등을 매개로 성 비위나 직장 내 괴롭힘 문제가 간헐적으로 터져 나오곤 했고, 이를 제도적으로 뿌리 뽑기 위하여 전원 정규직화하기로 결단을 내리게 되었다는 것이다. 그러한 사연이 그 뒤에 숨어 있었다.

그 무렵 한화(2,000여 명)와 IBK 기업은행(1,100명), 신한은행(800명) 등에서 비정규직을 정규직으로 전환한 것은 상당히 고무적이었는데, 정규직화의 동기가 비정규직법 때문이 아니라 진짜 속사정이 따로 있었다는 얘기는 실로 충격적이었다.

06
번갯불에 콩 볶듯 선심성 정년 연장

2013년 5월 22일 고용상 연령차별 금지 및 고령자 고용촉진에 관한 법률(약칭 고령자고용법)을 개정하여 2016~2017년에 걸쳐 사업주가 근로자의 정년을 60세 이상으로 정하도록 의무화하고, 60세 미만일 경우 60세로 정한 것으로 (간주)하였다(제19조). 시행 시기도 상시 300명 이상 사업장과 공공기관, 지방공사 및 지방공단에는 2016년부터, 상시 300명 미만 사업장과 국가 및 지방자치단체는 2017년부터 60세 정년을 의무화하였다(부칙).

관련 조항 개정 내용

제19조(정년) ① 사업주는 근로자의 정년을 60세 이상으로 정하여야 한다.
② 사업주가 제1항에도 불구하고 근로자의 정년을 60세 미만으로 정한 경우에는 정년을 60세로 정한 것으로 본다. [전문개정 2013. 5. 22.]
제19조의2(정년연장에 따른 임금체계 개편 등) ① 제19조 제1항에 따라 정년을 연장하는 사업 또는 사업장의 사업주와 근로자의 과반수로 조직된 노동조합(근로자의 과반수로 조직된 노동조합이 없는 경우에는 근로자의 과반수를 대표하는 자를 말한다)은 그 사업 또는 사업장의 여건에 따라 임금체계 개편 등 필요한 조치를 하여야 한다.
② 고용노동부장관은 제1항에 따라 필요한 조치를 한 사업 또는 사업장의 사업주나 근로자에게 대통령령으로 정하는 바에 따라 고용지원금 등 필요한 지원을 할

수 있다.

③ 고용노동부장관은 정년을 60세 이상으로 연장하는 사업 또는 사업장의 사업주 또는 근로자에게 대통령령으로 정하는 바에 따라 임금체계 개편 등을 위한 컨설팅 등 필요한 지원을 할 수 있다. [본조신설 2013. 5. 22.]

제21조(정년퇴직자의 재고용) ① 사업주는 정년에 도달한 사람이 그 사업장에 다시 취업하기를 희망할 때 그 직무수행 능력에 맞는 직종에 재고용하도록 노력하여야 한다. 〈개정 2020. 5. 26.〉

② 사업주는 고령자인 정년퇴직자를 재고용할 때 당사자 간의 합의에 의하여 「근로기준법」 제34조에 따른 퇴직금과 같은 법 제60조에 따른 연차유급(年次有給) 휴가일수 계산을 위한 계속근로기간을 산정할 때 종전의 근로기간을 제외할 수 있으며 임금의 결정을 종전과 달리할 수 있다.

제21조의2(정년퇴직자의 재고용 지원) 고용노동부장관은 제21조에 따라 정년퇴직자를 재고용하거나 그밖에 정년퇴직자의 고용안정에 필요한 조치를 하는 사업주에게 장려금 지급 등 필요한 지원을 할 수 있다. 〈개정 2010. 6. 4.〉

부칙 〈법률 제11791호, 2013. 5. 22.〉

이 법은 공포 후 1년이 경과한 날부터 시행한다. 다만, 제19조, 제19조의2 제1항 및 제2항의 개정규정은 다음 각호의 구분에 따른 날부터 시행한다.

1. 상시 300명 이상의 근로자를 사용하는 사업 또는 사업장, 「공공기관의 운영에 관한 법률」 제4조에 따른 공공기관, 「지방공기업법」 제49조에 따른 지방공사 및 같은 법 제76조에 따른 지방공단 : 2016년 1월 1일

2. 상시 300명 미만의 근로자를 사용하는 사업 또는 사업장, 국가 및 지방자치단체 : 2017년 1월 1일

하는 일과 능력에 비해 제대로 보상받지 못하거나 대우가 걸맞지 않으면 저성장 저출산 시대일수록 부작용이 크다. 연령과 근속기간이 늘어나도 일을 잘한다면 연공급(호봉제)을 적용하는 것이 합리적이나, 현실적으로 생산성과 괴리되는 경우가 많다. 그런 상태에서 대책 없이 정년만 연장하면 인건비 부담이 가중되고 청년 고용에 부정적 영향을 미치는 제도적 모순을 초래할 수 있다.

우리나라는 임금체계 변화와 임금의 연공의존성 완화 등 새로운 체제에 상응하기 위한 준비가 부족해 부작용이 컸다. 그래서 호봉제의 모순을 줄이려고 나온 것 중의 하나가 임금피크제 도입인데 일정한 연령이 넘으면 고용을 연장하는 대신 직무도 조정하면서 임금을 삭감하는 방식이다.

정년 연장을 둘러싸고 노사 간 갈등 발생 기업의 생산성 저하, 청년층 일자리 감소 등을 유발했다. 비자발적 조기 퇴직 증가로 인해 본래 목적인 고령자 고용안정도 제대로 달성하지 못한 역효과가 있었다.

300명 이상 대기업의 59.1%에서 '호봉제'가 운영되는 등 우리나라는 외국에 비하여 연공급 임금체계가 강하다. 그런데도 임금체계 개편과 정년 연장을 패키지로 하지 않아 임금체계 개편이 사실상 노사 자율에 맡겨진 (형식적 의무 규정) 가운데 정부는 컨설팅이나 고용지원금을 지원하는 수준에 그쳤다.

정년 연장 등 고용 연장의 방향은 타당했다. 2011년 금융연구원 조사 결과에 의하면 생산가능 인구 비율 1%p 하락 시 1인당 국민소득증가율이 0.17%p 하락할 것으로 전망하였다. 2017년부터 생산가능 인구 감소가 예상되고 베이비붐 세대(1955~1963년생) 퇴직이 완료되는 2018년 이후 노동 공급 부족에 직면하므로 성장잠재력 제고를 위해서는 노동 공급 증가가 필수적이기 때문이었다.

생산가능 인구가 감소하는 반면 노인 인구는 계속 증가하여 공적연금 운영에 세대간 갈등이 예상되는 등 부정적 영향(노인 1명당 생산가능 인구는 1990년 13.5명 → 2000년 9.9명 → 2010년 6.6명 → 2020년 4.6명) 및 주된 일자리에서의 퇴직 연령(평균

53세 : 남성 55세, 여성 51세)과 국민연금 수급 연령(2013년 61세, 2018년 62세, 2023년 63세, 2028년 64세, 2033년 65세)과의 간극이 발생하였다.

　이에 퇴직 준비 미흡, 불안정한 일자리로의 취업, 자영업 실패로 인해 빈곤층 전락으로 OECD (2010년 평균 13.3%) 국가 중 가장 높은 노인 빈곤율(45.1%)을 기록하여 고용 연장을 통한 안정적인 재정건전성 확보 및 노후 소득 보장이 필요했다.

　장년과 청년의 고용 문제는 경제성장과 재정건전성 유지를 위하여 동시에 고려해야 하는 과제였다. 그럼에도 이런 사정에 비추어 정년 연장과 함께 검토되어야 할 사항은 충분히 고려되지 않았다. 20대 대비 50대의 임금 비율은 300인 이상은 1.87배이나 300인 미만은 1.47배를 기록했는데, 생산가능 인구 감소 및 고령사회(65세 이상 인구 14%)에 진입하는 2017년부터 기업 규모별로 단계적으로 정년 연장[줄 것]을 시행하더라도, 임금 조정 등 임금체계 개편[받을 것]을 패키지로 연계되도록 하여 노사 간, 세대 간 상생을 도모했어야 하지만 그렇게 하지 않았다.

　당시 입법상의 문제는 고령자고용법 19조(정년)와 19조의 2(정년 연장에 따르는 임금체계 개편 등)를 별개로 두어 서로 떨어진 섬처럼 분절화했다. 실효성이 있으려면 위의 두 조항을 하나의 작동 장치로 결합하여, 임금체계 개편을 조건으로 사업장의 정년이 연장되도록 했어야 했다. 또한 정부의 여러 가지 '필요한 지원'(예 : 현 21조 및 21조의 2)을 유기적으로 구성하고, 고용보험 등 고용안정을 위한 지원과 장려할 수 있도록 하는 것이 효과적이었다.

　2020년 기준으로 근속연수 30년 이상을 1년 미만 근로자와 대비하여 임금 격차를 살펴보면 한국은 2.95배로 일본 2.27배, 유럽연합 15개국 평균 1.65배보다 근속연수 대비 임금 격차가 훨씬 크다. 근속연수에 따라 임금이 결정되면 성과와 무관하게 되어 생산성을 올리기 어렵다.

우리보다 앞서 정년 연장과 계속 고용을 추진한 일본의 경우 충분한 준비기간을 두고 임금의 연공성 완화를 위한 제도개선을 먼저 추진하고 소득 공백이 발생하지 않도록 연금제도 정비를 병행했다. 직무급 도입과 능력에 따른 임금 인상률 차등 등 임금체계 자체의 개혁을 통해 임금의 연공성을 사전에 최소화하면서 제도를 도입했다.

일본의 경우 입법 과정에서도 장기적 준비와 공감대 형성을 통해 갈등을 예방하고 생산성에 실질적으로 기여하는 고령자 고용증가 효과를 거둔 것으로 평가되고 있다. 1994년 고령사회에 진입하면서 60세 정년을 의무화하였고, 시행 시기도 산업현장에서 60세 정년이 일반화(1994년 84.1%, 1998년 93.3%)되어 무리가 없는 시점을 택했다. 그럼에도 불구하고 일본은 임금·인사체계 개편 등을 위한 노사의 준비기간을 고려하여 4년간 유예기간을 설정한 후 1998년 4월에 시행하였다.

이런 성과에 힘입어 일본은 2021년 6월 공포된 개정 국가공무원법에 따라 공무원의 정년도 2023년 4월부터 2031년 4월 1일까지 60세에서 단계적으로 65세로 연장했다.

졸속입법에 대한 성찰 : '정년 연장'이라 쓰고 '임금체계 개편'으로 읽어야

정원이 정해져 있는 공공기관이나 청년층이 선호하는 대기업의 경우 정년 연장 시 청년 고용이 위축될 우려가 있다. 정년 연장 사업장(372개)에 대한 청년 고용 증감분석을 한 결과(2012년), 정년 연장 이후 청년 순채용 인원이 공공기관은 -4%, 300명 이상 사업장은 -3.7% 각각 감소하였고, 임금피크제를 도입하면서 정년을 연장한 300명 이상 사업장은 24.4% 증가하였으나, 임금피크제 도입 없이 정년만 연장한 300명 이상 사업장은 오히려 -7.3% 감소하였다.

하지만 공공기관의 경우 총정원제 운영으로 임금피크제를 통한 청년고용 증가 효과가 나타나지 않고 오히려 감소하는 상반된 결과가 발생하였다. 이와 같은 용감한 졸속입법의 맹점은 '정년 연장'이라 쓰고 연공급을 완화하는 '임금체계 개편'으로 읽지 않았기 때문에 발생하였다.

2012년 9월 국회 환경노동위원회 법안심사 소위원회 심의 과정을 살펴보자. 정부에서는 정년 60세 의무화는 기업 내부적으로 임금조정 장치를 연계하는 것이 필수적이고, 공공기관과 대기업의 경우 정년 연장과 청년 고용이 상반되는 관계가 있으므로 신중하게 고려해야 함을 거듭 주장하였다. 그렇지만 여야 정당은 모두 2012년 12월 대통령 선거를 앞둔 정치의 계절에 정년 연장을 공약으로 남발한 탓에 2013년 5월 여야를 비롯한 정치권이 임금조정 자동연계 방안은 마련하지 않은 채 임금체계 개편을 노사가 추진하도록 하는 졸속입법을 강행하였다. 정작 필요한 후속 조치가 안 될 줄 뻔히 알면서 장식적 규정만 추가한 셈이다.

그때 우리나라는 60세 이상 정년 사업장이 42.2%(2011년)에 불과했고, 임금피크제 도입 비율도 9.6%(2012년)에 지나지 않아 정년 연장을 강제하면서 임금조정 장치를 자동 연계할 필요가 절실했는데 그렇게 하지 않았다.
그런데도 법으로 정년 연장 의무화 조치만 단행하고, 임금체계 개편 장치는 사실상 별개로 한 상황에서 노사가 이에 부응하리라는 기대는 순진하고 실현 불가능한 상상이었다. 노동계는 원하는 것(정년 연장)을 100% 확보한 상황에서 노동조합이 조합원을 설득해 가며 양보(임금 조정)하기를 바라는 것은 나무에 올라가 물고기를 구하는 연목구어(緣木求魚)와 마찬가지였다. 이러한 입법은 노사 간 협상이나 거래의 기본 원리에도 맞지 않는 비상식적인 발상이었다.

당시 주된 일자리에서의 퇴직 연령이 평균 53세였던 만큼 2016~2017년에 정년을 획일적으로 60세로 적용하기보다는, 임금조정 장치(예시 : 연공급 폐지나 임금피크제 시행 등) 마련에 해당 사업장 노사가 합의하는 조건으로 순차적으로 연장하는 방식으로 연계하였다면 청년실업 증가 등 부정적인 영향을 대폭 완화할 수 있었을 것이다.

환노위 야당 간사였던 노동계 출신 H 의원은 2012년 9월 18일 환노위 소위에서 "유예기간을 두면 기업에서 희망퇴직을 실시하여 미리 쫓아낼 수 있으므로 그렇게 하지 못하도록 (당장) 2013년 1월 1일부터 즉시 시행하자"라고 주장할 정도로 (전체 국민을 대표해야 하는 국회의원이) 특정 노동단체의 입장에 맞춘 극단적 발언을 하였다.[17]

이들은 선심성 입법 독주라는 사고를 저질렀을 뿐 이후 뒷감당은 하지 않는 무책임의 극치를 보여주었다. 이들은 입법 과정에서 정작 해야 할 일은 하지 않고, 불필요한 짓만 서두른 셈이다. 뭐든 선심을 베풀면 국민은 고마워할 줄로 알았던 모양이다. 급기야 '무식하면 용감하다'라는 인식편향의 더닝 크루거 효과(Dunning-Kruger effect)를 소환하기까지 한다.

당시 정치권에서 의원입법으로 강하게 밀어붙이니, 행정부 공무원들은 심의 과정에서 극도의 무력감과 자포자기 심정이 되었다고 들었다. 그럼에도 최선을 다해 의원입법안의 문제점을 설명하고 대안을 제시하며 끝까지 설득하는 것이 본분이지만 날이 갈수록 막강해지는 입법 독주 앞에 나약해지는 행정부 공무원의 실상이 안타깝다.

고용을 연장하는 방법은 ① 정년 연장 ② 계속 고용(퇴직 후 재고용) ③ 정년 폐지 등으로 다양하다. 다만 호봉제 임금이 많고 해고가 어려운(경직된 고용) 대기업에서 정년 폐지가 내안이 되기에는 현실적으로 무의미하다. 중요한 것은 임금체계 개편 없는 획일적인 정년 연장 의무화는 지속 가능하지 않으므로 긍정

---

17. 제311회 국회(정기회) 환경노동위원회 법안심사소위원회 제2차 회의록(2012년 9월 18일)

적인 해답이 못 된다. 지속 가능한 '정년 연장'은 기업별로 노사가 합의하는 임금체계 개편과 연동되는 시스템으로 순차 연장하는 방안이고, 고령자 계속 고용(퇴직 후 재고용 의무) 제도 는 해당 분야에 맞는 경륜과 역량을 갖춘 고령자가 계속 일하게 '고용 연장'을 하는 것이다.

따라서 개별사업장의 정년 연장과 임금체계 조정에 노사가 합의하기 전에는 고령자고용법 제19조(정년), 제19조의2(정년 연장에 따른 임금체계 개편 등) 위주로 개정하기보다 제21조(정년퇴직자의 재고용), 제21조의2(정년퇴직자의 재고용 지원) 조항을 중심으로 적극적 노동시장 정책을 활용하는 방안이 바람직하다.

핵심은 사업장의 임금체계를 합리적으로 개편하면서 정년이나 고용이 연장되면 노동 역량과 의사에 따라 더 일할 수 있게 지원하는 것이다. 이때 정부의 개인별 능력개발과 적극적인 계속 고용 지원(장려)이 필요하다. 다만 재고용 의무화 여부와 적용 시기는 인력 부족(수급) 상황과 기업별 노사 합의에 따라 달라져야 한다.

임금체계 개편은 비단 생산가능 연령의 후반부에 이른 인력만의 문제가 아니라 전 연령대의 문제이므로 성과급(근무평정 결과 반영)과 직급급, 직책급 등 공정한 평가 문화의 정착을 포함한 인사노무관리 체제 전반에 변화의 계기로 삼을 필요가 있다.

정년을 연장하거나 계속 고용정책을 추진하려면 2013년에 국회가 주도한 선심성 정년 연장 입법 방식을 답습하거나 이미 겪은 시행착오를 반복하지 말아야 한다. 또다시 무책임한 정년 연장을 무리하게 하면 장년층의 더 빠른 조기 퇴진과 청년층의 노조가 있는 대기업과 공공기관 취업 기회 부족으로 고용절벽의 후폭풍이 거세질 것이다.[18]

---

18. 취업절벽? 국회가 대책 없이 정년 연장할 때 이럴 줄 몰랐나, 한국경제, 2016.4.28.

07
이상한 나라의 국회와 행정부
: '존경하는 의원님' 남발

　국회의원은 국가이익을 우선하여 양심에 따라 직무를 행하여야 하고, 특정한 국정 사안에 대하여 조사를 하거나 필요한 서류의 제출 또는 의견 진술을 요구할 수 있다. 국회는 국무총리 또는 국무위원의 해임을 대통령에게 건의할 수 있다.

　국무총리·국무위원 또는 정부위원은 국회나 그 위원회에 출석하여 국정 처리 상황을 보고하거나 의견을 진술할 수 있고, 질문에 응답하여야 한다. 국민의 대의기구로 입법권을 가진 국회의원의 의정활동에 대하여 행정부를 포함하여 그 누구든 마땅히 존중하여야 한다.

　정부에서는 국민의 대표인 국회의원에게 주권자인 국민을 대하는 자세로 예의를 다하려 한다. 국회의원과 국무위원은 상호 역할을 존중하는 자세로 임해야 하지만, 의원들은 행정부를 견제한다는 핑계로 단순히 예의에서 벗어나는 수준을 넘어, "장관~"이라고 부르면서, 습관적으로 하대하듯 질의하는 경우가 있다.

　그럼에도 불구하고 장관은 (건성으로) 붙여주는 접두어를 자주 쓰게 된다. 그 전형적인 사례가 바로 '존경하는 의원님'을 남발하는 폐단이다. 언젠가부터 '존경하는 의원님'이라는 문구는 의원들의 질의에 장관들이 답변할 때 습관적으로 붙이는 '관용구'가 된 지 오래다. 그러다 보니 행정부 장·차관이나 국무총리의 국회 답변 시 '존경하는 ○○○ 의원님'이라는 단어가 빠지면 아예 답변이 안 될 정도로 이상한 나라의 국회와 행정부의 관계가 되었다.

필자는 상호 존중하는 자세이거나 질의 내용이 알찬 경우 등 진짜 존경할 정도가 아니면 '존경하는 ○○○ 의원님'이라는 호칭을 붙여주지 않았다. 국회 질의답변 시 많은 국회의원이 장관에게 '존경하는 ○○○ 장관님'이나 '○○○ 장관님께서' 등의 문구를 사용하지 않을 뿐만 아니라, 오히려 장관 모욕주기에 주력하는 상황이었기 때문이다.

행정부에서 '존경하는 의원님'이라는 문구를 접두사처럼 관용구로 붙여서 답변하는 (장·차관의) 행태는 적절치 않다. 지난날 필자의 국회 발언을 보아도 거의 예외가 없다. 이러한 답변 태도에 의원들의 기분 역시 유쾌하지 않았을 것이다. 그럴지언정 나는 얄팍한 처세로 마음에도 없는 빈말을 해주기 싫었다.

그런데도 행정부에서 자청하여 이렇게 발언하는 것은 여의도 정치인의 불합리한 행태를 고착화시킬 뿐만 아니라 자칫 입법부 독주 현상을 가속화시키는 야합(野合)이라고 생각한다. 이것은 단순히 특정 장관의 언어 습관에 그치는 문제가 아니라 국회의원들의 부적절한 습관적 갑(甲)질을 행정부가 결과적으로 조장하는 발언이 된다는 점에서 옳지 않다고 보았다. 과공은 비례다.

공직자는 선출직이건 임명직이건 상관없이 헌법과 법률에 따라 각자 소임을 성실하게 수행해야 하는 사람이다. 간혹 일부 정치인이 말하기도 하는 바와 같이 선출직의 권한이 과연 임명직보다 우위여야 하는가에 대하여도 살펴보자.

예를 들면, 이명박 정부의 대법원장이나 국무총리, 장관 등은 1,149만 명의 국민적 지지(2007년 12월 19일 실시한 제17대 대통령 선거에서 3,765만 3,518명의 유권자 중 2,373만 2,854명이 투표에 참여하였고, 이명박 후보가 득표한 인원은 1,149만 2,389명)를 받아 당선된 대통령에 의하여 임명받은 직위이다. 즉, 소정의 시험에 합격하는 등 전문성과 실력을 바탕으로 헌법에 근거한 대통령의 임명을 통하여 권능을 부여받은 사람들이다. 거기에다 국회 인사청문회 절차를 거치는 등 민주적 정당성까지 갖추었다.

이에 반해 2008년 4월 9일 실시한 제18대 국회의원 선거에서 1만 4,980명(최소 득표 당선자 : 홍장표 : 친박연대, 안산 상록구 을) 내지 7만 4,481명(최다 득표 당선자 : 최경환 : 한나라당, 경산시·청도군)의 지지를 받았으며, 18대 국회의원 평균은 7만 1,084명(18대 국회의원 선거 총투표자 1,741만 5,667명을 지역구 국회의원 245명으로 나눈 수) 남짓 득표하여 국민의 대표가 되었다. 그러므로 선출직이 임명직보다 국민 대표성 차원에서 넘치거나 우위에 있는 관계가 아니다.

따라서 입법부와 행정부, 사법부는 상호 건강한 견제와 균형의 관계를 유지하는 것이 3권분립 정신에 맞기 때문에 대등한 입장과 자세를 취하는 것이 헌법정신에 부합하므로 정부의 인사가 국회의원에 대하여 립 서비스가 아닌 질의응답의 콘텐츠가 중요한 것이다.

그렇기에 나는 국회에서 모두(冒頭) 발언이나 마무리 인사(人事) 말씀을 할 때만 "존경하는 ○○○ 환경노동위원회 위원장님과 위원님 여러분"이라는 '포괄적'인 표현으로 국회의 권위(權威)를 상징적으로, 정중하게 예의를 차리며 예우해 주었다. 그 외에 개별 의원들과의 질의응답 시에는 마음에도 없는 '존경' 운운하는 단어나 호칭을 이유 없이 붙여주지 않았다.

심지어 의원들로부터 가장 심하게 압박을 받는 장관 인사청문회 당일에도 나는 "존경하는 의원님"이라고 부르지 않았다. 그에 앞서 차관 시절(장관 직무대행 기간 포함)은 물론이고, 이후 장관직을 마칠 때까지 일관되게 이러한 자세로 임하였다. 분명히 말하지만 이게 국회를 무시하는 태도는 아니었다.

의원들의 질의에 당국자로서 소신껏 답변하고, 무엇보다 맡은 업무에 최선을 다하는 것이 진정으로 국민을 위한 공직자의 자세에 부합된다고 생각한다. 초기에는 이렇게 하는 것이 심적으로 부담되는 측면도 있었다. 그러나 습관이 될수록 업무에 더욱 전념하게 하는 효과로 바뀌었다.

평소 업무를 제대로 하지 않으면 어려움이 있을 수 있겠으나, 업무에 충실하고 현장 위주로 챙기면 문제 될 것이 없었다. 특히 우리 부처에서 실무자로 출발하여 오랜 기간 일한 나로서는 경력 때문에도 대충 넘어가는 자세가 용납되지 않았다.

시간이 갈수록 배짱도 늘어 정무적 역할도 충분히 감당할 수 있었고, 내게는 또 하나의 습관처럼 익숙해졌다.

안안되되 : 깐깐한 장관, 맞서는 장관

30년 넘게 공무원으로 일하면서, 장관들은 의원의 질의에 대하여 일부 예외는 있지만 가급적 겸손한 자세로 "(전향적으로) 검토하겠다"거나 "(의원님과) 협의하겠다"라고 답변하는 식으로 원만하게 넘기려는 경우를 자주 목격했다.

이후 벌어지는 상황은 한결같이 뻔했다. 장관이 흐지부지 두루뭉술하게 답변하면 온갖 뒤치다꺼리를 해야 하는 실무자들은 국회 의원회관과 정부 청사를 오가며 의원과 보좌진을 만나 후속 조치하느라 진이 빠진다.

그 바람에 본연의 임무에 집중하기 어려워지고 쏟아지는 원성이 사실 이만저만이 아니다. 그렇기 때문에 장관이 입장을 정리해 주지 않고 애매하게 나오면 직원들은 업무를 적극적으로 수행하기 어렵게 되고 만다.

장·차관이 소위 '무난한' 답변으로 상황을 모면하거나 원만한 관계 유지를 빙자한 '정무적 감각'이나 '정무적 판단'에 기대는 바람에 실망한 적이 많다. 특히 필자는 우리 부의 실무자 출신 1호 장관이었기에 여의도 정치와 같은 '정치적' 판단에 휘둘리지 않고 직원들이 본연의 업무에 집중할 수 있게 책임지고 외풍을 막아주려고 애썼다. 엉뚱한 방향으로 비화하지 않게 하려면 질의응답 과정에서 장관이 그때그때 시시비비를 가리고 명확하게 정리해 주어야 직원들이 업무에 전념할 수 있다.

그래서 "(안안되되) 처음부터 안 될 일은 떼를 써도 안 되는 것이어야 하고, 가능한 (되는) 것이라면 요구하지 않더라도 당연히 되게 하는 것"이 내가 생각하는 행정의 기본이자 지향하는 원칙이었다. 이렇게 나는 법령과 원칙에 따라 소신껏 일하는 '영혼이 있는' 공무원이자 프로행정가가 되고 싶었다.

그러니 대충 넘어가려고 편의적으로 '존경하는 의원님'이라는 빈말을 함부로 사용하는 것은 헌법정신을 무시하는 행정부 당국자의 얄팍한 처세이자 국민적 배신행위로 보였다.

그러나 그 후과(後果)는 만만치 않았다.
여야 국회의원을 막론하고 본회의나 상임위 질의 시 사전에 질의 요지나 질의서를 해당 부처에 보내주게 하는 국회 규정(본회의)과 관행(상임위)이 있다. 그렇지만 환노위 야당(野堂) 의원들은 유독 나에게는 (질의 요지나 질의서를) 보내주지 않았을 뿐만 아니라, 질의도 공격적으로 하는 경우가 많았다.

물론 이것은 의원들의 엉터리성 질의나 무리한 요구, 비판적 지적에 대하여 즉시 바로 잡는 답변을 하거나, 사실관계와 다른 질의를 하면 아닌 것은 아니라며 시시비비를 가리는 나의 답변 태도가 불러온 결과였다.

특히 장 모 의원실에서는 그 의원이 나에게 질의하기에 앞서, "의원님 힘내세요~"라고 하면서 기를 모아주는 이벤트 행사를 보좌관들이 한다는 얘기까지 전해 들었다. 설마 그렇게까지 리얼(Real)? 하는 의문이 들었다.

심지어 의원의 지적이나 질문 내용에 틀린 부분이 있더라도 제발 그냥 모른 척 (지적하지 말고) 좀 넘어가 달라는 '부탁 아닌 부탁'이 들어온 적도 있었다.

하지만 그들이 그렇게 해도, 나로서는 별로 힘들지 않았다. 공직에 있으면서 대충 적당히 넘어가지 않았고 국민을 위하는 일념으로 최선을 다했기 때문에 꿀리거나 구릴 일이 없었다.

그런 점에서 국회나 언론에서 나를 '깐깐한 장관, 맞서는 장관'으로 평가한 데 대하여 딱히 아니라고 부정하기는 어렵다.

국회에서 의원들과 대화하는 이채필 장관

08
혼돈(Chaos)의 여의도, 폭주하는 괴물

국회는 국민적 의사를 바탕으로 하는 입법기관이며 국회의원은 국가이익을 우선하여 양심에 따라 직무를 수행하여야 한다. 국회는 국정감사권과 예산심사권이 실질화되었고, 국무위원 등 탄핵소추 의결정족수가 완화되는 등 행정부에 대한 견제 권한이 강화되었으나, 국회의원은 탄핵이나 소환당하지 않고 회기 중 불체포 특권도 있다.

법치는 '법의 지배'(rule of law)를 의미하는데, 프리드리히 하이에크(1899~1992)는 법치가 제대로 작동하기 위한 원칙 중 하나로 모든 사람에게 예외 없이 적용되는 보편성, 일반성, 비례성을 꼽았고, 특정 개인과 집단의 이해관계, 특수한 사정, 특별한 목적을 고려하면 법다운 법이 아니라고 했다. 다수결이 대의민주주의의 원칙이긴 하지만 소수의견을 무시한 채 토론 없이 입법권이 정파의 이해 관철을 위한 일방적 도구가 된다면 이는 법치가 아닌 '법에 의한 지배'(rule by law)로 전락하고 만다.

작금의 한국 정치는 정치가 국민을 걱정하는 것이 아니라 국민이 걱정하는 정치집단이 되고 있다는 지적을 받고 있으며, 폭주하는 입법권은 행정부 운영을 마비시킬 수 있는 절대 반지를 낀 채, '위인설관'의 단계를 넘어 '위인설법' 입법 폭주를 하고 있다. 정부가 도저히 받아들일 수 없는 법안을 통과시키는 일방적인 입법권 행사는 거부권을 초래하여 입법권의 훼손만 가져온다. 정치가 사라진 혼돈(Chaos)의 여의도 정치는 종국적으로 폭주하는 괴물 국회가 되지 않을까 우려된다.

　개중에는 한 번 당선되면 민생은 거의 말로만 외칠 뿐 선수(選數)를 쌓는 게 지상과제인 것처럼 보이는 국회의원들도 있고, 때로는 국민의 대표라는 이유로 국무위원이 노려보기만 해도 탄핵 사유에 포함될 정도로 신성불가침한 존재가 되었다.

　개인적으로 만나보면 여야 의원 개개인의 자질이나 품성이 괜찮은 인물도 상당하다. 그런데도 민주적 운영 취지에 부합하는 토론과 합의 정신이 실종된 채 독주하는 괴물 국회로 가고 있는 게 진짜 문제다. 이 지경에 이른 바탕에는 대통령 중심제에 내각제적 요소가 결합된 우리나라의 대통령책임제 국가 운영에서 국회와 행정부가 상호 견제하는 균형추와 같은 장치가 부족한 것 역시 한 요소로 작용하고 있다고 생각한다.

　과거 권위주의 정부에서는 '제왕적 대통령제'가 문제라는 비판을 받아 민주화 이후 1987년 개정된 헌법에서 대통령의 국회해산권이 삭제되는 등 국회의 도를 넘는 횡포를 견제할 수 있는 대통령의 권한은 약화되어 국정의 책임 있는 운영이 어려워졌다. 특히 국회해산권은 기본적으로 의원내각제에서 시작된 제도로 국회가 갖는 내각 불신임권에 대응한 견제와 균형(Checks and Balances)의 원리상 내각에 주어지는 권한으로 내각제에서는 필수적인 요소다.

　대통령 중심제 국가에서는 내각에 대한 불신임 제도가 없으므로 일단 그에 대응하는 국회해산권을 부여할 필요가 없다. 하지만 국회가 해야 할 일을 하지 않거나, 다수당이 민주주의를 무시한 채 다수결에 의한 입법 독재를 반복해도 견제할 수 있는 제도적 기제가 없다. 헌법상 국회의원의 임기(4년)가 원칙적으로 보장되기 때문에 국민소환(recall)도 할 수 없다. 그렇기 때문에 국회가 파행하거나 행정부와 입법부가 극단적으로 대립(deadlock)해도 국민은 다음 선거 때까지 기다려야 할 뿐 이를 합법적으로 해결할 방법이 없는 실정이다.

권력분립은 국가권력의 작용을 입법·행정·사법으로 나누어 각각 별개의 기관에 분담시켜 상호간 견제를 통한 균형을 유지한다. 즉, 국가권력의 집중과 남용을 방지하는 통치조직 원리이다. 우리나라의 정부 형태는 기본적으로 대통령 중심제를 근간으로 하고 있으나 순수한 대통령제가 아니고 의원내각제적 요소가 상당히 가미되어있다.

단적인 예로 부통령제 대신 국무총리 제도가 존재하며, 국회의원의 각료(국무위원) 겸직도 가능하고 (이에 따라 행정부의 법률안 제출권도 허용), 국무위원(국무회의 구성원)의 국회 출석 발언권, 국무회의에서의 국정 심의, 대통령의 국법상 행위에 국무총리와 국무위원의 부서, 대통령이 임시국회를 소집할 수 있는 권한, 국회의 동의에 의한 국무총리 임명, 국회의 국무총리와 국무위원 해임 건의권 등이 이에 해당한다. 최근 다수당이 정략적으로 남발하는 국회의 국무위원 탄핵 소추권 역시 그렇다.

이와 같이 의원내각제적 요소가 혼합된 우리의 대통령책임제에서 안정적이고도 책임 있는 국정운영을 위하여 국민적 공감대가 이루어지면 국무위원 해임 건의권이나 탄핵 소추권에 대항하는 수단으로 국회해산권을 부여할 수도 있을 것이다. 물론 그 경우 큰 부작용이 초래되지 않도록 발동 요건을 엄격하게 정해야 한다.

09
최저임금 과속 인상과 또 다른 정책 실패

가. 소득주도성장과 최저임금 과속 인상

최저임금제도의 시행으로 상당수의 저임금 근로자들이 임금인상 혜택을 받아왔다. 문재인 정부의 대선 공약('2020년까지 최저임금 1만 원')으로 2018년 최저임금은 2017년 인상률 7.3%의 두 배가 넘는 16.4%(시급 7,530원) 인상하였다. 2019년 10.9%(시급 8,350원) 인상하는 등 2년 연속 두 자릿수로 인상되자 어려워진 경제 상황에서 지불능력이 취약한 중소기업은 적지 않은 인건비 부담이 되었다.

영세 소상공인과 거기에서 일하는 형편이 열악한 근로자에게는 일자리가 날아가더라도 개의치 않고 무리한 결정을 내린 당국의 처사는 무책임하다고 하지 않을 수 없다. 그런 이유 때문에 최저임금액의 결정을 둘러싼 노사 간 이견으로 2020년 2.9%(시급 8,590원), 2021년 1.5%(시급 8,720원) 인상으로 후퇴하고 2022년 5.1%(시급 9,160원) 인상하면서 문재인 정부 5년간 평균 인상률은 7.2%를 기록하였다. 이것은 직전 박근혜 정부의 최저임금 평균 인상률 7.4%에도 못 미치는 결과가 되고 말았다.

최저임금 정책의 성패는 인상 속도(速度)의 적절성(適切性)에 달려있다. 문재인 정부에서 초기에 (적절한 속도로) 서서히 인상했더라면 최저임금 평균 인상률을 더 높일 수도 있었을 것이다. 그러나 '소득주도성장'을 내세우며 시작부터 과속 인상을 밀어붙여서 '예고된 실패'라는 결과를 가져왔다. 2018년부터 2022년까지 최저임금 인상률(16.4, 10.9, 2.9, 1.5, 5.1%) 가운데 2020년과 2021년에 낮았던 것은 실패에 대한 자책이었을 것이다.

최저임금 수준을 결정하는 현행 (노·사·공익) 위원회 방식은 노사 양측의 목소리를 충분히 듣고 최선의 결과를 내기 위한 방안으로 도입된 것이다. 하지만 우리의 현실은 강성노조의 무리한 목소리에 묻혀 편의점주를 비롯한 자영업자와 중소기업을 벼랑으로 내몰고 있다. 그 결과 최저임금으로 보호해야 할 저소득층 일자리부터 먼저 없어지고 있다. 게다가 사람 대신 키오스크 등 급속한 '무인화(無人化)'를 부추기고 있는 것이 최근의 현실인데 AI(인공지능) 시대로 진행될수록 이러한 추세는 더해질 것이다.

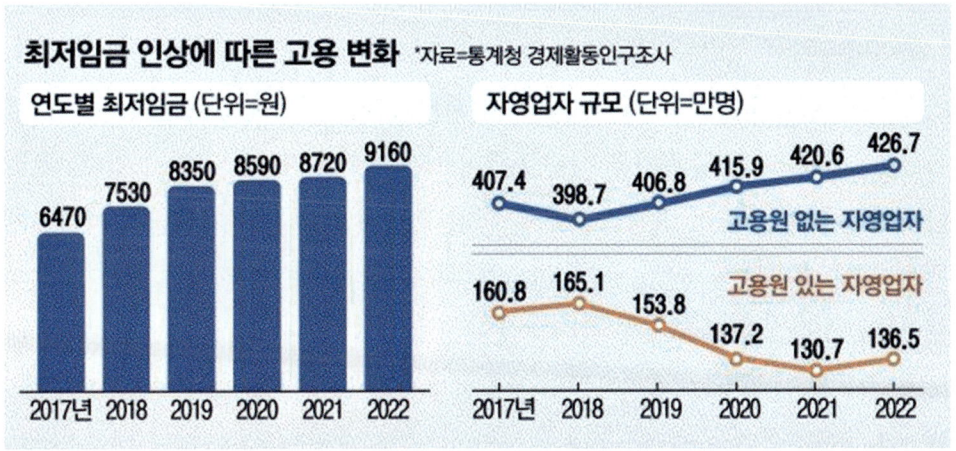

만약 현실성 없는 무리한 최저임금 결정으로 일자리가 사라지면 누가 보상할 것인가? 막무가내식으로 최저임금 인상을 주장하는 노사단체는 좋은 일자리를 없애지 않도록 무거운 마음으로 자신들의 행보를 되돌아볼 필요가 있다. 사람이 하는 실수(失手)는 한두 번 반복으로 그쳐야지 세 번 이상 반복하면 실수가 아니라 깊은 뜻이 내포된 고의(故意)로 봐야 할 것이다.

이지만 연세대 교수 등 전문가의 연구 결과에 의하면, 2017년 기준으로 최저임금이 결정됐다면 "2018~2019년의 적절한 최저임금 인상은 4.2~6% 수준"이었다. 하지만, 급격한 최저임금 인상이 고용시장에 부작용만 남겼음을 최저임금위원회에 보고했다.[19]

우리나라의 최저임금 수준은 OECD가 권고하는 국가별 최저임금 비교 지표인 '중위임금 대비 최저임금 비율'을 살펴보면, 2020년 기준 우리나라의 중위임금 대비 최저임금의 비율이 62%로 OECD 31개국 중 7위다. 2016년 50%(18위)에서 2017년 53%(16위), 2018년 59%(8위), 2019년 63%(7위)로 올라갔다. 따라서 우리나라의 최저임금 수준은 OECD 회원국 중 상위권에 해당한다. 특히 정기상여금과 식대·교통비 등 복리후생성 금품까지 최저임금에 산입하면 그 비율은 더욱 가파르게 상승한다.

우리나라의 최저임금 상승률은 다른 OECD 회원국과 비교해도 높은 편이다. 2016년 5.33달러였던 우리나라의 실질 최저임금은 2020년 7.27달러로 36.4% 올랐다. 같은 기간 중위임금 상승률은 8.15%(통계청, 1인~4인 가구 기준)였다. 우리나라의 중위임금 대비 최저임금 비율이 올라간 것은 그간 최저임금이 가파르게 올랐던 데 기인한다. 2016~2020년 상승률이 우리나라보다 높은 OECD 회원국은 러시아(68.42%), 멕시코(42.00%), 스페인(39.41%), 리투아니아(38.21%) 등 네 나라뿐이다.[20] 그러나 중위임금이 아니라 평균임금 대비 최저임금 비율을 기준으로 하면 OECD 31개국 중 3위로 그 순위가 더 높게 올라간다.

최저임금은 그 미만으로 임금을 지급하면 고의나 반복 여부와 관계없이 3년 이하의 징역 또는 2,000만 원 이하의 벌금에 처해지는 강행법규이다. 우리

---

19. "文정부, 법적 근거 없이 최저임금 과도하게 인상… 안정적인 일자리 줄었다", 조선일보, 2022.4.27.
20. [팩트체크] 우리나라 최저임금 OECD 국가 중 상대적으로 높다? 연합뉴스, 2022.5.7.

나라의 최저임금은 시급(時給)으로 결정하는데, 상여금이나 숙식비가 포함되지 않는 기본급(基本給)이기 때문에 주휴수낭(유급휴가)을 포함한 월 급여를 적용할 경우 급여가 20% 더 많아진다.

나. 최저임금 국고 보조
: '일자리안정자금'으로 포장된 고용보험기금 적자 확대

2017년 (문재인 정부 초기에) 소득주도성장의 선두에 내세운 최저임금을 과속 인상으로 호기 있게 밀어붙이고는 파생된 문제를 수습하기 위하여 탄생한 정책 수단이 '일자리안정자금'이다.[21] 이것은 세계적으로 유례가 없는 '정체불명'의 '최저임금 보조금' 제도를 창설한 것이다.

일자리안정자금은 최저임금의 지나친 인상에 따라 소상공인과 영세 중소기업의 경영 부담 및 근로자의 고용불안을 완화하기 위하여 2018년부터 2022년까지 무려 9조 7,000억 원이라는 막대한 예산(2018년 2.97조 원, 2019년 2.82조 원, 2020년 2.16조 원, 2021년 1.29조 원, 2022년 0.46조 원) 낭비를 초래했다.

그런데 정말 도움이 필요한 빈곤층은 근로소득자가 아무도 없는 가정이다. 최저임금 인상은 이들을 위하여 할 수 있는 게 없다. 반면에 저임금 근로자 중 빈곤층에 보조금을 주는 근로장려세제(EITC) 방식은 최저임금 인상보다 빈곤층 지원에 효과적이다. 지원을 해도 근로 의욕을 저하시키지 않고 효과를 기대할 수 있는 방법은 근로자 개인이 아닌 '가구' 단위의 소득수준을 감안하는 근로장려세제 방식인데, 일자리안정자금은 행정편의 위주로 '사업주'에게 직접 지

---

21. 소상공인·중소기업의 피해가 커질 것으로 우려되자, 2017년 7월 16일 정부는 '일자리안정자금' 지원 등 소상공인·중소기업의 부담 완화 대책을 발표하였다. 박근혜 정부 때의 최저임금 평균 인상률인 7.4%를 초과한 추가 인상 9%에 대해 30인 미만 영세사업장 종사자(218만 명 추정)들을 대상으로 정부가 부담하겠다는 것이다.

원함으로써 사중손실 효과를 가져오고 말았다.

현실의 기반 위에서 냉정하게 실증적으로 접근하지 않고, 정치적 공약이나 이념에 치우쳐 정책을 추진하면[22] 국민의 혈세 퍼붓기를 해본들 소기의 효과를 기대할 수 없다.

최저임금 과속 인상이 취약계층의 일자리 불안과 감축을 초래한 정책 실패 사례(1차 사고)였지만[23], 파생된 문제점을 극복하기 위하여 택한 정책 수단이었던

---

22. 중앙일보, 2017년 10월 18일 보도 : 국회 환경노동위원회 국정감사에서 어수봉 최저임금위원장은 "최저임금이 평소보다 높게 인상돼 취약계층 근로자의 일자리에 부정적인 영향을 줄 것이라는 예상에 동의한다"라며 "최저임금 인상으로 손해를 보는 계층도 있다고 생각하며, 부작용에 정부가 어떻게 대처할 것인가에 대해 많은 고민이 필요하다"라고 답변했다.

23. 중앙일보, 2018년 7월 28일 보도 : IMF의 경고… "한국, 최저임금 인상 너무 빠르다" IMF와 OECD는 최저임금 인상속도가 빠르다고 경고하였다. 타르한 페이지오글루 IMF 아시아·태평양국 과장은 한국의 최저임금 인상과 관련해 "특정 지점을 넘어서면 한국경제의 펀더멘털에 손상을 입힐 수 있다"라며 "매우 조심스럽게 접근할 필요가 있다"라고 밝혔다. 또한 랜들 존스 OECD 한국경제 담당관도 최저임금 인상이 특히 서비스 분야에서 고용을 약화하고 인플레이션을 발생시키는 원인이 될 수 있다는 점을 지적했다.

'일자리안정자금' 이름으로 포장한 국고 퍼붓기 역시 효과는 없었다. 막대한 국고 손실을 초래한 또 하나의 정책적 범죄(사고) 사례(2차 사고)만 추가하였다.

2018~2019년도 정책적으로 최저임금을 과속 인상하여 10조 원 가까운 국고 보조 손실까지 저지른 기록을 세웠으니, 특정범죄가중처벌법상 국고 손실 사범과도 그 성격이 별반 다르지 않았다.

이렇게 하여 초래된 국고 손실은 이뿐만이 아니다.

고용보험기금은 2017년까지 6년 연속 흑자를 냈다. 하지만 최저임금 과속 인상 등 소주성 정책에 따라 실직자의 증가로 2018년 8,082억 원의 적자를 기록한 이후 매년 대규모 적자가 나면서 2021년에는 사상 최대 규모인 5조 7,092억 원의 적자를 냈고, 적립금은 갈수록 소진됐다. OECD 등 선진국에 비해 우리나라의 실업급여 보장성이 높지 않은 상황임에도 문재인 정부에서 두 차례에 걸쳐 38% 이상 고용보험(실업급여) 요율을 인상했다.

실업급여의 재원이 되는 고용보험 요율이 2013년 이후 1.3%로 6년간 동결됐으나, 2019년 10월 1.6%로 (+0.3%p) 올렸고 2022년 7월 다시 1.8%로 (+0.2%p) 올렸다. 문재인 정부 5년간 실업자들에게 43조 원의 구직급여를 뿌렸지만, 실업자들의 재취업률은 2016년 31%에서 2021년 26%로 뒷걸음질 쳤다. 게다가 코로나19 고용 위기에 따른 실업급여 증가로 고용유지지원금 4.1조 원, 긴급고용안정지원금 3.4조 원 등 총 7.4조 원 규모의 예산을 투입했다.[24]

"3년 안에 최저임금 1만 원 공약을 달성할 수 없게 됐다. 대통령으로서 약속을 지키지 못하게 된 것을 매우 안타깝고 송구스럽게 생각한다."

---

24. [고용노동부 반박 자료, 2021.8.6.] 동아일보, "정부, 고용보험료 인상 시동… 10조 기금 4년 만에 바닥" 등 기사 관련 참고

이것은 2019년 7월 김상조 청와대 정책실장이 전한 대통령의 발언으로 문재인 대통령이 최저임금 1만 원 공약을 지키지 못하게 된 것을 사과했다. 그때 최저임금위원회가 결정한 이듬해(2020년) 최저임금 인상률은 2.9%, 최저임금은 8,590원/시급이었다.

2020년까지 '최저임금 1만 원' 공약은 문재인 대통령 혼자서만 약속한 게 아니었다. 2017년 19대 대통령 선거에 출마했던 모든 후보자의 공약이었다. 문재인(더불어민주당) 후보 외에도 유승민(바른 정당), 심상정(정의당) 후보가 있었으니 이들 역시 엄중한 역사적 책임의 예외일 수 없다. 다만 홍준표(자유한국당), 안철수(국민의당) 후보는 대통령 임기 내인 2022년 1만 원으로 공약하였으니, 융통성과 조정의 여지를 남긴 점에서는 약간의 차이가 있었다.

정치 후진국에서는 이와 비슷한 사례가 이미 있었다.
국정 수행에 부정적 평가가 55%에 달한 가운데 브라질 대통령(보우소나루)이 대선주자 예상 득표율 조사에서 좌파인 전 대통령(루이스 이나시우 룰라 다 시우바)에게 크게 밀리자, 교사의 최저임금을 한꺼번에 무려 33% 인상하는 '막무가내 포퓰리즘'을 부린 적이 있음을 환기할 필요가 있다.

하지만 어느 나라에도 우리가 취한 '일자리안정자금'이라는 최저임금 국고 보조 사례는 없었다. 지금까지 어느 나라도 돈 퍼주기로 경제가 계속 성장했다는 얘기는 듣지 못했다. 스스로 감당하지 못할 정도로 무리한 최저임금 과속 인상에다 세계적으로 정체불명의 최저임금 보조라는 극단적 조치까지 더하였으니 한 번도 세우지 못한 희귀한 기록을 추가한 셈이다.

선거철만 되면 나오는 '선의로 포장된 지옥 길' 논쟁 속에 '서민을 위한' 정책이라도 비판받는 경우가 많다. 좋은 의도로 세상을 천국(天國)으로 만들고자 시도해도 지옥(地獄)으로 바뀔 수 있다.

10
최저임금 결정과 심의 준거

　최저임금은 근로자에 대하여 임금의 최저 수준을 보장하여 근로자의 생활 안정과 노동력의 질적 향상을 꾀함으로써 국민경제의 건전한 발전에 이바지하는 것을 목적으로 만든 것이다.(헌법 제32조, 최저임금법 제1조) 최소한의 의식주 생활을 가능하게 해주어 임금근로자의 생존권을 보호하는 제도적 장치가 최저임금이다.

　나라마다 법과 규정으로 최저임금을 정하는 이유가 바로 여기에 있다. 1894년 세계 최초로 뉴질랜드 정부가 시행한 데 이어 미국과 프랑스도 각각 1938년과 1950년에 도입했다. 우리나라는 1987년 개정된 헌법(제32조)에서 근로자의 최저임금제의 실시 근거가 도입되었고 1988년부터 본격적으로 시행되었다.

　최저임금을 적용받는 근로자는 301만 명으로 전체 임금근로자의 13.7%에 해당한다(통계청, 2023년 8월 경제활동인구조사 근로형태별 부가조사 기준). 법정 주휴수당을 반영하면 이보다 훨씬 많아진다. 그런데 사회적 파급은 이보다 크다. 최저임금은 외국인 근로자를 포함한 모든 사업장에 적용되며 이를 기준으로 임금인상률을 결정하는 기업도 적지 않다.

　최저임금의 결정은 각국의 노사관계 및 법률 체계에 따라 ① 노사정 3자로 구성된 위원회에서 결정하는 방식 ② 정부가 노사의 자문을 얻거나 직접 결정하는 방식 ③ 국회에서 의결하는 방식 등이 있다.

이 가운데 '위원회' 방식이 국제노동기구(ILO)가 권고하는 방식이다. 이는 근로자위원, 사용자위원, 공익위원이 모여서 두루 논의하고 종합적으로 사정을 고려하여 정하는 방식이다. 정부가 결정하는 방식은 어느 한쪽을 편들었다는 얘기를 듣기 쉬운 데다 당사자의 의견이 반영되지 않는 쪽에서 늘상 반대쪽으로 편향됐다는 비난이 가중되는 문제점이 지적되어 어려움에 봉착한다. 국회에서 정하는 방식은 국회의 성숙도에 따라 다를 수 있지만 선거나 유권자의 표를 의식하는 성향상 정치적인 영향이 가장 많이 작용하는 구조가 특징이다.

근로자를 대표하는 근로자위원, 경영계를 대표하는 사용자위원, 그리고 공익을 대표하는 공익위원으로 구성하여 결정하는 위원회 방식이 현실적으로 수용도가 높다. 그렇기에 일본, 독일, 영국, 스위스 등 다수의 나라에서 위원회 방식이 채택되고 있다.

노사 당사자 위원이 최저임금의 심의와 결정에 소외되거나 배제되지 않고 똑같은 비중으로 참여하므로 반대 의견이 우세한 것으로 확인되면 때로는 중도에 기권하거나 불참하면서 대외적으로 선명성을 강조하는 등 전략적 판단과 행동을 하면서 심의에 임할 수 있다.

예를 들면, 2025년도 최저임금액 심의 초기에 사업의 종류별 최저임금 차등 적용 여부에 대한 논의가 있었는데, 상당한 논쟁 끝에 그 안건 처리가 부결되자 민주노총이 추천한 근로자위원들은 다른 명분을 내세워 최저임금액 인상에 대한 투표 시 투표용지를 뺏으려다 찢는 등 표결을 방해하다가 불참하며 결정의 책임에서 벗어났다. 그들은 내심 업종별 차등 적용을 무산시킨 자체만으로 일단 성과를 거둔 것으로 평가하고, 이후 구체적인 금액 결정 단계에서는 귀추가 예상되는 국면(노동계로서는 만족할 수 없는 금액)에서 한 발을 빼는 움직임으로 대처했다. 이와 함께 성동격서 하듯 정부와 최저임금위원회 운영을 비판하는 데 화력을 모았다.

이처럼 공익위원이 여러 사정을 듣고 가급적 객관적 입장에서 분석하고 어려운 근로자의 사정을 감안하면서도 국민경제의 건전한 발전을 고려하기 때문에 노사 양측이 대립하면 할수록 공익위원의 역할이 중요하게 된다.

한편으로는 다양한 의견 표출과 서로 대립하는 주장을 듣고 가급적 격차를 줄이기 위하여 조정(심의 권고 구간 제시)하거나 노사 양측이 수정안을 내어 근접하게 권유하는 공익위원이 중요할 수밖에 없다. 또 다른 한편으로는 '위원회 방식'에서 공익위원이 캐스팅 보트의 역할을 사실상 하게 되고, 역설적으로 공격이나 비난의 대상으로 집중되어 몰리기도 한다.

가. 최저임금 결정 관련 정치적 영향

한편, 2011년 7월 6일 국회 환경노동위원회 이미경 민주당 의원은 최저임금법 일부 개정안을 대표 발의했다. 그 내용은 현행 최저임금위원회의 심의를 거쳐 고용노동부 장관이 최저임금을 결정하는 방식에서, 국회가 결정하도록 바꾸는 내용이 주요 골자였다.

이에 대하여 필자는 ILO가 권장하는 '위원회 방식'이 당사자가 참여하는 가운데 다양한 이해관계를 조정할 수 있으므로, 국회에서 정치적으로 최저임금을 결정하자는 방안에 반대하는 의견을 밝혔다.

그동안 국회에서 정한 유사 사례를 살펴보자. '정부의 쌀 수매가격 결정'에서 쌀 수급 관련 시장 기능과 괴리된 채 정치적으로 매입 가격(상한선 없이 하한가만 책정) 및 수량을 결정하여, 시장가격이 폭락해도 (명목) 매입 가격이 반복적으로 인상되는 등 정부양곡 재고 과잉 및 양특 적자 발생으로 국민 부담이 가중되어 왔다. 게다가 수매가격 결정뿐만 아니라 쌀 생산량이 과다하면 정부가 '의무 매입'하게 하는 등 물량 조정을 하자는 양곡관리법 개정도 있었다. 표의 영향을 받는 의원들이 여야를 막론하고 포퓰리즘에 빠지는 경향 때문에 농가소득 보장을 우선한다는 명분상 또 다른 실패 사례로 반복될 우려가 충분하다.

그렇기 때문에 필자는 2011년부터 주무 부처 장관으로서 1차 최저임금위원회 심의가 법정시한(6월 29일)을 넘겼지만(8월 1일), 심의를 너무 재촉하기보다는 시간적 여유를 갖고 충분히 논의해 줄 것을 강조했다.

매년 8월 5일까지 다음 해의 최저임금을 확정 고시해야 한다. 하지만 "(노사와 국민이 수용할 수 있는) 적정 수준의 최저임금 심의라는 옥동자를 낳으려면 어느 정도의 진통은 필요하지 않겠느냐"라면서, "(그 과정이) 노·사 양측이 잘하기 위한 협상과 공익위원의 조정 과정의 일환으로 생각한다"라면서, "정부가 최저임금위원회 심의 과정에 대해서 고통스럽더라도 인내하면서 결과가 나오기를 기다려주는 것도 존중되어야 할 중요한 덕목"임을 강조하였다.

나. 최저임금 결정 구조와 공익위원의 역할 : 준거 산식 개발

법정 최저임금을 어느 수준으로 정해야 하는지에 대하여는 최저임금법(제4조 1항)에서 '최저임금은 ㉠ 근로자의 생계비 ㉡ 유사 근로자의 임금 ㉢ 노동생산성 및 ㉣ 소득분배율 등을 고려하여 정한다'라고 명시되어 있다.

우리나라에서 최저임금을 결정하는 최저임금위원회는 근로자를 대표하는 근로자위원 9명, 사용자를 대표하는 사용자위원 9명, 공익을 대표하는 공익위원 9명 등 총 27명의 위원으로 구성된다(최저임금법 제14조 제1항). 이러한 최저임금의 결정 구조는 최저임금제가 도입된 1986년 말 이후 그대로 유지되고 있다.

고용노동부 장관은 매년 8월 5일까지 다음 연도에 적용될 최저임금을 결정하여야 한다(최저임금법 제8조 제1항). 이를 위해 고용노동부 장관은 매년 3월 31일까지 최저임금위원회에 최저임금에 관한 심의를 요청한다(최저임금법시행령 제7조). 최저임금위원회는 심의를 요청받아 최저임금안 심의 요청을 받은 날부터 90

일 이내에 고용노동부 장관에게 제출하여야 한다(최저임금법 제8조 제2항).

고용노동부 장관이 3월 31일 심의를 요청하면 최저임금위원회는 6월 29일까지 최저임금을 결정해야 한다. 그러나 지금까지의 운영 실태를 보면 심의 과정이 길어져 법정기한을 지키지 못하는 경우가 종종 발생한다. 고용노동부 장관은 최저임금위원회로부터 최저임금안을 제출받은 때 최저임금안을 고시한다.

근로자를 대표하는 자나 사용자를 대표하는 자는 고시된 최저임금안에 대하여 이의가 있을 경우 고시된 날부터 10일 이내에 고용노동부 장관에게 이의를 제기할 수 있다. 고용노동부 장관은 근로자를 대표하는 자나 사용자를 대표하는 자의 이의가 이유 있다고 인정되는 경우 또는 최저임금안에 따라 최저임금을 결정하기 어려운 경우에는 그 내용을 밝혀 최저임금위원회에 최저임금안의 재심의를 요청한다. 만일 이의제기가 없거나, 고용노동부 장관이 재심의 요청을 하지 않으면 최저임금은 고시된 대로 다음 연도 1월 1일부터 효력을 발생한다. 지금까지 노동자단체나 사용자단체로부터 이의제기가 여러 차례 있었으나 고용노동부 장관이 최저임금위원회에 재심의를 요청한 경우는 한 번도 없었다. 따라서 최저임금위원회가 결정한 최저임금안이 사실상 다음 연도의 최저임금이라고 볼 수 있다.

최저임금을 심의·의결하는 결정 과정은 노동계와 경영계의 최초 요구안이 제시되면, 공익위원들은 노사 위원들로 하여금 수정안을 제시하도록 유도하면서 의견을 접근시키는 방식으로 진행되었다. 노사 위원이 교섭하고 공익위원이 조정하는 역할을 하였으나 원만한 합의를 도출해 내기 어려웠던 것이 사실이다. 대부분은 합의가 아니라 노사의 최종안에 대한 투표(投票)를 통하여 결정되지만, 표결 과정에서 근로자위원이나 사용자위원이 (전략적으로) 빈번하게 불참하거나 퇴장·기권하는 경우가 많았다.

그렇다 보니 정부가 노사의 의견을 받고 전문가 의견을 참고하여 최저임금을 직접 결정하는 것이 최저임금에 대한 책무성을 강화하는 것이라는 주장이 제기된다. 공익위원이 제시한 (공익위원) 안을 놓고 전체 위원이 표결로 최저임금을 결정한 경우가 많았을 정도로 공익위원의 영향력은 막중했다.

공익위원들이 객관적인 기준과 공익이라는 대표성을 가지고 심의 기준을 제시하는 등 결정을 선도하기보다는, 결과적으로 노사 입장 차의 중간 정도에서 협상을 정리하는 역할을 하는 경우가 많았다.

필자가 장관을 하는 동안에 최저임금위원회에서 두 가지 방안이 도출되었다. 지금도 상당히 의미 있는 방안이라고 생각한다.

하나는 당시 공익위원이었던 조준모 성균관대 교수가 중심이 되어 이지만 연세대 교수, 이장원 한국노동연구원 연구위원이 함께 최저임금 인상률 심의 준거 산식을 제안한 것이다. 즉, ㉠ 경제성장률 ㉡ 물가상승률 ㉢ 취업자증가율 등 경제 지표를 적절히 조합하고 ㉣소득분배 개선 등을 고려한 국민경제생산성 상승률 전망치[=경제성장률+물가상승률−취업자증가율±α]를 반영한 것이었다.

이러한 심의 준거 산식을 감안하는 방식은 최저임금위원회 심의 시 합리적인 최저임금 Rule(규칙)과 비슷한 역할을 하였고, 이들 위원이 활동한 임기(2012.4.~2015.4.) 동안에 결정된 2013~2015년 최저임금 평균 인상률은 6.8%(2013년 6.1%, 2014년 7.2%, 2015년 7.1%)로 결과적으로 최저임금 심의에서 예측 가능성이 높아지게 되었다.

또 하나의 방안은 공익위원이 노사 위원들로 하여금 심의 촉진 구간을 제시하는 방식이었다. 2011년 이후 2017~2019년을 제외하고는 매년 심의촉진 구간이 제시되었는데, 최저임금은 그 구간 내에서 결정되었다. 특히 2018년 16.4%, 2019년 10.9%의 과도한 인상이 바로 심의촉진 구간이 제시되지 않은 상태에서 발생한 것이다. 그만큼 전문가로 구성된 공익위원의 역할이 중요함을 보여준 사례다.

그런데 우리 경제가 선진국 수준으로 안정되어 변동성이 줄어들고 노동시장에 대한 각종 통계적 데이터가 뒷받침되기 전에는 최저임금 심의의 준거 산식(算式)과 심의촉진 구간 제시가 현실적으로 유용하게 작동하기는 어렵다. 특히 노동계와 경영계가 최저임금 논의 과정에서 선명성을 강조하는 투쟁의 장으로 최저임금 심의를 활용하게 되면서 국민의 눈에는 대립과 공방으로 문제투성이 제도인 것처럼 비쳐서 안타깝다.

그럴수록 노사 등 이해당사자의 의견을 충분히 듣고 제3자의 위치에서 전문가인 공익위원이 결정적인 조정 역할을 하는 제도 운영이라는 점에서 현실적으로 불가피하게 파생되는 측면도 있음을 부인하기 어렵다.

다. 최저임금 심의제도에 대한 논란

최저임금은 시장의 수요와 공급에 따라 결정되는 균형 임금이 아니라, 정부가 시장에 인위적으로 개입하여 임금(가격)을 강제하면서 노동 약자를 배려하는 재분배 정책이므로 노사가 통상적인 임금 협상하듯 정하도록 놔두는 것은 맞지 않다.

최저임금은 통상 근로자 위원안, 사용자 위원안, 공익위원 권고안 중에서 표결을 거쳐 결정하거나 합의안으로 정한다. 1988년 이후 2026년까지 모두 39회의 최저임금 심의에서 노사 공익위원이 합의에 이른 안이 채택된 것은 8회에 그쳤다.

이에 반해 노사의 입장 차가 커 제시된 공익위원 권고안이 채택된 경우가 19회이고, 근로자 위원안이나 사용자 위원안이 채택된 것은 모두 12회 정도였다. 그만큼 공익위원의 의견과 표가 중요한 역할을 해왔다.

최저임금은 근로자위원, 사용자위원, 공익위원 각각 9명씩으로 구성된 최저임금위원회(27명)에서 심의하여 결정하도록 법으로 정하고 있다. 노사와 전문가의 수적 규모가 균형을 맞추어 노사가 싸우면 공익위원이 키를 잡고 심의를 주도하도록 한 것이다.

공익위원은 정부(고용노동부 장관)가 제청하고 대통령이 위촉하므로, 정부가 최저임금 결정에 암묵적으로 영향을 미친다고 볼 수 있다. 정권의 성격이나 의지에 따라 최저임금 인상률이 크게 차이가 난 점에서도 이러한 측면을 뒷받침해 준다.

따라서 취약 근로자의 사정을 감안하여 노동시장에 관한 전문성을 바탕으로 정책 의지를 조화롭게 반영하기 위하여 노사의 의견은 충분히 청취하되 결정은 정부와 전문가가 신중하게 하여야 한다.

정치적 영향이나 통상적인 임금 투쟁과는 분리하는 것이 바람직하다. 하지만 최저임금법에서 규정한 대로 최저임금위원회가 독립적인 위원회로 운영된다면 대통령 후보가 이를 선거공약의 대상으로 삼는 것은 (논리적으로 성립이) 안 되며, 설사 최저임금 인상률이 낮게 결정되었다고 해서 사과할 일도 아니다.

그럼에도 불구하고 대통령 후보들이 최저임금 인상률을 선거공약으로 내세우는 것은 그들이 정권을 잡으면 최저임금 결정에 사실상 어떤 방식으로든 권한이나 영향력을 행사할 수 있음을 천명한 것과 같다.

문재인 정부는, 2007년(12.3%) 이후에는 없었던 두 자릿수 인상률로 2018년 16.4%(1,060원), 2019년 10.9%(820원)로 최저임금을 과속 인상하였다. 인상액 기준으로 전무후무한 규모였다. 2년간 무려 1,880원이 오르니 노동시장이 버텨내질 못했다. 가장 취약한 일자리부터 사라졌고, 그게 바로 소득주도성장의 적나라한 민낯이었다.

전년 대비 최저임금을 한꺼번에 16.4% 올린 2017년 7월 무렵 한국경총이 다음과 같은 입장문을 냈다. "향후 발생할 모든 문제는 무책임한 결정을 내린 공익위원들과 이기주의적 투쟁만 벌이는 노동계가 전적으로 책임져야 할 것이다."

당시 이러한 지적에 대하여 정부에서는 2017년 노·사·공익 위원이 추천한 전문가로 최저임금 제도개선 TF를 마련했다. 당시 정부 개편안의 핵심은 노사정이 추천한 전문가 위원회를 통해 구간(최저임금의 상한과 하한)을 정하는 '구간설정위원회'와 이를 바탕으로 최저임금을 결정하는 '결정위원회'로 이원화하는 방안이었다. 그 외에도 정부가 위촉하던 공익위원은 국회와 정부가 나눠서 추천하는 것으로 변경하는 내용도 포함되었고, 최저임금 결정 기준에 고용 영향이나 경제 상황을 추가하는 내용이었다. 이 방안은 2019년 국회 논의 결과 폐기되었다.

이와 같이 2018~2019년 최저임금이 급등하면서 한때 결정 체계에 대한 개편이 논의되었으나 이후 인상률을 낮추면서 없던 일이 됐다. 뒤이어 2025년도 최저임금액이 1.7% 인상(시급 10,030원)으로 의결되자, 노동계 출신 근로자위원들의 회의 불참과 회의 진행 방해 등 행태가 벌어졌다. 이처럼 인상률이 높고 낮음에 따라 비난의 주체와 대상만 달라질 뿐 그 내용은 비슷하다.

거의 매년 최저임금 심의가 끝날 때마다 나오는 말은 캐스팅 보트를 쥔 공익위원의 표결로 최저임금이 결정되는 문제가 반복된다거나, "지금의 결정 시스템은 합리적·생산적인 논의가 진전되기에 한계가 있다"라는 지적이었다.
이에 대하여 2024년 7월 개각과 교체설이 나돈 가운데 이정식 고용노동부 장관은 "소모적인 논쟁을 반복한다면서 제도개선에 차수하겠다"라고 하였지만 진전을 이룬 것이 없다. 그 바탕에는 바꾸기 어려운 제도적 뇌관도 있지만 그보다는 운영상의 문제가 더 컸기 때문이다.

라. 제도 자체보다 정책 의지와 운영 개선이 관건

최저임금위원회는 최저임금에 관한 심의를 하기 위하여 고용노동부에 설치하고, 근로자를 대표하는 근로자위원, 사용자를 대표하는 사용자위원, 공익을 대표하는 공익위원으로 구성한다(법 제12조, 제14조).

여기서 근로자위원과 사용자위원을 위촉하는 절차가 중요하다.
근로자위원은 '총연합단체인 노동조합에서 추천한 사람' 중에서 장관의 제청으로 대통령이 위촉하도록 하고 있다(시행령 제12조). 근로자위원의 대표성이 갖추어지지 않고 특정 노총이 독점하여 좌지우지하는 현행 구조를 개선하는 것이 중요하다. 사용자위원은 '전국적 규모의 사용자단체 중 장관이 지정하는 단체에서 추천한 사람' 중에서 제청하므로(시행령 제12조) 근로자위원 구성과 비슷하지만, 여러 단체가 관여한다는 측면에서는 약간의 차이가 있다.

최저임금 심의가 흥정의 장이 되었다. 이는 제도적 한계에서 오는 개선보다는 주무 부처 장관의 정책 의지와 운영이 중요한 관건이라 할 수 있다. 그 이유를 살펴보면 다음과 같다.

첫째, 최저임금 심의제도 개선은 최저임금법의 제정 취지에 맞게 '적정한' 수준의 최저임금액으로 정하는 것이 왕도이므로 적절한(=대표성이 있는) 심의 위원 구성이 첩경이다. 핵심 요체는 노·사 위원의 대표성을 갖출 수 있도록 여성, 청소년, 비정규직, 중소기업 등 다양한 위원 추천이 가능한 구조로 만드는 것이다.
그런데 노사 위원 추천 방식은 (장관이 국무회의 심의를 거쳐) 시행령 개정으로 제도를 고칠 수 있으며, 그렇게 하지 않더라도 현재 총연합단체만 해도 양대 노총 외에 전국노총, 대한노총 등이 있으므로 대표성을 보강할 수 있는 여지는 있다.

둘째, 언제부터인지 노사 위원이 속한 단체의 실무자까지 대거 심의하는 회의에 합석(배석)하고 있다. 이런 성격의 자리에서 신지한 논의나 합리적인 심의를 기대하는 것은 연목구어(緣木求魚)와 같다.

따라서 위원 외에 단체의 실무자까지 합석시키는 것은 공개회의라는 모양새는 갖출지언정 식견이 있는 전문가 위주의 '심의'가 아닌 이해관계 단체를 '대변'하거나 '흥정'하는 회의체로 변질되는 결과가 되었다. 이는 바람직하지 않을 뿐만 아니라 잘못된 운영 관행이므로 고쳐야 할 과제이다.

셋째, 지난 39년간 최저임금 심의와 결정에서 근로자위원과 사용자위원은 각각 노동계와 경영계의 추천을 받아 구성되었기에 전국 단위 임금협상을 해 온 방식에 익숙해 있다.

그런데 이러한 구조를, 가령 노동위원회 심판 사건의 경우처럼 노·사의 의견 청취를 바탕으로 공익위원이 최종 결정을 하거나, 전문가 의견(공익위원)을 위주로 정부가 책임지고 정하는 방식으로 바꾸려 하면 지금까지 노사단체가 최저임금 심의와 관련하여 행사해 온 권한을 박탈하는 내용으로 제도를 변경하는 것이기에 노사의 반대에 부딪혀 현실적으로 쉽지 않을 것이다.

또한 국회가 공익위원의 구성이나 최저임금의 결정에 영향력을 행사할 수 있도록 제도를 바꿀 경우, 우리나라에서 이미 경험한 정치적인 양곡 수매가격 결정 사례에서 보았듯 과도한 포퓰리즘으로 합리적인 최저임금 수준과는 더 멀어질 것이 뻔하다.

결국 제도 자체보다 취지와 동떨어진 운영에서 비롯된 문제 해결이 중요하므로 제도만 개선하면 금방 효과가 날 것처럼 요란하게 외칠 것이 아니라, 다양한 계층의 목소리가 심의에서 배제되지 않도록 근로자위원과 사용자위원 등 위원 구성의 대표성을 갖추고, 전문성이 있는 공익위원을 위촉하는 등 취지에 맞게 제도를 운영하는 것이야말로 적정한 최저임금 수준 결정에 밑바탕이 된다.

아울러 최저임금위원회는 업종별 구분 적용 등 최저임금의 심의를 준비하기 위하여 상설 사무국을 두고 전문가들로 연구위원을 위촉하여 행정직원과 협업하고 있다. 따라서 전문위원회 논의, 관련 통계 분석과 효과적인 현장 밀착형 조사 및 준수를 위한 지도·감독, 실효성 있는 정책개발이 선행되어야 한다.

외견상 난관이 봉착될 것으로 예상되는 제도개선보다 더욱 어려운 것은 운영상의 잘못을 개선하는 것이며, 이와 함께 그에 대한 정책 의지를 계속 유지할 수 있는지 여부이다.

이와 관련한 필자의 경험을 소개하면, 2011년 11월 국민노총이 설립되기 전에는 양대 노총(한국노총 5명, 민주노총 4명)만으로 근로자위원을 구성하였으나, 이 무렵 생긴 총연합단체인 제3노총의 추천을 받아 근로자위원 구성의 다양성을 보강한 바가 있다(2012년 : 한국노총 4명, 민주노총 4명, 국민노총 1명).

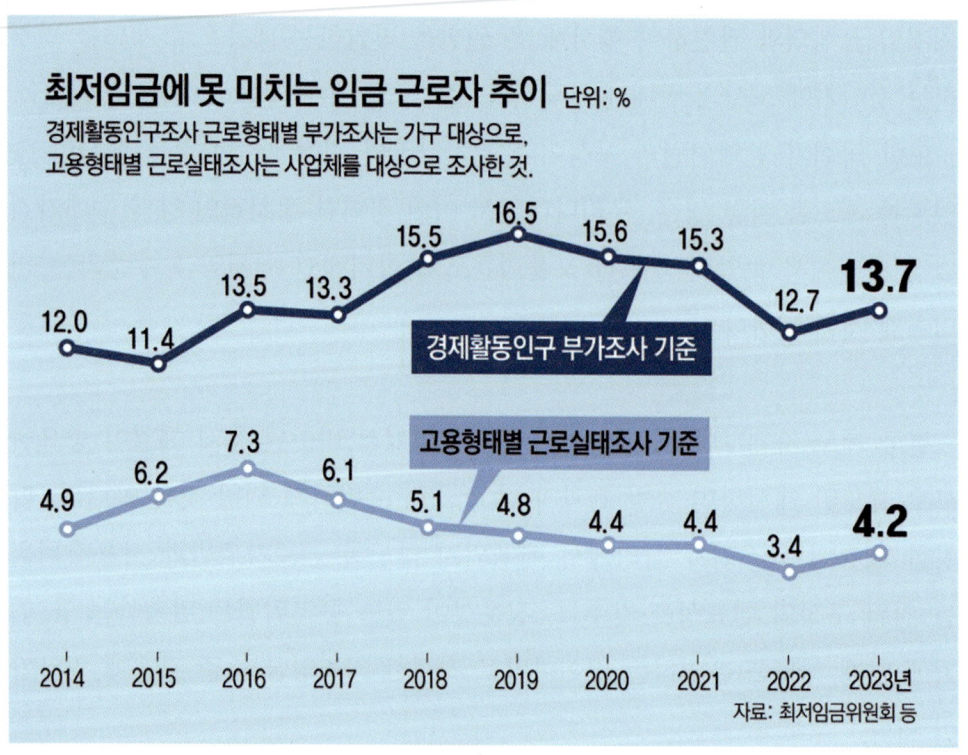

당시 노동계에서는 필자더러 '반노동 인사'라고 공격하며 온갖 비난의 화살을 퍼부었고, 장관직을 떠난 이후에도 이러한 공격은 계속되었다. 이처럼 기존 노조의 입장과 이익을 편들어주지 않는 정부 관계자에게 아주 쉽게 붙이는 딱지가 바로 '반(反)노동 인사'였다. 이처럼 법 취지에 맞게 충실하게 하려는 정부 당국자에게는 엄청난 저항과 시련, 난관이 기다리고 있음은 여전히 부인할 수 없는 엄연한 현실이다.

마. 최저임금 결정과 구분 적용

최저임금은 국가가 개입하여 최저한의 임금수준을 결정하는 최후 수단이다. 최저임금은 가장 낮은 수준의 노동생산성을 가진 업종을 기준으로 정하는 것이 원칙이기 때문에 그보다 높은 생산성을 가진 업종이나 기업은 노사가 사정에 맞게 서로 합의하여 임금을 정하는 것이 맞다.

최저임금을 못 받는 취업자의 비율도 2001년 4.3%에서 2017년 13.3%, 2018년 15.5%, 2019년 16.5%로 매년 높아지는 추세이다. 특히 음식업종의 경우 최저임금 미만율이 무려 37.3%에 이른다. 이는 현실성 없는 제도로 인하여 범법자를 양산하는 꼴이다.

1인당 국민총소득(GNI) 기준으로 우리나라보다 훨씬 높은 프랑스, 캐나다, 독일, 일본, 미국에 비하여 세금을 제외하고 받는 최저임금 실수령액은 2024년 이후 우리나라가 더 많은 수준으로 상향되었다. 그렇기 때문에 전국에 획일적으로 적용하는 최저임금은 낮게 유지하면서 생산성이 높은 사업체에서는 임금을 더 얹어주는 식으로 임금체계를 운영하는 것이 합리적이며, 최저임금을 단기간에 많이 올리는 것보다 최저임금을 못 받는 영세사업장 근로자들이 최소화되도록 '지킬 수 있는' 최저임금으로 정하는 게 더 우선이다.

제도적으로는 근로자의 생계비, 유사 근로자의 임금, 노동생산성 및 소득분배율 등을 고려하여 최저임금을 정하도록 하고 있다. 하지만 최저임금을 합리적으로 정하도록 하는 법적 준거 공식은 없다. 다만 경제성장률, 물가상승률, 취업자증가율 등의 거시경제 지표나 노동생산성, 소득분배개선분 등을 조합하여 최저임금 인상률 결정에 활용해 왔다. 이는 주먹구구식 최저임금 심의라는 비판을 줄이기 위한 의미도 내포되어 있다.

최저임금에 대한 예측 가능성을 높이고 합리적인 수준으로 하려면 장차 최저임금위원회가 정하는 객관적인 핵심 지표를 바탕으로 산식화하되 가급적 이를 존중하는 방식을 대안으로 생각해 볼 수 있다. 따라서 최저임금이 미치는 영향률과 준수 정도(미만율)를 평가하여 주기적으로 미세 조정하는 형태로 심의하는 것이 바람직하다. 또한 최저임금은 중위임금의 60%, 평균임금의 50%를 넘지 않아야 그 부작용이 덜할 것으로 생각하는 것이 현재 다수 전문가들의 견해이다.

(1) 외국의 사례

미국의 공공정책 싱크탱크인 맨해튼연구소의 제이슨 레일리 선임연구원이 'The Cynical Minimum-Wage Game'이라는 제목으로 THE WALL STREET JOURNAL에 기고한 칼럼 내용 중 일부를 소개하면 다음과 같다.[25]

높은 최저임금 인상이 가난을 줄이고 성장을 주도할 것이라는 주장을 펼친 시절이 있었다. 하지만 과도한 최저임금은 노동조합에 가입한 근로자를 달래기 위한 선물에 가까웠다. 노동단체(노조)에 가입하지 않은 근로자들과의 경쟁에서 우위에 서기 위한 수단으로 최저임금 인상을 이용하는 경우가 많다.

---

25. '해고 효과' 높이는 최저임금 인상, 한국경제, 2016.4.12.

OECD 주요국 업종·지역·직종별 최저임금 구분적용사례

국가명	구분적용 기준	세부 내용 및 예시
미국	지역, 연령	연방최저임금 외 주별로 최저임금 결정, 20세 미만(90일간), 풀타임 학생, 직업교육생(16세 이상), 팁을 받는 근로자
일본	지역, 업종	지역별 최저임금 결정, 업종별 최저임금 차등
캐나다	지역, 업종, 연령	주별로 최저임금 설정하고 각 주마다 청소년, 주류서빙 사냥 낚시 가이드 재택근무 등을 특례대상으로 하여 차등적용
호주	지역, 업종, 숙련	주정부에서 별도 최저임금 설정 가능, 연방 최저임금을 기준으로 지역, 업종, 숙련도별 차등적용
멕시코	직종	59개 전문직에 대한 최저임금 설정
코스타리카	직종	291개 직종에 대한 최저임금 별도 설정
헝가리	학력	고졸과 고졸이 아닌 경우 차등 정부지정 공공근로자(단기), 미고졸 단순노무직(환경미화원등)
그리스	숙련	직원과 장인, 경력에 따라 차등적용(2019년 이전엔 기혼여부에 따라 차등적용)
네덜란드	연령	15~22세 근로자는 연령에 따라 감액
아일랜드	연령	18세 미만 근로자, 수습 2년간, 직업훈련생
영국	연령	25세 미만 감액, 도제
프랑스	연령	18세 미만 근로자(6개월 경력 미만), 견습공, 직업훈련생
칠레	연령	18세 미만 또는 65세 이상(최저임금의 74.6% 지급)

[자료=한국경영자총연합회]

높은 최저임금이 일부 근로자의 삶을 개선할지는 몰라도 모든 사람의 삶을 개선하지는 못한다. 최저임금이 과하게 오르면 구직자들이 직업을 찾는 것이 어려워지고 해고가 늘어나 경기후퇴보다 더 나쁜 결과를 가져온다. 왜냐하면 근로자들을 더 생산적으로 만들거나 그들이 직업을 유지하도록 보장해 줄 수 없기 때문이다.

미국 민주당 소속 제리 브라운 캘리포니아 주지사는 "최저임금이 경제적으로는 타당하지 않지만, 도덕적으로, 사회적으로, 그리고 정치적으로는 타당하다"라고 말했다.

외국의 예를 살펴보면 일본은 업종별·지역별로 최저임금을 다르게 정하고 있으며, 미국은 지역별·연령별로, 캐나다는 업종별·지역별·연령별로 최저임금을 구분하여 적용한다. 캐나다는 특히 주별로 최저임금을 정하고, 특정 업종별로 별도로 적용하고 있다. 최저임금의 현실적인 차등화 방안은 대체로 업종별·지역별 구분이라 할 수 있다. 또한 독일처럼 최저임금을 매년 정하지 않고, 2~3년 단위로 결정하는 방안도 검토할 수 있다.

(2) 업종별, 지역별, 연령별 구분 적용

우리나라도 '업종별 적용'은 현행법상 사업의 종류별로 구분하여 적용할 수 있으며(최저임금법 제4조 1항, 제13조), '지역별 차등 적용'은 현재 명시적 근거가 구체적으로 규정되지 않아 실현하기 어렵다는 의견이 있다.

업종별(사업의 종류) 차등은 최저임금 제도 시행 첫해인 1988년에 적용한 적이 있다. 당시 식료품·섬유·신발 등 12개 업종을 저임금 그룹으로 묶고, 석유·화학·철강·기계 등 16개 업종을 고임금 그룹으로 묶어 시간당 최저임금을 따로 적용(1그룹 462.5원, 2그룹 487.5원)하였다. 따라서 다수의 외국인이 종사하는 사업의 종류별로 구분하여 적용하는 등 국민적 합의나 정책 의지에 따라 그 가능성은 충분히 열려 있다.

또한 지역별 생활급 차이에 따른 최저임금을 도입한다면, 다음 방식으로 시행을 고려할 수 있다.
첫째, 최저임금위원회에서 지역별 최저임금액을 직접 심의·의결하거나 시·도(특별시·광역시·도 또는 특별자치도) 지역별 최저임금위원회를 설치·운영하여 적용할 수 있다.
둘째, 노사관계발전지원에 관한 법률(제3조) 및 동 시행령(제2조)에 의하여 시·도(특별시·광역시·도 또는 특별자치도) 지역 노사민정협의회 또는 고용정책기본법(제10조) 및 동 시행령(제13조 내지 제18조)에 의한 시·도(특별시·광역시·도 또는 특별자치도) 지역 고용심의회를 통하여 고용노동부 장관이 고시하는 최저임금액에 대하여 시·도 지역별로 '조정계수'($\pm\alpha$, 예를 들면 전국 최저임금$\pm0~5\%$)를 적용하는 방식으로 시행 방안을 검토할 수 있다.

일부 시·도 또는 시·군·구(자치구)에서 지역 물가를 반영하여 3인 가구 기준 근로자가 기본적인 생활에 필요한 최소한의 주거비, 교육비, 문화비 등을 보장하려고 (더 높이는) '생활임금(生活賃金)'과 지역 사정을 감안하여 (더 낮추는) '지역별 최저임금'을 일종의 정책 패키지(Package)로 조합(policy-mix)하여 운영할 수 있다. 현재 일부 자치단체에서 조례로 정하는 생활임금은 최저임금보다 평균 18% 높은 사정을 볼 때 지역 노사민정협의회나 지역 고용심의회에서 지역별 최저임금 조정계수를 탄력적으로 낮추어 정하면 차등 효과를 극대화할 수 있다.

특히 중앙정부인 고용노동부는 모든 가능성을 열어놓고 다각도로 지원하되, 그 채택 여부와 정책조합의 결과(부담)는 오롯이 지역 노사민정협의회나 지역 고용심의회 위원들의 몫이다. 다만 우려되는 문제점은 영향을 크게 미치는 시·도의 자치 역량과 책임성, 정치적 수준이 관건이다.

참고로 공공분야에 대한 '생활임금'이 (소득수준이 더 높은) 서울이나 울산·부산보다 광주와 전남·전북이 오히려 높다는 점에서 지역별 최저임금 차등화의 부작용이 생각보다 크게 나타날 수 있다. "배고픈 것은 참아도 배 아픈 것은 못 참는다"라는 말이 나올 정도로 평등 의식이 만연한 우리의 문화적 심리적 특성에 비추어, 최저임금위원회 사무국의 구체적인 통계 데이터가 뒷받침되지 않으면 하향 차등화에 공감을 얻기는 상당히 어려울 것이다.

또한 연령별로 최저임금을 다르게 정하거나 최저임금을 적용하지 않을 수 있게 당사자의 의지나 자유 선택에 따라 모든 가능성을 열어놓는 것이 정년퇴직 이후의 고령자나 새출발을 하는 청소년에 대한 고용이나 원하는 일자리 경험을 하기 위한 기회에 도움이 될 수 있다.

11
장시간 근로를 이유로 한 사상 최초의 수시 근로감독

완성차업체를 비롯한 장시간 근로에 대하여 2011년 9월부터 수시 근로감독을 실시하고, 11월 17일 완성차업체의 근로시간 실태조사 결과를 발표하였다. 그동안 여러 차례 다양한 근로감독이 있었지만, (고용)노동부의 근로감독 역사상 '장시간 근로를 이유로 실시한' 최초의 '수시 근로감독'이었다.

이 발표에서 우리나라 5대 완성차업체 중 수요 부족을 겪고 있던 쌍용자동차를 제외한 나머지 4개 업체 소속 근로자들이 주당 평균 55시간 이상 일하고 있는 등 대부분 근로기준법상 연장근로 한도를 위반하고 있는 것으로 확인되었다. 이에 따라 각 완성차업체에 '장시간 근로 관행 개선 계획안' 제출을 요구하고 이를 개선해야 함을 고용노동부는 밝혔다. 이에 이들 완성차업체는 장시간 노동 개선과 생산성을 향상하기 위한 계획을 제출하여 정부의 승인을 받았다.

2011년 12월 현대차와 기아차는 고용노동부의 개선지시에 따라 2013년부터 모든 공장에서 (밤샘 근무를 폐지하는) 주간(晝間) 연속 2교대제를 시행하겠다는 이행계획서를 제출했다. 특히 현대차와 기아차의 경우 두 차례에 걸친 반려(返戾) 끝에 2012년 1월 4일 최종적으로 승인을 받았다.[26]

이런 과정을 거쳐 현대차와 기아차는 연장근로 한도 위반을 시정하기 위하

---

26. 박준도, 이명박 정권의 노동시간 합리화 정책 비판, 사회진보연대 2012.5~6. 106호

여 2013년부터 주간연속 2교대제를 실시하는 한편 2012년 중 1,400여 명의 인력을 신규 채용하고 3,599억 원에 이르는 시설 투자를 하는 것을 골자로 한 개선계획을 제출했다.

한국GM은 2천억 원 내외의 신규 설비투자, 신규 인력 채용, 일부 공정의 교대제 전환(2조 2교대 → 3조 2교대)을 골자로 하는 개선계획을 제출했다.

수출 물량 감소로 2011년 10월부터 주간연속 2교대제를 시행하고 있던 르노삼성자동차는 일부 공정에 대해 3조 3교대제 도입 계획을 제출했다. 적은 생산물량으로 인해 주간연속 2교대제를 실시하고 있던 쌍용자동차 역시 당시 운영 중인 조립 3팀 외에 1, 2팀 인원을 현장에 투입하겠다는 계획을 제출했다.

2012년 1월 20일 고용노동부는 장시간 근로개선으로 자동차 업종에서 총 5,282명의 근로자를 신규 채용할 것임을 공표하였다. 연장근로 위반 403개 업체에 법 위반 사항을 시정할 것을 촉구했고 그 결과 2,908명이 채용되었으며 2,374명이 앞으로 추가 채용될 예정이었다. 이 자리에서 고용노동부 장관은 '법을 제대로 지키기만 해도 숨은 일자리가 상당히 많이 생길 수 있음'을 확인하였다. 기회가 있을 때마다 "장시간 근로는 삶의 질과 경쟁력을 떨어뜨리는 걸림돌인 만큼 빠른 시일 내에 주야 2교대제를 개편하여 삶의 질과 생산성 향상을 도모하고, 일자리를 늘려 함께하는 사회를 만들어야 한다"라며 "자동차 업계의 교대제 개편 상황을 면밀히 모니터링하고 필요하면 장관이 현장을 방문해 진행 상황을 꼼꼼히 챙기겠다"라고 밝히는 등 장시간 노동 개선에 강한 의지를 보여주었다.

노동시간 단축과 관련해서 가장 주목받고 있는 업종은 자동차 업송이었고 2011년 고용노동부에서 개선계획을 요구한 곳도 완성차업체들이었는데 이들 업종에 노동시간 단축 요구가 집중된 것은 다음 3가지 이유 때문이었다.

첫째, 완성차업체의 근로시간이 굉장히 길었다. 거기에다 심야를 포함한 교대제 근무를 하고 있었는데 그것은 아주 옛날 방식인 주야 맞교대로 선진국에는 이런 사례가 없었다. 우리나라에서도 특히 주야 맞교대를 하는 곳은 많지 않았기에 타깃이 되었다.

둘째, 파급효과가 대단히 크다고 판단했다. 완성차업체는 하도급과 부품업체까지 포함하면 굉장히 파급효과가 큰데 완성차업체부터 바뀌지 않으면 현실적으로 하청 업체로서는 바꿀 수 없는 점도 고려했다. 업종을 불문하고 우리나라에 만연한 심야 근무 등 장시간 근로에 따른 산재 발생 위험을 줄이는 데 선도적 역할을 기대한 것이다.

셋째, 현실적으로 완성차업체는 당시에 호황이었기 때문에 시설 투자나 인력 채용을 할 수 있는 여력이 충분했다. 영세업체의 경우 법을 엄격히 적용하면 기업 운영이 어려울 것이나 연간 1조 원의 이익이 나는 대기업은 실현 가능성이 높다고 보았다.

주간연속 2교대제는 지난 2005년 현대차 노사가 처음 합의한 이후 논의가 계속 이루어져 왔다. 현대차 노사는 당초 2009년 주간연속 2교대제를 전 공장에서 실시하기로 합의하였으나 그 약속이 지켜지지 않았다. 그러나 노동시간을 단축하더라도 생산 물량을 보전해야 한다는 점에 대하여 노조 집행부는 사실상 반대하지 않았으나 조합원들은 3무(① 임금수준에 저하가 없어야 한다. ② 노동 강도 강화가 없어야 한다. ③ 기득권 저하가 없어야 한다)를 원했기 때문에 구체적인 시행에 합의하지 못해 왔다.[27]

---

27. 3무, 현실적으로 수정됐지만 영향 컸다, 참여와 혁신, 2012.2.6

12
현대차 등 완성차업체의 주간연속 2교대제 시행

현대차 노사가 주간연속 2교대제에 합의한 직접적인 계기는 일단 외부에서부터 주어졌다. 현대차의 장시간 근로가 2011~2012년 기간에 걸쳐 고용노동부의 근로감독 실시에 따른 근로기준법 위반 적발과 그에 따른 강제 조치가 개입되어 이루어진 합작의 결과였다. 게다가 2012년도에 장관의 근로기준법 개정 공언과 정치권의 법 개정 움직임이 회사로서는 더 이상 피할 수 없는 압박이었다.

고용노동부가 연중 벌였던 장시간 근로 수시감독은 사업주의 경각심을 일깨우는 데 일조했으며, 현대차와 기아차가 장시간 근로를 개선하지 않자 당시 김ㅇ조 현대차 부회장과 이ㅇ웅 기아차 대표이사를 소환 조사하여 검찰에 기소 의견으로 송치하는 뱃심을 보였다.[28] 결국 회사로서는 주간연속 2교대를 통해 노사 간의 핵심 이슈는 물론 법 위반 문제까지 함께 풀겠다는 의지를 갖게 된 것이다.

현대차는 고용노동부에 「장시간 근로개선계획서」를 제출하면서 2013년까지 주간연속 2교대제를 도입하겠다고 밝혔다. 노사 합의라는 겉모습을 띠지만 동시에 법·제도라는 외부적인 압력에 의존한 것이었다. 노조 입장에서도 주

---

28. [이채필 고용노동부 장관] "욕먹더라도 할 일은 하는 장관이고자 했다" … 다음 행보는? "글쎄요" 매일노동뉴스, 2013.2.5.

간연속 2교대제는 법의 테두리 내에서 노동시간을 단축하면서 임금보전과 월급제를 실현시킬 수 있는 프로그램이었다.

이처럼 법·제도적인 개입은 장시간 근로에 대한 사회적 규제로 작용되면서 그간 지지부진했던 현대차의 교대제 개편논의를 활성화하는 계기가 되었을 뿐만 아니라, 현대차의 교대제 변경으로 현대차와 같은 시기에 기아차도 주간연속 2교대를 도입하는 파급효과를 가져왔다.

나아가 한국GM도 2014년 1월 1일 자로 주간연속 2교대 체제로 근무형태를 바꿨다. 또한 민주노총 금속노조와 금속산업사용자협의회는 산별교섭을 통해 1차 협력사의 경우에도 2014년 3월 말까지 주간연속 2교대제를 순차적으로 도입하는 협약을 맺게 되었다.

이 점에서 현대차의 노동시간 단축은 외부적으로 '강요된 자발성'에 의한 것이라 힐 수 있다. 금속노조에서 발간한 『금속노동자』(2013년 1월 21일)에서 현대차의 주간연속 2교대제를 평가하면서 "모순적이지만 우리나라 노동시간 단축을 먼저, 그리고 오랫동안 제기한 것은 노동계였지만, 사회적 분위기로 이끌고 있는 것은 고용노동부"라고 평가한 것에서도 여실히 드러났다.[29]

한편으로는 2013년 자동차 업종에서 주간연속 2교대제를 시행한 지 1년 남짓 지난 2014년 7월 금속노련과 한국자동차산업협동조합·경제사회발전노사정위원회가 공동으로 주최한 '교대제 개편의 경제·사회적 영향과 개선 과제' 토론회가 열렸다.

이 자리에서 밝힌 전문가의 견해는 근로자의 피로도 감소(24.7%)와 시간당 생

---

29. 박태주, 『현대자동차에는 한국 노사관계가 있다』, 148~152쪽

산성 증가(6.9%)로 두 마리 토끼(생산성과 근로자의 삶의 질 향상)를 잡는 효과가 있는 것으로 나타났다. 노사의 평가도 비슷했는데, 사용자는 노동자의 결근율이 눈에 띄게 줄었고(60%), 노동자는 달고 살던 위장병도 사라졌다고 했을 정도로 만족도가 높았다.[30]

밤샘 노동 철폐를 위한 이채필 고용노동부 장관의 현장 방문

〈참고〉 현대 기아차 장시간 근로관행 개선안 또 퇴짜, 경상일보, 2011.12.30.

현대기아차 장시간 근로관행 개선안 또 퇴짜

이채필 고용노동부 장관 밝혀

기대에 못 미쳐 다시 보완 조치

---

30. "교대제 바뀌니 술 덜 마시고 생산성도 올라가", 매일노동뉴스, 2014.7.24.

현대기아자동차가 정부에 제출한 장시간 근로 관행 개선 계획안이 또 보완 조치를 받은 것으로 알려졌다. 이채필 고용노동부 장관은 29일 과천청사 인근에서 열린 오찬 간담회에서 현대기아차가 지난 15일 제출한 장시간 근로 관행 개선 실행 계획안과 관련해 "반려한 것은 아니지만 우리가 요구한 수준에 못 미쳐 다시 보완을 요구했다"라고 밝힌 것으로 알려졌다.

앞서 현대자동차 노조는 최근 현대기아차가 공동으로 고용노동부에 제출한 장시간 근로관행 개선 계획안이 반려됐다고 노조 소식지를 통해 지난 7일 밝혔었다. 당시 노조측은 "주간연속 2교대제 시행에 대한 내용이 담긴 계획안이 반려된 것은 고용노동부가 진정성이 전혀 없다고 판단했기 때문이다"라고 설명했다.

한편, 고용노동부는 지난 9월부터 2개월간 국내 완성차 5개 사 전체 사업장을 대상으로 근로시간 실태 점검을 실시했다. 고용노동부는 현대기아차를 포함한 각 사업장에 이와 관련한 개선 계획안을 제출하라고 요구했다. 그러나 현대기아차는 주간연속 2교대제 문제 등 노사 간 입장 차를 정리하지 못해, 다소 형식적인 계획안만 올린 것으로 알려졌다. 이미 현대자동차 측이 3,000억 원 규모의 설비투자를 실시한 뒤 2013년부터 밤샘근무를 없애는 주간연속 2교대제를 추진할 것으로 알려졌지만, 고용노동부에 제출한 개선 계획안에는 이 같은 내용이 반영되지 않았던 것이다.

당시 계획안에는 다소 구체적인 내용 없이 전산입력 승인 후 연장근로 허용, 한도 위반 우려 시 경고, 휴일 특근 몰아주기 개선 등 현행 근무제 아래에서 관리감독을 강화하겠다는 입장만 담아, 이달초 최초 계획안이 반려된 것으로 전해졌다.

김윤호 기자 kimpro@ksilbo.co.kr

13
길고도 험난한 근로시간 단축의 역사

May Day가 1886년 5월 1일 미국 시카고에서 8시간 노동 투쟁을 시작으로 유래된 바와 같이, 노동계에서 '노동운동은 근로시간 단축의 역사'라고 해왔다. 우리나라에서 근로시간 단축의 역사는 1953년 근로기준법 제정에서 시작된다. 근로기준법을 제정하면서 1일 8시간 1주 48시간을 법정 기준근로시간으로 규정했다. 물론 연장근로와 휴일근로는 별도 조항이 있었다.

주 48시간에서 주 44시간으로의 단축은 1989년 3월 29일 근로기준법 개정으로 1991년까지 이루어졌다. 이후 주 40시간제는 김대중 정부의 '주5일 근무제' 공약에 따라 1998년 2월 제1기 노사정위원회에서 근로시간위원회를 구성하고 2000년 10월 근로시간 단축 관련 기본원칙에 합의한 이래 2003년 8월 29일 주5일 근무제 도입을 위한 근로기준법 개정안이 국회를 통과했다. 2004년 7월 1,000명 이상 대기업을 시작으로, 2011년 7월 5인 이상 20인 미만 중소기업으로 적용하기까지 5인 이상 모든 기업의 시행은 7년에 걸쳐 단계적으로 확대되었다. 이렇게 하여 1주 법정 근로시간을 8시간 줄이는데 50년 이상 걸렸다.

연장근로와 휴일근로를 별도로 명시한 근로기준법(제56조) 해석에 대하여 2000년 노동부의 질의회시 이후 주 68시간까지 노동시간이 연장·운영되었다. 즉, "(당시) 근로기준법 제52조 제1항 '당사자 간의 합의가 있는 경우에는 1주간에 12시간을 한도로 제49조의 근로시간을 연장할 수 있다'라고 하였는데, 여기서 "1주간에 12시간을 한도로 제49조의 근로시간을 연장할 수 있다는 '연장근로'에 '휴일근로' 시간은 포함되지 아니한다"라고 2000년 9월 19일자 행정해석에서 확인(근기-682855, 2000.09.19., 장의성 근로기준과장 전결)해 주었기 때문이다.

이 질의회시는 당시의 법 규정에 대한 문리해석상 어쩔 수 없는 측면이 있었다. 그러나 이후 2004년 주 40시간(통상 주 5일) 제도가 실시되면서 휴일이 종전과 달리 하루에서 이틀로 늘어나 휴일근로(8시간×2일=주 16시간)와 연장근로(주 12시간)가 더해져 최장 주 68시간 제도로 변질·운영되면서 문제점이 본격적으로 드러났다.

그런데 이른바 '주 52시간제'는 2018년 2월 28일 여·야 합의로 20대 국회에서 통과되었다. 국회에서 상당 기간 논의되었으나 실근로시간 단축 문제가 제기된 것은 이보다 앞선 2012년 1월로 무려 6년 전으로 거슬러 올라간다.
그 배경에는 주 40시간(법정 기준근로시간) 노동이 2004년에 시작됐음에도 실제 근로시간이 감소하지 않았기 때문이다. 장시간 근로로 인해 근로자들의 삶의 질이 떨어지고 고용 창출도 저해된다는 문제의식이 컸다.

당시 고용노동부 장관은 "법 제도(의 잘잘못)를 떠나 상식적으로 휴일근로가 연장근로에 포함되지 않는다는 것은 문제가 있다"라며 "근로시간제도를 상식에 맞게 적용해야 할 필요가 있다"라고 밝혔다. '주 40시간(법정 기준근로시간) 노동'(사실상 '주 5일제')으로 단축할 때 휴일을 하루 더 늘려 운영하는 관행에 충분히 대비하지 못해서 생긴 제도적 미비점을 보완하기 위한 차원이었다.

2018년 근로시간을 단축하는 근로기준법 개정안이 국회를 통과했을 때 대부분 언론에서 "근로시간은 기존의 '주당 최장 68시간'에서 '52시간'으로 단축된다"라며 "종업원이 300인 이상인 기업 및 공공기관은 2018년 7월부터, 50

~299인 사업장은 2020년 1월부터(1년간 유예), 5~49인 사업장은 2021년 7월부터 적용한다"라고 밝혔다.

2018년 개정된 근로기준법의 주요 내용은 주 40시간(법정 기준근로시간) 한도를 기본으로 한 기존의 근로기준법에 "'1주'란 휴일을 포함한 7일을 말한다(제2조 7호 신설)"라고 명시했다. 이를 통해 연장근로를 포함한 1주 상한이 52시간임을 확인하고, 노동시간 특례업종 및 제외 업종을 기존 26개에서 5개로 지나치게 빠른 속도로 대폭 축소하며(제59조 제1항) 「관공서의 공휴일에 관한 규정」을 민간에도 적용하도록(제55조 제2항, 시행령 제30조 제2항) 개정한 것이다.[31]

노동시간 단축의 효과는 ① 주당 노동시간 1% 감소 시 시간당 노동생산성 0.79% 상승(2017년, 예산정책처), 주 40시간 근무제 도입 후 1인당 노동생산성 1.5% 상승(2017년 KDI) ② 노동시간 1% 감소 시 재해율 3.7% 감소, 제조업은 노동시간 1% 감소 시 재해율 5.3% 감소(2005년, 산업안전보건연구원) ③ 노동시간 단축 시 신규 채용 최대 13만 7,000명~17만 8,000명 예상(2017년, 한국노동연구원)으로 분석되었다.[32]

우리나라 근로자의 연평균 노동시간은 2017년 기준 2,024시간으로 경제협력개발기구(OECD) 가입 37개국 중 멕시코(2,257시간)와 코스타리카(2,179시간)에 이어 세 번째로 노동시간이 길었다. OECD 회원국의 평균 노동시간은 1,759시간으로 한국의 노동시간은 해마다 줄어드는 추세였지만 OECD 평균보다 월등히 길었다.

2017년도 한국의 근로자들은 OECD 평균보다 265시간 더 일한 셈이다. 그

---

31. 근로시간 주 68 → 52시간 단축 강행, 중앙일보, 2013.10.8. [52시간 근로] 근로시간 단축, 길고 긴 5년간의 '산고'…밤샘 협상 끝 '타결', 머니투데이, 2018.2.27.
32. 노동시간 단축, 대한민국 정책브리핑, 2021.1.25.

나마 멕시코(2,255시간)에 이어 OECD에서 두 번째로 길었던 2016년(2,052)에 비해 한 단계 내려갔고, OECD 회원국 중 첫 번째였던 2015년(2,273시간)에 비해서는 두 단계 내려간 수준이었다.

한편으로는 주 40시간 전일제 근로자로 환산(FTE)[33] 하여 국제 비교하면 시간제 근로가 많은 외국의 전일제 환산 고용률이 일반 고용률보다 훨씬 낮아지기 때문에 우리나라의 장시간 근로 현황은 상당히 줄어들어 장시간 근로가 완화되는 측면도 함께 감안하여 분석하는 것이 정확하다.

---

33. 전일제 환산(Full Time Equivalent) 고용률(Employment rate)은 '근로시간'을 반영하여 고용률을 산출하는 방식으로, 우리나라의 법정 근로시간은 주 40시간이 풀타임이므로 60시간은 1.5명, 20시간은 0.5명으로 산출하는 방식이다.

14
실근로시간 단축 근로기준법 개정 추진과 제동

가. 근로기준법 개정 공론화

고용노동부가 의지를 가지고 시작한 장시간 근로에 대한 수시 근로감독은 그 자체로 그치지 않고, 2012년 1월 이채필 고용노동부 장관이 휴일 근로시간을 주간 연장근로에 포함시키는 방안을 꺼내 공론화에 불을 지폈다.[34]

2012년 1월 25일 서울신문과 한겨레신문은 "근로기준법을 개정해 휴일근로를 연장근로에 포함시키면 근로 시간이 줄고 일자리도 늘어날 것"이라며 고용노동부가 근로기준법 개정을 추진할 방침이라는 소식을 실었다.

2023년 1월, 예전에 고용노동부를 출입한 기자들과의 만찬 모임이 있었다. 오랜만에 다시 만난 기자들도 어느새 후배들을 지휘하는 간부나 전문기자가 되어 있었다. 그 자리에서 2012년을 전후하여 서운하게 생각됐던 사연이 환기되었다.

필자가 특정 언론 매체에 뭘 하나 알려 주어 당시 우리 부 출입 기자들이 낙송(落種)한 애환이 있었다. 그것은 당시 주야간 연속 근무로 장시간 근로가 만

---

34. 주 52시간 근로 '휴일근무' 포함시킨다(기사), 서울신문, 2012.1.25. 근로시간 단축이 일자리로 이어지려면… (사설) 서울신문, 2012.1.26. '장시간 근로개선' 이채필 고용부 장관 문답, 연합뉴스, 2012.1.30. 노동부 올 상반기 500인 이상 자동차 부품업체 장시간 노동 집중점검, 매일노동뉴스, 2012.1.31.

연했던 현대자동차를 비롯한 사업장에 주간 연속 2교대제로 바꾸도록 지도하면서, 이와 함께 휴일근로가 총 연장근로에 포함되지 않던 기존 행정해석의 문제점을 개선하기 위한 정부의 근로기준법 개정 방향에 관한 기사였다.

세월이 흘렀지만, 그 무렵 언론의 행태에 대한 필자의 심경을 알려 주었다.
당시 내가 접했던 메이저급 언론사 기자들은 대체로 자사 매체의 구독자 수 등 영향력에 의존하여 상대적으로 여타 언론사에 비하여 취재 활동을 아주 부지런하게 하지는 않아 보였다. 그 결과 특히 메이저급 언론에는 '불가근(不可近) 불가원(不可遠)' 자세로 대한 나의 독특한 행태에서 비롯되었고, 이는 관료의 통상적인 대언론 관행과는 좀 거리가 있었다. 그렇게 하여 메이저급이 아닌 언론에 특종이 돌아간 상황이었다.

당시 고용노동부는 근로기준법이 '근로시간'과 '연장근로', '휴일근로'를 각각 구별하고 있었으며, 전체 연장근로에 휴일근로는 포함되지 않는 것으로 행정해석을 해왔다. 이에 따라 토요일과 일요일의 휴일근로는 12시간 이상의 연장근로를 금지하는 제한 규정에서도 배제되었고 (연장근로 주 12시간에) 휴일근로 16시간을 더한 최대 68시간의 초과 노동이 가능하게 된 것이다.
이렇게 해서 주당 52시간을 넘기는 초과 노동이 가능했는데 고용노동부가 이를 바로잡기 위해서는 법 개정이 필요하다는 것이었다. 그러면 주당 52시간을 넘는 노동은 제한되거나 중단될 수밖에 없고 그만큼 고용이 늘어날 여력도 생기지 않겠느냐는 논리였다.

2012년 1월 30일 오전 고용노동부 장관은 정부과천청사에서 열린 기자간담회에서 "휴일근로에 관한 행정해석부터 바꿔야 하는 것 아니냐?"라는 기자의 질문을 받고 "근로기준법(제56조)에서 휴일근로와 연장근로를 각각 따로 규정하고 있으므로 행정해석이 바뀌려면 (그에 앞서) 먼저 법 개정이 필요하다"라고 설명했다.

"우리나라의 장시간 노동과 노동시간 단축의 필요성에 대해서는 노사정 모두가 공감하고 있다. 2010년 6월 노사정위원회에서 노사정 합의로 2020년까지 연간 근로시간을 1천800시간으로 줄이기로 했는데 실제 근로시간은 오히려 늘어나고 있다"라면서 "휴일근로에 대하여 아무런 규제가 없는 것은 문제가 있다. 평일 근로에 이어 휴일근로도 연장근로에 넣어서 생각하는 게 지극히 상식적"이라면서 "다음 국회 초반에 법 개정이 이뤄질 수 있도록 노력하겠다"라는 입장을 밝혔다.

참고로 2011년 6월 말 기준 휴일근로를 실시하는 사업장 근로자의 비율이 전체의 12.6%, 143만 7천 명에 달했다. 특히 300인 이상 사업장은 휴일근로 실시 비율이 24.6%에 이를 정도로 높은 비율이었다.

그즈음 2012년 1월 31일 이명박 대통령이 청와대 수석비서관 회의에서 다음과 같이 근로시간 단축 검토를 지시하면서 이슈로 부각되었다.

이 대통령은 "대기업의 근로시간을 단축해 일자리를 나누는 좋은 일자리 만들기를 적극 검토하여 본격적으로 추진하라"며 "근로시간을 단축하면 삶의 질도 향상되고 일자리가 늘 뿐 아니라 소비도 촉진되는 등 사회 전반적으로 선순환이 이뤄질 것"이라고 했다. 이처럼 완성차 업계 근로시간 실태조사를 계기로 실근로시간 단축 문제는 2012년 노동 개혁 의제 가운데 최대 이슈로 부상되었고 '대통령의 근로시간 단축 검토 지시'로 힘이 실렸다.

2012년 3월 15일 장시간 근로개선 관계부처 협의회에서 다음 네 가지 사항을 핵심 중점과제로 제시하여 진행하고 「국가고용전략 2020」에도 이를 고스란히 반영하였다.

첫째, 장시간 근로개선 지원을 강화하기 위해 '장시간 근로개선 전담 컨설팅팀'을 두어 개별 기업에 맞춤형 컨설팅을 지원하고 '주야 2교대→3조 2교대 등' 교대제 개편 지원(교대제 개편 등 근로시간 단축 지원금 포함)을 강화하고 '반듯한 시간제' 일자리를 확산한다.

둘째, 장시간 근로개선 지도·점검을 강화하기 위해 '근로시간 지도·점검을 전담'하는 근로시간 감독기동반을 두고 '상담 사례 발굴에 주력'하는 근로시간 개선 지원팀을 운영하는 한편 노사발전재단의 장시간 근로개선 컨설팅 사업을 통해 기업의 자율적인 개선을 적극 지원한다. 또한 자동차 업종 전체의 교대제 개편을 준비하기 위해 파급력이 큰 완성차업체의 교대제 개편(주야 2교대→주간연속 2교대) 상황을 모니터링하면서 1차 부품협력업체도 완성차업체 교대제 개편에 맞추어 준비하도록 대비한다.

셋째, 기업의 탄력적 인력 운영이 가능하도록 19대 국회 개원 즉시 다음 내용의 근로시간 제도개선 방안을 추진한다. ㉮ 근로시간저축휴가제를 도입하고, 탄력적 근로시간제 단위기간을 확대(2주→1개월, 3개월→1년)하는 법 개정을 추진하는 한편, ㉯ 노사정위 공익위원 합의안에 따라 특례업종을 재조정하며, 휴일근로를 연장근로에 포함하는 법 개정 방안은 노사정위원회에서 의견을 수렴하며 기업 규모에 따라 대기업부터 단계적으로 시행하는 연착륙하는 방안을 고려하고, ㉰ 고령자 근로시간 단축 청구권을 신설한다.

넷째, 노사 및 국민적 공감대를 형성하기 위해 노사정위 산하에 「실근로시간단축위원회」를 운영하면서 '연차휴가 사용 확대, 불필요한 초과근로 최소화, 유연근로시간제 활성화, 교대제 개편 촉진 등을 위한 노사정 실천 방안'에 대해 논의하여 노사정의 구체적인 실천 방안을 찾아낸다.

이어서 2012년 3월 29일 고용노동부는 그동안의 컨설팅 사례를 중심으로 장시간 근로개선의 성공 사례 발표회(ⓐ ㈜한스인테크 : '교대제 전환'을 통한 장시간 근로개선, ⓑ ㈜리엔컴퍼니 : '릴리프(Relief)제도'의 활용, ⓒ ㈜지오투정보기술 : IT 기업 특성에 맞는 유연근무제 활용)를 하였다.

〈참고〉 주 52시간 근로 '휴일근무' 포함시킨다.
이채필 고용장관 인터뷰, 서울신문, 2012.1.25.

주 52시간 근로 '휴일근무' 포함시킨다
이채필 고용장관 인터뷰

정부는 경제협력개발기구(OECD) 국가 중 1위를 기록하고 있는 우리의 장시간 근로 관행을 근본적으로 개선하고 획기적인 일자리 창출을 위해 휴일근로를 연장근로에 포함시키는 근로기준법 개정을 추진할 방침이다. 이는 최근 한나라당 비대위에서 발표한 근로시간 개선과 일자리 창출 의지를 정부가 법적으로 뒷받침하겠다는 의미가 담겨 있다.

▲ 이채필 고용노동부 장관

이채필 고용노동부 장관은 24일 서울신문과의 인터뷰를 통해 "현행 근로기준법상 연장근로 한도(주 12시간)에도 불구하고 사업장에서 휴일근로를 통해 법정 근로시간을 자의적으로 연장시키는 나쁜 관행이 계속되고 있다"라며 "앞으로 근로기준법을 개정해 휴일근로를 연장근로에 포함시켜 장기 근로에 따른 각종 폐해를 근본적으로 시정할 방침"이라고 밝혔다.

이 장관은 "휴일근로를 연장근로에 포함시킬 경우 근로자들의 건강 문제는 물론 일자리 창출 효과도 기대된다"라며 "지난해 장시간 근로 규정을 위반한 500개 사업장에서 법정 근로시간을 준수시켰더니 약 5,200개의 일자리가 늘어났다"라고 말했다.

현행 근로기준법은 주당 40시간 법정근로에 12시간 한도의 연장근로를 인정, 최고 주 52시간을 넘지 못하도록 규정하고 있다.

하지만 행정해석을 통해 토·일요일 등 휴일 특근을 초과근로에 포함하지 않고 있어 법정 근로시간의 연장 제한을 무력화시켰다는 게 이 장관의 지적이다.

근로기준법 개정과 관련, 고용부의 한 관계자는 "조만간 노사정위원회에서 휴일근로를 줄이는 문제를 포함한 법 개정 문제를 본격적으로 논의할 예정"이라고 밝혔다.

전문가들은 휴일근로가 연장근로에 포함될 경우 4만 5,000명의 근로자가 일하는 현대기아차의 경우 토·일요일 등 휴일 근무 대체인력으로 전체 근로자의 15~20%(6,700~9,000명) 안팎 추가 일자리가 창출될 것으로 기대하고 있다.

이 장관은 또 "대기업이 고임금을 앞세워 손쉬운 신규 인력 채용 방식을 택해 대·중소기업 임금 격차 등 임금 시스템을 왜곡시키고 있다"라며 "조만간 경제 5단체장을 만나 대기업들의 과도한 초임 문제 시정을 요청하겠다"라고 말했다.

오일만기자 oilman@seoul.co.kr

나. 청와대 서별관 회의와 좌절의 시간

한편, 실근로시간 단축을 위한 근로기준법 개정을 추진하였으나 청와대의 반대로 제동이 걸렸다. 국정의 우선순위와 경제·사회적 사정에 따라 다르게 판단할 수 있다. 유감스럽지만 그렇다.

그렇지만 진짜 아쉽게 생각하는 점이 하나 있다. 이때 필자가 심혈을 기울여 준비한 근로기준법 개정 작업(전략과 내용)이 무산된 이후, 나중에 (유연하게 적용할 수 있는) 정교한 장치가 모두 빠진 채 그야말로 '선무당이 사람 잡는' 식으로 주 52시간 정책을 밀어붙이는 비극적인 상황을 퇴직 이후 지켜봐야만 했다.

일상적인 관리도 선수가 해야 제대로 성과를 거둘 수 있다. 어려운 개혁일수록 프로선수 일꾼에게 맡겨야 함은 당연지사다.

이에 현직 시절 근로기준법 개정에 얽힌 좌절의 시간과 겪은 사연을 소개하면 다음과 같다.

2012년 5월 22일 12시 20분부터 청와대 서별관에서 관계 부처 장관회의가 열렸다. 계획상 참석 대상자는 기획재정부, 고용노동부, 지식경제부 장관과 청와대 경제수석이었으나, 실제 참석한 장관은 고용노동부 장관이었던 나뿐이었고 다른 부처는 차관(신제윤 기획재정부 차관, 윤상직 지식경제부 차관)이 대신 왔다.

처음부터 나를 뺀 구도가 그려진 회의였던 모양이다. 하지만 당시 그걸 알아채지 못했다. 김대기 경제수석이 회의 서두에 근로시간 단축 관련 근로기준법 개정에 대하여 논의해 보자는 모임 취지를 설명하였다.

이후 근로시간 단축 추진에 대하여 고용노동부는 적극적으로 제대로 추진하자는 입장이었고, 기획재정부와 지식경제부는 경제 상황이 어렵다며 신중론을 강조하거나 그런 발언에 힘을 보탰다. 경제수석은 당일 회의에서 서두 얘기만 꺼내고 더 이상 의견을 개진하지 않았다.

고용노동부는 지나친 장시간 근로에 따른 '과로 공화국' 상황에서 탈피하고, 대선을 앞둔 정치권에서도 근로시간 단축을 공약으로 내건 마당이니 차제에 탄력적 근로시간제 단위기간 확대와 근로시간저축계좌제 도입 등 근로시간 유연화 방안을 포함하는 법 개정 및 근로시간 단축 추진을 위한 대통령 지시 사항에 맞게 근로기준법 개정을 추진해야 한다는 입장을 강조했다.

기재부와 지경부는 어려운 경제 상황에서 부작용이 우려되니 근로시간 단축을 서두르지 말아야 한다는 주장과 거기에 동조하는 의견이었다.

청와대는 외견상 어느 부처의 손도 들어주지 않은 채 침묵하였다. 그런데 이것은 반대하는 부처의 목소리도 충분히 고려해야 한다는 의미로 느껴졌다.

이날 회의 분위기는 연내에 (2012년) 정부 입법으로 추진하기보다는 충분히 시간을 가지고 준비하자는 방향으로 모아졌다.

말하자면 청와대로서는 고용부의 적극적인 근로시간 단축을 위한 정부 입법 추진을 적극적으로 뒷받침할지 여부를 고심해 오다 '유보적 입장'으로 바뀌면서 속도 조절에 나선 것이었다.

다. 우회 추진 전략과 기자간담회

장관이 된 이후 여러 정책을 추진하였지만 제지당하거나 가로막히기는 이번이 처음이었다. 그동안 공직 생활하면서 '아니다'라고 생각되면 예의는 최대한 갖추되 'NO'라는 입장은 분명하게 밝혀 왔다. 그렇게 나는 대통령께도 소신껏 입장을 개진해 왔다. 그런데 공개적으로 방침을 밝히고 이미 어느 정도 추진 중인 정책에 대하여 제지를 당하니, 이 정책의 앞날은 만만치 않았고 심히 우려되었다.

단순히 좋고 싫음의 문제가 아니었다. 우리가 언젠가는 해야 하는 근로시간 단축이라면 현실성 있는 유연한 장치가 담겨 있는 충실한 법안이 되어야 한다. 나중에 다른 멤버들이 이 정책을 추진하다가 혹시라도 눈앞의 표에 급급한 정치권에 떠밀려 소탐대실하지 않을까 하는 걱정이 앞섰다.

지난 1월 나의 공론화 이후 새누리당과 민주통합당, 통합진보당 모두 노동시간 단축을 총선 공약에 이미 반영하였고, 특히 휴일근로의 법정노동시간 포함은 세 정당의 공통 공약이 되었다. 그렇기 때문에 설령 고용노동부에서 '정부 입법'을 추진하지 않더라도 2012년 대선을 앞둔 정치권에서 국민의 지지 여론을 등에 업고 근로기준법 개정에 시동을 건 상태였다. 기분은 찜찜했지만 방치할 수는 없었다.

특히 의원입법안이 부실한 내용으로 발의되지 않도록 하려면 정부의 지원 역할이 중요하다고 보았다. 정책 시야를 멀리 내다보지 못하면 중심을 잡지 못하게 되어 '제대로 준비'하여 알찬 법안이 되게 하는 게 핵심이라고 생각해 추진이 어려워진 '정부 입법' 대신 '의원입법' 형태로 우회 추진하기로 마음먹었다. 당시 여건상 이렇게 하는 것이 영혼(靈魂)이 있는 소신(所信) 있는 공직자(公職者)가 취할 자세라고 생각했다.

그런데 서별관 회의 소식을 들은 기자들이 찾아와 얘기를 나누다 보니 즉석 기자간담회처럼 되었다.[35]

지식경제부에서는 올해 안에는 근로시간 단축이 어렵다고 했는데 어떻게 추신되는가 하는 질문에 대하여, "장시간 근로문제를 해결하자는 것에는 이견이 없지만 준비를 더 하기로 했다", "(관계 부처 장관회의에서) 시간에 쫓기지 않기로 의견을 모았다"라며 "현실에 맞는 방안을 마련해 의견을 수렴하면 의원입법으로

---

35. 노동시간 단축 근로기준법 개정 표류, 매일노동뉴스, 2012.05.25.

추진할 수 있다"라고 했다. 아울러 "지경부가 올해 안에 힘들겠다고 한 것은 그들의 희망 사항일 것"이라 하면서 고용노동부 장관의 근로시간 단축 의지가 꺾인 것은 아님을 강조했다.

그렇기에 서별관 회의 이후 '유보적 입장'을 나까지 나서서 굳이 강조할 필요는 없다고 생각했다. 그렇지만 "현 정부 임기 내에 추진할 수 있느냐?"라는 질문에는 확실히 대답할 수 없었다.

나로서는 내심 의원입법 형태로 우회 추진하기로 작정했지만 그렇다고 해서 그것을 직접 공개할 수는 없었다. 또한 조변석개하는 정치적 사정이나 여러 변수를 예상할 수도 없었다. 눈치 빠른 기자는 그 의미를 알아챈 듯 이후 법 개정에 대한 언론 보도는 줄었고 유보되었다는 기사 또한 더 이상 나오지 않았다.

(1) 대통령책임제는 '청와대 정부'인가?

경제수석이 마련한 서별관 회의(관계 장관회의)를 통해 알게 된 정부의 기류를 모른 척할 수는 없었다. 대통령책임제인 우리나라에서 국정을 운영하는 대통령을 보좌하는 대통령비서실은 가장 종합적인 판단을 해야 하는 참모 집단이다.

범접하기 어려운 대통령보다 대통령비서실의 센 힘에 따라 '청와대 정부', '대통령실 정부'라고 부르기도 했다. 근래에 들어와 다수 의석을 가진 정치권과 국회의 입법 독주로 그런 경향이 많이 희석되긴 했다.

대통령비서실은 대통령의 판단에 영향을 크게 미치는 핵심 참모들로 움직인다. 비서실에서 세 분의 대통령을 보좌한 경험이 있는 나 역시 돌아가는 사정은 아는 편이다.

우리 헌법(제88조)에는 정부의 권한에 속하는 중요한 정책은 국무회의에서 심의하고 행정각부의 중요한 정책의 수립과 조정도 국무회의에서 심의한다. 중요한 정책 의사결정의 주체는 국무위원으로 구성되는 국무회의지, 대통령을 보좌하는 대통령비서실(약칭 '청와대')이 아니기 때문이다.

대통령이 주재하는 국무회의나 대국민 회의·행사 시 대통령의 메시지를 말씀으로 공표하는 것은 적절하고 효과적인 국정운영을 위하여 중요한 일이다.
그동안 국무회의를 비롯한 각종 회의나 보고 시 의견이 다르면 필자는 대통령에게도 예의는 갖추되 반드시 해야 할 말은 하였고, 필요한 경우 대통령께 특별보고 기회라도 만들어 보고와 설득 작업을 하였다. 중요한 사항에 대하여 대충 넘어가는 '예스맨'(Yes Man)이 아니었다.

그러나 이번 안건은 2012년 1월 이명박 대통령께서 대통령 지시사항으로 우리 부의 업무 추진을 적극 뒷받침해 주었다. 그것을 믿었던 상황이었기 때문에 나는 별도 보고나 설득할 필요가 없다고 생각했다.

지나고 보면 내가 다소 방심했다고 볼 수 있으나, 어느 날 갑자기 서별관 회의가 열려 기획재정부와 지식경제부 그리고 경제수석으로부터 한 방 먹은 셈이다. 그야말로 잠시의 과신(過信)이 방심(放心)으로 돌아왔다.

(2) 경제수석의 대통령 말씀 전달 : "이 장관 마음, 상하지 않게 하라"

며칠 후 경제수석으로부터 전화가 왔다. 이명박 대통령께서, "이 장관(의) 마음(을) 상하지 않게 하라"고 당부하셨다는 말씀을 전달해 주었다. 정부 입법을 앞장서서 추진하던 주무장관의 행보에 결과적으로 제동을 걸게 된 '대통령의 미안한 마음'으로 느껴졌다. 알고 보면 이 대통령은 주무장관이 처한 입장이나 심경까지 고려하는 섬세한 분이었다.

그래서 그랬는지 청와대 서별관에서의 관계 부처 회의 이후 나는 그날 회의 분위기와는 뉘앙스가 다르게 (반대로) 처신했는데도 누구도 토를 달거나 제지하지 않았다. 그래서 내 생각에는 대통령께서 먼저 결심(決心)을 바꾸었다기보다는 경제수석이 기재부와 지경부의 의견 등을 고려해 종합적으로 판단하여 (근로기준법 개정을) 유보하는 방향으로 대통령께 보고한 결과 제동이 걸린 것으로 짐작됐다.

한편, 2012년 1월에 언론을 통하여 실근로시간 단축을 위한 근로기준법 개정 추진 공론화에 불을 지폈을 때 이명박 대통령도 청와대 수석비서관 회의에서 다음과 같이 강조한 바가 있기에 결심을 바꾸는 데는 심적인 부담도 있었을 것이다.

"대기업의 근로시간을 단축해 일자리를 나누는 좋은 일자리 만들기를 적극 검토하여 본격적으로 추진하라"라며, "근로시간을 단축하면 삶의 질도 향상되고 일자리가 늘 뿐 아니라 소비도 촉진되는 등 사회 전반적으로 선순환이 이뤄질 것이다"라고 강조했다.

대통령의 정치적 이미지 개선을 위하여 주무 부처나 장관을 '여론의 제물'로 던지는 경우도 있다. 하지만, 이명박 대통령은 그렇게 하지 않았다. 비서실 참모들이 대통령의 체면을 살리기 위하여 장관을 '바보'로 만드는 기교도 발휘할 수 있으나, 당시에는 어떠한 반대 여론도 나오지 않아 그럴 필요성도 없었다.

2012년 초 장관의 발언으로 시작된 '장시간 근로시간 단축'이 노동계와 경영계의 뜨거운 감자로 떠올랐다.[36] 어쩔 수 없이 우리 부에서 비공식적으로 작성한 근로기준법 개정안 초안을 2012년 9월 국회 환노위 위원(이완영, 김성태)에게 제공하였고, 이들은 취지에 공감하여 의원입법으로 발의하였다.

---

36. '산 넘어 산' 근로시간 단축… "언제쯤 가능할까", 천지일보, 2012.7.13.

다음 해에 박근혜 정부로 바뀌면서 나도 공직에서 물러나 더 이상 도움을 줄 수 없었다. 국회에서도 별다른 진전이 없었다. 이후 6년여 세월이 흐르는 동안 19대 국회 회기가 지나가면서 당초 발의된 내용의 의원입법안은 모두 폐기되었다.

결국 문재인 정부에서 소득주도성장 정책을 국정 기조로 내세우며 주52시간제가 20대 국회에서 획일적이고 피상적으로 추진되어 이른바 제동장치 없는 자동차처럼 부실 입법으로 치닫고 말았다.

만약 우리가 당초에 준비한 추진계획이 제지당하지 않았다면 어떻게 되었을까? 근로시간 단축을 연착륙시킬 수 있는 현실적인 장치가 담긴 법안을 통해 경제·사회적인 부작용을 줄일 수 있었을 것이다. 처한 현실에 맞게 노동시장(勞動市場)은 유연하고, 근로자(勤勞者)는 튼실하게 보호하는 유연안정성(Flexicurity)을 조화롭게 하는 제도가 되었을 것이다.

예컨대 내용상 근로시간저축계좌제 실시 근거 마련, 탄력적 근로시간제 단위 기간 확대, 선택적 근로시간제 정산기간 확대, 연장근로시간 특례업종 조정 등 노사(勞使) 모두의 선택권(選擇權)을 확대하는 방안이었다.
또한 사업장 규모나 업종 등 충분한 기간을 부여하여 (3년 정도가 아니라 7년 이상에 걸쳐) 단계적으로 시행하는 방안을 추진했을 것이다.

라. 경직된 주 52시간 실시와 노동시간 관리 개편 실패

주 40시간제(초과근로 포함 시, 주 52시간제)가 2018년 7월 1일부터 300인 이상 사업장과 공공기관부터 시행되었고, 2021년 7월 1일부터 5인 이상 50인 미만 사업장까지 확대·시행되었다.

하지만 근로시간 단축 조치가 경제사회 여건과 조화를 이룰 수 있는 장치가 결여된 채 세부 규모별·업종별 구분 없이 획일적으로 실시되면서 산업현장에서 충격이 커졌다.

주당 근로시간이 단시일에 사실상 16시간이나 줄어들다 보니 기업은 인력 운용에 부담이 커지고 근로자들은 삶의 질이 높아지는 반면 초과근로 축소에 따른 임금이 줄어들어 불만을 느끼게 된다.

이와 관련하여 당초 2012년 근로시간 단축을 위한 근로기준법 개정을 준비하면서 탄력적 근로시간제의 단위 기간을 확대(취업규칙 : 2주 ⇒ 1개월, 근로자대표와의 서면합의 : 3개월 ⇒ 1년)하고, 독일의 경우처럼 필요하면 노사가 합의하여 근로시간을 자율적으로 조절할 수 있는 '근로시간저축계좌제' 실시 근거와 연장근로시간 특례업종을 대대적으로 정비하는 등 작업을 하여 2012년 9월 의원입법(이완영 의원 등)으로 국회에 제출해 놓았다.

그렇지만 19대 국회 임기만료로 이 법안이 폐기되었고(2016년 5월) 이후 2018년에 개정된 법에는 이와 같은 내용은 흔적도 없이 사라지고 말았다. 예전에 마련해 놓은 관련 법안을 참고조차 하지 않는 이런 사례는 30년이 넘는 공직 생활 경험자로서는 상상도 할 수 없는 사고였다.

특히 근로시간저축계좌제의 근거 마련은 독일의 근로시간계좌제가 그 원조인데 노사가 시행에 합의할 경우 법적 소정 근로시간과 실근로시간의 차이를 계좌에 적립(가산·차감)하여 근로시간의 현물 보상(인건비 절감) 및 고용안정 수단으로 활용할 수 있는 방안으로, 독일 사업장의 41.4%가 근로시간저축계좌제를 유용하게 활용(2007년 독일 노동시장과 직업구조연구소 사업체 패널조사 결과)하고 있는 제도다.

우리나라도 기존의 보상휴가제를 보완하여 성수기에 일이 많을 때는 초과근로시간을 저축하고 경기 불황 시에는 근로시간 단축(또는 휴가)으로 활용하는 제도로 준비하여 연장·야간·휴일근로 시간을 근로자 개인별로 적립하였다가 근로자가 필요한 경우 휴가로 사용하거나 이와 반대로 휴가를 먼저 사용하고 이후 연장근로 등으로 보충할 수 있도록 한 것이다.

중요한 것은 근거가 마련되어 있어도 사업장의 노사 합의가 있어야 비로소 시행할 수 있다. 말하자면 근로시간저축계좌제는 일종의 마이너스 통장(通帳)처럼 일이 많을 때는 초과 근로시간을 계좌로 저축해 놓았다가 불황기에는 임금으로 지급받는 등의 방식으로 경기변동이나 업무량 변화에 탄력적으로 대비할 수 있는 고용안정 방안이 될 수 있다. 또한 근로시간저축계좌제를 도입하게 되면 우리나라 현실에서는 현물 보상으로만 국한하지 않고 현금 보상도 인정하는 것이 불가피하다. 마치 연장근로도 시간으로만 인정하는 외국의 예와 달리 우리나라에서는 현금 보상까지 인정하는 것과 같은 이치다.

노사가 합의하면 몰아서 쉴 수도 있고 성수기 등에는 몰아서 일할 수 있는 노동시간의 유연성을 기할 여지도 생기게 된다. 현장 노동계 인사인 양병효 대우조선해양노조 고용안전부장도 이러한 근로시간저축계좌제 실시를 제안한 바 있다.[37]

2012년 5월 서별관 회의와 제동 이후 단기적으로는 당시 고용노동부의 정부 입법 추진을 제지하여 좋아했을지 모른다. 하지만 선무당 손에 맡겨지면서 정교한 보완 장치 없이 2018년 근로기준법 개정이 부실 입법이 되고 말았으니, 장기적으로 더 많은 위험부담과 기회비용을 치렀다.

근로시간을 너무 획일적으로 규제하는 우리나라와 달리 일본이나 대만은 우

---

37. 인터뷰 양병효 대우조선해양노조 고용안전부장, 내일신문, 2016.5.23.

리보다 훨씬 유연하게 근로시간을 관리하고 있으며 주 35시간제인 프랑스에서는 50인 미만 중소기업과 스타트업은 주 60시간까지 일할 수 있다.

획일적인 주 52시간제는 OECD 국가 중 최장 수준이었던 우리나라의 근로시간이 단축되는 전기가 되긴 했으나 경직된 근로시간 관리로 인해 우리나라의 글로벌 경쟁력을 크게 훼손하는 계기가 된 점을 부인할 수 없다. 당초 우려한 사항이 현실이 되어 나타난 결과이다.

돌이켜보면 2018년 3월 주 52시간 실시를 위한 근로기준법 개정이 과연 무엇을 위한 노동시간 단축이었나? 정보화 사회, AI 시대를 살아가면서 실근로시간은 단축하되 건강을 해치지 않는 선에서 노동시간 관리는 유연하게 하고, 보다 생산적으로 몰입하여 일하는 '허슬(Hustle) 문화'를 지향하는 것이 중요하다. 직무 중심이니 파업 지향형이 아니라 여전히 공장제 노동 사회에서나 통용되어 온 시간 지향형 노동에서 탈피하기 어렵게 하는 것이 진짜 문제이다.

15
행정과 정치, 관료제의 책무성
: 내 사전에 차선은 없다

현대 행정학의 창시자인 우드로 윌슨(1856~1924년) 미국 대통령이 "행정은 정치와 다르다"라고 한 말은 정치나 선거에 흔들림 없는 일관된 행정의 중요성을 강조한 것이다.[38]

또한 관료제의 아버지 막스 베버(1864~1920년)는 "관료제(bureaucracy)는 법적 안정성과 함께 엄격한 책무성이 핵심"이라고 강조했는데, 베버의 관료제 분석은 현대 조직 연구에서 여전히 중심적인 위치를 차지하고 있다.[39]

행정을 하는 공무원은 '국민 전체의 봉사자'로서 '국민에 대하여 책임'을 진다(대한민국 헌법 제7조). 또한 '친절하고 공정하게' 직무를 수행하여야 하며, '민주적이고 능률적'으로 수행하기 위하여 '창의와 성실'로써 맡은바 '책임'을 완수하여야 한다(국가공무원법 제59조 및 국가공무원복무규정 제2조의2).

---

38. 정치행정이원론, 〈행정의 연구(The Study of Administration, 1887년)〉, 행정학을 정치학으로부터 독립된 개념의 학문으로 본 사실상 최초의 이론이었기 때문에 우드로 윌슨은 지금도 행정학의 아버지로 불린다.
39. 막스 베버는 『프로테스탄트 윤리와 자본주의 정신』(1905년)에서 마르크스의 '토대-상부구조론'을 반박하며 "이윤을 적극 추구하는 신교도 윤리가 자본주의를 낳았다"라고 주장했다. 그의 또 다른 저서인 『직업(소명)으로서의 정치』(1919년)에서는 국가를 합법적으로 폭력을 독점하는 독립체로 규정하였고, 현대 서구 정치과학 연구의 근간을 이룬 것으로 평가된다.

따라서 정책을 수립하거나 집행하는 공무원은 소관 업무를 처리하면서 국민 전체에 대한 봉사자로서 국민의 복리증진을 위하여 국민에 대하여 책임지는 자세를 견지해야 하고, 특정 단체나 이익단체의 입장에 휘둘리지 않도록 유념해야 한다.

정치는 51%가 동의하면 추진해도 되지만 정책은 1%만 잘못되어도 결국 실패하게 된다. 그렇기 때문에 다양한 위험과 난관이 도사릴수록 행정은 국정의 중심 원칙과 가치를 잊지 않아야 한다. 갈수록 정치에 짓눌리거나 분쟁 해결이 사법화되는 상황일수록 한 치의 흔들림 없는 행정과 정책이어야 국정의 난맥을 줄이고 국민의 신뢰와 지지도 받을 수 있다.

행정에 차선(次善)은 최선(最善)의 가장 큰 적(敵)

그런데 정치를 행하는 국회의원은 행정을 수행하는 공무원과 다르다.

입법권을 가진 국회의원은 '국가이익을 우선'하여 양심에 따라 직무를 행하도록 하고 있다(헌법 제46조). 하지만 정권의 획득과 유지를 위한 여야 정당의 조직과 활동(정치적인 주장이나 정책 추진, 공직선거 후보자 추천 등)이 보장(정당법 제1조, 제2조)되고 있어서 정치적 이념·정파·진영 등에 따라 다양하게 나뉘기 마련이다. 그 반면에 정책과 행정을 수행하는 공무원은 신분이 보장되고 여야 정권 교체와 무관하게 정치적 중립성을 가지므로 이들 행정공무원의 국민 전체에 대한 책임성은 실로 막중하다 하지 않을 수 없다.

사고는 정치(政治)가 저질러도 수습은 결국엔 행정(行政)이 맡게 된다.

정치는 다양한 이해관계나 갈등을 조정하기 위하여 차선과 차악을 적당히 섞어 (비빔밥을 만들 듯) 아우르지만, 행정은 항상 최선의 결과를 얻기 위하여 효율적으로 임무를 수행해야 한다. 어쩌면 당연한 것 같지만 현실적으로는 쉽지 않다.

국민 전체의 봉사사로서 국민에 대하여 책임지는 공무원은 행정을 할 때 차선(次善)은 최선(最善)의 가장 큰 적이라고 생각했다. 그렇기 때문에 행정에 있어서 차선은 결코 최선의 다음이 아니었고 차악의 대신도 아니었다. 따라서 내 사전에 최선만 있었을 뿐 차선은 없었다.

"미치지 않으면 미치지 못한다"라는 '불광불급(不狂不及)' 사자성어처럼 무엇을 추진할 때 당사자의 열정과 자세가 중요했다. 나의 역량이 부족한 데서 기인하겠으나 어떤 일을 하든 미친 사람처럼 그 일에 미쳐야 비로소 목표를 이룰 수 있었다.

필자는 실무 공무원에서 장관에 이르기까지 고용노동 분야에서 28차례의 인사 발령을 받아 자리나 임무가 여러 번 바뀌었다. 하지만 일하는 자세나 각오는 한결같이 최종 결재권자와 국민의 시각에서 문제를 생각하고 해법을 마련하고자 했다. 그만큼 무거운 책임감으로 일했다. 그러니 30년 넘게 장관처럼 최종 결재권자와 국민의 시각에서 고민하며 살아온 공직 인생이라 할 수 있다.

내 딴에는 바람 부는 대로 시류에 휩쓸리지 않았고 소신껏 살아왔다고 자부한다. 대의를 위해 사소한 것은 고집부리지 않고 흔쾌히 소아를 버리거나 희생할 줄 아는 처신도 했다. 그렇게 추진한 대표적인 것 중의 하나가 1996년 12월 노동법 파동 이후 1997년 3월 제정된 사업장 복수노조 제도의 시행과 노조 전임자 제도의 폐지는 김영삼, 김대중, 노무현 정부에서 세 차례에 걸쳐 13년 동안 처리하지 못하고 유예를 거듭한 노동 개혁(노조법 개정)이었다.

개혁을 추진하는 과정에서 일터는 매일 (총만 들지 않았을 뿐) 전쟁터나 다름없었다. 너무 힘들어서 오늘을 사는 것만으로도 벅찼고, 내일은 미처 생각할 겨를도 없었다. 동분서주하며 최선을 다해 오늘을 사는 것(Do it now)이 삶을 향한 사명이었을 뿐 국민을 위해 필요한 것으로 보이는 데도 하지 않은 과업에는 시도하는 사람이 있어야 했다. 그러니 누군가는 맨 처음이어야 했다.

연륜이 쌓여가며 부처 안팎에서는 고용노동 정책이나 업무에 정통한 인사로 꼽혀 '고용노동 행정의 달인', '우문현답 행정가', '문제 해결사', '얼굴은 우윳빛인데, 인사는 핏빛'으로 불렸다. 게다가 노사분규의 법 테두리 내 자율적 해결 기조를 세우고, 노조 전임자 폐지와 복수노조 시행을 위한 노동 개혁을 추진하다 보니 '노사관계의 포청천'이라는 별칭도 얻었다.

의외로 평시에는 개혁을 추진하기 쉽지 않다. 역설적으로 위기에 처한 때일수록 개혁을 위한 국민적 공감대 조성에 힘이 실리기에 희망의 출구를 찾아야 했다.

퍼스트 펭귄(바다에 뛰어들기 전 펭귄들이 머뭇거리거나 우왕좌왕하고 있을 때
가장 먼저 뛰어드는 펭귄)처럼 불확실하고 위험한 상황에서 용기를 내어 먼저 시도하는
도전자 정신으로 새로운 아이디어를 가지고 과감히 시도하는 자세가 중요

북한 정보 과정 교육(1997.11.3.~11.7.) 시 사격훈련 시범 중인 필자

제7장

개혁의 그늘
- 짱돌 이후, 성찰과 책임

01 '노조 아님 통보'와 노조설립 신고 제도 개편
02 노동 개혁의 후과
03 대질조사와 영상녹화 조사 요구를 모두 거부한 검찰
04 검찰 출석 시, 나는 왜 휠체어를 타게 되었나
05 적폐 재판의 진면목
06 대법원장의 '좋은 재판' 주문과 여론재판
07 '무죄 추정의 원칙'? : 실무에선 오직 '유죄 추정'만 있을 뿐
08 미리 보여준 '유죄 예단' 재판(1)
09 미리 보여준 '유죄 예단' 재판(2)
10 반대 증거는 애써 무시한 '유죄 예단' 재판
11 인생을 나락에 빠뜨린 엉터리 수사와 자의적 판결
12 암장(暗葬) 수사와 기교(奇巧) 재판
13 구치소장의 전언 : "이 장관은 사기 당했어"
14 기울어진 사법부 개혁, 어떻게?
    : 판결문 전면 공개(증거 기록 포함)
15 로스쿨 다이어리 207(2020.2.7.~8.31.)

01
'노조 아님 통보'와 노조설립 신고 제도 개편

가. 전교조 '노조 아님 통보'와 법꾸라지 판결

전교조는 2013년 10월 해직 교사를 조합원으로 가입시키고 이를 인정하는 규약에 대한 정부의 시정 요구에 불응하여 '노조 아님 통보'를 받았다. 전교조는 '규약 시정명령' 취소소송(1~3심)과 '노조 아님 통보' 취소소송(1~2심) 법정 다툼을 했지만, 법원은 다섯 차례 내리 원고 패소 판결로 고용노동부의 손을 들어줬고, 2015년 헌법재판소도 '노조법은 합헌'이라는 판단을 내렸다.

이런 역사에 비추어 볼 때 아무리 친노동을 표방하는 정권이라 해도 이전 정부의 '노조 아님 통보' 조치를 번복할 최소한의 명분이나 당위성을 찾기는 어려웠다.

그러나 2020년 대법원은 '노조 아님 통보' 처분의 근거가 된 노동조합법 시행령이 헌법상 법률유보 원칙을 위반하여 무효라고 하며 원심을 파기하였다.

이 판결로 전교조는 노조의 지위를 다시 갖게 되었다(대법원 2020.9.3. 선고 2016두32992 판결). 그동안 1·2심 법원과 헌법재판소 결정까지 모두 뒤집어버린 교원노사관계의 향방은 '코드 사법부'로 불린 당시 대법원의 재판에 의해서였다.

법적 쟁점은 '해직자'도 조합원의 자격을 유지할 수 있게 규정한 전교조 규약이 교원노조법 제2조(현직 교원만 노조원이 될 수 있다는 취지의 조항)에 위반되는가로, 정부(고용노동부)와 1, 2심 판결(법원)은 당연히 위반이 된다고 보았다.

대법원은 위 쟁점의 본질적 내용에 대하여는 아무런 판단을 하지 않았다. 대법원은 고용노동부가 전교조에 처분할 때 근거로 삼은 '노동조합 및 노동관계조정법 시행령' 제9조가 무효이므로 (이 조항이 법률의 위임 없이 법률이 정하지 아니한 '노조 아님 통보'에 관하여 규정하였다는 것이 이유) 그 처분도 위법으로 판단했다.

즉, 처분의 '절차'에 문제가 있다고 하면서 판결문에 "나머지 상고 이유에 대한 판단을 생략한다"라고 하였다. 이는 근본적인 문제에 대한 판단은 스스로 눈감고 마치 시행령 조항에 문제가 있는 것처럼 '지엽적인 것'을 쟁점으로 삼아 1, 2심을 파기하는 눈속임 판결이었음을 변명하는 기록을 해놓았다.[40]

사건이 접수된 지 무려 4년 만에 나온 대법원판결이 이러했다. 대법원에서는 시간에 쫓겨 본질적인 문제를 회피한 사례라고 고백하였으나, 원하는 결론을 내기 위하여 선택한 결과였다는 의심이 강하게 들었다.[41]

이유는 다음과 같다. 대법원의 2020년 9월 3일 전교조 판결에는 "해직자 또는 근로자가 아닌 사람을 받아들인 전교조가 위법이라는 것은, 노동조합법의 기본 취지에 어긋나는 판결"이라는 것이다. 엄연히 그 노동조합법에는 "근로자가 아닌 자의 가입을 허용하는 경우 노동조합으로 보지 않는다"라는 본질적인 근거 조항이 있는데 생뚱맞게 호도한 것이다.

---

40. 대법원 2020.9.3. 선고 2016두32992 전원합의체 판결 [법외노조 통보처분 취소]
41. "전교조 합법화한 전합 판결, 본질 회피했다" 전 대법관(안철상)의 회고, 조선일보, 2024.8.9.

장영수 고려대 법학전문대학원 교수는 "행정 입법 중에는 모법에서 범위를 정해 위임받아서 하는 '위임 명령'과 위임과 상관없이 법률의 시행을 위한 '집행 명령'이 있다"라며 "(시행령이 문제라는 주장은) 행정 입법을 위임 명령만 있다고 생각한 것이다. 따라서 위임입법의 범위가 아니라 법률의 집행을 위해 필요한 부분인지를 따져 봐야 한다"라고 강조한 바 있다.

애초에 전교조가 조합원으로 가입시킨 해직자 9명은 국가보안법 위반(1명), 불법 시위 등의 혐의로 집시법 위반(1명), 교육감 선거 운동을 불법으로 도와 지방교육자치법 위반 등으로 유죄 판결(7명)을 받은 사람들이기 때문에, 이른바 '부당 해직'과는 거리가 멀어도 한참 멀었다. 이들을 가입시킨 탓에 법리상 노조 아님이라는 정당한 처분을 받아놓고도, 이에 대한 쟁점은 따져 보지 않은 채, 끝까지 합법으로 인정해 달라는 전교조의 7년간 생떼를 대법원이 받아 준 것이다.[42]

대법원의 전교조 재합법화 (전원합의체) 판결은 합리적인 시각으로는 도저히 이해하기 어려웠다. 이 사건의 대법원판결이야말로 논점을 피해 가는 전형적인 선택적 판결로서, 한마디로 줄이면 1, 2심을 뒤집기 위한 궤변이자 '법꾸라지(법+미꾸라지)' 판결문이었다. 우리 사법부가 상식적인 국민의 신뢰와 점점 멀어지게 하는 전형적인 사례 중의 하나였다.

법조계에서는 '노조 아님 통보'가 법률에 근거가 없다는 전교조의 일방적인 주장을 대법원이 토씨 하나 틀리지 않고 그대로 받아들여 주었다면서, '전교조에 유리한 판결'을 해주기 위한 결론에 억지로 꿰맞춘 재판이라는 비판이 나왔다.

---

42. 주체사상 강연, 불법 선거운동으로 해임, 중앙일보, 2014.6.20.

소수의견을 낸 이기택·이동원 대법관은, "현행 '노조 아님 통보' 제도는 노동조합에 관한 정의 규정의 실효성 확보를 위한 필수적 장치로 노동조합법에 이미 내재되어 있으므로 위 시행령은 합법이고, 따라서 실정법을 어긴 전교조에 대해 '노조 아님 통보' 처분을 한 것은 유효하다"라고 판단하였다.

즉, "이 사건 법령의 규정은 매우 명확해 다른 해석의 여지가 없다"라면서 "행정관청의 시정요구에 응하지 않았다면 행정관청은 그 노동조합에 재량의 여지 없이 법외노조임을 통보해야 한다"라며, "이 부분(노조법 시행령 9조 2항)의 법체계에는 전혀 흠결이 없고 오히려 아무런 문제가 없는 완벽한 규정이다. 따라서 다수의견은 법을 해석(解釋)하지 않고 스스로 법을 창조(創造)하고 있다"라고 지적하였다.

(1) 대법원의 전교조 재합법화 판결에 대한 언론 반응

당시 언론에서도 "그동안 달라진 것이라고는 문재인 정권이 들어서고, 김명수 대법원장을 비롯한 대법관들이 정권과 코드가 맞는 사람들로 바뀌었다는 것뿐이다. 처음부터 전교조 손을 들어주려고 작정하고 '법 기술'을 부렸다는 의심이 든다"라는 의문을 제기하며, "이번 대법원판결은 '전교조의 불법과 법조롱'을 모두 무시하고 도리어 상을 준 것이다. 이것이 대법원이 말하는 정의인가"라고 하였다.

"김명수 대법원장은 과거 서울고등법원 부장판사 시절에 전교조가 낸 법외노조 통보 효력정지 가처분 신청을 받아들인 바 있다"라고 언급한 뒤, "이재명 경기지사의 선거법 위반 무죄, 은수미 성남시장 무죄 판결에 이어 다시 한번 기울어진 대법원을 실감케 해주는 판결"이라고 지적했다.

"문재인 정부는 해고자의 노조 가입을 허용하는 노동관련법 개정안을 국무회의에서 통과시켰다"라며 "대법원의 판결은 (국회가 입법적으로 해결해야 할 일을) 사법부가 기교적인 논리를 동원해 무리하게 해결하려 한 것이라는 인상을 지울 수가 없다"라고 지적했다.[43]

또한 〈대법, 1·2심과 헌재 결정까지 뒤집어… "정치적 판결"〉에서 "이날 판결은 수적 우위를 기반으로 한 대법원의 진보적 색채가 한층 뚜렷해졌다는 의미로 해석된다"라며 "대법원이 같은 사안을 놓고 (1·2심 판결이나 헌재 결정과) 다른 선고를 내린 것은 상식과 국민의 법 감정상 납득하기 어렵다. 심지어 법리적 판단보다 정치·사회적 상황을 고려한 결과가 아닌지 우려스럽다"라는 한국교원단체총연합회(한국교총)의 입장문이 나오기도 했다. 이 판결로 교단에 있는 좌익 교사는 물론 해직된 주사파 교사들까지 합법적으로 사상투쟁 교육을 계속할 수 있게 되었다.

(2) 전교조의 노조설립 신고와 기망행위

이 사건을 계기로 1999년 당초 노조설립 신고 서류(노동부 문서고에 보관된 자료)와 총회 의결사항(전교조 내부규정 자료)을 비교해 보면 진실은 다음과 같다.

판결문에도 이렇게 나온다. 1999년 6월 27일 '노조 아님 통보'의 씨앗이 뿌려졌다. 당시 전교조 대의원대회에서 "(부당) 해고된 교원은 조합원이 될 수 있다"라는 노조 규약이 통과됐다. 그러나 나흘 뒤 전교조가 정부에 낸 노조설립 신고서에는 이 내용이 빠져 있었다.

전교조는 처음부터 '해직자'도 조합원 자격을 유지할 수 있도록 규약에 정해 놓고도, "근로자가 아닌 자의 가입을 허용하는 경우 노동조합으로 보지 않는다"

---

43. PD 저널, Labor Today, 동아일보, 중앙일보, 매일노동뉴스, 2020.9.4. 기사 참고

라는 노동조합법 규정을 저촉하여 (문서를 허위로 꾸민) 가짜서류를 작성하여 정부에 설립 신고하였다. 즉, 전교조는 교원노조법과 노동조합법이 정한 요건을 갖추지 않은 채 정부(행정관청)를 의도적으로 속이고 설립 신고가 수리되게 하였다.

전교조가 속임수로 합법화를 가져간 것으로 설립총회 의결과 다른 내용의 허위(虛僞) 문서를 만들어 정부에 신고하는 기망(欺罔)행위를 하였던 것으로 드러났다. 범죄행위였다. 이들은 어차피 정치권의 결단으로 전교조를 합법화하기로 조치한 것이니, 실정법상 공무상 업무를 방해하는 정도는 의식할 필요도 없었다.

조창익 전교조 위원장은 2018년 6월 시위 현장에서 다음과 같이 주장한 것으로 드러났다. "지난해 말 만난 청와대 수석은 '내년 지방선거 후 정권에 부담이 없는 시기에 전교조 (재합법화) 문제를 반드시 해결하겠다. 대법원판결 뒤에 숨지 않겠다. 행정조치(직권취소)로 반드시 전교조 문제를 해결하겠다'라고 말했다." 전교조는 홈페이지 동영상을 통해 이 발언을 한 수석비서관의 실명까지 공개했다.[44] 정권 교체 이후 전교조에 어떤 약속(이면 합의)을 무슨 근거로 했는지 해명이 필요하다. 물론 청와대를 대신하여 대법원이 수습에 나선 사정까지 포함되어야 할 것이다.

한편, 전교조 설립 신고 및 노동조합 신고필증 교부 업무의 실무를 담당한 당시 노동부 관계자는 어떤 심정이었을까? 전교조 측에서 신고필증을 받아 간 전교죠 대변인이 이를 교부한 노동부 실무자에게 보여준 반응은 "정부에서 괜히 생색내지 말라"라고 하였을 정도로 기고만장했던 자세에서 그 편린의 일부를 보여준 셈이니, 업무 감각이 있는 당국자라면 뭔가 느낌이 오지 않았을까 의심스럽다.

---

44. 전교조, 합법노조 지위 '왜' 박탈당했나, News 1, 2014.6.19. 법외노조 문제 놓고 전교조와 흥정했나, 조선일보(동시남북), 2018.6.27.

이 업무를 담당했던 당국자(안ㅇ근 노정국장, 송ㅇ근 노동조합과장, 류ㅇ희 사무관) 중 누군가는 이를 해명하는 기회가 있었으면 한다. 어처구니없이 모르고 당한 것일 테지만 그런 사정을 어림짐작하고도 어이없는 결정을 하게 한 어떤 외압이 있었다면 이제라도 솔직해져야 우리 노사관계, 행정도 바로 설 수 있지 않을까?

전교조는 자체 규약을 통하여 교원이 아닌 자의 조합원 가입을 공식적·명시적으로 허용함으로써 교원노조법상 설립 요건을 정면으로 위반했다. 정부의 세 차례에 걸친 반복된 시정 요구와 그 시정 요구의 적법성을 인정한 법원의 확정판결에도 위법한 규약을 정당하다고 주장하였으며, 이후에도 교원이 아닌 자의 조합원 가입 문제를 시정할 의사가 없음을 명백히 하여 법에 의한 노동조합이기를 스스로 포기했다.

그러면서 다른 단체도 아닌 학생을 지도하는 교사의 결사체인 전교조는 교원노조법에 의한 노동조합으로서 지위와 보호를 받게 해달라고 요구해 왔다. 이들은 우리의 미래를 좌우할 학생들을 가르치는 교육을 업(業)으로 하는 사람들의 단체였으니 기가 막힐 정도로 상상을 초월하는 불법과 부도덕한 행위를 했다고 하지 않을 수 없다. 의당 노동권은 존중되어야 하지만 불법과 부도덕한 실상을 보면 참담한 심정이 들지 않을 수 없다.[45]

하나의 법을 두고, 한편으로는 그 법에서 정한 요건(要件)은 갖추지 않겠다고 거부하면서, 또 다른 한편으로는 그 법에 의한 효과(效果)만은 모두 누리겠다는 모순된 행위를 하였다. 준법 의사가 없는 단체를, 그 단체가 거부하고 있는 법에 의하여, 그 법이 정한 요건을 갖추지 못하였음에도, 그 법에 따라 적법한 단체라고 인정할 수 없는 것은 상식이 아닐까?

---

45. '법외노조' 전교조, 참교육 초심 돌아보길…, 동아일보, 2014.6.21. 교사직, 법 위반하며 수행할 순 없다. 문화일보, 2014.6.27. [김정훈 전교조 위원장] "법외노조 두렵지 않다… 교육 개혁 위해 전교조는 멈추지 않을 것", 매일노동뉴스, 2014.7.4. 국민 불신 자초하는 전교조의 일탈, 문화일보, 2014.7.25.

나. '노조 아님 통보' 조항 폐지와 노조설립 신고 제도 개편

정부는 대법원판결(전교조의 '노조 아님 통보' 처분 취소소송)로 '노조 아님 통보'(재합법화)의 근거 조문이 법률유보 원칙 위반으로 명시한 부분을 다음과 같이 삭제하였으나, 행정관청의 시정 요구 근거는 그대로 유지하여 향후 노동조합의 자율적 시정을 하도록 했다.

(1) 관련 조항 변화

〈㉮ 대법원의 전교조 재합법화 이전〉

* 노조법 시행령 제9조(설립신고서의 보완요구 등)

① 고용노동부장관, 특별시장·광역시장·도지사·특별자치도지사, 시장·군수 또는 자치구의 구청장(이하 "행정관청"이라 한다)은 법 제12조 제2항에 따라 노동조합의 설립신고가 다음 각호의 어느 하나에 해당하는 경우에는 보완을 요구하여야 한다. 〈개정 1998·4·27, 2007.11.30, 2010.7.12〉

   1. 설립신고서에 규약이 첨부되어 있지 아니하거나 설립신고서 또는 규약의 기재사항 중 누락 또는 허위사실이 있는 경우

   2. 임원의 선거 또는 규약의 제정절차가 법 제16조 제2항부터 제4항까지 또는 법 제23조 제1항에 위반되는 경우

② 노동조합이 설립신고증을 교부받은 후 법 제12조 제3항 제1호에 해당하는 설립신고서의 반려사유가 발생한 경우에는 행정관청은 30일의 기간을 정하여 시정을 요구하고 그 기간 내에 이를 이행하지 아니하는 경우에는 당해 노동조합에 대하여 이 법에 의한 노동조합으로 보지 아니함을 통보하여야 한다. 〈개정 1998·4·27〉

③ 행정관청은 노동조합에 설립신고증을 교부하거나 제2항의 규정에 의한 통보를

한 때에는 지체 없이 그 사실을 관할 노동위원회와 당해 사업 또는 사업장의 사용자나 사용자단체에 통보하여야 한다. 〈개정 1998·4·27〉

〈㉮ 2021년 6월 29일 개정 노조법 시행령〉

* 노조법 시행령 제9조(설립신고서의 보완요구 등)

① 고용노동부 장관, 특별시장·광역시장·도지사·특별자치도지사, 시장·군수 또는 자치구의 구청장(이하 "행정관청"이라 한다)은 법 제12조 제2항에 따라 노동조합의 설립신고가 다음 각호의 어느 하나에 해당하는 경우에는 보완을 요구하여야 한다. 〈개정 1998·4·27, 2007.11.30, 2010.7.12〉

   1. 설립신고서에 규약이 첨부되어 있지 아니하거나 설립신고서 또는 규약의 기재사항 중 누락 또는 허위사실이 있는 경우

   2. 임원의 선거 또는 규약의 제정절차가 법 제16조 제2항부터 제4항까지 또는 법 제23조 제1항에 위반되는 경우

② 노동조합이 설립신고증을 교부받은 후 법 제12조 제3항 제1호에 해당하는 설립신고서의 반려 사유가 발생한 경우에는 행정관청은 30일의 기간을 정하여 시정을 요구할 수 있다. 〈개정 1998·4·27, 2021.6.29〉

③ 행정관청은 노동조합에 설립신고증을 교부한 때에는 지체 없이 그 사실을 관할 노동위원회와 해당 사업 또는 사업장의 사용자나 사용자단체에 통보해야 한다. 〈개정 1998·4·27, 2021.6.29〉

(2) 노조설립 신고 제도의 개편 방향

노동조합의 정의 조항에는 근로자가 아닌 자의 가입을 허용하는 경우 노동조합으로 보지 않도록 법(제2조 제4호)에 직접 명시할 정도로 근로자성 여부의 판

단이 중요하다. 아울러 사용자 또는 항상 그의 이익을 대표하여 행동하는 자의 참가를 허용하는 경우나, 주로 정치운동을 목적으로 하는 경우도 노동조합으로 보지 않도록 할 정도로 노조의 실체나 활동 양태가 핵심적인 요소로 되어 있었다.

그런데 우리 법제상 노동조합이 설립되면 단체교섭·행동권 보장으로 자동으로 연결되므로 노조법상 '근로자', '노동조합'의 해석은 엄격한 편이다. 반면에 외국에서는 우리나라와 달리 노동조합과 단결권과 단체교섭·행동권 부여를 분리하여 인정하고 있다.

영국에서는 노조설립은 자율이나, 단체교섭 등의 과정에서 다툼이 있는 경우 '자주성 인준' 절차가 필요하고, 일본도 자유설립주의를 취하여 노조의 실체가 형성된 시점부터 노조가 설립된 것으로 간주한다. 즉, 노조설립 신고제도는 없으나, 노조법상 정한 절차에 참여하기 위해 '자격 심사' 제도를 별도 운영하고 있다.

특히 근로자와 사용자의 정의, 노동쟁의의 대상, 손해배상 청구와 책임 제한 등 노사관계의 근간이나 체제를 흔드는 '노란봉투법' 입법으로 노조설립과 단체교섭, 단체행동권 보장을 일치시키는 것이 또 다른 문제를 파생할 수 있으므로 관련 제도에 대한 정합성을 위하여 이의 재검토는 필수적이다.

특히 법적 요건을 구비하지 못해도 요건 불비에 따른 '노조 아님 통보'조차 행정관청이 하지 못하게 하는 대법원판결까지 나왔다. 따라서 노조설립을 자유롭게 하기 위해서라도 현행 설립 신고 제도는 폐지함이 바람직하다. 그 대신 근로자성과 노동조합의 요건을 엄격하게 전제하였을 당시와는 정체성이 달라지므로 과거처럼 법적 효과를 자동으로 누리게 하는 것은 이치에 맞지 않다.

차제에 노조설립은 자유롭게 하되, 이후 교섭 당사자적격, 노동위원회의 부당노동행위 구제신청, 민·형사상 면책, 세제 혜택 등 다양한 법적 혜택을 부여받기 위해서는 (적법한) '자격심사(資格審査)' 제도를 마련하여 운영하는 방향으로 관련 제도를 개편함이 바람직하다. 참고로 일본의 경우 노조 자격심사는 노조의 4대 요건(주체, 목적, 자주성, 단체성)과 규약(민주성)을 제대로 갖추었는지 확인하고 있다.

02
노동 개혁의 후과

가. 노사관계업무 소감

복수노조 시행과 노조 전임자 제도 폐지를 위한 노동 개혁은 1996년 12월 노동법 파동을 거쳐 1997년 노조법이 제정된 이후 세 정부(김영삼, 김대중, 노무현)에서 세 차례 유예(5년+5년+3년)하기를 반복해 왔다.

그렇게 13년간 제자리 뛰기만 하며 '고양이 목에 방울 달기'를 미루듯 완수하지 못한 숙제를 이명박 정부에서 마침내 마무리하였다. 선배들도 그간 우리 부처의 숙원과제를 해결하였다며 축하해 주었다. 드디어 해냈다는 안도감에 공직자로서 자부심과 뿌듯함을 느꼈다.

그런데 공무원은 국민 전체에 대한 봉사자로서 국민에 대하여 책임져야 하므로 법과 원칙에 따라 소신껏 임해야 한다. 그 책무를 감당하지 못하면 폐해가 고스란히 국민에게 돌아가는 대표적인 분야이므로 이익단체와의 관계에서 공익(公益)을 최우선으로 하는 신념과 전문성이 필수적으로 요구됐다.

노사관계 정책은 노사 어느 한쪽에 치우치지 않고, '힘의 집단적 균형'이 유지되도록 공정하고 중립적이어야 한다. 그렇기에 노사관계 개혁은 아무나 할 수 있는 '쉬운' 통상적인 업무가 아니다. "악마는 디테일에 있다(The devil is in the details)"라고 하듯, 대의(大義)만 앞서고 디테일이 뒷받침되지 않으면 개혁을 추진하는 과정에서 맞닥뜨리는 수많은 난관을 돌파하기 어렵다.

한편으로 예전에 노동부 공무원 중에는 노정(노사관계) 업무를 하길 바라거나 선호하는 직원들이 꽤 있었다. 그렇지만 상당수는 일상적인 노사관계 관리나 운영 업무에만 익숙할 뿐 노사관계의 혁신(革新)에는 그다지 관심이 없거나 회의적으로 생각하는 것처럼 보였다. 그들은 노조법 개정과 같은 노동 개혁은 쉽지 않은 과제임을 너무나 잘 알기에 필요성만 주장할 뿐, 목숨을 걸다시피 전심전력을 기울이지는 않았다. 일종의 NATO(No Action Talk Only)족(族)이었다.

만약 나에게 노사관계 업무를 맡을지에 대한 선택권이 사전에 부여되었더라면 필자는 희망하지 않았을 것이다. 여의도 정치인 못지않게 더 정치적으로 생각하는 노동운동 인사들과 접촉하며 일해야 하는 것이었다. 따라서 노사관계 업무는 정치공학적인 권모술수와 제로섬 게임의 정치적 난장판에 뛰어드는 것과 비슷하여 나로서는 영 내키지 않는 분야였다.

그럼에도 불구하고 조직의 구성원으로서 인사권자의 적재적소 판단과 필요에 따라 미션이 부여되면 선공후사(先公後私)해야 하는 공직자인 이상 최선(最善)을 다할 수밖에 없었다. 더욱이 우리 부처의 오랜 숙원과제였으니 소명 의식과 함께 잘해야 한다는 의무감이 나를 짓눌렀다.

나. 노동 개혁의 후과 : 노동계 공적(公敵) 1호

노동 개혁을 추진한 이후 맞이한 필자의 현실은 어떠했는가? "노조법 개정은 헌법 개정보다 어렵다"라는 말은 진실이었다. 노사관계 개혁을 위한 과정은 난관으로 점철되어 어려움이 컸지만, 그 후과(後果)는 더욱 만만치 않았다.

노사정책과장(2002년), 노사협력정책국장(2008년), 기획조정실장(2009년), 노사정책실장(2010년), 장·차관(2010~2013년) 등으로 일하면서 법과 원칙에 충실하려

했고, 노사 간 중립과 힘의 균형을 유지하느라 나름 굳건히 버텼다. 그 과정에서 노사단체와 좋게 말해 서로 공생(?)하는 분위기에 편승하지 않았더니 어느새 노동계의 공적(公敵) 1호 인물로 찍혀있었다.

노동계는 '법과 원칙'에 충실한 필자가 노사정책 분야에서 일하는 것을 껄끄럽게 여겼다. 다른 부서로 쫓아 보낼 것을 인사권자에게 비공식적으로 요구하였다는 얘기를, 필자가 보좌했던 장관에게서 직접 전해 듣기도 했다. 노조법 개정 협상과 연착륙 장치를 마련하는 과정에서 필자의 이름과 직함을 지목하고, 공개적으로 퇴진을 요구한 모 한국노총위원장의 언론 인터뷰는 차라리 신사적으로 느껴졌다.

노(勞)와 사(使)를 막론하고 법과 원칙을 강조하는 등 호락호락하지 않으니 곧바로 공격 대상으로 좌표가 찍힌 것이었다. 마치 메시지(message)에 대응하기 어려우면 메신저(messenger)를 물고 뜯는 형국이었다.

그럼에도 노사단체, 특히 노동계에서 부담스러워하는 나를 쫓아내지 않고 계속 신임해 준 상사의 배려 역시 과분했다. 물론 이는 특정 개인을 위한 차원이 아니라 해당 업무에 대한 장·차관의 추진 의지가 반영된 결과였다. 그러니 내일 무슨 일이 생길지 염려하거나 뒤돌아볼 겨를도 없이 그저 앞만 보고 오늘을 달렸다.

낙타는 사막길을 갈 때 자신이 감당할 수 있을 만큼 주인이 짐을 실어줄 것으로 믿고 묵묵히 걷는다고 한다. 그렇게 몇 날 며칠을 먹지도 마시지도 않고 사막을 건너가는 강인한 동물인 낙타도 계속 무리하게 짐을 실으면 '마지막 지푸라기 하나'에 허리가 동강 난다고 한다.

나 역시 능히 감당해야 할 바를 하였을 뿐 낙타가 걸어간 발걸음처럼 얼마나 더 고된 길을 가야 하는지 알아차리지 못했다. 그렇게 욕을 먹어 가면서 분규의 법 테두리 내 노사자율적 해결 기조를 세우고 노사정이 함께 이룬 노조 전임자 제도의 폐지와 복수노조 시행 개혁을 실무적으로 뒷받침하고 조력한 결과 내게 붙여진 별칭이 '노사관계의 포청천'이었다.

다. 적폐 청산과 현대판 무술(戊戌) 사화

혁신이나 개혁에는 반작용이 따라오기 마련이다. 하지만 노동 개혁의 후과는 더욱 만만찮았다. 결국 적폐 청산을 위한 현대판 사화(士禍)가 시작되었다. 소위 '촛불혁명'으로 2017년 5월 집권한 대통령이 100대 국정과제를 발표한 다음 날인 2017년 7월 20일 임종석 대통령비서실장 명의로 정부 기관에 공문을 발송했는데, "적폐의 철저하고 완전한 청산"을 그 첫째 과제로 정하고 '적폐 청산을 위한 TFT 구성 현황과 향후 운영 계획'을 회신하라는 지시였다.

정도전이 조선 건국을 위한 역성(易姓)혁명을 꿈꾸며 재조산하(再造山河)를 부르짖었다는데, 주류 세력 교체를 목표로 내걸고 '노동 존중' 정부를 표방하면서 추진한 국정과제 1호가 '적폐 청산'이었다. 이에 국가정보원을 필두로 고용노동부, 교육부, 문화체육부, 법무부, 외교부 등에 관련 위원회가 설치되고, 이명박·박근혜 정부 시절 업무 추진 과정에 대한 대대적인 적폐 청산 활동이 이루어졌다.

국정원 적폐 청산 T/F는 민간인도 참여한 기구였는데, 정해구 위원장 등 국가기밀 취급 권한도 없는 자들이 유사 이래 처음 국정원 전산 서버까지 털어가며 이전 정부의 적폐 청산 과제를 발굴하기 위하여 감찰실을 중심으로 검찰에 수사 의뢰한 것으로 드러났다. 그들이 국정원 서버를 털면서 과연 적폐 청산만이 목적이었는지 아니면 다른 의도도 있었는지 의심스럽지만 말이다.

문재인 정권의 '적폐 청산' 작업은 전직 대통령과 대법원장을 포함해 1천 명 이상이 수사를 받았고, 이 중 200여 명이 구속됐으며 이재수 기무사령관 등 5명이 극단적 선택을 해야만 했다. 그렇게 천지에 굉음을 불러일으켰나.

나중에 수사와 재판을 받으면서 필자가 파악하게 된 것은 노사관계에 문외한이었던 당시 국정원장이 자신의 우국충정에서 우러난 발상이었는지 알 수 없으나, 국정원장의 제3노총 설립지원 지시·강조(2011년)에 따라 고용노동부에 출입한 국정원 I/O(정보관)와 고용노동부 장관정책보좌관이 담합하여 일탈한 행위로, 당시 재직한 차관이 마치 관여라도 한 것처럼 국정원 첩보 보고가 허위 작성되었다.

첩보의 출처로 쓰인 고위급의 직위로 당시에 차관이던 나의 명의가 허위 기재된 (국정원) 첩보 보고 문건이 공작적인 업무를 하는 '국정원 전산 서브'에 있음을 근거로 적폐 청산의 광풍(狂風)에 '적폐몰이 인사'로 찍혔다. 특히 국정원의 첩보 보고에 신뢰도를 높이기 위한 의도로 고위관계자의 직위와 이름이 출처로 허위 인용되었는데, 국정원은 '차단의 원칙'이 중시되는 기관이었기에 일부 허위 첩보는 당시의 관행이기도 했음이 국정원 관계자의 법정 증언으로 확인된다.

한마디로 고용노동부 출입 I/O의 허위·과장된 첩보 보고와 진술을 근거로 당시 고용노동부 차관을 국정원 공작업무에 가담(공모공동정범)한 범죄자로 몰아 적폐 청산의 제물로 삼은 문 정권은 2018년 6월 25일 검찰수사를 거쳐 그해 마지막 날이었던 12월 31일 오후 5시 특가법(특정범죄가중처벌법)상 국고 등 손실 혐의로 기소했다. 마치 떨이하듯 마지막에 몰려서 기소한 것은 무혐의나 불기소를 하지 못하는 무슨 사정이 있었던 게 아닌지 모르겠다.

나는 검찰과 재판부에 거듭 강조했다. "설사, 국정원 특활비가 필요했다고 하더라도 피차간 상응하는 직급의 고위급 간부와 소통하지 왜 실무 정보관에게 환심을 사가며 그런 불편한 일을 감수하는가?"라고. 그럼에도 공공의 이익을 위하여 필요한 정책을 만들고 효과적으로 시행하기 위하여 밤낮없이 노심초사하였을 뿐인데 결국 범죄자 신세로 둔갑하였다.

이른바 갈라치기 정권의 현대판 무술(戊戌) 사화로 불러도 손색이 없을 '적폐청산'은 그럴듯하게 미화하고 포장한 정치보복의 시작이었다. 노조 전임자 폐지와 복수노조 시행을 위한 노동 개혁에 앞장섰던 사람에게 낙인(烙印)을 찍고 족쇄(足鎖)를 채우는 행태는 조선시대의 사화(士禍)와 별반 다르지 않았다. 그래서 철학자 헤겔은 "역사는 반복된다"라고 하였던가?

세상사에는 빛과 어둠이 있는 것처럼 그림자가 생기는 것은 하나의 운명으로 받아들여야 하는가? 공직을 나온 이후 가장 열정적으로 활동할 수 있는 4~5년을 수사와 재판을 받느라 부질없는 송사에 빼앗겨 가계도 엉망이 됐다.

그럼에도 일단 결과가 나온 이상 받아들이지 않을 수 없다. 하지만 수사나 재판의 내용까지 수용하는 것은 아니다. 내가 아는 사실과 거리가 너무 멀었기 때문이다. 지금까지 나는 감히 하늘을 쳐다보기 부끄러울 정도로 큰 잘못을 저지르거나 그런 업을 짓고 살지는 않았다. 허구로 구성한 소설을 어떻게 현실로 받아들일 수 있겠는가? 그야말로 '한 번도 경험하지 못한 나라'였고, 끝없는 지혜와 무한한 생명을 지닌 무량수(無量壽)여야 개혁의 후폭풍과 상흔까지 품을 수 있을 듯하다. 이 또한 소명으로서 할 일에 따른 임무이자 사명인가?

라. 노동 개혁의 후퇴

개혁이 악용되거나 후퇴(개악)하는 상황으로 치닫게 되면서 개혁에 바친 열정은 회한(悔恨)의 밀물에 휩쓸려 갔다. 2010년 노동 개혁 이후 단체협약을 체결

해도 노조 전임자가 더 이상 계속 늘어나지 않게 되는 등 종전과 다르게 개선되었다.

근로시간면제 제도는 회사 일은 하지 않고 노조 일만 하는 노조(勞組) 활동 전임자(專任者)에게 (노조가 아닌) 회사에서 급여를 지급해 온 노조 전임자 제도의 폐해를 없애기 위한 개혁을 실현하기 위한 장치였다. 그러니까 고용노동부의 근로시간면제심의위원회에서 설정하고 정부가 고시한 한도 안에서 타임오프 제도를 실시하여 진일보한 것이다.

타임오프 제도는 노동 개혁(노조 전임자 폐지)의 연착륙을 위하여 선의(善意)로 출발한 예외적(例外的)이고 잠정적(暫定的)으로, 최소한(最小限)의 수준으로 적용하고, 궁극적으로는 폐지(廢止)할 것을 염두에 둔 제도였다. 하지만 개혁가의 손을 떠난 제도의 운명은 가늠하기 어렵다. 그런 취지에서 만들어진 제도가 2013년 이후 운영 과정에서 엉뚱한 방향으로 굴러가는 형국이다.

근로시간면제 한도가 줄어들고 궁극적으로는 폐지되어야 함에도 2013년 박근혜 정부에서 2개의 구간을 하나로 통합하는 방법으로 조합원 99인 이하 노조의 근로시간면제 한도가 늘어났다. 단지 양적으로 한도를 늘려주는 후퇴에서 그치지 않고, 2021년 문재인 정부 들어와서는 이전의 예외적인 지원이 아니라 일반적인 지원 수단으로 성격이 변질되었다.

이것이 다가 아니다. 근로시간면제 한도를 초과하는 지원을 요구(要求)하는 노조(勞組)의 쟁의행위 금지 및 처벌 규정(1천만 원 이하 벌금)을 없애, 이에 동의하거나 면제 한도를 초과하는 단체협약을 정하거나 실제로 면제 한도를 초과하는 급여를 지급하는 경우 사용자(使用者)만 처벌될 수 있도록 하여 현장에서 꼼수가 속출할 우려가 커졌다.

더욱이 노동계에는 대통령 선거라는 정치적 계절을 활용하여 공무원과 교원노조에도 타임오프 제도의 적용을 요구하자, 2022년 대통령 후보 시절의 약속을 이유로 윤석열 정부는 이를 덜컥 수용했다.

그동안 공무원과 교원노조 전임자는 관련 법령에 따라 휴직(休職) 명령을 받아 해당 기관에서 전임자 보수를 지급하지 않고 노조에서 100% 급여를 부담해 왔기 때문에 이는 예상을 뛰어넘는 정치적 결단이었다. 이어서 2022년 5월 4일 국회 환노위 법률 개정 의결, 6월 10일 공포되었는데 노조의 본질을 잘 알고 노조 활동을 오래 해온 환노위 간사 임이자 의원조차 깜짝 놀랐을 정도로 급선회한 조치였다.

2025년 이재명 정부에서 노동계와 정치권은 충분한 논의 없이 노사관계의 근간을 흔드는 방향으로 노조법 개정에 손을 대고 있다. 노조법의 총칙에 해당하는 근로자와 사용자에 대한 개념(정의)을 바꾸고, 노동쟁의의 범위를 그간의 이익분쟁에서 사용자의 경영상 판단까지 '떼법'으로 바꾸게 하거나, 불법쟁의행위 가담자에 대한 손배 책임을 사실상 묻기 어렵게 제한하는 내용도 담고 있다.

이제 국민적 성찰과 책임, 이에 임하는 노사의 각오와 현명한 대응이 절실하다. 각자도생(各自圖生)이 아니라 우리가 함께 앞으로 나아갈 수 있도록 중지를 모아야 한다.

〈참고〉 적폐 청산을 위한 TFT 구성 운용 지시(대통령비서실, 2017.7.20.)

대 통 령 비 서 실

수신 수신자 참조
(경유)
제목 국정과제 추진 부처별 TFT 구성 현황 및 운용 계획 제출

1. 국정과제 추진 관련입니다.

2. 국정기획자문위원회가 펴낸 〈문재인 정부 국정운영 5개년 계획 Ⅰ-비전·목표와 100대 국정과제〉에 의하면, 2017년부터 적폐청산을 위한 부처별 TFT 구성을 통해 국정농단 실태를 분석하고 기소된 사건의 공소유지를 철저히 하도록 하고 있습니다(동 자료 24쪽).

3. 이에 따라 귀 기관 소관 사항에 대하여 적폐청산을 위한 부처별 TFT 구성 현황 및 향후 운용 계획을 7. 24. 까지 회신하여 주시기 바랍니다. 끝.

03
대질조사와 영상녹화 조사 요구를 모두 거부한 검찰

공직에서 퇴직하고 5년이 지난 2018년 6월 25일 14시 검찰에 출석하였다. 조사 과정에서 그동안 한 번도 생각조차 해보지 않은 어이없는 질문이 나왔고, 나더러 전혀 알지도 못하는 사항을 시인하라고 했다.

나로서는 아무리 생각해도 사실이 아니었고 도무지 기억에도 없는 주장을 하며 추궁하길래 그렇게 주장하는 사람을 내 앞에 불러달라고 하며 확인하고 싶었다. 그래서 "대질조사를 해달라"라고 직접 요구하면서, 나도 모르게 언성이 자꾸 높아지고, 실랑이까지 하게 되었다.

조서를 열람할 때도 이상했다. 예를 들면 조사 시 분명히 "나는 (상급단체 탈퇴에 관한 질의회시를 법령에 따라 하였지) 유불리(有不利)에 따라 판단하지 않았습니다"라고 한 진술을, "나는 편 가르기 하지 않았습니다"라고 조서에 써놓는 등 내가 말한 진술과 다르게 되어 있었다.

내가 답변한 그대로 조서에 기록해 달라며 정정을 요구하였다. 그러나 수사관 자신이 잘못 타이핑 한 부분은 스스로 워드로 수정하여 출력한 것을 보라고 하면서도, 유독 일부러 교묘하게 왜곡해 놓은 부분은 끝까지 정정해 주지 않았다.

결국 내가 직접 줄을 긋고 당초 진술한 대로 수기로 고쳐 적을 수밖에 없었다. 내가 말한 진술과 차이가 나는 부분이 많았다. 하지만 자정이 지난 심야의 늦은 시간이라 모두 고치는 게 너무 번거롭고 귀찮아 도저히 안 되겠다 싶은 부분만 수정했다. 그게 그들의 수사 기법이었는지 모르지만, 생각할수록 고약한 행태였다.

그날 조사를 시작하면서 담당 검사와 면담할 때 나는 처음부터 "영상 녹화 조사를 받고 싶다"라고 주장했다. 하지만, 검사는 그렇게 하려면 조사실을 옮겨야 하는 등 곤란하다고 하면서 거절했다. 아마도 내가 알지 못하는 그들만이 아는 그럴 만한 무슨 이유가 필시 있어서 거부하는 것처럼 보였다.

다음 날 새벽, 조사를 마치고 나올 무렵 담당 검사(인ㅇㅇ)가 말했다.
"저희들은 인신구속을 신중하게 합니다."

학교 다닐 때 수업 시간에 들어본 당연한 말씀을 왜 하는지, 그때는 미처 알지 못했다. 지나고 보니 검찰은 어차피 구속영장을 청구할 수밖에 없는 '정치적 사건'이므로 그저 한 차례 요식행위로 진행한 수사임을 귀띔해 준 것이었다. 하지만 그때는 그런 수사학적 표현에 방점이 찍혀있는 줄 알아채지 못했을 정도로 나는 둔감했다.

가. 검찰 포토 라인(Photo Line)과 '범인 사냥'

조사를 마치고 귀가하니 나는 이미 몹쓸 사람으로 되어 있었다.
Photo Line 출석을 시작으로 언론 보도를 입체적으로 활용해 범죄자로 기정 사실화하는 검찰의 '범인 사냥'이 펼쳐질 줄은 몰랐다.
검찰에서는 조사 과정에서 포토 라인에 세우고 언론과 공조하여 방송이나 신문에 피의자의 얼굴이 나오게 하면, 나중에 설령 재판 결과가 무죄로 밝혀져도 국민의 머릿속에는 범죄자로 낙인찍힌다. 그러니 포토 라인으로 소환하는 순간부터 '무죄 추정'이 아닌 '유죄 예단'이 되는 뿌리 깊은 수사 관행이자 기법이었다.

압수수색을 받거나 조사를 받는 것도 힘들었지만, 그보다 더 견디기 어려웠던 것은 비난성 보도였다. 융단폭격처럼 가해지는 부정적인 기사로 공격받으면 나중에 재판 결과가 어떻게 나오든 주홍 글씨로 쓰인 범죄자 낙인찍기였다. 망신 주기 공개소환은 수사가 아니라 검찰의 정치적 행태였고, 의도적인 검찰의 여론전에 언론이 합세한 명예훼손이었다.

이런 기사나 보도가 반복되면서 엊그제까지 아파트 엘리베이터에서 마주치면 서로 정답게 인사하던 동네 이웃들의 시선도 왠지 달라진 것처럼 느껴졌다. 때론 극단적인 선택을 해서라도 억울함을 호소하거나 결백을 증명하고 싶은 강한 충동에 휩싸이기도 했다.

지금은 인권을 침해한다는 이유로 (포토 라인) '공개소환'이 금지되어 있다.
당시 정권과 같은 진영 인사였던 김 모 전 경남지사의 법정구속(2019년 1월) 사태 이후 법원에 출석(출정)하는 과정에서 수갑이나 포승줄과 같은 교정 장비 착용이 완화되었다. 또한 조 모 법무부 장관이 물러나기 직전 자신의 권한으로 '형사사건 공개금지 규정'을 변경(2019년 10월)하여 검찰 조사를 받고 있던 부인은 비공개 출석으로 포토 라인에 세우지 않고 얼굴도 모자이크 처리하며 꼭꼭 숨기는 장면을 보았다.

여기서 한 걸음 더 나아간 김명수 대법원은 '인신구속 사무의 처리에 관한 예규'를 개정하여 "실형을 선고할 때는 특별한 사정이 없으면 법정에서 피고인을 구속한다"라고 규정돼 있던 것을 "구속 사유와 필요성이 있다고 인정되는 경우 법정에서 피고인을 구속한다"라고 변경하였다(2021년 1월). 즉, 실형 선고 시 '원칙적 구속'에서 필요한 경우 구속하는 '예외적 구속'으로 개정했다.

이에 따라 전 법무부 장관은 실형 선고(1심 2023년 2월, 2심 2024년 2월)에도 법정구속하지 않은 사례에서 보듯, 친정부 유력 좌파 정치인은 법정구속하지 않는 것으로 바뀌었다. 그럼에도 이전 정권 우파 인사들은 망신을 주거나 인권이 무시되어야 하는 존재였다. 오죽하면 기무사 사령관 고 이재수 장군이 극단적 선택을 했을까? 그때는 그런 암흑의 시대였나 보다.

〈참고〉 2018년 6월 25일 언론 보도 : 이채필 전 노동부 장관 검찰 소환

검찰이 이명박 정권 당시 국가정보원의 양대 노총 파괴공작 의혹을 수사 중인데요. 제3 노총인 국민노총에 정부 자금이 지원된 정황을 파악하고 있습니다.

이채필 전 노동부 장관은 25일 오후 피의자 신분으로 검찰에 소환됐는데요. 장관 재직기간인 2011년부터 2013년까지 국민노총에 공작비를 지원하는 데 개입한 혐의를 받고 있습니다.

검찰은 지난 19일 정부세종청사 노동부 사무실과 이 전 장관 자택을 압수수색했는데요. 이 전 장관은 이날 검찰 출석에 앞서 취재진에게 "공직에 있으면서 법률과 직업적 양심에 어긋나는 일을 하지 않았다"라며 "(국민노총 설립에도) 특별히 한 행위가 없다"라고 말했습니다.

"노동부 본연의 임무는 상생의 노사관계를 만들고, 노동자를 보호하고, 안전한 일터를 만들고, 일자리를 만드는 데 있는데요. 진실이 무엇인지 곧 드러나겠지요"라고 밝혔다.

나. 법원의 구속영장 기각을 두고 벌인 검찰의 신경전

인터넷 검색을 해보니, "범죄 혐의가 소명되지 않아 검찰의 영장 청구가 기각되었다"라는 기사가 2018년 7월 4일 22시 30분경 처음 업로드되어 있었다. 이날 영장 기각을 두고 검찰과 법원이 신경전을 벌였다는 기사가 언론에 보도되었다.

서울중앙지법 영장 전담 부장판사는 4일 저녁, "범죄의 소명이 부족하다"라는 짤막한 이유로 구속영장을 기각했고, 수사 결과가 미진하다는 의미였다. 그만큼 검찰의 수사가 얼마나 부실하고 엉터리였는지를 말해 주었다.

그러나 서울중앙지검 관계자는 "영장 기각과 사유를 납득하기 어렵다", "매우 유감스럽고 심히 우려하지 않을 수 없다"라고 지적하며, 법원의 판단을 이례적으로 강하게 비판했다. 청와대나 누군가에 정치적으로 쫓겼는지 법원을 우습게 대하는 듯했다.

검찰은 휠체어를 타고 포토 라인에 출석하는 피고인이 마치 '약자 코스프레' 하는 꼼수나 부리는 사람으로 프레임을 씌우고, 언론을 입체적으로 활용하여 골든타임 방송 시간인 저녁 8시 '이 한 장의 사진' 특집 보도 등을 통해 법원은 물론이고 전 국민을 향하여 '범죄자 이미지로 낙인찍기' 작업을 벌였음에도 영장이 기각되자 더욱 실망한 것처럼 보였다.

검찰의 반발에 대하여 법원도 유감 표명을 하기는 했다.
중앙지법 관계자는 "영장 전담 법관은 법리와 소명자료를 기초로 기록을 검토하고 영장실질심사를 거쳐 공정하고 신중하게 구속영장 재판을 수행 중"이라며 "그 이외의 다른 어떤 고려 사항도 있을 수 없다"라고 반박했다.

특히 "검찰 수사팀이 개별 사건의 영장 재판 결과에 대해 '뭔가 다른 기준과 의도에 대한 의구심'이라고 표현하면서 불만과 근거 없는 추측을 밝히는 것은 매우 부적절하고 심히 유감스럽다"라며 검찰의 비판에 응수했다.

과문해서 그런지 몰라도, 수많은 적폐 인물 중 하나인 나의 구속영장이 기각되었다고 해서 검찰이 직접 나서서 재판부를 공격하는 것을 볼 때, 아마도 나를 반드시 손을 봐줘야 하는 어떤 이유가 있었던 것 같다. 검찰이 나를 얼마나 안다고 그런 행위를 했겠나?

04
검찰 출석 시, 나는 왜 휠체어를 타게 되었나

게다가 휠체어를 타고 검찰에 출석하는 모습을 영상으로 찍어 비난하는 방송과 보도가 나왔다. 약자 코스프레(흉내)로 꼼수나 부리는 얄팍한 사람으로 프레임을 씌운 것이었다.

그날 내가 휠체어를 이용한 것은 사실이다.
그에 앞서 나는 중앙지검의 출석요구서를 받고 출석요구서에 적혀 있는 부서에 전화를 걸어 물어보았다. 아직 변호사도 구하지 못한 상태였지만 검찰이 원하는 시기에 언제든지 출석하겠다고 하면서, 내가 물어본 것은 딱 한 가지였다. 그건 나의 신체적 사정 때문이다.

"검찰 출입 시 계단에 '손잡이 난간(핸드레일)'이 설치되어 있는지? 보행이 불편하여 계단 이용 시 손으로 잡을 난간이 없으면 제가 움직일 수 없습니다."
"난간은 설치되어 있지 않습니다." 돌아온 대답은 무척 난감했다.
하지만 곧바로 "그런 것은 염려하지 마십시오", "시간만 맞춰서 오시면 차에서 내리는 순간부터 검찰에서 준비한 휠체어로 안전하게 모시겠습니다. 그리고 타고 온 차는 (검찰 직원이) 주차장으로 옮겨놓겠습니다"라고 했다.

현직 시절에 출퇴근하던 정부과천청사(고용노동부)의 사정은 이와 달랐다.
정부과천청사에는 건물 정문 계단에 손잡이 난간이 설치되어 있었고, 완만한 경사로까지 만들어져 있었다.

그러니까 내가 휠체어를 탄 것은 검찰이 제안하고 검찰이 안내한 방식대로 따른 것인데, 언론에서는 "피의자가 동정심을 유발하려고 일부러 코스프레를 하였다"라는 이미지로 비치게 보도했다.

보행장애가 있는 장애인에 대한 검찰의 장애인 편의시설 미비 탓인데도 비난의 화살은 약자나 피해자만 겨누었다. 정권에서 찍은 적폐 인물은 권력기관과 언론이 합세하여 몰매를 가하고 매장시켜도 되는 그런 시기였다.

<참고> [성명] 한국장애인단체총연합회,
"장애혐오 조장한 MBN 즉각 사과해야 한다" (Ablenews 에이블뉴스, 2018.7.27.)

장애혐오 조장한 MBN 즉각 사과해야 한다
[성명] 한국장애인단체총연합회(7월 27일)

– 장애인 당사자의 휠체어 이용을 '장애인 코스프레'라니, 어처구니가 없어

지난 6월 25일 MBN 뉴스 8에서 방송된 이 한 장의 사진 코너의 내용은 참으로 기이하고 의아스러웠다. 뉴스는 검찰에 소환되는 한 인사가 휠체어를 타고 있는 모습을 화면 가득 보여주면서 "어찌 된 일인지 휠체어에 앉아 포토 라인에 섰다"라고 비아냥거렸다.

MBN 뉴스 8의 진행을 맡고 있는 김주하 앵커는 예의 그 선명하고 또랑또랑한 음성으로 "어릴 적 소아마비를 앓았다지만 상관 시절엔 휠체어를 탄 모습이 기억나지 않는 분인데, 오늘은 뜻하지 않게 휠체어로 출석을 했네요"라고 발언했다.

마치 휠체어를 이용하지 않아도 되는 사람이 검찰 소환이 되자 국민의 동정심을 얻기 위해 '장애인 코스프레'를 하고 있다고 힐난한 것이다.

휠체어를 이용해 검찰 소환에 응해 비난받은 사람은 다름 아닌 이채필 전 고용노동부 장관이며, 그는 실제 장애인 당사자이다. 황당하게도 이채필 전 장관은 장애인 당사자임에도 MBN 뉴스 8에 의해 '장애인 코스프레'를 한다며 비난받은 것이다.

참으로 천박하기 짝이 없는 장애혐오 방송이다. 장애인 당사자가 안전한 이동을 위해 보조기기인 휠체어를 이용하는 것은 당연한 권리라는 사실도 제대로 인지하지 못한 무지한 방송이고, 장애차별적인 방송이라 하지 않을 수 없다.

이채필 전 장관의 신분이 피의자이건 참고인이건 증인이건 상관없이 그는 장애인 당사자로서 보조기기인 휠체어를 이용할 권리가 있다. 장애인 당사자가 이동의 안전과 활동의 제약을 최소화하기 위해 휠체어를 이용했다고 해서 언론의 비난받을 일이 아니다.

이채필 전 장관은 소아마비 후유증으로 보행이 불편한 양하지 지체장애인으로 서울중앙지방검찰청 건물 구조상 계단을 걸어야 하는지, 계단에는 난간이 설치되어 있는지 여부를 문의하였고, 검찰은 장애인 편의시설 미비를 인정하고 검찰에서 준비한 휠체어를 타고 수사관실로 오도록 안내받는 등 검찰이 권유한 방법대로 출석하여 지정한 포토 라인에 앉게 된 것이라고 한다.

그러나 MBN 뉴스 8은 서울중앙지방검찰청의 장애인 편의시설 문제는 외면한 채, 장애인 당사자의 휠체어 이용을 코스프레로 덧씌워 비난했다.

특히, 이채필 전 장관의 장애 상태는 손잡이 난간도 설치되지 않은 계단을 걸어가려면 한 손에는 지팡이를 짚고 또 다른 손으로는 타인의 부축을 받아야만 하는 상황이며, 보행 중 넘어지거나 포토 라인과 출입구 사이에 취재기자들의 뜨거운 취재 경쟁과 질문 공세 과정에서 몸이 부딪치거나 좁혀지기라도 하면 쉽게 넘어질 수 있는 허약한 신체 상황이었다.

이러한 장애인 당사자의 장애 정도와 검찰의 입장은 확인하지 않았을 뿐더러 당사자에게 반론할 기회도 부여하지 않은 채, 특히 공공건물의 장애인 편의시설 여부는 의도적으로 눈감고, 장애인 당사자의 장애 상황을 동정심이나 유발하려는 '장애인 코스프레' 출석으로 매도하고 비난하는 취지의 보도를 한 것이다.

유엔장애인권리헌장(UN CRPD)은 장애인의 이동성 보장(제20조)을 위해 보조기에 대한 접근을 촉진할 것을 당사국에 장려하고 있으며, 우리나라에서 현재 시행되고 있는 「장애인 노인 등을 위한 보조기기 지원 및 활용촉진에 관한 법률」을 통해 보조기기의 사용이 장애인 당사자의 권리임을 법적으로 규정하고 있다.

장애인 당사자에게 보조기기는 신체적·정신적 기능을 향상·보완하고, 일상 활동의 편의를 돕는 필수적인 도구인 것이다. 무엇보다도 휠체어를 비롯한 보조기기 사용은 장애유형, 장애정도에 상관없이 활동의 제약을 최소화하고 삶의 질 향상을 위해 선택할 수 있는 것이다.

이에 한국장애인단체총연합회(이하. 장총련 상임대표 김광환)는 MBN 뉴스 8에 대하여 장애인 당사자의 보조기기 이용을 마치 동정심을 유발하기 위한 '장애인 코스프레'로 비하해 방송한 것에 대하여 사과할 것을 요구한다.

MBN 뉴스 8의 보도는 편의시설 미비로 발생한 문제를 장애를 가진 인물에 대한 비난으로 여론몰이하는 것은 적절하지 않다고 본다.

그리고 무엇보다도 차제에 MBN 뉴스 8 제작에 참여하는 기자들은 물론 김주하 앵커까지 장애인식개선교육을 받을 것을 권고한다.

2018년 07월 27일

사단법인 한국장애인단체총연합회

05
적폐 재판의 진면목

가. 판사 vs 검찰 vs 국정원

학교 다닐 때 학생들은 선생님으로부터 "참 잘했어요!"라는 칭찬을 들으려고 열심히 공부하고 나름 애를 쓴다. 나도 그랬다.

정치적 사건으로 법정에 앉아보니 형사재판을 받는 피고인이 경험한 법정 풍경의 진면목(眞面目)을 한 번 그려보기로 한다. '적폐 청산' 학교의 선생님과 학생 사이에서 내가 목격한 광경은 이랬다.

판사(判事)는 흡사 선생님에게 칭찬을 들으려고 하는 학생(學生)처럼 행동했고, 완장 찬 검사(檢事)는 학생 지도를 담당하는 호랑이 신생(先生)과 같은 역할을 했다. 한마디로 '검사의 기소장(起訴狀)'은 선생님이 학생에게 부여한 '숙제(宿題)'와 같았고, '판사의 판결문(判決文)'은 학생이 숙제 검사를 받으려고 제출한 '과제물(課題物)'처럼 보였다.

나의 상식으로는 형사상 유죄(有罪)로 인정하는 부분이 무죄(無罪) 부분보다 깊이 검토하는 게 당연할 것으로 생각했다. 그런데 이 사건에서 재판부의 판결은 이와 정반대였다. 즉, 검사의 기소 내용 중에 유죄로 판단한 부분은 두루뭉술하게 판시한 반면, 일부 무죄로 판단한 부분은 자세하고 꼼꼼하게 이유를 적어 놓았다.

흡사 '판사'의 형사재판 진행이나 '판결문 선고'는 벼락치기 공부한 '학생'이 검사가 청구한 공소장에 따라 (유죄라는) 판결문을 작성하여 검사인 '선생님에게 숙제 검사'를 받느라 가슴을 졸이는 '착한 학생'처럼 비쳤다.

이처럼 무서운 호랑이 선생님과 같은 존재가 검찰이었다. 세 차례나 검찰총장 직무대행을 역임한 조남관 대검차장은 "권력 앞에서 한없이 굽신거린 적이 있었고 국민 앞에서는 군림하려고 했던 것이 지난 법무검찰의 오욕의 역사"라는 자성의 퇴임사를 검찰 식구들에게 남겼다.[46]

또한 판사와 대법관 등으로 42년간 우리나라 사법부에 몸을 담았던 양승태 전 대법원장은 '사법 행정권 남용' 사건 최후진술(항소심)에서 "어느 검사가 검찰에 실망하고 조직을 떠나면서 '검찰은 마음만 먹으면 흑을 백으로 바꿀 수 있다'라고 했다면서, 이보다 더 적절한 표현이 없을 것 같다"라고 자신의 심경을 밝혔다. 이처럼 검찰은 "목적을 달성하기 위해 극도의 왜곡과 과장, 견강부회식 억지로 진실을 가리고 대중을 현혹했다"라고 강조했다.

그런데 그게 다가 아니었다. 그 위에 또 다른 권력으로 괴물기관 국정원이 있었다. 특히 문재인 정부에서 국정원은 검찰 현직 간부들을 데려와(파견받아) 검찰을 부리며 적폐 청산 TF를 가동하는 가운데 유기적으로 움직였다.

---

46. 그는 2017년 국정원 감찰실장으로 근무하다가 2020년 법무부 검찰국장과 대검차장을 거쳐 검찰총장 직무대행을 하였다.

이와 같이 검찰은 국정원의 지휘를 받거나 사실상 국정원의 수족(手足)과 같이 호흡을 맞추었다. 그러니 맨 아래에 판사=학생 〈 그다음에는 검사=선생님 〈 그 위에 국정원? 이라는 권력 피라미드 구조에 그들은 엎드리며 적응한 모양이었다.

나. "기는 놈 위에 나는 놈, 나는 놈 위에 올라타는 놈"

예전에 대통령비서실장과 국정원장을 지낸 박지원 전 국정원장이 2022년 6월 22일 KBS1 [여의도 사사건건] 인터뷰에서, "과거에는 국정원이 검찰도 상당히 지배(支配)했지만…"이라는 발언을 서슴지 않았다.

이에 앞서 2019년 10월 10일 여당이었던 더불어민주당 김종민 의원이 국회 법제사법위원회 (감사원) 국정감사에서 "과거 국정원이 정권 차원에서 검찰을 나름대로 관리(管理)했다"라고 말하면서, 이제는 감사원·법무부가 그 기능(機能)을 대신해야 한다는 발언을 하였다.

어렴풋이 [① 판사=학생 〈 ② 검사=선생님 〈 ③ 검찰 위의 국정원] 위계질서가 퍼즐처럼 그림 속 조각이 맞춰졌다. 그러니까 정치적 사건의 경우 판사 위에 검사가 있고, 검사 위에 국정원이 있다는 의미였다. "기는 놈 위에 나는 놈 있고, 나는 놈 위에 올라타는 놈이 있다"라는 말이었다.

이와 같이 검찰 위에 국정원이 존재할 정도로 위세를 부리는 관계이니, 국정원 정보관(I/O)이 거짓으로 왜곡하거나 과장하여 작성한 문제성 첩보나 공작성 보고의 진위여부 규명을 위한 수사를 검찰이 왜 제대로 못 하는지 그 이유를 알 것 같다. 그러니까 국정원이 협조 요청한 사건은 검찰에서 부실 수사를 할 수밖에 없고 결국에는 진실이 덮여버리는 암장(暗葬) 수사가 되었으리라.

다. 판사는 어떻습니까?

재판 과정에서 나를 만나는 사람들이 묻는 말이 꼭 하나 있었다.
"판사는 어떻습니까?"
한결같이 그렇게 말했다.
그러나 묻는 말이 아니었다. 단지 그렇게 말했을 뿐이다.

세상 사람들은 나의 상식과는 너무 다른 말을 하였다.
재판이 신뢰를 받으려면 담당 판사에 따라 판결이 달라져서는 안 되고, 어떤 판사가 사건을 맡더라도 같은 결과가 나와야 공정한 재판이 아닌가? 나는 의당 그렇게 되리라 믿었다.

법치주의의 마지막 보루가 사법부의 공정성이다.
그러나 많은 사람들은 벌써 우리 사법부를 믿지 않았던 것이다. 오히려 판사의 출신(出身)이나 이념 성향(性向)에 관심을 두는 게 작금의 사법부를 바라보는 적나라한 시각이었다.

나도 그에 반하는 생생한 사법 체험을 하면서, 그동안 자신이 얼마나 순진한 바보였는지 비로소 깨달았다. 만약 판사에 따라 판결이 다르게 나와도 상관이 없다면 헌법이 상정한 '사법부'라 할 수 있는가? 그게 사실이라면 우리나라 '사법부'는 이미 실종되었고, 판사 마음대로 하는 '고무줄' 법원이 된다.

공정해야 할 법의 심판이 개개인 판사의 자의적이거나 정치적 판단으로 달라진다면 국민의 사법 불신은 갈수록 깊어질 것이다. 검사가 수사하여 기소하면 형벌 선고, 인신구속 여부나 압수수색영장 발부는 판사가 한다. 판사는 법복을 입고 자리를 높게 만든 법대에 앉아 법정에 있는 사람을 아래로 내려다보며 사건의 승패를 정해주는 사람이다.

그러니 판사와 검사의 관계는 검사의 기소에 대하여 판사가 판결하므로, (법정 밖에서는 검사가 최고일지 몰라도) 법정 안에서는 재판장인 판사의 위엄은 거의 왕과 같이 대단할 것으로 생각했다. 게다가 법정에서 판사에게 함부로 대하면 법정모독죄까지 있다는 얘기도 들었다.

하지만 이번 사건을 겪으면서 나의 선입견은 산산조각이 났다. 적어도 정치적 사건의 형사재판에서는 일반론이 통용되지 않았다.

나는 정말 세상이 돌았거나 현실과는 반대로 꿈꾼 몽상(夢想)인가 싶어 오른손으로 왼손을 꼬집어 보기도 했다. 내가 착각했나 싶을 정도로 깜짝 놀라게 한 1심 재판장은 국제인권법연구회 출신 판사였다. 여러 사람이 말하듯 법원 내 특정 성향 모임의 판사여서 그랬는지 모르겠다는 의견이 나올 정도로 의견이 분분했다.

그래도 나는 그렇게 믿고 싶지는 않았다. 왜냐하면 나 역시 평생 공직을 맡았던 사람 중의 한 명이기에 그렇게 되면 세상이 너무 슬퍼지기 때문이었다.

하지만 검찰도 국정원의 손발이 되어서 국정원 적폐 청산 TF가 요구하는 방식대로 꿰맞춰 수사와 기소를 하였다. 정권 차원에서 밀어붙인 사건이고 좌파 정권의 영속을 위해서 필요했던 작업이었으리라. 게다가 노동 개혁을 앞장서서 추진한 인물로 민주노총을 비롯한 노동계로부터 손봐야 할 인물로 손꼽혀 있었으니 더 이상 무슨 말이 필요하랴?

06
대법원장의 '좋은 재판' 주문과 여론재판

전국법관대표회의는 2017년 사법부 블랙리스트 의혹이 불거지자 이에 대한 대책 마련을 위해 구성된 판사 회의체로 2018년 2월 상설화됐으며 각급 법원에서 선발된 대표 판사 117명으로 구성되었다.

김명수 대법원장은 경기도 고양의 사법연수원에서 열린 전국법관대표회의에서 "국민 눈높이에서 어떤 재판이 '좋은 재판'인지를 생각하고 실천해야 한다"라고 강조했다. 김 대법원장의 "좋은 재판은 국민을 중심에 둔 재판"이라며, 국민 눈높이에 맞춰 판결해야 좋은 재판이라는 발언으로 이는 곧 '여론재판'을 하라는 주문처럼 들렸다.

김 대법원장 취임을 전후하여 일부 판사는 정치 성향을 노골적으로 드러냈다. 특정 성향 모임인 국제인권법연구회 소속 모 판사는 '재판이 곧 정치(政治)'라 했고, 또 다른 판사는 문재인 대통령 당선 다음 날 "지난 6~7개월은 역사에 기록될 자랑스러운 시간"이라 했음이 밝혀졌다. 이처럼 그들은 공무원으로서 지켜야 하는 정치적 중립 의무를 어긴 채 노골적으로 정치적 성향을 드러냈다. 과연 이들 법관의 판결이 공정한 것인지 의문스러웠다.

그런데 우리나라 헌법 제103조는 "법관은 헌법과 법률에 의하여 그 양심에 따라 독립하여 심판한다"라고 규정하고 있다. 법률과 (직업적) 양심에 따라 재판하라는 것이지, '국민 눈높이'나 '여론'에 맞추라는 대목은 헌법 어디에도 없다.

법관에게 '법률과 양심에 따른 재판' 대신에 '국민 눈높이'에 맞는 '좋은 재판'의 실현(여론재판)을 강조한 대법원장의 이날 발언은 2018년 신년사나 그에 앞선 2017년 9월 취임사에도 유사하게 반복하여 나온다.

한 원로 법조인은 "이런 때일수록 사법부 수장은 '법률과 양심'에 따른 재판을 강조해야 하는 것"이라고 했다. 우리가 목격한 바와 같이, 우파 인사들이 얽힌 재판이나, 과거 보수 정부였던 이명박 정부, 박근혜 정부 관련 인사들에 대한 재판은 신속하게 처리한 데 비하여 송○호, 윤○향, 조○, 최○욱, 황○하 등 문재인 정부 시기 집권 여당이었던 좌파 인사들이 얽힌 재판은 시간을 고의로 끈다는 비판이 있었다.

역대 대법원장들은 법관 회의에서 '법과 원칙'을 강조하는 발언을 해왔다. 2009년 전국 법관 워크숍에서 이용훈 전 대법원장은 "법과 양심에 따라 재판하면서 외부에서 전달되는 소리는 보편적인 것이어야 한다"라고 한 것이 대표적이다.

허영 경희대 법학전문대학원 석좌교수는 "법관은 헌법으로 정한 법률과 양심을 기준으로 판단하는 것이지 국민 눈높이를 준거 기준으로 삼아선 안 된다"라며 "대법원장은 언제 어디서나 사법부 독립 수호를 위한 방패 역할을 하는 발언을 해야 한다"라고 강조했다.

07

'무죄 추정의 원칙'?
: 실무에선 오직 '유죄 추정'만 있을 뿐

지방노동위원회 공익위원으로 활동하는 검사 출신의 한 변호사가 말했다.

"일단 기소가 되면, 판사는 유죄로 예단하여 재판합니다."
"'무죄 추정의 원칙'이란 실무에서 존재하지 않습니다."

현직 시절 자신의 경험을 바탕으로 하는 말이었다. 그러니 현실은 '유죄 추정(예단)의 원칙'만 있었다는 것이다.

정권이 바뀐 후 과거 적폐 청산을 열심히 하던 분들의 범죄가 드러나고 검찰이 사건을 수사 후 온갖 증거를 찾아 유죄로 기소해도 어떤 판사를 만나느냐에 따라 구속영장도 기각되고, 법조인들이 이구동성으로 유죄를 예상하는데도 무죄 판결이 나오는 그런 시대이다.

사법부가 내 편이면 검찰만 때리면 되는 시대인데 유감스럽게도 보수 정권에서 적폐로 찍힌 사람들에게는 검찰과 사법부가 한 몸으로 움직였다.

'무죄 추정의 원칙'은 형사재판에서 유죄 판결을 받을 때까지 무죄로 추정된다는 뜻으로, 비록 죄가 있다고 해도 유죄 판결을 받을 때까지는 무죄인 사람과 동등하게 자기 방어권(防禦權)을 보장한다는 정신을 표현하고 있다. 물론 이 제도의 연원은 흉악범을 보호하기 위해서 나온 것이 아니라, 정치적 사범을 보호하기 위한 목적으로 만들어진 것이라고 들었다.

대법원 판례에 의하면, 검사는 공익(公益)의 대표자(代表者)이자 국민의 인권보호관으로서 피의자(被疑者)나 피고인(被告人)의 정당한 이익(利益)을 옹호할 '객관의무'를 부담한다고 한다. 하지만, 정치적 사건에서 검사의 객관적 검증 의무가 작동되기 어려운 것이 우리나라의 엄연한 현실이다.

적폐 청산으로 곤욕을 치른 어느 국정원장의 경험을 기록한 자료에 의하면,[47] 검사들은 조사 과정에서 모두 친절했다고 하면서 점심시간에 같이 밥을 먹으면서, "원장님이 국정원장을 하신 것이 불행입니다"라고 속내를 털어놓은 검사도 있었다고 한다. 그러니까 사건이 처음부터 무리인 것을 그들도 속으로는 다 알고 있었다는 것이었다. 이처럼 당시 검찰은 사람을 사냥했다.

그 시절 이명박·박근혜 정부에서 근무했던 정부 기관 사람들이 많은 시련을 겪었다. 어떻게 하면 더 많은 공직자를 사냥해 촛불혁명의 정당성에 봉사하느냐에 주력했다. 부끄러워해야 할 검찰의 민낯이었다.

적폐 청산은 정적을 제거한 조선시대 사화(士禍)에 비유된다. 1498년(연산군 4년) 무오사화, 1504년(연산군 10년) 갑자사화, 1519년(중종 14년) 기묘사화, 1545년(명종 원년) 을사사화 등 4대 사화로 사대부들이 떼죽음을 당한 500년 전 역사가 떠오른다. 특히 임진왜란 직전 1,000여 명의 정적이 처형된 기축옥사(1589년)에 비유한 신문 칼럼도 있었는데, 「한 번도 경험하지 못한」 정부가 대한민국을 덮쳤다. 아마도 후일 역사는 당시의 적폐 청산을 '문재인 사화'로 평가하지 않을까?

---

47. 이병호, 『좌파 정권은 왜 국정원을 무력화시켰을까』 223~234쪽, 2024년

수사와 재판을 직접 받아본 경험에 비추어 보면, 검찰의 수사행태나 수사 상황 보도, 법원의 재판 진행은 피의자나 변호인이 아무리 억울함을 호소해도 구차한 변명으로 치부하였는지 귀 기울여 경청하지 않았다.

　오히려 그와 반대로 '무죄 추정의 원칙'이나 (편견과 예단이 배제된) 공정한 재판받을 권리를 치명적으로 침해할 우려가 심각했다. 그래서 검찰의 기소 내용을 무비판적으로 수용하는 법원의 행태를 두고 '고무도장' 판결이라 부르는가 보다.

08
미리 보여준 '유죄 예단' 재판(1)

주심 판사의 단편적인 경험을 토대로 한 확증편향 재판

2019년 10월 2일 중앙지법 1심 공판 때의 일이다.

검찰 조사 시 소위 민주노총 와해와 제3노총 설립지원을 위하여 국정원 특활비를 요구하였다는 혐의와 관련하여,

【전 차관】"그런 요구를 한 사실이 없습니다. 만약 국정원 자금이 필요하다고 가정하더라도, 이명박 정부에서 청와대 수석 출신 실세 박재완 장관이 해결할 것이지, 직업공무원 출신 차관이 나설 이유는 더더욱 없었을 것입니다."

"게다가 설령 차관이 나선다고 가정하더라도 차관의 협의 상대방은 해당 기관의 정무직 내지는 한 직급 정도 아래의 관계자와 상대할 일이지, 주무관급 실무자로 생각한 정보관(I/O)과 얘기할 사안은 아니었습니다"

그런데도,

【주심 판사】"당시 출입한 국정원 I/O의 직급이나 신상정보에 대하여 알지 못하였는지?"라고 심문하였다.

【전 차관】"당시 부처에 출입한 국정원 I/O 등 정보 입무 관계자는 자신의 이름만 말했을 뿐, 직급이나 소속 부서 등 구체적인 것은 알지 못했습니다. 그런 것은 보안(保安) 사항이라고 짐작하여 물어보지도 않았습니다. 다만, 예전에 직접 모신 상사(당시 임금복지과장으로 나중에 차관 역임)로부터 들은 바에 의하면, 부처를

출입하는 I/O(정보 경찰)의 직급이 주무관급(6~7급) 실무자로 들었습니다"라고 진술하였다.

이에 대하여,
【주심 판사】"부처 관계자와 오찬 등 면담을 하게 되면 사전에 프로필 자료를 교환하였을 것이 뻔한데, 부처 차관이 출입하는 국정원 I/O의 인적 사항을 몰랐다는 것은 도저히 믿어지지 않는다"라고 말하며, "틀림없이 피고인이 허위 진술을 하고 있다"라며 서슴없이 단정하는 발언을 하여 법관으로서는 부적절한 언동으로 보였다.

주심 판사는 자신이 정보기관에서 군 법무관으로 복무한 경험이 있다고 밝히면서, "기무사에서 다른 기관 사람을 만날 때 항상 프로필을 교환했다"라고 힘주어 말했다. 1심 주심 판사는 자신의 단편적인 경험만을 토대로 피고인이 직접 겪은 사실을 있는 그대로 진술한 답변에 대하여 "도저히 믿어지지 않는다. 틀림없이 허위 진술을 하고 있다"라는 질책성 발언까지 하였다. 빈약한 근거를 가지고 자신의 의심을 당연시했다. 사정이나 경우가 다름에도 자신의 단편적인 경험과 머릿속 상상을 일반화하며 유추해석까지 하였다.

시점이나 처한 여건에 따라 사정이 다를 수 있는데도 그렇게 단정하니, 기분이 착잡했다. 그의 확증편향으로 나의 진술은 의심받았고 유죄로 예단하는 상황이었다. 그는 자신의 좁은 식견과 주관으로 경솔하게 재단하는 위험천만한 인물이었고, 실체적 사실관계를 파악하기 위해 성의를 기울여야 하는 법관이 맞는지 의심이 들었다.

나중에 2019년 10월 23일 1심 공판이 끝나갈 무렵, 임○희 전 대통령실장이 법정 증인으로 출석한 자리에서도 그는 이 점을 재확인하는 심문을 했다.
【주심 판사】"고용노동부 장관 재직 때 출입한 국정원 I/O가 있는지, 그리고

그의 직급이나 신상정보에 대하여 알지 못하였는지?"라는 심문을 반복했다. 그는 집요했고, 내 귀도 솔깃해졌다.

이에 대하여,
【전 대통령실장】 "출입한 I/O가 있었습니다. 그러나 국정원 차장 등 정무직 인사는 신상정보가 대외적으로 공개되었지만, 실무 정보요원의 인적 사항은 알지 못했습니다"라고 답변했다. 이어서 임 전 장관 자신도 군 복무 시절 정보부대에 차출되어 근무한 경험이 있음을 덧붙였다.

법정 심문을 통하여 주심 판사의 생각이 현실과 거리가 있음을 확인해 준 진술이었고, 진실이 밝혀져 다행스럽게 느껴졌다. 하지만 사람마다 경험이나 생각은 판이하게 달랐다. 믿거나 말거나 하는 것은 전적으로 그의 자유재량이었다. 그것이 바로 '자유심증주의'라는 판사의 든든한 언덕이었으리라.

게다가 우리나라에서 보안이 가장 막강하다는 국정원 I/O가 특유의 (업무 담당자와 직속 라인 외에는 알지 못하게 하는) '차단의 원칙'에 기대어, 나의 차관 시절 명의를 임의로 허위 기재 한 허접한 첩보·보고서가 국정원 전산 서버에 있음을 유력한 유죄의 근거로 삼았다. 그저 헛웃음만 나왔다.

09
미리 보여준 '유죄 예단' 재판(2)

재판장의 비현실적인 상상과 비상식적인 오판

2019년 10월 2일 중앙지법 1심 공판 때의 일이다. 이 사건과 관련하여, 2011년 3월 25일 국정원 관계자와의 오찬 시 오후(13시)에 중앙공무원교육원에서 예정된 다음 일정(공공기관장 워크숍, 기조 발제)이 있어서 오찬장(과천시 소재)에서 나만 먼저 나왔다.

재판장은 이날 오찬 비용을 누가 부담했는지를 물었다.
【전 차관】"부처나 기관 사람들 오·만찬 시 식대는 초청자(호스트)가 부담하는 게 공직 사회의 관행이었습니다."
"당일 오찬은 국정원에서 우리 부에 출입하는 정보관(I/O)이 오래전에 자신의 상사(처장)와 함께 만날 기회를 달라고 요청하여 이루어진 자리였으므로, 우리 부처(고용노동부)에서 식사비용을 결제할 이유가 없었습니다"라고 답변했다.

아울러 이런 사실을 확인하기 위하여, 차관의 업무용 카드 사용 결제 내역(2011.3.25. 오찬 식대의 카드 결제 여부 및 해당 식당의 명칭과 결제한 금액 등 내역)을 확인하는 '정보공개청구 회신자료'(d-brain)를 증거자료로 법원에 제출하였다.

이에 대하여,
【재판장】"국정원에서 장·차관 평가보고서를 작성하여 청와대에 제출하면,

차관이 평가를 잘 받기 위하여 개인카드로 식대를 결제할 수 있지 않는가?"

나는 피고인석에서, 고개를 옆으로 가로 저으며 부정하는 표정을 지었으나 더 이상 나에게는 발언이나 답변할 기회조차 주지 않았다. 기분이 영 찝찝했다.

1심 재판장은 각 부처(장·차관) 평가보고서를 작성하여 청와대에 제출하는 국정원에 차관인 내가 잘 보이기 위하여 업무용 법인카드가 아닌 개인카드로 식사비용을 냈을 것으로 의심하였다. 하지만 이것은 너무나 비현실적인 상상이었고 지금까지 깐깐하게 공직 생활을 해온 사람에 대한 모독성 언행이었다.

당시 공무원 신원조사나 평가는 소관 부처 업무를 담당하는 국정원 정보관이 아니라, 다른 정보관이 담당했다. 그러니까 방 모 I/O가 그런 업무까지는 담당하지 않았다.

한편으로는 그런 사실 확인이 필요하다면 검찰에서 나의 개인카드 결제 내역 등을 조사하면 명백하게 드러날 것으로 생각했고, 또 한편으로는 그렇게 할수록 혐의없음이 밝혀질 것으로 확신하였기에 나로서는 거리낄 게 없었다.

공직 생활을 하는 동안 나는 맡은 일을 잘하려고 최선을 다했다.
하지만 다른 사람들처럼 상사에게 잘 보이기 위하여 애를 쓰거나, 경조사 참석과 같은 모임에는 비중을 두지 않았다. 인사 차원에서 하는 설이나 추석 등 명절 선물조차 나는 한 번도 보낸 적이 없다. 심지어 실장 승진도 시켜주고 축하 오찬까지 베풀어 준 이영희 장관께도 나는 감사하다는 말조차 먼저 꺼내지를 못했다.

당시 나의 솔직한 심정은, 나에게 '(일을) 시킬 만하니, (승진도) 시켰겠지' 생각했기 때문이다. 평생 내 일신의 영달을 위해 일 외의 요소로 상사에게 잘 보이려고 한 적이 없다. 다만 나에게 일할 기회가 주어진 것만으로 과분하다고 여겼다.
우리는 맞벌이 부부가 아니어서 봉급 외에는 다른 수입이 없었다. 가난한 농촌 출신이라 가진 재산도 별로 없던 우리 가족들은 애 어른 할 것 없이 모두 생활비와 학비, 용돈도 아끼며 검소하게 살았다.

부처를 출입하는 국정원 정보관이 가끔 사무실에 찾아오면 기관의 간부였던 나로서는 의례적으로 차담(티타임)을 하였는데, 이것은 일종의 관행이었다.
그럼에도 1심 재판장은 내가 국정원에 잘 보이기 위하여 업무용 카드가 아닌 나의 개인카드로 오찬 식대를 결제했을 것으로 상상하다니, 아마도 자신은 그렇게 살아와서 그런지 실력 있고 훌륭한 법관이길 기대한 나로서는 어이가 없었다.

그는 2024년 12월 31일 어느 체포·수색영장을 발부하면서 "형사소송법 110조와 111조 적용을 예외로 한다"라고 영장에 명시하는 창조적 사법 행위를 하여, '대한민국 형사 사법제도의 붕괴를 불러오는 법치 파괴'와 '법원의 신뢰 하락'에도 일익을 담당했다고 나는 생각한다.

형사소송법 제110조(군사상 비밀과 압수)
① 군사상 비밀을 요하는 장소는 그 책임자의 승낙 없이는 압수 또는 수색할 수 없다.
② 전항의 책임자는 국가의 중대한 이익을 해하는 경우를 제외하고는 승낙을 거부하지 못한다.

형사소송법 제111조(공무상 비밀과 압수)
① 공무원 또는 공무원이었던 자가 소지 또는 보관하는 물건에 관하여는 본인 또는 그 당해 공무소가 직무상의 비밀에 관한 것임을 신고한 때에는 그 소속공무소 또는 당해 감독관공서의 승낙 없이는 압수하지 못한다.
② 소속공무소 또는 당해 감독관공서는 국가의 중대한 이익을 해하는 경우를 제외하고는 승낙을 거부하지 못한다.

〈참고〉 1심부터 법정구속한 오판과 부존재 · 부작위 증명의 어려움

검찰은 내가 하지도 않은 것을 마치 행한 것처럼 단정했고, 내가 알지도 못하는 것을 나열하면서 혼자 뒤집어쓰면 무거운 중형을 받는다고 하며, 압박을 가했다.

시간을 거슬러 올라가, 2018년 7월 4일 법원의 영장실질심사 때 검찰의 엉터리 영장 청구에 나오는 바와 같이, 영장 담당 판사 앞에서 ppt 화면을 띄워 놓고 "이명박 대통령의 제3노총 설립 지시와 임태희 대통령비서실장, 박재완 고용노동부 장관의 관련 범행을 실토하지 않고, 피의자가 혼자 덮어쓴 채 역사의 죄인이 될 것인가?"라고 하며 피의자를 다그치며 심문하던 검사의 모습이 떠올랐다.

그러나 검사가 구성한 사건의 얼개는 입증되지 않았다. 국정원 정보관과 고용노동부 장관정책보좌관이 검찰에서 앞서 진술한 내용과 다르게 진술을 번복하거나 공소 내용과의 모순점이 공판에서 여러 차례 드러났는데도 실체 규명은 하지 않았다. 사실이 드러나 검찰은 혐의 입증을 포기한 것인가 하는 생각이 들긴 했지만, 영문은 몰랐다.

지금 생각해 보면 전 정권에서 판 · 검사들은 일하기가 참 쉬웠다는 생각이 든다. 검찰이나 사법부가 자기들 편의대로 수사하고 기소, 재판해도 누구 하나 저항하지 못하고 마냥 당하기만 했으니까. 후일 자기들 수사한다고 줄 탄핵하면서 검찰을 괴롭히는 범죄자들을 보면 더욱 그렇다.

그런데 기소한 검찰이 입증해야 할 사항인데도, 일단 기소가 되니 무언가 행하지 않았음에도 내가 오히려 입증(부작위 증명)해야 하는 기이한 상황으로 바뀌었다. 헌법상 '무죄 추정의 원칙'은 박제된 장식품으로 전락했다.

이 사건 진행이 특이한 것은 철통같은 보안 기관인 국정원 전산 서버에 남아 있는 (신빙성 없는 허위성) 첩보 보고를 유력한 근거로 삼아 유죄를 선고하면서, 도무지 증거인멸이 불가능한데도 법정구속까지 하였다. 게다가 보행장애가 심한 몸으로는 설령 도주하려고 해도 도망갈 수 없는 상태인데 법정구속하였다.

마치 내가 불구속 상태가 되면, 그와 무관함을 보여주는 반대 정황을 피고인이 입증할까 봐, 피고인의 방어권을 원천적·물리적으로 행사하지 못하게 막아 1심 재판장 자신을 방어하기 위한 의지로 풀이되었다.

만약 1심 재판장이 유죄 선고를 하더라도 법정구속만 하지 않았다면 장관정책보좌관과 차관의 업무 관계 불성립, 제3노총 설립 관련 움직임과 차관의 무관함에 대하여 외부 전문가와 관계자의 증언 확보 등 당시 차관의 활동과 범죄와의 정황이 무관하였음을 충분히 입증할 수 있었을 터인데, 나를 꼼짝도 하지 못하게 물리적으로 철창에 가두어 격리하니 항소심 단계에서는 아무것도 할 수 없었다.

하필이면 설상가상으로 2020년 2월부터 불어닥친 코로나 팬데믹으로 인해 그 무렵 항소심이 진행되는 동안 구치소의 접견이 전면 중단되거나 제한되는 등 어려움이 복합적으로 가중되었다.

판사 역시 신(神)이 아니고, 완전무결하지 않은 인간(人間)이기에 때로는 실체적 진실을 오판(誤判)할 수 있다. 그러니 다툼의 여지가 있을수록 대법원에서 판결이 확정되기 전에는 무죄 추정 원칙에 따라 불구속 상태에서 재판받게 하는 것이 아닌가? 그게 방어권 보장인데 현실은 이런 기대와는 전혀 다르게 돌아갔다.

그렇기에 다음과 같이 유지담 대법관의 퇴임사 양심선언, 오석준 대법관의 인사청문회를 앞두고 제출한 국회 답변서, 그리고 문유석 판사가 현직 시절에 쓴 책에서 고백한 인간 판사의 오판 우려를, 이 사건 재판장과 주심 판사에게 그대로 들려주고 싶다.

(1) 유지담 대법관 퇴임사

유지담 대법관이 2005년 10월 10일 대법관을 퇴임하면서,
"몸담았던 법원을 떠나면서 제가 무엇보다도 부끄럽게 생각하는 것은 권력에 맞서 사법부 독립을 진정코 외쳤어야 할 독재와 권위주의 시대에는 침묵하였으면서 정작 사법부에 대한 경청할 만한 비평을 겸허히 받아들여야 할 때, 이를 외면한 채 '사법권 독립'이라든지 '재판의 권위'라는 명분으로 사법부의 집단이익을 꾀하는 것으로 비칠 우려가 있는 움직임에도 냉정한 판단을 유보(留保)한 채 그냥 동조하고 싶어 했습니다. 그러니 환송받기보다 용서를 구하고 싶은 심정입니다"라며 자신의 오판에 대하여 고백하는 말을 남겼다.

지금은 독재 권력이 아니라 좌파 성향의 판사들이 법을 뛰어넘는 정치 재판을 하는 탓에 사법부의 권위가 실종된 상황이다. 여론 지형과 정치권력에 무게가 실렸다고 보기 때문일 것이다. 이런 상황에서 '국민 눈높이에 맞는 재판'의 흐름에 동조하는 카르텔 소속 판사들은 바로 유지담 대법관처럼 용서를 구하는 심정이어야 한다.

(2) 오석준 대법관 후보자 인사청문회 답변

오석준 대법관도 2022년 8월 27일 국회 인사청문회를 앞두고 제출한 답변에서, "사형제는 국가의 형벌권으로 인간 생명 그 자체를 박탈하는 것이므로 개인적으로 지지하지 않는 입장"이라고 하였다.

이 역시 "판사가 오판(誤判)할 우려가 있어서 나중에 설령 잘못이 밝혀져도 사형 집행을 돌이킬 수 없기" 때문임을 이유로 덧붙였다는 점에서, 완벽하지 않은 존재의 인간이기에 의사의 오진(誤診)이나 판사의 오판(誤判) 우려가 불가피한 측면이 있었다.

(3) 문유석 중앙지법 판사의 '판사유감'

이와 비슷한 또 다른 고백도 있다.

문유석 중앙지법 판사는, "뒤늦게 깨달은 것들이 많았다. 딴에는 최선을 다해 판결했음에도 오판(誤判)으로 인해 타인의 인생을 완전히 망칠 수 있음을 실제로 경험했기 때문이다. 무죄를 치열하게 주장하는 사건이라고 해서 재판 결과 유죄를 인정하면서 적당히 형량을 낮추어 타협할 수는 없는 것이다. 그래서 두렵다"라고 하였다.

"오판(誤判)으로 누군가의 삶을 지옥(地獄)으로 만드는 죄는 무간지옥에서 영원히 속죄할 수밖에 없는 것이다. 늘 용서를 구하는 마음으로 법정에 임할 수밖에 없는 것 같다"라고 하며, 2014년 자신의 책에 고백한 바 있다.[48]

형사재판을 담당하는 판사는 심리 과정에서 선입견 없는 태도로 검사와 피고인 양측의 주장을 경청하고 증거를 조사해야 하며, 그 결과를 바탕으로 헌법상 요구되는 형사재판의 원리인 '무죄 추정의 원칙'에 따라 유·무죄를 판단해야 한다.

필자는 지금까지 사법부가 법치주의 최후의 보루로 생각하며 이를 존중해 왔다. 하지만 검사의 공소사실과 이를 뒷받침하는 증거들에서 보이는 여러 가

---

48. 문유석, 『판사유감』, 21세기북스, 2014.

지 불일치와 모순점, 의문점에 애써 눈을 감는 모습을 보았다. 특히 문 정부 들어서 적폐 청산이란 기치로 이루어진 재판은 보수 인사에 대하여는 무차별적 유죄 예단을 하고 재판에 임한 것이 아닌가, 심히 의심스러웠다.

판결은 치우치더라도 적어도 그 과정은 공정해 보이도록 해야 한다는 법언이 있지만, 나를 재판한 판사나 법관은 노골적으로 예단을 하고 피고인을 다루었다.

아이러니한 것은 수사하고 기소(2018년)한 검찰 당국자가 자신이 대통령이 되니(2022년), 그해에 형선고 실효와 복권이라는 사면과 복권(2022년)을 했다는 점이다.

10
반대 증거는 애써 무시한 '유죄 예단' 재판

재판부는 검찰의 주장이나 증거에 대한 피고인(변호인)의 반증 자료가 제출되었음에도 이를 외면한 채 실체적 진실을 은폐·왜곡하는 재판을 하였다. 대신에 미리 예단한 프레임에 맞추어 결론을 끌어내지 않으면 도저히 맞출 수 없는 사실관계와 법리 전개를 하였다.

수사와 기소의 부당함을 반박하는 공신력 있는 반대 증거(반대 정황) 자료를 재판부에 제출했는데도, 피고인의 증거자료는 판결문 증거의 목록에조차 넣지 않는 등 애써 무시하였다. 고용노동부 등 관련 기관에 정보공개 청구를 하여 법원에 제출한 피고인의 증거(1심 54건, 항소심 13건, 상고심 3건 등 70건)는 재판부가 하나도 채택하지 않는 등 피고인의 입장을 뒷받침하는 사실관계 증거는 싹 무시했다.[49]

예를 들면, 피고인이 제출한 증거만으로도 제3노총 관련 국정원의 자금 지원을 요구하였다는 소위 '정보요원 등 오찬 면담 일자'가 2011년 3월 25일로 입증된다. 그러나 검찰의 수사자료에는 '국정원장의 자금 지원 방침 결정 시점' 날짜가 2011년 3월 22일로 나왔다. 법원에서 국정원에 사실조회 신청 결과 받은 회신에도 국정원장의 결재는 사흘 전에 이미 나 있었다.

---

49. 피고인이 제출한 증거에 대하여 검찰 역시 증거채택에 동의하였음에도 판사는 판결문 증거의 목록에 표기하지 않았다.

그렇다면 역일(曆日) 상 시간적 선후관계가 거꾸로 되어 타임머신을 타고 시간을 거슬러 가지 않는 한 오찬 면담과 지원 요청의 관련성이 부정된다. 물리적·논리적·경험적으로도 제3노총 관련 국정원의 자금 지원에 피고인이 가담할 수 없는 정황인데도 판사는 이를 거꾸로 해석하여 입증 증거로 판시하였으니, 사실관계 판단이 잘못된 해괴망측한 판결이다.[50]

게다가 차관이 특활비를 요청하기 위해서 국정원 정보관과 그 위 상관을 불러 식사대접을 했을 것으로 추측하였다. 그날 식사는 관행대로 국정원 관계자의 부임 인사 차원에서 요청된 의례적인 식사였고, 호스트였던 국정원이 계산한 자리였으며, 차관은 법카를 쓴 적이 없다는 증거를 제출했는데도 판사는 이를 무시했다.

법원은 개별 사실마다 관련 증거를 대응시켜 사실인정을 하거나 배척하였는지 표시해야 함에도 그렇게 하지 않은 점에서 볼 때, 이 사건 판결은 증거에 기초한 재판이라 할 수 없다. 선입견이나 지레 낸 결론에 부합하는 증거만 골라서 인정할 뿐 그에 반대되는 증거는 깡그리 무시하는 판사의 자의적이고도 선택적 판단으로 이루어진 재판이다. 이렇듯, 사실관계에 대한 진위 규명을 검찰은 물론 법원 역시 소홀히 하고, 신빙성 없는 국정원 정보관의 진술을 임의 취신하고도 "자유심증주의의 한계를 벗어나지 않았다"라고 판결하니, 상식적으로 납득할 수 있겠는가?

법관들은 자유심증주의를 전가의 보도로 내세운다. 이것은 한마디로 판사 마음대로 판결할 수 있는 자유이기도 했다. 하나의 사건에는 하나의 일치된 판결이 내려질 것으로 기대하는 것이 건강한 사법부 아닌가? 그렇지만 이번에 경험한 바에 의하면 그게 아니었다. 만약 담당하는 법관이 여러 명이면 해당 인원만큼의 다양한 판결도 나올 수도 있겠다는 생각에 이르렀다.

---

50. 이채필의 페이스북 글. 2021년 3월 20일, 3월 21일

자유심증주의의 한계를 일탈한 사실인정은 상급심의 심사 대상이 되고, 유죄 판결을 하는 경우 증거에 의한 심증 형성이 합리적 의심이 없는 증명이 되어야 한다. 즉, 확신에 이를 정도가 되어야 하며, 그렇지 않은 경우 '의심스러울 때는 피고인의 이익으로'(in dubio pro reo)라는 원칙이 적용되는데, 이 법언(法諺)도 무시되었다.

그런데 (항소심) 법원은 공모공동정범이 성립됨을 전제로 구성한 국정원의 2인자였던 차장에게는 이 부분 무죄를 선고하면서도 국정원 바깥의 외부 인사였던 고용노동부 차관을 유죄로 선고한 것 역시 (논리적으로나 상식적으로도) 모순된 판결이었다.

대법원에서는 '단 3줄짜리' 법률적 관용구만으로 상고심 판결문을 채웠다. 이 대법원 판결문은 어떤 사건이든 상고를 기각하는 판결에 마음대로 써먹을 수 있는 문구다.

【대법원 제1부 판결】
판결 선고 2021.3.11.
원심판결 이유를 관련 법리와 적법하게 채택한 증거에 비추어 살펴보면 원심 판단에 논리와 경험의 법칙을 위반하여 자유심증주의의 한계를 벗어나거나 공동정범의 성립요건에 관한 법리를 오해하여 판결에 영향을 미친 잘못이 없다.

재판장 대법관 이기택
대법관 박정화
주심 대법관 김선수

문제는 그뿐만이 아니다. 이 사건을 담당한 대법원 재판부(소부)는 4명의 대법관으로 구성되어 있었지만, 판결문에는 단 3명의 이름만 기재되어 있을 뿐 나머지 1명의 대법관 이름(이ㅇ구)은 적혀 있지도 않았다. 이게 과연 우리나라 최고법원의 판결문이 맞는지, 부실투성이라는 느낌을 지울 수 없었다.

정보공개 청구를 하여 확보한 공신력 있는 반대 증거자료를 제출해도, 변호인이 아무리 법리에 충실한 변론을 해도, 나와 함께 일하며 늘 지켜보아 잘 아는 진실이 담긴 동료와 지인의 진술(탄원 포함)도 아무 소용이 없었다.

유죄 판결을 받은 범죄 혐의에는 돈을 받았다는 혐의 사실이 규명되지 않았을 뿐만 아니라 단돈 일 원이라도 착복했다든지 하는 비리도 없었다. 직무수행 과정에서 알지도 못하고, 하지도 않은 행위를 기정사실로 전제하고는, 법을 어긴 것으로 "보인다"라고 판시하며 유죄로 판결했다.

이처럼 법관들이 마음먹고 그에 맞는 법리를 자의적(恣意的)으로 왜곡하고 유죄 판결을 내려도 어찌할 방법이 없다. 우리나라는, 법관이 넘치는 무죄 증거를 일부러 외면해도 처벌할 수 없다.

가. 진실을 말하지 않은 국정원 I/O와 노동부 장관정책보좌관

국정원 I/O는 국정원장의 반복된 지시와 강조에 따라 그럴듯한 첩보나 보고를 하고 외부 인사였던 노동부 장관정책보좌관을 협조자(Agent)로 삼고, 이들이 서로 활동을 공조했던 것(국정원장의 지시·강조 사항 이행과 국정원 특활비 1억 5,700만 원을 활동비로 받음)으로 드러났다.

검찰 조사 초기에, 이 모 장관정책보좌관은 이 사건이 시작된 것으로 드러난 시점 노동부 차관이었던 나와는 "아무 관련이 없다"라는 진술을 하였다. 그러나 검찰이 마련한 국정원 관계자와 장관정책보좌관의 대질조사 이후 기존 진술을 번복했다.

이는 장관정책보좌관이 누군가의 지시 없이 단독으로 일을 저지른 것으로 귀결되면 자신의 혐의(형량)가 무거워지므로 일탈과 잘못을 조금이라도 줄이거나 덮기 위해 차관이 하지도 않은 말을 했다고 먼저 한 자신의 증언을 번복한 것이리라.

나. 장관의 참모인 장관정책보좌관과 차관 사이에는 업무상 지휘관계가 없는데도 억지로 엮은 수사와 재판

장관정책보좌관은 법령상으로나 행정 관행상으로도 장관의 참모(Staff)일 뿐, 차관과 장관정책보좌관은 업무상 지휘관계(Line)가 성립되지 않는다. 그럼에도, 장관정책보좌관은 행정부의 조직 구조나 업무 생리를 잘 모르는 사법부의 판사에게 마치 필자가 실제 관여라도 한 것처럼 진술하였고, 이로 말미암아 사실관계는 물론 법적으로 업무 관계가 없는 당사자를 행위자로 보는 이상한 판결을 내렸다.

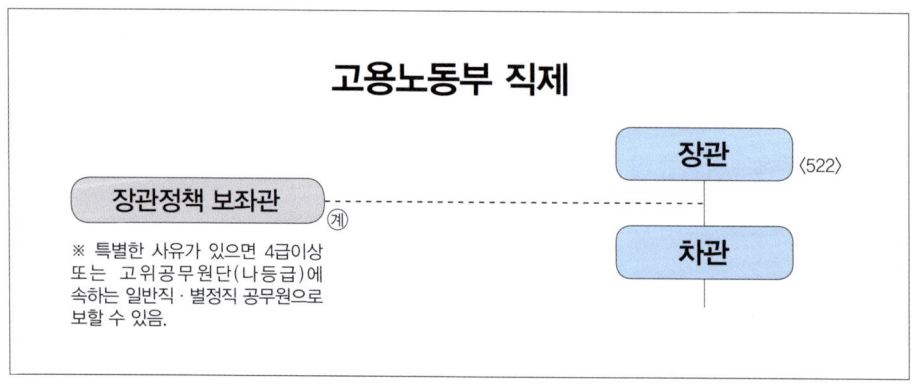

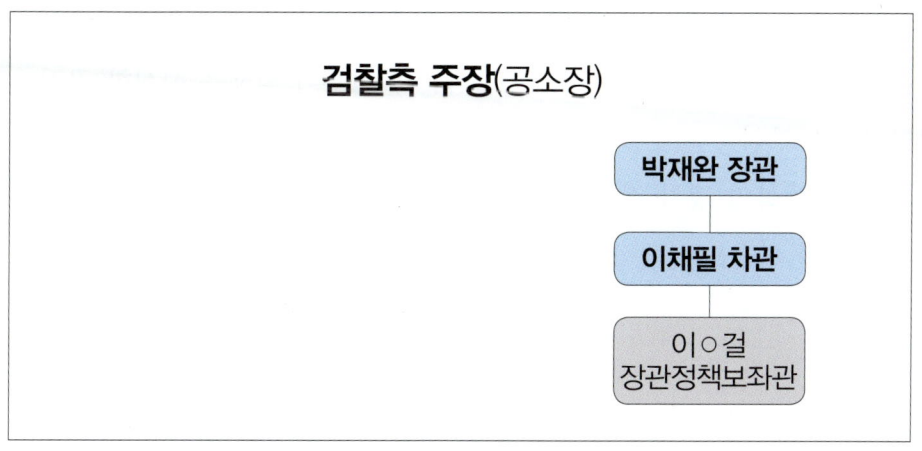

국정원의 공작적 보고와 관련한 업무(I/O)를 지원하고 돈을 받은 외부 협조자(장관정책보좌관)보다 상급자라는 이유만으로 차관을 공범 관계로 구성한 창작 소설 같은 기소에 대한 응답이었다.

게다가 재판을 받으면서 나중에 알게 된 것은 청와대비서실에서는 언론과 각종 채널을 통하여 확인한 국민노총에 관한 동향을 대통령에게 보고한 사실이 있었다. 대통령을 직접 보좌하는 비서진이 고용노동 관련 사안에 대하여 보고한 것이었다. 대통령기록관 자료의 검찰 압수물 분석 자료였다.

하지만 정부 부처에 근무하던 나로서는 대통령비서실 내부적으로 어떤 보고가 이루어지거나 진행되는 상황을 알려주지 않는 한 밖에서는 알 수가 없다. 그럼에도 대통령비서실의 그런 보고도 나와 공모한 결과로 간주하여 재판부의 유죄 심증이 굳어지는 방향으로 작용했던 모양이다.

이 사건이 기소된 후 공동피고인인 국정원장에 대하여 여러 사건(9건)이 병합되는 바람에 공판 과정에서도 국정원장에 대한 공소사실이 주로 다루어지고, 당시 차관은 소홀히 다루어지는 느낌이 들었다.

국정원 I/O의 첩보서에 출처로 명의가 도용된 무고한 희생자를 범죄자로 만드는 것은 취소되어야 마땅하며, 억울함을 풀어주어 일생을 성실한 공직자로 살았다는 자부심을 되찾을 수 있게 해야 했다. 그러나 법원은 적폐 청산 수사에 팔을 걷어붙인 정치 검찰의 무모하고 잘못된 기소에 눈을 감았고, 이들의 허위 첩보와 진술을 선택적·편파적으로 받아들였다.

한마디로 사건 자체의 증거나 진술은 제대로 들여다보지 않은 것 같은 의심이 들었다. 유죄 프레임으로 씌운 결론에 맞추어 증거를 왜곡 판시하였으며, 증거와 공동정범 법리를 묵살하고 진실을 눈감은 채, 법리 오해나 자유심증주의의 한계를 벗어나지 않았다는 추상적 관용구로 판시하는 '법 기술자'의 기교재판(技巧裁判), 그야말로 적폐 청산을 위한 맞춤형 적폐 재판이었다.

11

인생을 나락에 빠뜨린
엉터리 수사와 자의적 판결

2017년 국제인권법연구회 출신의 한 판사는 '재판은 정치'라는 제목의 글을 법원 내부 온라인망에 올렸다. 법관은 헌법과 법률에 의하여 직업적 양심에 따라 독립하여 심판(헌법 제103조)해야 함에도, 어떤 판사는 특정 정치세력이 지향하는 목적과 이념에 근거하는 판결을 하거나 정치적 목적에 부역하는 수단이나 도구로서 정치적 재판을 하는 정치인이 실상이라는 의미였다.

동아일보와 서울대 한규섭 교수 연구팀이 2005년부터 2020년까지 대법원 전원합의체가 내린 판결을 분석한 결과 역대 정부 중 문재인 정권하의 대법원이 노무현 정부보다 2.3배 이상, 박근혜 정부보다 4배 이상으로 좌익성이 강한 것으로 나타났다. 그러니 당시 대법원의 본색은 '좌파 무죄, 우파 유죄'로 가고 있었다.[51]

당시 우리법연구회, 국제인권법연구회 출신 판사가 전체 법관의 13% 정도(전국 법관 3,100여 명 중 400여 명)였지만 사법부 요직의 30~40%를 채웠다는 기사가 언론에 보도되었고, 법원 내 대규모 학술단체 중 하나로 국민 세금으로 예산지원도 받는다고 한다. 실상은 연구단체라기보다 법원 내 '정치적 결사체'로 생각되는 경우가 많다. 국제인권법연구회 등 출신이란 이유만으로 도매금으로 낙인찍어서는 안 되겠지만 '정치 판결'이 도드라지면서 이들 선체가 '사법

---
51. 고영주·장영관, 『대통령이 된 간첩』 314쪽, 2024년

불신'의 아이콘이 됐다.

특정 사조직 출신이나 연고와 묶어서 얘기하고 싶지는 않지만, 1심에서부터 항소심, 대법원판결에 이르기까지 심급마다 국제인권법연구회, 전국법관대표회의 대표 법관, 민변 회장 출신들로 엮이니 그들 역시 정파·이념·지역 등 진영(陣營)의 감옥에 갇히면 판사도 진실이 아니라 자신들이 보고 싶은 것만 보는 것 같았다. 기울어진 디케의 판결이었다.

"무기력한 사람들은 불의(不義)에 패배함으로써 세상을 이긴다"

정의는 짓밟혔다. 합법을 가장한 탈법과 편법, 꼼수와 위장으로 의인(義人)을 눌렀을 때, 불의한 권력은 내리막길의 역사로 접어들었다. 불의한 재판으로 십자가를 졌던 사람들이 무도한 시대를 짊어지고 무거운 발걸음으로 전진하는 참혹한 세상살이였지만, 결국 "우공이 산을 옮긴다"라는 우공이산(愚公移山)의 뜻과 같이 "무기력한 사람들은 불의(不義)에 패배함으로써 세상을 이긴다"라는 진리를 그들은 알지 못했다.

코드 수사와 정치적 재판으로 나의 '하늘'은 무너졌다. 진실이 밝혀지기 전까지 아쉬움은 사라지지 않을 것이다. 그뿐만이 아니다. 지금까지의 나를 있게 한 부처의 자긍심과 정부의 위신에도 크나큰 해를 끼쳤다.

만약 피고인이 제출한 증거를 법원이 애써 무시하거나 일부러 외면하지만 않았더라면 이 지경까지 이르지는 않았을 것이다. 차라리 AI(인공지능) 검사나 판사가 증거와 법리에 따라 기계적으로 충실하게 수사와 재판이 이루어졌다면 무죄임을 확인하는 선고가 되었을 것으로 확신한다.

현재 사법부가 진실 규명에 완벽하지 않지만 언젠가는 정치적 적폐 재판의 진실이 밝혀지고 잘못은 바로잡혀질 것으로 기대한다. 훗날 판결의 부당성은 제대로 규명될 것으로 믿는다. 그래도 나는 역사의 준엄한 힘을 믿기 때문이다.

허위로 첩보 보고나 진술을 한 자도 마지막 양심은 살아나지 않을까 믿는다. 부디 국정원 I/O와 장관정책보좌관을 비롯한 이 사건 수사와 재판에 관여한 분들이 건강하게 장수하길 바란다. 혹시라도 알츠하이머로 기억을 잃어버리거나 판단이 흐려지지 않기를 바라기 때문이다. 양심이 돌아오면 재심 절차가 기다리고 있다. 이 땅 어디엔가 훌륭한 판사가 일부라도 남아있지 않을까 기대하고 있다.

〈참고〉 '답정너' 수사와 재판 : 피라미 몇 마리보다 거물급 엮기에 집착

I/O의 첩보 보고에 대한 팩트체크(Fact-check)도 하지 않는 관행과 협조 요청 기소

검찰은 첩보 보고나 진술의 진위여부, 자금의 최종 사용처 규명도 하지 않았다.

수사와 재판 과정에서 알게 된 사실을 바탕으로 살펴보면, 애당초 국정원장의 이 건 관련 지시·강조 사항이 반복되며 전 직원들에게 내려가자 어떻게든 뭔가를 할 수밖에 없었던 국정원의 담당 정보관(I/O)으로서는 입맛에 맞게 작성한 첩보에 그 출처를 고위관계자(=차관)로 높여서 가공한 허위성 첩보 보고를 토대로 기소하자, 재판부는 그 정보관이 작성한 첩보에 대하여 Cross-check 도 하지 않은 당시의 국정원 업무 관행과[52] 국정원 I/O들의 허위성 첩보 보고

---

[52]. "첩보 보고에 대한 사실 확인은 비록 의심이 들어도 그것을 확인하면 직원을 불신한다는 문제가 생기기 때문에 I/O가 쓴 첩보는 믿어야 한다"라고 하는 국정원 인사였던 증인의 증언도 있었고, 의심이 들면 첩보를 작성한 I/O에게 되물어 보는 'Self 검증' 수준에 머물렀던 사정이 법정 증언으로 확인되었다.

서 작성 사례가 다수 발견되었는데도⁵³ ⁵⁴ 허위성 첩보 보고와 신빙성 없는 진술을 선택적으로 채택하는 등 사실관계를 제대로 확인하지 않았다.

당시 고용노동부 차관이던 필자는 국정원에 자금 지원을 요구(要求)한 적도 없고, 국정원 정보관과 협조자(고용노동부 장관정책보좌관) 사이에 무엇이 진행되었는지 알지도 못하였는데, 죄를 묻는 쪽(검찰)에서 형사 책임의 소재를 입증하기보다는 가담도 안 한 피고인더러 부작위(不作爲)를 입증하라는 식으로 수사가 이루어졌다. 검찰은 아예 첩보 보고나 진술의 진위여부 및 자금의 최종 사용처 규명도 하지 않았다.

2018년 6월 25일 검찰 조사를 받으면서, 검찰은 필자가 알지도 못하고 행하지도 않은 사항을 가지고 자꾸 신문하길래 분노가 치밀어 올라 대질조사를 해줄 것을 강력하게 요구했다. 그러나 나중에 재판을 받으면서 수사 기록을 보니, 정작 대질을 요구한 나만 쏙 뺀 채 7월 9일~10일 해당 국정원 I/O와 이들 협조자만 따로 검찰에 불러 모아 사실상 말을 맞출 기회를 주었고, 이후 이들 I/O와 보좌관은 자신의 기존 진술을 몇 차례나 번복한 것이 검찰 수사자료에서 확인되었다.

---

53. 이 사건 증거기록에 의하여, 허위·과장·맞춤형 첩보·보고서 작성 진술 회수 및 사례를 살펴보면, "국정원 직원들이 관련 정보를 파악하고 국정원이 개입하여 성과를 거둔 것처럼 첩보·보고서 내용을 허위 내지는 과장하거나, 국정원장의 지시·강조 사항 등 상부의 뜻에 따라 결론(문구 표현이나 내용 포함)을 이에 맞추어 보고서를 작성하는 경우가 있었다"라는 진술을 담당 I/O(처장, 분석관 포함)들이 주장하고 있으며, 이 사건에서 10명의 I/O가 무려 39회에 걸친 허위·과장 또는 맞춤형 첩보·보고서를 작성한 사실이 있었음이 확인되는 진술이 있을 정도로 허다했다.
54. 국가정보원 국익정보국장이 "I/O들 중에는 허위로 첩보 보고를 하거나 허위 첩보 보고를 바탕으로 국가정보원 자금을 임의로 유용한 사실 때문에 내부에서 징계를 받거나 발각된 사례가 많이 있었습니다. 과거에는 예산을 타내서 처장에게 정보활동비의 30%를 상납하는 관계가 있어 복잡했습니다"라는 취지로 진술하였듯이, 실제로 국가정보원 I/O들이 첩보 보고, 보고서 등을 허위로 작성한 사례는 빈번하게 있었다.

객관적 증거는 무시하고, 허위나 추측성 진술증거만 채택하니, 진술자들은 사실상 본인의 죄를 면하거나 줄이기 위해 검찰이 원하는 (허위 또는 추측성) 진술을 하는 '플리바게닝(Plea Bargaining)' 방식도 사용하였을 것으로 짐작되었다. 왜냐하면 이들만의 3자 대질 이후 I/O와 장관정책보좌관은 검찰에 앞서 자신들이 진술한 내용을 번복하였고, 이후 출석한 재판에서도 거리낌 없이 둘러댔다.

이들은 검사가 원하는 대로 답변을 해서 '뭔가 약속을 받았구나' 하는 생각이 들었다. 심지어 재판정에 참석한 검사장 출신의 변호인이 "저 XX, 왜 저렇게 당당하지?"라고 말할 정도였다. 기가 찼다.

기소되거나 구속되어야 할 사람은 실행한 자와 협조자 아닌가? 그렇지만 실행자는 기소도 하지 않았고 엉뚱한 사람이 기소되었다. 적폐 청산을 부르짖으며 시작된 예고된 결과였다.

당시 관련 부처의 정무직으로 재직한 인물이 국정원 첩보 보고서의 신뢰도를 높이기 위하여 출처로 인용되어 나의 직급과 이름이 허위로 기재되어 활용됐다.

많은 공직자 가운데 하필이면 차관의 이름을 도용하다니… 왜 그랬을까? 굳이 장관을 놔두고 차관을 공작 대상에 끼워 넣었을까? 이해하기 어려웠다.

다만 한 가지 짐작이 가는 것은 노조법 개정의 실무 주역에다 장관 못지않게 고용노동부 업무 전반을 꿰뚫고 있었기 때문에 자기들이 벌이는 제3노총 설립 도우미 공작에 신뢰성을 더하려 한 게 아니었나 싶다.

설사 내가 그런 일을 하려고 했다면 국정원 고위급과 소통하며 특활비를 요구하거나, 필요하다면 제3노총 위원장한테 직접 전달하지 굳이 장관정책보좌관을 통하여 시킬 이유도 없었다. 하지만 장관정책보좌관은 받은 국정원 특활비를 전달도 하지 않고 다른 용도(활동비)로 자신이 사용하였다고 법정에서 진술했다.

내가 만약 장관정책보좌관을 지휘했더라면 유용하도록 내버려둘 이유가 없었다. 결론적으로 모든 것이 아귀가 맞지 않는 사건이었다. 결국 그들은 피라미 몇 마리보다 하나라도 거물급을 엮는 것이 중요했다. 이렇게 하여 '개털' 대신 '범털'이 만들어졌다.

더욱 어처구니가 없는 것은 죄목이 특정범죄가중법상 '국고 등 손실'이라 하면서도 자금의 상당 부분이 다른 용도로 유용되거나 유착·횡령한 정황으로 의심되어도 규명하지 않았다. 그뿐만이 아니라 나랏돈인 국고를 직접 받아 쓴 협조자에게 단돈 1원의 추징도 되지 못하게 '범죄 이익의 실질적 귀속(자금 사용처)을 밝히지 않는 마술 같은 수사 기법'을 구사(기소)하고도, 법정에서는 추징을 구형하는 모양새로 위선을 부렸다.

다른 사람에게 덮어씌운 공로를 인정하여 검찰은 그들에게 상응한 대가를 준 셈이다. 법이 이래도 되는가? 나랏논을 거짓으로 주거나 타낸 자가 그 돈을 맘대로 썼는데도 처벌하지 않거나 한 푼의 추징도 하지 않았다.

12

암장(暗葬) 수사와 기교(奇巧) 재판

'적폐 청산' 대열에는 누군가 제물로 바쳐져야 하는 희생양이 필요했던 모양이다. 문 대통령은 당선 전인 2016년 1월, 대담집 『대한민국이 묻는다』에서 "(내가) 가장 강렬하게 하고 싶은 말은 우리 사회의 주류 세력을 교체해야 한다는 역사적 당위성"이라고 역설했다.

또한 "조선시대 세도정치로 나라를 망친 노론 세력이 일본 강점기에 친일 세력이 되고 해방 이후 반공이라는 탈을 쓰고 독재 세력이 되고, 그렇게 한 번도 제대로 된 청산을 하지 않았기에 그들이 여전히 기득권"이라고 진단하였다.

지나고 보니 문재인 정권의 국정과제 1호 '적폐 청산'은 대한민국의 주류 세력 교체를 위한 인적 청산의 일환으로 진행된 숙청(肅淸) 작업이었고, 그 당시 공약(公約)은 법 위의 무기나 실체를 의미하는 또 다른 칙령(勅令)이었다.

검사는 범죄로 기소한 아래의 범죄일람표 중 어느 한 항목도 입증하지 못했다.
① [공소장] 국정원에서는 '제3노총' '설립(設立)'을 지원하기 위하여 자금('특활비')을 지원하는 것으로 정보관이 국정원장의 결재를 받았다고 하였으나,
[범죄일람표] 정보관의 '외부 협조자인 고용노동부 장관정책보좌관'의 (도와주는 데 대한) '활동비(活動費)'로 사용하게 하였다고 적었다.

② [공소장] 국민노총 '설립'을 위하여 지원한다고 하였음에도,

[범죄일람표] 이미 '국민노총 설립(2011.11.2. 설립신고일. 2011.11.7. 설립신고서 교부) 이후' '운영(運營)' 시점(2011.11.8. 12.7. 12.19. 2012.3.5.)인데도 계속하여 장관정책보좌관에게 돈을 전달하고도 (시점상 이와 다름에도 국민노총 '설립'을 위해 노사관계자를 위하여) 임의로 소비하였다고 했다.

③ 피고인(변호인)이 고용노동부에 정보공개 청구를 하여 법원에 제출한 증거만으로도 '요원 등 오찬 면담'(2011.3.25.) 일정이 '국정원장의 자금지원 방침 결정 시점'(2011.3.22.)보다 늦어서, 오찬 면담과 지원 요청의 관련성이 부정된다.

즉, 제3노총 관련 국정원의 자금 지원(요구)은 역일(曆日) 상 시간적 선후관계가 거꾸로 되어 타임머신을 타고 시간을 거슬러 가지 않는 한 물리적·논리적·경험적으로 피고인이 가담할 수 없는 정황이며, 법원이 국정원에 사실조회 한 결과에서도 이와 관련한 "I/O의 오찬에 대한 결과보고서가 없었다"라고 밝혀졌다.

그럼에도 사실관계에 대한 진위 규명과 판단은 하지 않고 신빙성 없는 진술을 임의 취신하여 '자유심증주의'의 한계를 완전히 벗어났다.

이와 같이 검찰의 [공소장]과 [범죄일람표]의 내용이 모순되거나 상반(相反)될 정도로 사실관계를 입증하지 못한 부실 수사에다 횡설수설 기소였다.

그런데도 법원(판사)은 피고인(변호인)의 반증(정보공개 청구에 의한 입증자료로서 반대 정황 확인)에 대하여 증거로 채택도 하지 않고, 막무가내식 결론에 맞추어 유죄 선고했다.

제7장 개혁의 그늘 – 짱돌 이후, 성찰과 책임

붙임 2 이채필 장·차관 일정 자료

☐ 2011년 11월 29일(화) 이채필 장관 일정 관련 자료

일자	일 정

11.29 (화)	07:25 인터뷰 (교통방송)
	08:00 국무회의 BH
	11:25 청주영 창업캠퍼스 개원식
	          숭실대 남문
	12:00 오찬 숭실대 식당
	15:00 노사한누리상 대회의실
	16:00 종편MBN 축하메시지 촬영
	17:30 기능한국인 수기집 발간 기념회
	          교육문화회관 거문고 3층 B홀
	이어서 만찬

☐ 2011년 2월 24일(목) ~ 2011년 4월 26일(화) 지정된 날짜의 이채필 차관 일정 관련 자료

일자	일 정	일자	일 정
2.24 (목)	08:30 정책조정실무회의 14:00 차관회의	3.29 (화)	09:30 현안검토회의-3실장, 대변인 10:30 정책점검회의 15:00 당정협의<국회, 정책위의장>
3.3 (목)	07:30 노사발전재단이사회<가든H> 14:00 차관회의	3.31 (목)	08:30 정책조정실무회의 14:00 차관회의 19:00 만찬-국무총리<총리공관>
3.4 (금)	10:00 국회-환노위전체회의 16:00 법안상정	4.1 (금)	08:00 국가정책조정회의<중앙청사> 이어서 재정위원관리위원회 12:00 오찬-장애인공단이사장<총도> 15:30 공공기관운영위원회<기재부>
3.18 (금)	12:00 오찬-총리<정책실> 14:00 고용정책조정회의<중앙청사> 19:00 만찬-차관단<총리공관 삼청당>		
3.21 (월)	19:00 만찬-노동계<이용득 위원장>	4.4 (월)	10:00 교섭단체 대표연설<한나라, 국회>
3.22 (화)	09:30 현안검토회의-3실장, 대변인 10:30 확대정책점검회의<대회의실, 오찬> 19:00 만찬-아시아경제	4.26 (화)	09:30 현안검토회의-3실장, 대변인 12:00 오찬-수습사무관<서초방> 16:00 일자리현장점검회의 이어서 확대정책점검회의<인천 원샷>
3.24 (목)	09:30 공직심사위원회<차관실> 14:00 차관회의		
3.25 (금)	08:00 국가정책조정회의<중앙청사> 11:30 오찬-국정원<계우> 13:45 공공기관장 워크샵<공무원교육원> 19:00 만찬-고용노사비서관<서울>		

국민의 나라 정의로운 대한민국
국가정보원 우편제출

수 신 서울중앙지방법원장(제22형사부)
(경유)
제 목 사실조회 회신

1. 귀 법원의 무궁한 발전을 기원합니다.

2. 귀 법원의 2019고합13 특정범죄가중처벌 등에 관한 법률 위반 사건의 사실조회 2건(2019.8.21., 2019.8.27.)에 대하여 관련 자료를 아래 붙임과 같이 회신합니다.

붙 임 : 사실조회서(2019고합13) 회보 2부. 끝.

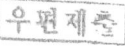

17422

담당자
협조자
시행 감조-233   (2019.10.14.) 접수   (   )
우 06779 서울 서초우체국 사서함200호 / www.nis.go.kr
전화번호 02-3412-3195 /팩스번호   /   /비공개(2)

사실조회서(2019고합13) 회보

2011.2.~3. 고용노동부 이채필 차관 및 이■걸 장관 정책보좌관, 국가정보원 국익정보국 박■영 사회3처장 및 방■욱 담당관의 오찬에 대한 결과보고서가 작성되어 있는지 여부 및 존재한다면 해당 문건

o 2011.2.~3. 작성된 '오찬에 대한 결과보고서'는 확인되지 않습니다.

2011.2.~4. 국가정보원 국익정보국 방■욱 담당관의 보고서 중 이■걸 고용노동부 정책보좌관을 정보의 출처로 기재한 보고서가 작성되어 있는지 여부 및 존재한다면 해당 문건

o 2011.2.~4. 방■욱 담당관의 보고서 중 '이■걸 고용노동부 정책보좌관'을 출처로 기재한 보고서는 확인되지 않습니다. 끝.

13
구치소장의 전언 : "이 장관은 사기 당했어"

원ㅇ훈 국정원장은 2019년 12월 6일(금) 중앙지법 1심 법정(417호)에서 함께 재판을 받다가 휴게시간에 다음과 같은 말을 나에게 하였다.

"이 장관은 이 사건과 관계없다. 이 장관은 사기(詐欺) 당했어."

또한 국정원장이 서울구치소장에게 말하길, "자신은 어차피 이렇게 되었지만 다른 국정원 간부들은 여기에 오지 않길 바랐는데… 참 안타깝다"라고 했고, 특히 "이채필 장관은 이 사건과 관계도 없는 사람이다. 이 장관은 사기(詐欺) 당했어"라고 했다는 얘기를 구치소장과 나와의 면담 시 지금까지 여러 번 (2020년 3월 9일, 7월 18일) 전해주었다.

그리고 2020년 5월 4일 구치소장과 면담할 때 "이 장관은 아무 죄도 없는데 법정 구속되어 안타깝다", "국정원에서는 (I/O들이) '차단의 원칙' 때문에 자기 업무 외의 다른 분야는 알 수 없는 조직이며, 크로스 체크가 안 되는 경우가 많은 점에 기대어 정보관(I/O)들이 허위·과장 보고를 더러 하는데, 세상 물정을 모르는 판사가 오판했다"라는 얘기를 국정원장에게 들었다고 구치소장이 내게 선해주었다.

국정원장이 안타까워 한 나머지, 어쩌면 구치소장을 통해서라도 나에게 그런 마음을 확인시켜 주고 싶었던 모양이다. 무슨 뜻인지 곰곰이 되새겨보니, 국정원장 자신의 관련 지시·강조에 따라 정보관들이 상부에 실적 보고용으로 올린 허위·과장성 첩보 보고에 당시 차관이던 나의 이름이 I/O에 의해 적혀 사태가 이 지경까지 이르렀음을 말하는 것이었다. 이것이 이 사건의 진상이 아닐까?

또한 2020년 7월 20일(월) 항소심 법원에 출정하기 위하여 구치소의 신입 절차 사무실에서 우리는 옆에 앉아 나란히 사복으로 갈아입었다.

그때 국정원장은 "(국정원장 특수사업비가 아닌) 국익정보국 예산이 지출됐다는 건 (외부 '기관'에 주는 '특활비'가 아니라) 국정원 정보관이 (외부) '협조자'에게 (도와주는 데 대한) '활동비'를 주기 위한 것"이라고 하며, "이 장관은 사기당했어!"라고 강조했다.

14
기울어진 사법부 개혁, 어떻게?
: 판결문 전면 공개(증거 기록 포함)

사법 선진국에서는 법관이나 검사가 재판이나 수사 중인 사건을 처리하면서 법을 왜곡(歪曲)하여 당사자 일방을 유리하게 또는 불리하게 만든 경우 징역형에 처한다고 한다.

그렇지만 우리나라는 자유심증주의(自由心證主義)와 기소편의주의(起訴便宜主義)라는 든든한 우산 아래 법관이나 검사가 어떤 행위(기소 여부, 유무죄 선고 등)를 하더라도 자유재량에 맡긴 채 일체 면죄부(免罪符)를 주고 있다. 세계적 유례를 찾기 힘든 사법 성역(聖域)이 된 기현상(奇現象)이라고 한다.

정권이 바뀔 때마다 권력의 충견이 되거나 정치적 도구가 되는 일부 판검사를 견제하기 위하여, "법을 왜곡한 판검사에게 공소시효 없이 책임을 지우자는 형법과 형사소송법 개정안이 국회에 제출"되어 있다.[55]

검찰권을 정치적 목적으로 행사하거나 결론에 꿰맞추는 등 암장(暗葬) 수사(搜查)를 하면 그 지휘 계통이 엄벌을 받아야 하고, 증거와 법리를 무시하고 납득할 수 없는 기교(技巧) 재판(裁判)을 하는 일부 '법꾸라지' 법관은 책임을 물어야 함이 마땅하다. 다만 이를 불순한 목적이나 정치적 의도를 가지고 남용하지 않도록 하는 견제 장치를 두어야 한다.

---

55. 엄상익, 『국정원장의 눈물, 노인과 여왕』 192~193쪽, 조갑제닷컴, 2019.6.20.

주변에는 "판결은 법리(法理)가 아니라, 판사(判事)의 성향(性向)에 따라 좌우된다"라고 말하는 사람들이 늘어나고 있다. 이렇게 되면 재판의 공정성을 의심받아 신뢰가 추락해 사법부의 존립 기반이 무너진다.

기울어진 사법부 개혁의 길은 판결문을 전면 공개(公開)하는 것이다. 세상에 공개하는 것보다 더 좋은 개혁이 과연 있을까? 가장 정의로워야 하는 곳이 법원으로 기대되기에 더욱 그렇다. 법원이 현재 공개 선고를 통하여 판결의 요지를 공개하고 있으나, 판결문(判決文)은 소송 당사자와 그 변호인에게 제한적으로 제공하는 등 상당히 폐쇄적으로 운영되고 있다.

대법원에서 2019년부터 판결문 인터넷 통합검색·열람 서비스를 제공하고 있다. 그러나, 그 범위는 2013년부터 확정된 형사사건과 2015년부터 확정된 민사사건의 비실명화 처리된 판결문 사본에 국한될 뿐이다. (민사소송법 개정으로 미확정 민사판결문도 인터넷으로 검색·열람 될 예정이나) 우리나라에서 최상급 보안 기관이라는 국정원 못지않게 비공개를 좋아하는 조직이 법원이라고 한다.

하루빨리 모든 판결문(判決文)을 홈페이지에 전면 공개(公開)하면 로스쿨(교수와 학생), 변호사 등 전문가와 일반 상식인들도 연구와 분석을 하여 전 국민의 폭넓은 평가를 받을 수 있는 장치가 될 것이다. 이렇게 하는 것이 검찰과 법원의 구성원들이 합리적이면서도 합법적으로 일하게 하는 가장 효과적인 사법개혁이라 생각한다.

우리 헌법(제109조)은 "재판의 심리와 판결은 공개한다"라고 명시하고 있다.
차제에 1심부터 모든 판결문(判決文)을 법원 홈페이지에 널리 공개(公開)하여 (남용 시 손해배상 청구 등 보완 장치를 강구하고, 개인정보는 필요시 암호화), 로스쿨(교수와 학생), 변호사 등 전문가들이 심층 연구와 분석을 통한 실증 법학의 평가를 받을 수 있도록 할 때 법원의 전관예우(前官禮遇) 관행이나 무전유죄(無錢有罪), 무권유죄(無權

有罪), 우파유죄(右派有罪)의 소지를 줄이는 제도와 관행 개선을 기대할 수 있다.

미확정 판결문을 포함하여 선고된 모든 사건의 판결문을 제한 없이 제공하고 공개해야 한다. 즉, 누구든지 형사판결문도 민사판결문과 마찬가지로 미확정 판결문까지 인터넷을 통해 열람 및 복사할 수 있도록 해야 한다. (형사소송법 제59조의3 제1항, 제7항, 민사소송법 제163조의2의 제5항 및 제6항 개정 필요) 그것은 판결문 전면 공개에 가장 소극적인 집단이 누구인지에서 이러한 제도개선의 시급성과 필요성을 역설적으로 강조해 주고 있다.

여기서 덧붙여 강조하고 싶은 사항이 하나 더 있다. 판결문 자체의 공개만으로는 부족하다. 반드시 양측(원고와 피고인)이 제출한 증거(證據)자료까지 (유리하거나 불리한 증거 모두를) 함께 공개하도록 하여야 한다. 그 이유는 이렇다.

내가 겪은 사건의 경우 피고인이 제출한 증거를 검찰조차 증거 채택에 동의하였음에도 법원은 판결문 증거의 목록에 넣지 않는 등 피고인(에 유리한) 증거를 아예 무시하고 판결에 채택하지 않았다. 그 판사는 자신의 판결문에 완결성이 있는 것처럼 보이기 위하여 의도적으로 증거목록에서 제외한 것으로 판단된다.

특히 판결문 작성 시 인간(人間) 판사의 경우 자체(自體) 완결성(完結性)을 지향하는 속성상 결론을 정해놓고 입맛에 맞는 증거를 선택적으로 채택(임의 취신)하거나 소설을 쓰듯 만들어 내는 (또는 조작하는) 확증편향 판결 내지는 소위 '기교(技巧)재판'의 우려가 있다. 이를 방지하려면 사실과 다르게 판단하거나 중요한 정황이 은폐되지 않아야 하기 때문이다.

형사재판에서 '무죄 추정의 원칙'에 대한 의미를 환기시켜 주는 대법원 판례를 보아도, 판결문과 함께 양측(원고와 피고인)의 증거자료까지 함께 공개해야 그 의미가 되살아남을 잘 알 수 있게 한다.

"법원은 공평하고 공정해야 한다. 검사의 공소사실과 이를 뒷받침하는 증거들에서 보이는 여러 불일치, 모순, 의문에는 애써 눈감으면서, 오히려 피고인의 주장과 증거에는 불신의 전제에서 현미경의 잣대를 들이대며 엄격한 증명을 요구하는 것은 형사법원이 취할 태도가 아니다. 형사재판을 담당하는 법원은 심리 과정에서 선입견 없는 태도로 검사와 피고인 양편의 주장을 경청하고 증거를 조사하여야 하며, 그 결과를 바탕으로 헌법상 요구되는 형사재판의 원리인 무죄 추정의 원칙에 따라 유·무죄를 판단하여야 한다." (대법원 2011.5.13. 선고 2010도16628 판결)

이 사건이 특이한 것은 철통같은 보안 기관인 국정원 전산 서버에 남아있는 (신빙성 없는 허위성) 첩보 보고를 유력한 근거로 삼아 유죄를 선고하였다. 그렇다면 그 증거를 인멸하거나 도주하는 것이 불가능한데도 1심에서 법정구속까지 한 것은 그와 무관함을 보여주는 반대 정황을 구체적으로 입증하려는 피고인의 방어권(防禦權)을 행사하지 못하게 막기 위한 1심 재판장의 '자기 보호성 판결'로 풀이된다. 그 외에는 아무리 생각해도 납득할 수가 없다.

사건의 전모와 배경을 알게 되면 국민 배심제(陪審制)와 법의 왜곡죄(歪曲罪)가 왜 필요한지, 그 사정을 충분히 짐작하게 된다. 헌법기관인 개개 법관의 자의적 판결에 3심제 외에는 달리 시시비비를 가릴 방법이 없다. 그럴수록 판사의 무소불위와 치외법권적 성역에서 갖는 오만으로 얼룩진 사법부에 대한 국민적 불신이 날로 깊어지고 있다.

15
로스쿨 다이어리 207 (2020.2.7.~8.31.)

2020년 2월 7일 나는 차갑고 어두운 광야에서 홀로 됐다. 1심 재판장은 나의 불편한 신체적 어려움을 알면서도 도주와 증거인멸 우려가 있다며 법정구속하였다. 2020년 갑자기 100년의 역사를 거슬러 올라간 듯한 느낌이 드는 수용자 번호 1920을 가슴에 붙여주며 서울구치소 14사동 1층 1호실 독방으로 밀어 넣었다.

신발을 벗고 방 안에 들어서는 순간 육중한 철문이 철커덩 소리를 내며 굳게 닫혔다. 그 소리는 안에서는 절대로 문을 열고 나가지 못하게 잠기는 신호였다. 1평도 안 되는 작은 공간(3㎡)의 사방과 천장은 온통 흰색 벽지로 도배되어 있었다. 칠흑 같은 어둠 속에 꼼짝달싹하지 못하게 갇힌 한 마리 새와 같은 신세였다. 숨이 멎을 정도로 가슴이 답답하고 밀폐된 공간에서 느끼는 폐소공포증이었다.

그동안 국민을 위하여 맡은 일에 대한 책임감으로 최선을 다했을 뿐인데 어느 날 기적처럼 차관이 되고 또 장관이 되었다. 후일 그 기적이 적폐 청산의 표적이 될 줄은 꿈에도 몰랐다. 공공의 이익을 위하여 필요한 정책을 만들고 효과적으로 시행하기 위하여 노심초사하였지만, 집월드 설립을 비롯하여 쌍용차, 한진중공업 파업 등에서 정치인들과 갈등을 빚기도 했으며, 노동 개혁을 실무적으로 주도한 당사자였기에 눈엣가시 같은 존재였나 보다.

퇴임 후 5년이 지나 나를 향해 유탄이 날아 왔다. 아무리 관련 없음을 항변해도 적폐 인사요 제거되어야 하는 요인이었다. 구치소에 구금되어 고통의 시간을 보내야 했다. 죄를 지었다면 어찌 고통이라고 표현하겠는가. 그 어이없음과 국가적 혼란이 옥죄어 온 시간이었다.

청춘과 인생을 고스란히 바쳐가며 현안 과제에 전심전력을 다한 공직자에게 영예의 훈장 대신 송사에 휘말리며 깊은 상처를 냈다. 2010년대 이후 사법부는 우파에게는 처절할 정도로 법을 엄격하게 적용하면서 좌파에게는 심히 관대하다. 이런 현상이 어떤 메시지인지 모르나 나라의 앞날에 발목 잡히지 않기를 바랄 뿐이다.

인신이 구속되니 할 수 있는 것이라곤 아무것도 없었다. 모든 게 정지된 207일 동안 써 내려간 일기장에서 몇 구절 옮긴다.

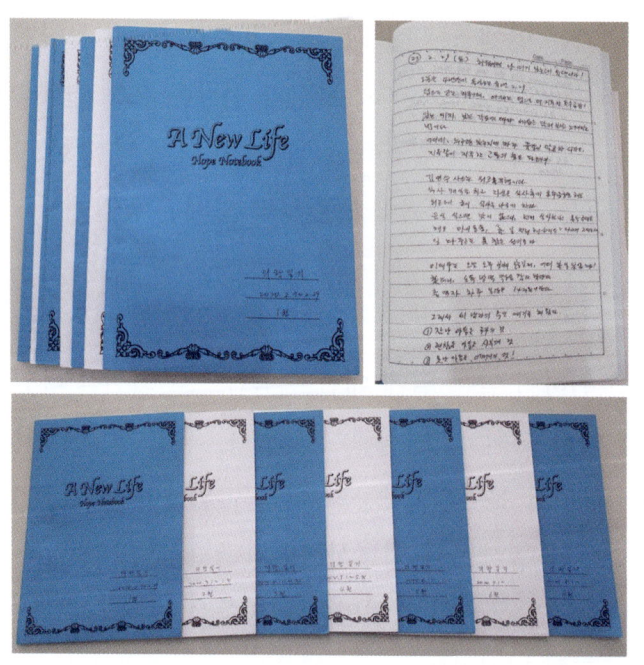

서울구치소에 구금된 2020년 2월 7일부터 8월 31일 기간의 일상과 소감을 기록한
〈의왕 일기 1~7권〉(교정 노트)과 로스쿨 다이어리 내용 중 일부

(2월 7일) 법정구속 첫날

구치소의 방바닥은 너무 차가웠다. 시베리아 냉동 열차를 탄 것처럼 온기라고는 하나도 없었다. 이불을 얼굴까지 당겨서 뒤집어쓰고 모포에 몸을 최대한 밀착시켜 틈새를 줄여보아도 온몸이 덜덜 떨리고 아래위 이가 딱딱 부딪히며 한기가 느껴졌다. 내 몸은 점점 냉동창고 안의 물체처럼 얼어가고 있었다.

평소에도 나는 겨울이 되면 다리가 냉기로 더욱 차가웠는데, 아, 이렇게 얼어 죽을 수도 있겠구나… 싶었다. 도저히 추위를 감당할 수 없었다. 벽에 달린 빨간 등이 하나 켜져 있었다. 이게 비상 버튼이구나 하는 생각에 팔을 뻗어 세게 눌렀다. 잠시 후에 교도관이 와서, "무슨 일입니까?" 하며 물었다.

"추워서 얼어 죽을 지경이니, 낼 아침에 시체나 걷어 갈 준비하시오."

얼마나 지났는지 정신이 몽롱한데, 교도관이 모포를 1장 더 갖다주었다.
냉동실 같은 구치소의 차가운 방바닥에서 맞이한 첫날 밤 온몸은 얼음장이 되어 차가웠다. 하지만 가슴은 부글부글 끓어오르는 분노로 울부짖으며 몸부림치는 짐승이 되어갔다. 처절하고 암울한 밤, 나에게 내일은 없었.
얼어 죽을 만큼 차디찬 냉기만 느껴졌다. 난 이미 죽은 목숨이었다.

(2월 12일) 갑자기 고무신 부자가 된 나

오늘은 6일째로 여기 와서 구입한 수용자용 시계를 처음 찬 날이다.
입소하던 날 질차를 끝내고 키와 몸무게를 재더니 관복 1벌과 흰 고무신 1켤레를 주었다. '관복'은 쑥색 '군복'과 비슷하게 보이는 옷이었는데(이상하게도 모든 옷에 호주머니가 하나도 없었다), 군대에 못 들어간 나의 한(恨)을 왜 이렇게 풀어주는가 하는 원망이 들었다.

주는 고무신을 건성으로 받아 신고, 배정된 사동(舍棟)으로 이동하였다.

운동시간이 되어 운동장에 갔다 오니 신발이 맞지 않아 발뒤꿈치에 피가 나고 따가웠다. 내 발은 양쪽이 거의 20㎜ 정도 차이가 난다.

나는 좌우 발 크기가 짝짝이라 원래 두 켤레의 신발로 각각의 발에 맞추어 신어야 하지만, 중간 크기의 한 켤레만 받았더니 양쪽 발 모두 안 맞았다. 오른발 뒤꿈치는 고무신 테두리에 꽉 끼어 피가 나왔고 왼쪽은 신발이 커 자꾸만 벗겨졌다.

낮에 생활지도계 직원이 애로사항을 청취하러 방에 왔다가 발뒤꿈치에 생긴 피딱지를 보고는 250㎜와 270㎜짜리 고무신을 한 켤레씩 더 갖다주었다.

왼발은 작은 신, 오른발은 큰 신, 처음에 받은 260㎜ 신까지 모두 세 켤레의 신을 갖게 되었다. 졸지에 나는 고무신 부자가 되었다. 웃기지 않는가?

어릴 적 나는 검정 고무신(왕자표)을 신었다. 그때는 팬티에 쓴 검정 고무줄을 잘라 팔찌처럼 만들어 왼발이 벗겨지지 않게 단단히 신을 묶었다. 하지만 지금 여기에서는 고무줄 하나조차 구할 수 없으니 어쩔 방법이 없었다.

그런데도 나는 처음부터 차마 고무신을 두 켤레 달라는 말을 꺼낼 수 없었다.

나랏돈으로 운영하는 시설에서 종일 방 안에 있을 터인지라 자주 신을 일도 없을 것으로 보았다. 평소에 절약하는 습관이 몸에 밴 공무원으로 살다 보니 나도 모르게 한 푼의 국고라도 아껴야 한다는 생각이 앞섰다.

억울하고 분통이 터져 승복할 수 없는데도 이렇게 생각하고 있는 나 자신이 또 바보 아닌가? 싶었다. 하여간 미쳐도 단단히 미친 등신이 바로 나였다.

(2월 18일) "원수는 남이 대신 갚아 준다", '분노의 보자기'

나는 무더위는 어떻게든 참을 수 있지만 추위는 도무지 견디기 힘들다.

저녁 식사를 마칠 무렵 병동(病棟)의 담당 교도관이 모포 2장과 이불 1채를 더 가져다주었다. 지난번 사동(舍棟)에서 추워 얼어 죽겠다고 호소했더니 그때 모포 1장을 더 받은 터라, 지금은 모포와 이불이 다른 수용자들보다 많다. 그래서 바닥에 모포를 여러 겹으로 두껍게 깔고 이불 위에 또 이불을 얹었다.

그런데도 방바닥에는 온기가 없어 방바닥이 사람 덕을 보려는 듯 엄동설한(嚴冬雪寒)이었다. 이 방도 오랫동안 빈방으로 있었는지 나의 살갗은 냉동실의 얼음처럼 차갑고, 다리 종아리는 내 몸이라는 느낌이 들지 않았고 뼈가 시렸다.

이곳에서는 값싼 심야 전기를 이용하고 방바닥 한가운데 작은 사각형 모양의 전기패널(열선)이 새벽녘에서야 잠시 켜지는 것 같았다.

그러니 기상할 시간이 될 무렵에서야 비로소 온기가 느껴져, 일어나기 싫은 아침이 된다. 이렇게 자다 깨다 하기를 반복하다 보니 종일 몸은 찌뿌둥하고 정신도 혼미하다. 여기서 보내는 나의 겨울은 아주 잔인한 비몽사몽(非夢似夢)의 시간이다.

살면서 나는 여태까지 코피를 흘린 적이 없다. 하지만 요즘 내 몸은 이상해졌다. 어제도, 오늘도 계속 코피가 났다. 유죄 선고에다 법정구속으로 억울함과 분노에 치를 떨다 보니 견디기 힘들고, 자신을 다스리지 못하니 화병으로 내가 미쳐가는 건 아닌가 싶다.

허위 첩보 보고와 거짓 진술로 사건을 조작한 국정원 정보요원과 장관정책보좌관, 무죄 추정이 아닌 유죄 예단으로 수사와 재판을 끌고 간 검사와 판사를 아무리 저주해 본들, 어떻게 하지도 못하는 상황에서 아무 소용이 없었다.

그들을 원망하고 괴로워할수록 내 마음만 더 힘들어지는 자학(自虐)으로 점점 비참해졌다.

그러던 중 공직 생활 초창기 시절에 함께한 이후, 오랜 기간 나를 지켜보며 아껴준 상사였던 김송자 의원이 작년 8월 전화를 걸어와 위로해 준 말씀이 갑자기 생각났다.
"이 장관님, 남의 눈에 눈물 나게 하는 사람은, 제 눈에는 피눈물이 나는 법입니다. 원수는 내가 아니라, 남이 대신 갚아 줍니다", "그런 사람은 스스로 벌받을 터이니, 굳이 미워할 가치도 없습니다".

독실한 천주교 신자인 김 의원은 펄펄 뛰며 억울해할 사람이 나라는 것을 잘 아는지라, 어떻게든 마음을 다스리는 방법을 알려주려고 애써 들려준 말씀이었다.

생각해 보니, 불의한 정권과 검찰의 공격에 쓰러져 억울하게 당하는 것도 분한 일인데, 자신을 심리적으로 괴롭히는 바보 같은 짓을 스스로가 하고 있음을 깨닫게 되었다.

그 순간 나는, 당장 마음을 바꾸었다.
나 자신을 스스로 해치지 말고 슬기롭게 대처하자는 생각이 들었다. 지금 당장은 분노하지 말고, 진실이 밝혀질 때까지 억울한 마음을 보자기에 꼭꼭 감싸 두자. 언젠가 진위가 밝혀지고 정의를 바로 세울 수 있을 때, 그때 '분노의 보자기'를 풀어도 늦지 않다. 지금은 무엇보다 평정심(平靜心)을 찾아 마음 다스리는 방도를 찾는 것이 먼저였다.

(2월 21일) 안전하고 넓은 운동장과 넥타이 공장

종전에 사용한 독거실 수용자 전용 운동장(제2 운동장)은 오가는 길에 계단이 있었는데, 중앙지검 계단처럼 손잡이 난간이 없어서 자꾸 넘어질까 불안했다.

더구나 거기는 높은 장벽으로 둘러싸인 채 고깔 모양의 조그만 마당에 불과하여, 몇 걸음 걷다가 되돌아와야 할 만큼 좁았고, 하늘도 고개를 들어 올려다 보는 것 말고는 볼 수가 없어 답답했다.

며칠 전 보안과 미결처우 팀장과 티타임을 하던 중 운동장 시설 관련 상황을 얘기하게 되었는데, 내 말을 듣고는 깜짝 놀랐다.

그는 자신이 이곳에 상당 기간 근무했지만 여태 한 번도 운동장에는 가보지 않았다고 했다. 나와의 대화를 계기로 그는 서울구치소의 모든 운동 시설과 계단의 난간 실태, 각각의 운동장 사용 시간 등을 직접 조사했다고 한다. 그러고는 혼거실 수용자용 일반 운동장의 사용하지 않는 빈 시간대를 찾아내어, 일반 운동장을 공유(share)하는 대안을 마련해 구치소장에게 보고하여 문제를 해결했다고 했다. 그는 그 일에 뿌듯함과 보람을 느끼는 듯 보였다.

그렇게 해서 오늘 새로 배정된 운동장(제7 운동장)은 청계산 자락에 접한 사각형 모양의 꽤 넓은 마당이었다.

주변 하늘과 청계산의 우거진 나무, 날아다니는 새들과 담장 옆 풀밭에 쉬엄쉬엄 걷는 고양이까지 보니, 우울하고 답답했던 가슴도 약간은 뚫리는 기분이었다. 종일 갇혀 있던 방에서 나오는 사람의 기분 전환이란 이런 것이었고, 그럴수록 운동시간이 종전 1시간에서 30분으로 줄어 아쉬움은 있었다.

구치소에서의 운동시간은 신체적 단련을 한다는 의미도 있겠으나, 그보다는 응어리진 마음을 풀어주는 자연과의 만남이요, 명상과 성찰의 계기가 되는 시간이자 절호의 기회였다.

하지만 한 가지 찜찜한 구석은 있었다. 이 운동장의 한쪽 끝에는 별도의 담벼락이 둘러쳐 있었는데, 그곳을 '넥타이 공장'이라고 불렀다. 혼자서 곰곰이 생각해 보니 '사형 집행장'이라는 뜻을 돌려서 한 말이었다. 섬찟했다. '적폐청산'을 기치로 내건 무술년의 사화(士禍)는 갇혀 있는 사람의 심정을 더욱 고립무원으로 만들었다.

(2월 22일) 코피와 배탈로 자꾸 망가지는 몸

9시 36분, 고용노동부 후배들과의 접견 예정 시간이었다.

접견하러 오갈 때 휠체어를 밀어주는 도우미 사소가 오늘은 굉장히 일찍 나를 데리러 왔다. 접견실 복도의 대기 의자에 앉아 있는데 누군가 "장관님…!" 하고 나를 부르며 인사를 건네 왔다.

누군지 몰라, "누구시죠?" 하고 물었더니 "S 전자 이○○입니다"라고 소개하였다. 뉴스에서 본 그 회사의 이사회 의장이었다.

경제를 염려하며 몇 마디 하던 중 "해외로 본사를 이전할지 모른다는 걱정도 있던데…?" 했더니 "생산기지는 이미 90%가 외국에 있습니다"라고 말했다. 여러 사정상 어쩔 수 없이 국내에 남아있다는 뜻으로 들렸다. 그러다가 옆방의 접견실로 들어가는 뒷모습을 보면서, 어쩌다가 이 지경이 되었는지 정치가 잘못되면 여러 사람들의 인생이 기구하게 된다는 생각에 아주 비참해졌다.

내 차례가 되어 접견실로 들어가니, 현직 후배들이 접견하러 왔다. 반가운 얼굴들과 여기서 지내는 얘기를 하다 보니 금방 접견 시간이 끝났다.

접견이 끝나고 나가는데 접견 중 나눈 대화 내용을 뒤에서 부지런히 기록하던 교도관이 "보기가 좋네요. 고용노동부 식구들이 참 부럽습니다"라고 말했다.

접견을 마치고 민원실을 나오니 "코로나19 사태가 심각해지면 접견이 제한되거나 금지될 수 있습니다"라고 적힌 안내문이 벽에 붙어있었다.

아, 곧 닥치겠구나! 갑자기 불길한 기분이 느껴졌다. 접견이 중단되기 전에 재판 대응에 필요한 자료라도 속히 구해야 하는데… 시간에 쫓기는 신세가 되었다.

여기서 나눠주는 옷은 관복과 병동복, 두 가지다. 모두 좌우 바지 길이가 안 맞아 한쪽 기단을 접어 올려서 입는데, 운동장에서 누군가 이걸 보고는 고쳐주기로 마음먹었던 것 같다. 우리 사동의 사소(김○○)와 옆방의 다른 수용자가 의논해 바느질하여 길이를 조정해 주었다.

이곳에서는 가위나 칼이 없어서 천을 자르는 것도 쉽지 않은데, 틀림없이 공용 손톱깎이로 작업한 것 같은데도 깔끔하게 처리한 재주가 기상천외할 정도로 놀라웠다. 주위 사람들이 이렇게 신경을 써주니 고마운 마음이 들었다. 여기도 어떻게든 사람이 사는 곳이었다.

온종일 방바닥에 앉아서 지내다 보니 엉덩이가 아팠다. 이불을 접어서 모포와 모포 사이에 넣어서 방석처럼 사용했다. 궁즉통(窮則通)이다.

그런데도 여전히 엉덩이가 편치 않았다. 문제는 방석 탓이 아니라 나의 짝 궁둥이 때문일 것이다.

오늘은 배탈이 났다. 요즘은 계속 코피에다 배탈까지… 내가 이제 별걸 다 하는구나. 아뿔싸, 내 몸은 이렇게 망가지고 무너져갔다.

(2월 25일) 군복 대신에 관복인가?

김○○ 생활지도 교도관이 나에게 고충이 있는지 알아보려고 찾아왔다.

나는 과거 군 입대 징병검사 불합격 체험기를 소개하며, 당시 행정병으로라도 입대하지 못했는데, 그때 낙방한 보상으로 이번에 '군복' 대신 색깔이 비슷한⁽구치소⁾'관복'을 입혀주는 것이라는 생각이 든다고 말했다.

이렇게 고통스러운 상황에서 나처럼 긍정적으로 말하는 사람은 20년 넘는 자신의 교도관 경력상 처음이라 했다. 나는 지내기 불편한 것은 참을 것이나, 신체적으로 감당할 수 없는 "불가능한 문제만 아니면 괜찮다"라고 말했다.

이어서 구치소 행정 개선 과제에 대하여 몇 가지 교정시설 운영 개선 등을 건의하니, 그는 여기 사람들은 일상에 익숙해져서 뭐가 문제인지를 알지 못해 고칠 생각도 못 하게 된다는 생각을 솔직히 말했다.

원래 문제의식이 없으면 개선 방안을 생각할 수 없으며, 시대에 뒤진 규제나 규정을 고치려면 당장은 업무량이 늘어나 힘들어진다. 그러나 초기에는 힘들어도 개선 이후 다수의 불편이 예방되고 만족도가 높아진다는 주장에 공감을 표했다. 김 교도관은 의식이 깨어있는 사람이었다.

(2월 29일) 하필이면 윤년, 세 남자 이야기

오늘은 4년 만에 한 번 돌아오는 윤년 2020년 2월 29일이다. 덤으로 얻는 하루인데 하필이면 여기에 갇혀 있을 때 와버렸으니, 독수공방⁽獨守空房⁾의 독기⁽毒氣⁾가 온몸에 퍼지는 하루가 추가된 날이다.

1월보다 더 추운 2월에 입소한 것, 코로나로 인해 일반 접견이 금지된 것, 마약사범의 일탈로 인해 기존 도서 반입은 막히고 신간 도서 구입만 허용돼 읽을 책 구하기도 쉽지 않아 더욱 답답한 상황이다. 하필이면 4년 만에 돌아오는 윤년의 2월 29일… 참 내 운명은 독특하다. 아니 지독한가?

사람은 서 있는 위치나 보는 각도에 따라 세상이 다르게 보이고 느껴진다.

어디에 누구와 있는지에 따라 꿈같이 달콤한 시간이 되기도 하고, 지옥같이 지루한 고통의 늪에 빠지기도 한다. 이곳 생활이 하루 더 길어진다고 생각하니 짜증이 나는 것이다.

하지만 우리나라에서 형기(刑期) 계산은 날짜(日)가 아닌 연월(年月) 단위로 한다. 만약 총합 며칠… 이렇게 계산한다면 덜 억울할 텐데. 이게 다 내가 짓지 않은 죄로 인해 구속되다 보니 매사에 화가 나는 것일 테다.

우리 사동(舍棟)에는 수용자의 배식과 복도 청소 업무를 담당하는 사소가 두 명 있다. 어제는 종일 이○○ 사소가 안 보이길래 "무슨 일이 있었는가?" 하고 오늘 물었더니, 방역 소독에 차출되었다고 했다. 그런데 추가로 외부 출역(노역)을 해도 하루 일당(1,420원)은 똑같고, (10분간의) 접견할 때 그 시간만큼 해당 금액을 칼같이 공제한다며 원망 섞인 말을 하였다.

그래서 내가 '세 남자' 이야기를 해주었다.
첫째 '잘난 아들'은 국가의 아들이고,
둘째 '괜찮은 아들'은 사부인(査夫人)의 아들이고,
셋째 '못난 아들'은 어머니의 아들이라 했다. 굽은 나무가 선산을 지키듯…

그러면서 "그대는 나라의 부름을 받아 방역 봉사를 하였으니 잘난 아들이 틀림이 없다!" 하니 한바탕 크게 웃을 수 있었다.

내친김에 사족을 하나 보탰다.
"이 몸도 나라가 불러서 입혀주고 먹여주고 재워주니 잘난 놈이고 국가의 것인가?" 히였더니 빵 터졌다! 청계산 자락 아래 위치한 이곳은 너무나 한적하여 사소와 주고받는 수다를 옆 방 수용자들도 엿들었는지 박장대소(拍掌大笑)다. "맞아, 우리는 국가 공인 '잘난 아들'이로다!"

(3월 18일) 잘못 알고 있는 로스쿨 소문 팩트체크

아내가 접견 때 한 말이나 인터넷 서신에서 사실과 다르게 아는 부분이 꽤 있었다. 인신구속에다 인간으로서 자유가 박탈되는 곳이니 일반 접견 제한은 물론 마시는 생수와 노트, 신문 구독도 수량 제한이 있다.

시간을 보내기 위하여 읽을거리인 책도 예전에는 기존 도서 반입이 가능했다고 하지만, 누군가가 책 안에 마약을 발라서 보내는 경우가 생긴 이래 언젠가부터 신간 도서를 구입하는 방법으로만 반입이 가능하게 바뀌었다. 그러다 보니 5가지 기본 정보(저서명, 저자, 출판사, 페이지 수, 가격)까지 적어야 신청이 되니 신문에 실린 신간 도서 기사를 모아 놓았다가 도서 구입 신청 시 적어야 하니 볼 수 있는 책도 아주 제한적이다.

또한 여기로 들어오는 서신은 반드시 당국의 검열을 거쳐야 내 손에 들어온다. 다만 밖으로 내보내는 우편물은 검열하지 않는다고 한다.

아마도 어느 목사가 교인들에게 보낸 서신을 유튜브로 본 모양인데 앞으로의 커뮤니케이션에 착오가 생기지 않기를 바라는 마음에서, '아내가 아는 로스쿨 생활(소문)'을 바로잡아 주는 편지를 써서 보냈다. 내가 직접 팩트체크하여 아내에게 알려준 실상을 요약하면 다음과 같다.

[수용 생활에 대한 소문과 팩트 확인]

외부에서 들은 수용 생활(풍문)	내부 경험으로 확인된 진실(Fact Check)
1) 모든 물품 구매 가능	구매 허용 제한 : 수량(생수 1.5L 1병/주, 노트 5권/주), 품목(약품은 2주에 1개/회 허용), 구매신청 요일 제한
2) 외부 물품 무제한 반입 가능	사실이 아님 : 신규 도서 구입만 가능하고, 기존 도서 반입은 불가, 반입 우편물은 당국의 검열을 거쳐야 수령 가능
3) 접견, 원하는 대로 가능	(코로나 이후) 일반 접견 제한·금지 : 예전엔 6회, 5명/주 ⇒ 1회, 1명/주 제한·금지(전화 접견 등 방법, 인원도 제한), 변호사 접견도 일부 제한

4) 전화카드, 사용 가능	기결수만 전화카드 사용 가능, 미결수는 전화카드 구입 불가능
5) TV 시청, 모두 가능	평일 : 오후 18시~21시, 주말 : 오전 9시~오후 21시까지(KBS, MBC, SBS만 시청 가능)
6) 신문 구독, 모두 가능	2개까지만 신청 가능, 지정 일자에만 신청 가능(월 2회)
7) 의사가 세밀하게 상시 건강관리 해줌	의료과 운영(주 3회 : 월/수/금), 최소한의 조치 위주, 외부 의사진단서를 제출해야 우선적으로 검토

(3월 27일) "당신 대신 내가 구치소에 들어가겠다"

아내가 보낸 인터넷 서신을 받았다.

"말할 수 없는 고초는 당신이 다 하고 있는데, 때로는 진짜 생각해요.
날씨가 풀리면 당신하고 나하고 바꿔서 살게 해주면 기꺼이 그러겠다고···.
··· (중략) ···
내 나이 육십이니 내 삶을 돌아볼 나이도 됐지요. 나는 내가 마음에 들어요. 남편 덕분에 사모님이 되어서 잘나갈 때도 항상 본질을 보려 하는 성향을 지니고 있으며, '다 지나간다'는 것을 본능적으로 알고 있지요.
결론은 의왕대학에 당신 대신 나를 들어가게 해주면 두 번 생각할 것 없이 그리할 거라는 것···."

"당신 대신 내가 구치소에 들어가겠다"라는 아내의 각오가 담긴 서신이었다.

평소에 핫팩을 써야 할 정도로 수족냉증(手足冷症)이 심한 아내가 이렇게 염려해 주었지만, 내 심정은 반갑지도 않고, 고맙지도 않고, 바라지도 않는다.

이건 남편을 몹쓸 인간으로 만드는 고약한 생각이다. 그 마음이야 알겠지만 나는 이런 말을 듣기 싫다. 오죽이나 내가 걱정되었으면 아내가 이런 생각까지 했을까?

(4월 15일) 카를로스 곤 닛산 자동차 회장의 탈옥 사연

이곳 사동은 매주 수요일이 온수 샤워하는 날이다. 하필 오늘은 국회의원 선거 때문에 임시공휴일로 지정되어 샤워가 없어졌다. 여기서 **빨간날**(휴일)은 일요일과 같아서 모든 게 All Stop이다. 오늘이 온수 샤워 날인데 이번 주를 건너뛰게 되어 2주 뒤 다음 주 수요일까지 기다려야 한다. 4월 22일까지. 지겹다.

이곳에서 온수 샤워는 주 1회만 허용하기 때문에 1주일을 기다렸다가 머리를 감고 샤워하는 것이라 다음 주까지 기다리는 동안 머리가 가렵고 고통스럽다. 평소 집에서는 매일 샤워를 하니 전신에 비누칠 한 번 하고 물을 틀면 끝났으나 여기서는 너무 오랜만에 하는지라 비누칠에다 샴푸까지 듬뿍 발라 힘껏 씻는다.

샤워하는 김에 입고 있던 팬티와 러닝, 수건까지 모두 손빨래한다. 나를 감싸주고 닦아주는 모든 것을 빡빡 문지르고 씻었다.

[동절기 온수 샤워 시기와 기준]

구 분	온수 샤워 사용 실태	비 고
동절기 (매년 11월~익년 4월)	14사동(월) : 2.10. 2.17. 병동(수) : 2.19. 2.26. 3.4. 3.11. 3.18. 3.25. 4.1. 4.8. 4.22. 4.29.	사동별 요일 따로 지정 4.15. 선거일(임시공휴일) 온수 샤워 중단
그 외 (매년 5월~10월)	온수 공급 없음	

한편으로는 건강에 좋은 샤워(목욕)의 적정 주기가 어느 정도인지, 외국의 교정시설에서는 샤워를 얼마나 자주 하는지 얼마 전 자료조사를 의뢰하는 서신을 집으로 보냈다. 제목은 "학교에서의 건강한 샤워 실태 조사연구"라고 붙였다. 만약 '학교' 대신에 '교정시설'이라고 특정하여 적으면 이곳의 우편물 반입 검열 시 문제가 될 수 있을 것 같아 일부러 '학교'라고 표기하였다. 이곳을 나는 의왕 로스쿨(Law School)로 부르니, 캠퍼스(Campus), 칼리지(College) 등이 잘 통할 듯했다.

오늘 딸과 아들이 조사한 외국 교정시설에서의 샤워 실태에 관한 리서치 결과를 보내왔다. 최근에 카를로스 곤 닛산 자동차 회장이 일본 감옥에 갇혔다가 탈주한 이유가 두 가지였는데, 그중 하나가 목욕을 주 2회만 할 수 있었기 때문이라고 한 점이 눈에 확 들어왔다. 영화 「라스트 캐슬」에 나오는 미국 군(軍) 교도소에서도 주 2회 샤워가 가능하다고 알려주었다.

우리나라 교정시설은 주 2회가 아니라 1회만 가능하니 탈주할 명분까지 만들어진 셈이다. 그렇다고 해서 내가 탈주하려는 게 아니라 교정시설 운영 개선 건의에 활용하려고 한다. 기회가 되면 교정 행정 발전 방안 차원에서 구치소장이나 관계자에게 검토하도록 준비한 과제였기도 하다.

오늘은 국회의원 선거일이다. 국민의 선택, 유권자의 선택을 확인하는 날이다. 투표 결과가 궁금하지만 저녁 9시 이후엔 TV 시청이 안 되니 내일까지 기다릴 수밖에 없다.

여당이 잘하면 여당에 찍고, 여당이 못해서 야당이 대안으로 믿음이 가면 야당에 밀어주는 것이 투표인데, 이 당 저 당 모두 찍어주고 싶은 마음이 안 든다. 그렇다고 아무 데도 안 찍으면 나의 의사를 대변해 줄 정치세력이 없어지니 기권할 수도 없어 어떻게든 찍는다. 그래서 적절한 대안을 생각해 보았다. 당에서 제대로 된 인물을 공천하지 않으니 이런 폐단을 없애려면 다음과 같은 방안이 어떨까?

만약 유권자의 일정 인원(예시 : 1/3 이상)이 투표하지 않으면 재투표를 하거나, 그렇지 않으면 그 지역구는 해당 임기 동안 의원을 두지 않도록 하는 방안이다.

그러면 처음부터 민의에 충실한 공천을 하도록 유도하는 효과가 있고, 일정 인원이 투표하지 않으면 대표자를 안 두겠다는 유권자의 의사로 간주하는 것이다. 지방자치단체의 주민투표 성립 요건과 비슷하다.

(4월 27일) 아내의 앙상해진 몰골

전면 중단되었던 일반 접견이 오늘부터 부분적으로 재개되었다.
두 달 만에 접견하러 온 아내를 보니, 너무 앙상하게 말라 있었다.

내가 여기에 온 지 3개월이 채 안 되는데, 그 사이 아내의 얼굴은 완전 홀쭉하게 되어 그야말로 반쪽이 되었다. 평소 혈압도 정상이고 건강했는데, 가장이 적폐로 몰리자 스트레스를 받아 혈압도 170으로 올랐고 공황장애도 왔다고 한다. 노심초사한 탓이겠지.

가장이 감옥에 있다는 것은 혼자만의 고통이 아니라 가족 모두의 고통이다. 아내와 온 가족이 불쌍하다. 가장으로서 속이 쓰리고 미안하다.

(8월 18일) 코로나 팬데믹과 일반 접견 제한

오늘부터 일반 접견 횟수가 주 2회에서 1회로 또다시 줄었다. 그마저 접견 오는 인원도 2명에서 1명으로 축소 조정하였고, 접견 시간은 1회에 10분만 인정한다.

코로나 팬데믹이 없던 예전에는 평소 일반 접견이 1일 1회/10~12분(5명 이내 인원), 주 6회(일요일과 공휴일을 제외한 월~토) 가능했다고 들었다. 나도 2월 7일 입소하고 2주 정도 기간은 이곳의 평소 방침대로 접견할 수 있었다.

하지만 갑자기 생긴 코로나로 인해 접견 기회가 전면 중단되었다.
이후 재개된 경우에도 과거처럼 원상으로 복구되지는 않았다. 예전에 주 6회까지 허용되었다가 고작해야 주 1~2회 정도로 대폭 줄어들었다. 한 예로 3월 2일부터 4월 26일 기간에는 접견이 전면 중단되었다가 이후 주 2회 '전화예약 접견'만 허용되었다. 그마저 허용 시간이 '3분'이라서 대화를 나누다가 도중에 전화 연결이 끊기기도 했다.

특히 교도관이 전화를 걸 때 사전에 지정한 보호자가 (전화벨이 3번 울리기 전에) 즉시 받지 않으면 전화 접견할 기회까지 사라진다며 신신당부했다. 그런데 전화를 받는 사람은 이곳에 있는 사람이 아니고 이런 사정을 모르는 가족이니 자꾸 내 마음만 답답해질 따름이다.

예전의 대면 10분 접견(오전 10시 이전에는 12분간)도 짧았는데 딱 3분은 정말 빛의 속도로 쏜살같이 지나갔다. 나로서는 준비해 간 할 말을 서둘러 따발총으로 쏟아내고, 곧이어 아내에게 할 말이 있으면 하라고 하니, 아내는 "어~ 어~" 하다가 말 한마디 못 꺼낸 채 접견 시간이 종료되었다.

접견 시간이 줄어들어 어쩔 수 없이 내가 말을 빨리하니, 아내는 정신이 나가버렸나 보다. 시간이 급하면 생각이 잘 나지 않을 것 같아서 나는 미리 메모해 갔는데, 이 메모까지 교도관이 샅샅이 살피며 철저히 확인했다.
교도관의 깨알 확인도 심사가 틀려서 어디엔가 화풀이라도 하지 않으면 가슴이 폭발할 것 같았다. 그래서 영어로 메모한 종이를 접견실로 갖고 갔다. 그랬더니 교도관은 그저 보는 척만 했다.

심지어 이런 일도 있었다. 이곳 구치소가 아닌 다른 지역에 소재한 교정시설 근무자나 어느 법원의 판사가 감염되었다는 소식이 들리기만 해도 또다시 전국의 모든 교정시설에 일반 접견이 중단되기 일쑤다.

하필이면 내가 이곳에 머무르는 기간에 우리나라 교정시설 역사상 최악의 접견 상황을 맞이한 사람 중의 한 사람이 나였다. 설상가상, 첩첩산중 그 어떤 단어로도 형언하기 어려울 만큼 힘든 시간이었다.

접견은 그 자체만으로도 너무 소중한 순간이다. 종일 좁은 독방에 있다가 철창문을 열고 밖으로 나와 바람을 쐴 수 있는 절호의 기회이기 때문이다. 그렇게라도 하지 않으면 폐소공포증에 걸릴 지경이다. 그렇게 접견실로 오가는 시간은 한 생명체로서 하늘도 쳐다보고 땅도 밟으며 그리운 사람까지 만나볼 수 있으니 살아있음을 확인하는 일종의 숨구멍과 같다.

하지만 중국의 우한발 코로나로 인해 2020년 2월 24일부터 접견이 전면 중단되었다가 이후 부분적인 재개와 제한이 다시 반복되어 접견 가능 여부조차 예측하기 어렵게 되는 등 이 시기와 겹친 나의 수용 생활은 그만큼 불운했다고 할 수밖에.

일반 접견의 횟수와 접견 인원, 시간을 줄이는 제한된 접견(주 1~2회/10분간, 1~2명 이내로 접견자 수 제한)으로 바뀌면서 전화 접견은 없어지고, 다시 대면 접견 방식으로 돌아왔다. 특히 이 무렵은 2020학번 대학생을 비롯한 청년들은 학기 내내 대면 수업 한 번 받지 못하고 집에서 온라인 수업으로 졸업하게 되는 등 참으로 많은 국민들이 고통으로 점철된 파란만장한 날들로 기록되는 시기였다.

참고로 2020년 2월 7일부터 8월 31일까지 수용 생활을 하는 기간 접견이 중단되거나 제한되었던 상황을 시기별로 정리해 보면 다음과 같다.

[코로나로 인한 일반 접견 제한 상황(2020년 2월 7일~8월 18일)]

단계	기간	방침	접견 시행 내용(제한)	비고
I	2.7~2.23	평소 접견 방식	일반 접견 주 6회(월~토), 1일 1회/5명 이내, 10~12분(일요일, 공휴일 제외)	2.18. 사동 이동 (14하1 → 병하2)
II	2.24~3.1	접견 전면 중단	일반 접견 전면 제한	코로나19
III	3.2~4.26	전화 접견	전화 예약 접견(주 2회, 1회 3분)	
IV	4.27~5.10	제한적 일반 접견	주 1회, 1회/1명, 10분	
V	5.11~5.13	제한적 일반 접견 완화	주 2회, 1회/1명, 10분	횟수 조정
VI	5.14~5.20	접견 중단	일반 접견 잠정 중단, 변호인 접견도 주 1회로 축소	교정시설 직원 코로나 확진자 발생
VII	5.21~8.2.	제한적 일반 접견	주 1회, 1회/1명, 10분	횟수 축소
VIII	8.3~8.17.	제한적 일반 접견 완화	주 2회, 1회/2명, 10분	8.17. 광복절 연휴 임시공휴일 지정으로 접견 미실시
IX	8.18~8.31	제한적 일반 접견	주 1회, 1회/1명, 10분	횟수 재축소 8.31. 항소심 선고(석방)

(8월 21일) 벌레와의 싸움, 구치소 최악의 층?

간밤에 모기가 흡혈귀처럼 팔과 다리의 피를 빨아 가려웠고, 귓가에서 윙윙거리는 소리까지 들렸다. 막상 모기를 잡으려고 방구석 여기저기를 아무리 살펴봐도 어디에 숨었는지 보이지 않고, 벌레들은 방바닥을 여기저기 기어다니고 있다.

의료과 교도관에게 F 킬러가 있는지 물어보니, 듬뿍 뿌려주었다. 하수구와 세면대 아래에 벌레들이 약에 취해 비실비실하길래 슬리퍼로 내리치며 아작을 냈다.

 몇 시간이 지나, 사소가 F 킬러보다 효과가 더 좋다는 홈 키퍼를 가져다주길래 다시 뿌렸다. 시커멓게 생긴 새내기와 바퀴벌레를 잡아 두루마리 휴지로 덮은 채 압살한 다음 변기통에 던지고 물을 내려 멀리멀리 떠나보냈다. 오늘은 종일 거실에 들어오는 벌레 사냥을 했다.

 운동하러 나가서는 혹시라도 내가 발을 잘못 디뎌서 벌레를 밟을까 봐 조심조심 피해 가며 걷는다. 하지만 사람이 사는 방으로 침입하는 벌레와는 내가 동거할 수 없다. 선을 넘은 놈들은 잡을 수밖에.

 여기서 지내는 겨울은 너무 추워 힘들고, 여름엔 심한 무더위로 숨이 막힌다. 로스쿨 사동은 3층 건물이다. 겨울엔 찬바람이 지나가며 생기는 냉기로 손을 호호 불어가며 지내고, 여름에는 내리쬐는 태양열로 좁은 방안은 찜통이 될 것인데, 아마도 3층은 더할 것이다.

 게다가 1층은 온갖 종류의 벌레가 스멀스멀 기어 나와 소스라치게 놀라게 한다. 어떤 때는 잠을 자는 중에도 벌레가 팔다리에 모이기도 하여 눈을 뜨고 있는 동안에는 벌레를 잡느라 신경을 집중해야 한다.

 2층은 가운데 층이라 기온의 변화도 덜하고 벌레의 출몰도 1층보다는 적을 것이다. 퀴퀴한 냄새와 습기는 1층이 최악이고, 2층이 가장 나은 듯하다.

 하지만 나는 사정이 다르다. 이곳은 엘리베이터나 경사로가 없기 때문에 보행이 불편한 사람이나 계단을 피하려면 1층이어야 한다. 입소할 때는 14사동 1층이었고 지금은 병동 1층이다. 밤낮으로 출몰하는 벌레와 싸워야 하고, 퀴퀴하고 축축한 냄새는 스스로 참고 견뎌야 하니, 수도승이라도 된 기분이다.

오늘같이 더운 날에는 운동 가는 것조차 부담스럽다.

옆 사동 건물에 가려 생긴 그늘막에서 왔다 갔다 하며 몇 걸음 걷다가 들어왔다. 그나마 12시 전후에는 그늘이 하나도 없다.

그래서 배정되는 운동시간이 10시 이전이나 2시 이후가 아니면, 운동장에 나가도 땡볕 아래에서 할 수 있는 게 없다.

운동하러 나온 수용자들이 다들 무더위에 헉헉거리며 아우성을 쳤다.

"아이고, 숨이 턱턱 막혀서 못 살겠습니다"

내가 한마디 했다. "겨울 엄동설한 추위를 생각하면, 그래도 지금이 낫지 않나?" 하니, "우리는 소가 아닙니다. 곰도 아닙니다"라며 힘들다고 아우성을 쳤다.

나는 날씨가 조금만 추워도 다리가 얼음장처럼 차가워져 혈액순환이 안 되어, 여름을 빼고는 종아리 토시를 끼는데, 이렇게 따뜻한(?) 날씨는 괜찮다.

어쩌면 나는 소나 곰이 맞겠다는 생각이 들었다. 숨이 턱턱 막힐 정도의 한여름은 밤에도 매한가지다.

지내기 어려울수록 독서 삼매경에 빠졌다.

오늘은 『셰일 혁명과 미국 없는 세계』 책을 읽었는데 흥미진진했다.

엉덩이에는 어느새 땀이 흥건히 젖었다. 또 욕창이 생길지 모르겠다.

이독치열(以讀治熱), 이독치염(以讀治炎), 이열치열(以熱治熱).

(8월 22일) 어둠의 터널을 지나

전주지법 모 부장판사가 코로나 확진자로 드러나, 법원행정처에서 구속이나 가처분 등 긴급사건 외에는 2주간 휴정하도록 각급 법원에 권고가 또다시 내려왔다고 한다. 8월 31일 선고가 예정된 내 사건도 혹시 영향을 받게 될지 모르겠다. 접견은 제한(횟수와 인원)되고 재판은 지연되니 이래저래 고통의 시간만 늘어나고 있다. 중세 시대의 암흑기처럼 내 인생에 이런 흑역사가 올 줄은 꿈에도 몰랐다.

현직에 있을 때는 나름 완전연소 하는 자세로 최선을 다해 일했고, 그 대신 은퇴 후에는 완전히 자유로운 시간으로 보낼 참이었다. 그러나 언감생심이었던지 2018년 6월 19일 압수수색을 시작으로 2020년 2월 7일 1심 선고로 법정구속이 되어, 오늘이 8월 22일이다. 지금까지 구금된 6개월 보름을 포함하여 그 사이 2년 2개월 넘게 고통의 시간을 지나오면서 심신은 이미 망가진 지 오래다.

그렇지만 여기서 그냥 주저앉으면 내가 아니다.
나는 죄를 짓지 않았으므로 진실의 힘을 믿는다.
겨울이 가고 봄이 오듯, 길고 긴 암흑기를 지나면 내 인생도 새로운 장(章)을 열 것이다. 이제 나의 사주팔자에 놀거나 쉬는 시간이 허용되지 않았음을 알았으니, 여기서 나가면 지금까지의 나와는 다른 새로운 사람으로 살아가리라.

〈참고〉 '최보식이 만난 사람들' 인터뷰, 최보식의 언론, 2021.4.1.

멸문지화는 면하고 가족이 노비로 안 끌려갔으니 그나마 다행인가

제가 어떤 죄를 지었는지
진정 무고한지 아닌지는
따지지 않았어요.
단지 어느 쪽 사람인지가
죄의 유무가 됐습니다.

이채필(65) 진 고용노동부 장관은 스틱을 짚고 불편한 걸음으로 들어왔다. 어려서 소아마비를 앓았다고 했다. 머리는 백발이었다.

"그전에는 염색하고 다녔는데, 의왕구치소에 들어가면서 제 의사와 상관없이 염색할 수 없었어요. 그 뒤로 송사(訟事)가 계속되면서 머리색을 감추는 걸 포기했어요."

이명박 정부에서 노동부 장관을 지낸 그는 '적폐청산' 프레임에 걸렸다. 혐의는 국고손실죄였다. 차관 시절 '제3노총 설립'과 관련해 국정원의 자금 지원을 받았다는 것이다.

노동부 공무원들의 평을 들어보니 그는 소신이 뚜렷하고 공사(公私) 구분이 분명했다고 했다. 당시 13년이나 끌어오던 '복수노조'와 '노조전임자 타임오프제' 등을 관철시킨 노동개혁의 주역이었다. 기득권 노조에서 보면 그는 반드시 손봐야 할 공적(公敵)이었다는 뜻이 된다.

"제가 당한 모양새가 조선조 '사화(士禍)'와 똑같았습니다. 제가 어떤 죄를 지었는지 진정 무고한지 아닌지는 따지지 않았어요. 단지 어느 쪽 사람인지가 죄의 유무가 됐습니다. 저는 직업공무원으로 늘 같은 위치에 있었으나 어거지로 '적폐 청산 대상'으로 만들었습니다. 그 과정에서 검찰·법원이 모두 정권과 한 패였습니다."
그는 자조하듯 이렇게 덧붙였다.

"조선시대가 아니라서 멸문지화(滅門之禍)는 면해 아내가 노비로 끌려가지 않았고, 자녀들이 자기 자리에 있을 수 있다는 것만으로도 그나마 다행으로 여겨야 하나요."

— 장관까지 지낸 사람들은 감옥 갔다 오면 이런 얘기를 대놓고 안 하려고 합니다. 억울해도 더 당할까 봐 숨은 듯이 지내지요.
"감옥 간 것 자체가 치부니까요. 자녀에게도 적폐 대상으로 구속된 아버지가 또 거론되는 게 좋을 리 없죠. 그럼에도 저는 말을 안 할 수 없어요. 그런 혐의가 사실이 아니었으니까요. 가만히 있으면 비겁하게 되는 거죠."

일주일 전 그는 대법원의 판결문을 송달받았다고 했다. 3줄로 된 한 문장이었다.

"원심 판결 이유를 관련 법리와 적법하게 채택한 증거에 비추어 살펴보면, 원심의 판단에 논리와 경험의 법칙을 위반하여 자유심증주의의 한계를 벗어나거나 공동정범의 성립 요건에 관한 법리를 오해하여 판결에 영향을 미친 잘못이 없다."

"제 사건의 주심이 민변 회장 출신인 김선수 대법관이었습니다. 저는 대법원에 조목조목 불복 사항과 이유를 담은 100여 쪽의 상고이유서와 70건의 증거자료까지 첨부해 제출했습니다.
그걸 과연 한 번이라도 읽어봤는지 모르겠습니다. 대법원 판결문에는 납득할 만한 이유나 판단 근거를 전혀 제시하지 않았습니다. 판결은 법리(法理)가 아니라, 판사의 성향에 따라 좌우된다는 말 그대로였습니다. 판결문을 읽으면서 억울함과 분노, 허탈의 감정에 휩싸였습니다."

문재인 정권에서 정부 부처마다 '적폐 청산TF'가 설치돼 과거의 것을 뒤지기 시작했다. 그는 원세훈 전 국정원장과 관련된 사건에 엮였다. 원세훈 전 원장이 국정원 직원들에게 '민주노총 와해를 서두르고 제3노총 설립 지원을 통해 기존 노총 등 종북 좌파 세력의 입지 축소를 꾀해야 한다'고 내부 지시한 문건이 나왔던 것이다.

"노동부 출입하는 국정원 직원이 제3노총 설립에 대해 의견을 물어와 '노동운동이 건강해야 하지만 정부가 직접 나서는 것은 적절하지 않다'는 원론적인 답을 했습니다. 그 뒤 국정원 모 처장 등과 점심 자리가 있었지만 의례적인 얘기만 나누고 먼저 일어났습니다. 노동부장관 정책보좌관이 국정원 지원금 1억 5천7백만 원을 받았다는데 그 사실을 전혀 알지 못했습니다. 저는 공작에나 가담하는 그런 비루한 인생을 살지는 않았습니다."

2018년 6월 '적폐 청산 바람'이 가장 살벌하게 불던 시기였다. 압수수색을 시작으

로 그는 단 한 차례 검찰 조사를 받았다. 검찰은 그에 대해 구속영장을 쳤지만 기각됐다.

"그런데 1심 판결에서 전혀 예상 밖에 법정 구속됐어요. 사실관계에 대한 진위 규명은 안 하고, 신빙성 없는 진술만 임의 채택했습니다. 판사는 '국제인권법연구회' 출신이었어요."

– 법정 구속에 몹시 당황했겠군요.
"2월 초였는데 내복도 안 입었어요. 저는 다리에 체온 보존이 안 돼 늘 긴 양말에다 토시를 껴요. 구치소에서 모두 압수됐습니다. 0.9평짜리 일반 독방에는 세면대가 없고, 손을 누르고 있어야 물이 나오는 수도꼭지가 벽 아래 붙어있습니다. 대야로 물을 받아 세수나 설거지를 하지요. 교도관이 식사 때 상추를 주면서 '씻어서 드시라'라고 하는데, 저는 쪼그리고 앉을 수 없으니 그게 됩니까. 나중에 교도소장이 면담한 뒤 목욕탕용 플라스틱 의자를 넣어줬어요."

그는 7개월 수감된 뒤 항소심에서 집행유예 판결이 나와 풀려났다. 하지만 여전히 유죄였고, 얼마 전 대법원에서 최종 확정됐다.

"2년 9개월여 동안 소위 '국고손실죄'란 죄목에 갇혀 지난한 세월을 보냈습니다. 국고손실죄라면 당연히 추징이 따라야 하는데 단 1원도 추징이 없었습니다. 정권에 코드를 맞춘 정치 재판을 한 겁니다."

– 문재인 정권이 들어섰을 때 본인에게 어떤 일이 미칠 수 있다는 예감이 없었습니까?

"문 대통령은 희망과 기대를 품도록 해줬지 않습니까. 그야말로 좋은 나라를 만들 줄 알았는데 정말 이럴 줄은 상상도 못 했습니다. 국민을 위한 정부가 아니라 국민은 안중에 없는 정부입니다. 이는 문 정권의 목적은 다른 데 있었습니다."

– 어디에 목적이 있었다는 겁니까?

"오직 재집권, 정권의 유지와 연장밖에 없습니다. 이를 위해 모든 걸 수단으로 삼는 겁니다. 최저임금 인상을 보십시오. 세계적으로 최저임금을 한꺼번에 급격하게 올린 나라도 없지만, 세금으로 이를 보전하는 나라도 이 정부밖에 없습니다. 조그만 사업장의 노동자를 진정으로 위했다면 이렇게 못 합니다. 기득권 노총단체와 손을 잡고 정권을 계속 잡는 목적뿐인 것이지요."

집안 형편과 신체상 이유로 그는 정규 학력 과정을 검정고시로 대신했던 입지전적 인물이었다.

"공무원이 된 뒤로 정말 소처럼 일했습니다. 제 동료, 선후배 공무원들이 밤잠 안 자고 주말에 안 쉬고 머리 싸매고 만든 정책들을 현 정권은 4년 만에 완전히 다 망가뜨려 놓았습니다. 탑 쌓는 것은 어려워도 망가뜨리는 것은 쉽다는 걸 알고는 있지만, 제 눈앞에서 이런 일이 벌어지리라고는 상상도 못 했습니다. 너무 허무합니다."

최보식 편집인 webmaster@bosik.kr

제8장
우문현답
– 밑바닥 정신으로

01 그때도 틀리고 지금은 발등의 불
02 현실판 삼고초려
03 발탁 인사와 일선 직원 특별승진으로 조직의 활력 도모
04 "승진했다기보다 직위해제 당한 기분입니다"
05 노동부에서 고용노동부로의 개편(Ⅰ) : 고용정책 총괄 업무 중점 추진
06 노동부에서 고용노동부로의 개편(Ⅱ) : 고객과 소통하는 고용노동 행정
07 밑바닥 정신 : 평생 사무관으로도 감사
08 직원들이 일 잘하게 만드는 방법
09 공무원이 업무에 전념토록 하는 정치권 대처법
  : 책임(責任)은 장관이, 공(功)은 실무자에
10 대통령과의 첫 독대 : "이 장관, 대통령 할 생각 있나?"
11 우문현답(愚問賢答) : (우)리의 (문)제는 (현)장에 (답)이 있다
12 잦은 공무원 순환 전보 문제 : 국장급 공무원 교육 제도 고쳐야
13 공공기관 임원 임용과 위선적 공모제
  : 누구를 위하여 종은 울리나?
14 친(親) 노동, 친(親) 경영, 친(親) 일자리 장관
15 "아직도 한국에서 기업을 하십니까?" : 시우(杞憂)기 되길

01
그때도 틀리고 지금은 발등의 불

가. 한심한 인구정책 관계 부처 회의

1984년, 사무관 3년 차였던 나는 노동부 근로기준국 부녀소년과에 근무하면서 여성 근로자의 권익 보호 업무와 함께 국제기구(UNDP)의 지원을 받아 근로 여성이 밀집한 전국 주요 공단(工團) 지역을 순회하며 근로 여성의 가족 보건과 성교육 업무까지 담당하고 있었다.

그해 가을 보건사회부 이 모 보건국장 주재로 인구정책에 관한 각 부처 관계자와 전문가들이 국립보건원에 모인 가운데 회의가 열렸다. 다른 부처에서는 대부분 과장급 인사가 회의에 참석하였으나 우리 부는 일정이 맞지 않아 담당 사무관이었던 필자가 참석하게 되었다.

우리나라는 1962년 이후 가족계획사업의 주무 부처였던 보건사회부에서 "덮어놓고 낳다 보면 거지꼴 못 면한다"라는 최초의 산아제한(産兒制限) 정책이 담긴 가족계획을 발표하였다.[56] 정부는 범국가적인 산아제한 정책을 강력하게 추진하여 1963년 9월 10일 내각 수반이 모든 부처에서 적극적으로 지원토록 특별 지시(제18호)하였고, 보건사회부 산하기관이었던 가족계획협회에서 이에

---

56. 그 무렵 이와 유사한 내용의 구호가 적힌 종이가 동네 전봇대에 전국적으로 붙어있었다고 한다.

필요한 국민 계도와 적극적 동참을 위한 다양한 사업을 전개해 왔다. 당시 강력한 산아제한 정책을 펼쳐온 것이다.

한 해 출생 인구는 1955~1974년 90~100만 명씩, 1979부터 1982년까지 84.8~86.7만 명이 태어났으나, 1984년에는 70만 명 이하로 크게 하락했고 결국 2020년에는 출생아가 30만 명이 안 될 정도로 급감하였다.

합계출산율은 1970년 4.53, 1980년 2.82, 1983년 2.1, 1984년 1.74로 급격하게 줄어들고 있었다. 이후 1986년 1.66, 1995년 1.63, 2021년 0.81, 2022년 0.78로 감소하게 된다. 어쨌든 당시 인구 통계상 이미 대체출산율(2.1) 아래로 진입한 상황이었기 때문에, 변화하는 추세에 따라 한마디 하지 않을 수 없었다.

나는 순서를 기다렸다가 발언 기회를 얻었다.

"합계출산율 변화 추이를 근거로 '하나씩만 낳아도 삼천리는 초만원'이라는 가족계획 캠페인 표어(標語)를 내세우는 산아제한 정책을 계속하면, 머지않아 저출산 사회가 될 우려가 있다. 따라서 무조건 적게 낳도록 하기보다는 적정(適正) 출산율을 고려하는 방향으로 산아제한 정책의 기조(基調)를 재검토하고, 전환할 필요가 있다."

회의를 주재한 보건국장은, "직급도 낮은 공무원이 다른 부처 회의에 와서 고춧가루 뿌리지 말라"라고 하며 짜증을 냈다. 그는 정책 방향에 대한 조언을 귀담아듣기는커녕 직급으로 찍어 누르는 구시대적 행태를 보였다.

다른 부처의 정책에 대하여 나 역시 별로 따지고 싶지는 않았다.

하지만 도저히 아니라는 생각이 드는데도 내가 침묵하면 같이 동조하는 꼴이 될 것 같았다. 하는 수 없이 용기를 내서 건의한 것인데, 바른말이 듣기 싫었던지 나를 나무라기만 했다.

그날 회의 분위기는 진지하지도 않았고 매너리즘에 빠진 그저 그렇고 그런 의례적 행사였다. 오히려 분위기 파악도 하지 못한 순진한 사람의 입바른 소리가 문제인 것처럼 되었다. 일종의 이벤트성 회의였는데 장단을 맞춰주지 못한 눈치 없는 공무원으로 찍혀 나는 중인환시리(衆人環視裡)에 질타만 받았다.

그런데 정작 중요한 문제는 따로 있었다. 고위당국자의 기분에 맞지 않거나 발언자의 직급이 낮다고 해서 발언 내용이나 의미를 경시하면, 국가의 미래와 흥망을 좌우할 인구정책 방향을 제대로 모색할 기회를 놓친 것이다. 답답하고 한심했다. 나라의 정책을 다루는 고위 공직자가 이래도 되는가?

회의를 마치고 나오는데 한 여성 참석자가 따라 나왔다.
"이 사무관님 지적에 일리가 있습니다"라고 공감하며 살짝 위로해 주었다. 그녀는 중앙일간지 기자 출신으로 당시 보사부 산하기관에 있어서 그런지 운신에 한게가 있는 것 같았다.

이후 관련 통계자료를 분석해 보면, 1983년 우리나라 출산율이 대체출산율인 2.1명 수준으로 많이 내려간 상황에서 정부는 10여 년이 경과한 1996년까지 산아제한 정책을 계속하는 오판(誤判)을 거듭하였다. '산아제한' 정책을 뒷받침하기 위해 설립된 가족계획협회(현 인구보건복지협회)도 2005년에 가서야 뒤늦게 '출산 장려' 기관으로 업무가 180도 전환되었다.

일본은 이미 1962년 출산율이 대체출산율 수준으로 떨어지자 즉각 산아제한 정책을 폐기한 것과는 대조적이었다. 내가 볼 때 (1984~1996년) 10년 넘게 잘못된 정책을 계속한 것은 '(정책) 관성의 법칙'이 작용한 것이다. 어찌 되었든 이 무렵 인구정책의 오류로 인해 이후 우리나라가 세계적으로 가장 빠른 저출산 초고령 사회로의 가속화를 잉태한 것으로 보였다.

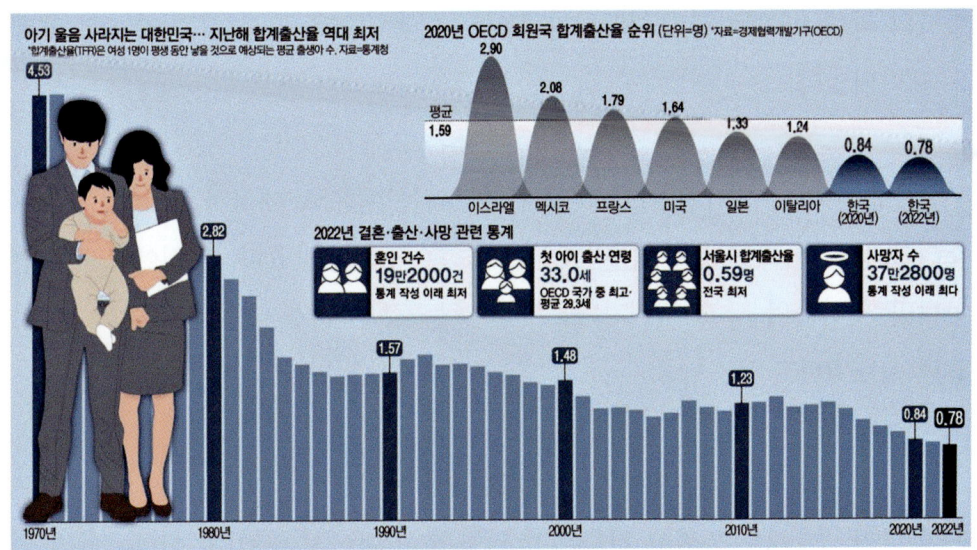

한편으로는 쓴소리 듣기를 좋아하는 사람이 누가 있겠냐마는 그렇다고 해서 업무상 필요한 발언에 대하여 인신공격으로 비난하는 태도를 보인 그 국장은 결과적으로 나의 훌륭한 반면교사가 되었다.

또 다른 한편으로는 나 역시 행정을 했던 사람으로서 전후 사정을 짐작하지 못할 바는 아니다. 어떤 정책의 기조를 바꾸게 되면 기존 사업의 추진과 인력, 조직, 예산 등 변화에 대한 저항이나 부담이 우려되었던 모양이다. 모름지기 정책을 다루는 당국자는 멀리 내다보면서 자세히 살펴야 하거늘, 변화에 대한 대응이 너무 늦고 둔감했다. 아쉬운 지점이다.

나. '셋째 자녀' 출산에 홀대받은 가족

얘기를 옆길로 잠시 빠지면, 나의 경우 셋째 자녀를 출산하는 과정에서 적잖은 홀대를 받았다. WHO '세계보건통계'(1995년)에 따르면 1995년 한국의 합계출산율은 1.63명으로 대체출산율보다 훨씬 낮았는데, 1996년 2월 태어난 필자의 막내 아이는 당시 '셋째 자녀'라는 이유만으로 출산 시 건강보험 혜택도 제한되었다.

요즘은 우리 부부가 아이를 셋이나 낳았다는 이유로 '애국자'나 '국가유공자' 소리를 듣지만 그땐 일종의 '미개인' 비슷한 취급을 받았다. 당시에는 정부만 아니라 국민들의 사고 자체가 둘 이상 낳는 집은 뭔가 다르다고 받아들이던 그런 시대였다.

그러니 우리나라 인구정책을 한마디로 말하면 "그때는 맞고 지금은 틀리다"가 아니라, "그때도 틀렸고 지금은 발등의 불이 떨어져 버렸다!"이다.

이후 그 피해나 책임은 온 국민이 두고두고 지게 되었으니, 정책의 적시성(適時性)이 얼마나 중요한지를 깨닫게 한 경험적 사례였다.

우리나라의 고령화 속도는 세계적으로 최고 수준이다. 고령화 사회에서 고령 사회로 가는 데 17년이 걸렸는데, 이는 노인 인구가 많은 일본보다도 7년이나 빠르다. 일본은 24년, 미국은 72년, 프랑스는 115년 걸렸다. 이후 한국의 65세 이상 인구는 2024년 12월 20%를 돌파해 '초고령 사회'도 7년 만에 진입했다. 이는 65세 인구가 14% 이상인 '고령 사회'가 된 지 불과 7년 만이다. 일본은 10년, 독일은 36년, 프랑스는 39년 만에 초고령 사회에 진입했다.

통계청은 2023년 9월 우리나라가 2025년쯤 초고령 사회에 진입할 것이라고 했는데 정부 예상보다 빨리 도달했다. 대처하기 어려울 만큼 가파른 속도가 문제다.[57]

---

57. 국민 20%가 노인… 한국 초고령 속도 빠른 이유는, 조선일보, 2024.12.25.

매년 줄어드는 생산연령(15~64세) 인구가 부양할 수 있는 한계를 넘어서면 국민연금을 비롯한 사회보장 비용과 재정수요가 폭발적으로 늘어나고 경제는 활기를 잃기 쉽다.

장기적으로 우리나라의 적정 인구 규모가 어느 정도인지는 정확히 알 수 없으나, 세계 2위 경제 대국이던 일본조차 고령화의 재앙을 견디지 못하고 쇠락했는데, 이를 극복할 기적의 한국판 정책의 앞날은 여간 험난하지 않을 것이다. 물론 노동력의 질적 수준 제고와 자본 투자의 확대로 저출산 사회의 새로운 탈출구를 모색하는 것은 별개의 문제이다.

당시 우리 정부가 취한 산아제한 정책 방향을 조기에 전환했다고 해서 과연 기대에 부응하였을지는 장담할 수 없다. 어쨌든 저출산(부양비 문제) 극복을 위하여 기존 패러다임과는 전혀 다른 정책이나 접근이 필요했다. 무책이 상책은 아니지만 거꾸로 간 정책의 잘못은 더욱 크다.

긍정적인 역할을 하는 부분은 부족한 대신 부정적인 요소를 개선하는 정책 역시 부족한 점은 분명해 보인다. 전문 분야가 아니지만 짧은 소견으로는 수많은 저출산 대책을 백화점식으로 전개하기보다는, 일과 가정생활의 조화를 이루는 보육 서비스 산업(돌봄 지원)이나 비정규직의 불합리한 차별 해소(기업은 유연성을 얻는 대신, 근로자는 정규직보다 낮지 않은 임금을 받게 하고, 전문적인 분야는 더 많은 임금 지급으로 보상) 등 핵심 영향 요인 위주로 인센티브 부여와 같은 선택과 집중으로 역점을 두어야 하지 않을까 싶다.

한 예로 그리스의 경우 자녀가 2명인 근로자가 받는 연금이 100이라면 자녀가 셋 이상일 경우 수급기간이나 연금액이 일정 부분 가산되는 데 반해, 자녀가 1명이거나 아예 없으면 연금액이 감축되거나 독신세를 부과하는 등 출산을 장려하는 정책을 펴고 있는 것으로 들었다.

어쨌든 '방 안에 코끼리'가 있어도 보지 않은 척 아무도 말하지 않거나, 문제나 위험이 있어도 얘기를 꺼냈다가 돌아오는 불이익을 우려하여 침묵하는 조직이라면, 잘못을 고칠 수도 없고 발전을 기대하는 것은 더욱 어렵다. 행정은 문제를 직시하고 열린 시각으로 현장을 살펴야 한다. 현장에는 해법의 실마리나 단서가 있기 마련이다.

02
현실판 삼고초려

2003년 2월 25일 노무현 대통령이 취임하였다. 2월 27일 대통령직 인수위원회 사회문화여성분과 간사로 활동한 분이 초대 노동부 장관으로 부임하였다. 그 무렵 필자는 김대중 정부의 대통령비서실에서 일하였다가 돌아와 노동부 노사정책과장으로 근무하고 있었다.

신임 장관에게 보고하고 결재를 받으러 갔다가 나오려는데 새 정부의 총무과장을 맡아달라는 제안(1차)을 받았다. 하지만 나는 '정책'이나 '사업' 분야가 아닌 '지원'(支援) 업무는 별로 내키지 않았다. 그래서 "저한테 지원 업무는 잘 맞지 않습니다. 적임자를 찾아보십시오" 하곤 도망치듯 장관실을 나왔다.

그동안 나는 기획관리실 행정관리담당관 외에는 모두 정책 분야에서 일하였을 뿐, 인사·홍보 등 분야에 근무한 적이 없을 정도로 지원 업무는 해본 적이 없었다. 성격도 사교적이거나 상냥하지 않아 그렇게 배치된 듯하다.
더군다나 새로 부임해 온 장관과는 개인적으로 전혀 알지 못하여 신임하는 관계도 아니었다. 게다가 당시 그 자리가 내키지 않는 또 다른 이유가 있었다.

장관의 정중한 절 한 번

과장을 맡은 이후 1년가량 일선 기관장을 경험하였지만 현안이 많은 본부 정책 부서로 다시 불려 왔다. 고용관리과, 산업보건과, 임금복지과장 겸 근로

기준과장 겸 근로기준국장 직무대행, 행정관리담당관, 보험제도과, 대통령비서실, 노사정책과 등에서 일하느라 몰입한 나머지 심신이 번 아웃 된 상태였다. 그때 2002년 11월 고용보험심사위원회 위원장 공모가 났길래 나도 한번 응모해 보았다.

며칠 후 기획관리실장이 나를 불러, 노사정책과장에서 해방되려면 인사권자인 장관에게 직접 허락받아야 가능할 것이라고 귀띔해 주었다. 고민하던 차 장관께 보고드릴 게 있어서 그 기회를 활용하여 보고 말미에 "심신이 방전되어 에너지를 보강할 기회가 필요합니다"라고 말씀드렸다.

하지만 장관은 내 말을 듣고도 아무런 대답을 하지 않은 채 '묵묵부답'으로 천장만 바라보고 있었다. 분위기가 아주 무거웠다. 어색해진 상황을 모면하기 위해서, "그러면 노사정책과장으로 계속 근무하라는 장관님의 뜻으로 알겠습니다"라고 말씀드렸다.

내 말이 끝나자마자, 비로소 장관은 기다렸다는 듯 벌떡 일어서더니 갑자기 나를 향해 거의 90도 각도로 허리를 굽히며 절을 하지 않는가?
그러면서 "이 과장, 감사합니다"라는 말을 덧붙였다.
그리고는 "노사정책과장은 여느 국장 자리보다 더 중요하고, 자네 후임으로 고를만한 적임자가 없어"라고 하였다. 그때야 비로소 인사권자의 의중을 확실히 알게 되었다.

그분은 1970년대 우리나라의 대표적인 노동운동가(원풍모방 노조 지부장) 출신이어서인지 노사관계 정책 분야를 다른 업무보다 유독 비중을 크게 두었다.
이렇게 나는 장관의 정중한 절 한 번으로 국장 직위 승진 대신 과장으로 계속 일하게 되었고, 공모한 그 위원장 자리에는 나보다 6개월 늦게 부이사관으로 승진한 사람이 임용되었다.

게다가 같은 날 나와 함께 부이사관으로 승진한 다른 두 사람은 지방청장으로 발령받아 이미 1년 넘게 국장급 보직을 수행하고 있었다. 그렇다고 해서 배가 아프지는 않았지만 부럽기는 했다. 사람의 인생은 뭘 잘한다고 해서 실속이 따르거나 잘 풀리는 것이 아님을 또다시 체험했다.

그 무렵 떠돌던 유행어가 있었다. "아이가 유치원 다닐 때 사무관이었는데, 초등학생을 지나 중고등학생, 대학생이 되어도 여전히 사무관이다." 이는 연공서열식 인사로 인해 승진이 워낙 늦은 것에 얽힌 하소연이었다.

또한 이런 일도 있었다. 서기관 승진을 앞둔 고참 사무관 시절엔 평소에 아픈 티를 전혀 내지 않던 선배들이 승진만 하고 나면 여기저기 몸이 아프다거나 건강이 좋지 않다는 등의 갖가지 이유를 대며, 어떻게든 지방으로 나가거나 본부에 남아도 업무 부담이 덜한 소위 한직(閑職)으로 옮기는 경우가 많았다.

나도 피폐해진 심신을 재충전하고 싶었지만, 그런 혜택도 아무에게나 주어지지 않았다. 그런데 새 정부에서 총무과장을 맡으라는 것은 국장 승진이 더욱 늦어지는 불이익을 감수하라는 것과 같았다. 머지않아 국장 자리가 새로 생긴다고 해도 승진 후보자 명단에 내 이름은 올리지 못하는 성정을 가진 사람이 바로 나였다.

계속된 제안과 의사 타진

그런데 새 정부의 대통령 업무보고와 관련하여 장관실에 갔다가 총무과장 제안(2차)을 또다시 받았다. 인사권자인 장관이 인사 발령을 단행하면 어쩔 수 없는 일이지만 동의 여부 의사를 계속 타진하니, 심적 부담이 커졌다.
"적임자를 찾아보면 있을 터이니 총무과장 업무는 제가 정말 잘할 자신이 없습니다"라고 하며, 그 자리에서 벗어나고 싶은 마음에 다시 양해를 구했다.

새 정부에서 차관으로 임명된 박길상 선배도 나더러 장관의 뜻대로 하라고 독려하였다. 개인적으로 국장 발령이 좀 늦어져도 "장관의 인사 개혁 의지를 존중해야 하지 않겠느냐?"라며, 사무관과 과장 시절에 죽도록 일만 하는 등 인사가 공정하지 못한 게 우리 부의 고질적 문제점으로 생각해 왔다면서, "이를 고칠 절호의 기회이니 공직자로서 취해야 하는 자세가 어떠해야 하는지 알지 않느냐?"라고 말했다.

한편으로는 노무현 대통령 취임 이후 2003년 3월 18일 청와대에서 첫 노동부 업무보고가 있었다. 보고를 마치고 대통령이 참석자들과 인사하는 순서가 되자 (노사정책과장으로) 배석한 나를 (예전에 국회 노동위원회 위원 시절 장애인고용촉진법 제정 시 법안심사 소위원회 위원으로 활동하였는데, 대통령이 되어 만난 것) 알아보았다. "오랜만이지요?"라고 하더니, "요즘은 무슨 일을 하는가요?", "일하기는 어떤가요?" 등을 묻는 말씀에 대답하느라, 내 앞에서 거의 3분가량 머물렀다.

청와대 업무보고를 마치고 사무실에 돌아오니, 주말에 오찬을 하자는 장관의 연락(지시)이 와 있었다. 이때 장관께서는 내게 총무과장을 제안한 배경을 설명해 주니 나로서는 더 이상 거부할 명분을 찾기 어려웠다. 그렇지만 이왕 총무과장을 맡아야 한다면 제대로 잘하는 게 중요하다는 생각에서 몇 가지 건의를 하였다.

첫째, "인사권자가 불러주는 대로 이름을 받아적고 결재나 상신하는, 이른바 '대서방(代書房) 인사'를 하는 총무과장이 되고 싶지는 않습니다."

둘째, "전보 인사 발령으로 자리가 바뀌면 그 당사자는 물론 유임되는 사람에게도 영향을 미치므로 인사로 교체되는 인물이 있는 부서의 전(全) 직원을 두루 고려해야 합니다. 그러니 원점에서 인사 판을 짤 수 있게 권한을 주고 이후 인사안을 보고받으시면 채택 여부를 판단하는 인사권자가 될 수 있습니까?"

셋째, "개별적인 인사 운영의 혁신을 넘어서서 노동부의 인사시스템을 전면 혁신할 기회를 줄 수 있습니까?"

질문의 형식을 빌려 건의한 것이지만, 어쩌면 사실상의 수락 조건과 같았다. 하지만 장관께서는 내 말이 채 끝나기도 전에 "노동부 인사를 잘해서 일 잘하는 부처가 되도록 하려는 것이니, 그걸 뒷받침하는 총무과장으로 자네가 생각하는 역할을 해 달라"라고 당부하셨다. 게다가 총무과장의 직위는 과장급이지만 예우는 국장급인 '총무국장'으로 대접할 것이라는 말씀까지 덧붙였다.

이렇게 발탁 배경과 인사권자 본인의 철학까지 직접 설명해 주니 나로서는 다른 이유를 대거나 더 이상 토를 달 수가 없었다. 이렇게 하여 나는 삼고초려(三顧草廬)로 총무과장을 맡게 되었다.

그런데 권기홍 장관은 경북고와 서울대를 졸업하고 독일 유학을 거쳐 영남대 경제학과(상경대학) 교수를 1984년부터 역임하고 있었다. 그가 교수로 부임하기 이전인 1981년 2월에 나는 같은 영남대 행정학과(법정대학)를 졸업하여 개인적으로 얽힌 것은 없었다.

그럼에도 그는 가급적 다른 지역이나 학교 출신 중에 적임자를 찾아보았다고 했다. 하지만 마땅치 않아 부득이 나에게 맡겨졌는데, 그 이유는 대통령직 인수위 시절 사회문화여성분과 간사로서 '부처별로 3급 이상 공무원 평가 결과' 눈여겨 관찰한 사람 중의 하나가 나였다고 말했다.

한편으론 총무과장직을 맡은 이후 내가 건의한 방식으로 개혁하여 나름 긍정적인 결과를 얻을 수 있었다. 하지만, 변화나 혁신을 가져오기 위한 기득권의 불만은 대단했고 누군가는 욕을 먹더라도 해야 할 일을 하는 사람이 필요했다. 운명의 장난인지 그렇게 욕을 바가지로 얻어먹는 악역을 맡게 되었다.

하필이면 그게 바로 나였다. 어쩌면 미움받는 데에 별로 거리낌이 없는 성격을 알게 되어 지목한 게 아닌가도 싶었다.

사족으로 한마디.

글 제목을 유비와 제갈공명의 삼고초려(三顧草廬) 고사를 차용했다고 하여 나 자신을 공명에 빗댄 것은 아니다. 인재를 찾아 적재적소에 배치하고 최대한 능력을 발휘할 수 있도록 지원해 준 책임자의 훌륭한 사례라고 기억한다. 이런 방식이 사회 각 분야에 확산되어 나라 전체가 정상화되는 데 도움이 될 수 있기를 바라는 마음에서 20여 년 전 일화를 소개한다.

그리고 부족한 점이 많은 사람에게 능력을 발휘할 기회를 주고 지원을 아끼지 않은 권 장관을 충심으로 존경하지 않을 수 없다. 역시 내공이 대단히 깊은 분이었다. 그 외에도 내가 모셔서 행운으로 생각되는 상사가 여러 어른 계셨다. 진정으로 부처 업무의 획기적 발전을 위한 그분들의 열정과 포용력 덕분에 비로소 가능한 일이었음을 강조하고 싶다. 나의 굴곡진 삶 가운데 감사할 일 역시 많았음에 가슴이 따뜻해진다.

가. 인사 운영 혁신 지침 및 노동부 인사 운영 규정 제도화

신임 장관의 인사 개혁 의지 때문에 다시 과장 보직을 떠맡게 되어 개인적으로 기분이 썩 좋지는 않았다. 하지만 당장 손해나 불이익이 있어도 우리 부처의 고질적 문제점 해결에 꼭 필요하다고 하니 나도 모르게 용감해졌다.

부닥치는 현실이 마음에 들지 않아도 어쩔 수 없다면 피하지 않고 감수하는 것이 몸에 밴 것 같다. 이런 성격이 때론 나를 힘들고 난감하게 했지만 나서야 할 때는 나도 모르게 용수철처럼 벌떡 튀어 올랐다. 그 힘이 어디서 솟아났는지 알 수 없었다. 이후 3개월 넘게 그간 우리 부처 인사 운영의 병폐를 고치기 위하여 몇 차례에 걸쳐 직원들의 의견을 수렴하여 다음과 같이 '노동부 인사시스템 혁신을 위한 지침'을 만들었다.

그간 온정적 인사나 안배를 가미한 인사, 투명하지 못한 인사에서 ① 일 중심의 적재적소 배치 인사 ② 연공이 아닌 실적주의 인사 ③ 승진·전보 시 인사의 원칙과 업무 형편상 예외 기준 등 인사 기준과 적용 실태를 인트라넷에 공개하고, 기관별 인사에 대한 사후평가를 기관과 관서장 평가에 반영하고, 설명 후 납득할 수 있는 공정하고 투명한 인사 ④ 불합리한 차별이 없도록 지역별·성별·출신 등 편중 인사를 방지하는 균형 인사의 원칙을 핵심 기준으로 세웠다.

곧이어 2003년 7월 30일 장·차관과 직원 대표(모든 실·국장, 지방청장)가 함께 다짐하는 서명을 하고, 2003년 8월 1일 노동부 인사 운영 혁신지침(노동부 인사

현장, 훈령 제564호)을 제정하여 제도화하는 한편 시행에 들어갔다.

그러나 지침을 제정한다고 해도 인사권자인 장관이 바뀌거나 그럴 의지가 없으면 무시되고 말 것이라는 직원들의 의구심을 고려하여, 기존의 '인사사무 처리 규정'(훈령 제497호), '보직 관리 기준'(훈령 제498호)을 통폐합하여, 2003년 11월 14일 '노동부 인사 운영 규정'(노동부 훈령 제567호)으로 제정하고 이를 제도화하여 지속적으로 정착될 교두보를 마련하였다. 특히 인사 기준이나 예외 적용 등 그간 내부 인사 운용을 비공개하여 불만이 많았던 조직 내부에 신선한 충격을 주었다.

여담으로 덧붙이면, 이 일이 계기가 되었는지 나중에 각 부처 고위공무원 후보에 대한 중앙인사위원회의 역량평가위원으로 (정무직이 되기 전까지) 상당 기간 활동하였다.

승진이나 (고위직) 진보 인사의 결정권은 인사권자인 장관의 결단이 중요하다. 그러나 관리자의 근무성적평정에서부터 인사가 출발하기 때문에 인사의 토대가 되는 근평이 성과 위주로 이루어지지 않으면 백약이 무효가 된다. 따라서 인사권자는 단지 기관장만이 아니라, 근무평정을 하는 부처의 과장급 이상 모든 관리자가 실질적으로 인사권을 행사하는 자의 범위에 포함된다.

(사무관·서기관) 승진 인사의 기본 바탕이 되는 근무성적평정의 주체가 바로 과장(1차 평가자)과 국장(2차 확인자)이므로, 공직 사회의 평가 문화를 공정하게 되도록 개선하고, 상급자의 평가를 보완하는 것이 중요했다. 그 일환으로 1~5급 승진대상자에 대한 '다면평가' 제도를 승진·전보·근무평정·표창에까지 확대 적용키로 하고, 승진심사위원회도 주요 국장들을 추가하여 확대하는 방향으로 구성하여 운영하였다.

나. 과장급 전보 인사에 다면평가 실시 : 쇄신 인사

공사(公私) 조직에서 "모든 직원이 100% 만족(滿足)하는 인사(人事)는 불가능(不可能)하다. 실은 특정인이 만족하는 인사라면 모두에게 잘못된 인사를 한 것이고, 직원들 다수가 깐깐하게 느껴지는 인사를 하였다면 공정(公正)한 인사(人事)를 한 것"이라는 인사의 역설적인 성격이 있다.

차관 주재 간부회의에서 의견을 수렴한 결과 업무가 잘 안되는 고참 기수들이 승진에 유리한 길목인 본부 주무과장 등 핵심 부서를 꿰차고 있는 문제가 반복돼 적재적소 배치를 위한 쇄신 인사가 필요하다는 의견이 팽배했다. 왜냐하면 각 실·국에는 주요 자리를 차지한 채 정작 필요한 역할은 하지 못하면서 오직 승진될 날만 기다리는 소위 '똥차'들이 꽤 있었기 때문이다.

다면평가 첫 도입 시행

새 정부 들어 우리 부의 인사시스템을 일대 혁신하기로 방침을 밝히자, 그간 부적절한 인사 관행에 대한 비판이나 문제점들이 수면 위로 올라왔다. 그래서 강구한 방법은 각 직위별 점직자(占職者)의 업무 수행과 관련해 '상사평가단'과 '부하평가단'으로 나누어 무기명으로 기재하게 함으로써 왜곡 요소를 최소화하는 다면평가를 실시하고, 각 직위별 최적임자가 보임되도록 하여 정책 입안 부서인 본부와 정책집행 기관인 일선이 업무의 상생 균형발전을 이루도록 한 것이다.

즉, (a) 현 직위와의 적합성 평가(리커트 4점 척도 : 아주 적합, 비교적 적합, 비교적 부적합, 아주 부적합. 특히 '보통'에 해당하는 5점 척도로 하지 않았는데 그 이유는 흔히 관대하게 집중되기 쉬운 '보통'을 제외하여 심플하고 공정하게 하기 위함) (b) 현 직위 적합자에 대한 더 적합한 타 직위 추천 (c) 현 직위 부적합자에 대한 적임자 추천 (d) 전체 과장급 중 경쟁력이 가장 낮은 공무원 등 다면평가 결과를 참고하여 직무를 중심으로 성과를 지향하는 인사를 하였다.

당시 과장급 전보인사의 원칙은 세 가지였다.

첫째, 직무 중심 및 성과를 지향하는 '적소·적재' 인사를 최우선으로 고려하였다. 기수·연령·출신 등 직무 외적 요소는 기본적 변수로 고려하지 않는다.

둘째, 본부와 일선기관 간 업무의 상생적 균형발전이 이루어지도록 적임자를 배치한다. 노동부 인사시스템 개혁추진 방안을 제도화하는 것이었다.

셋째, 잦은 순환전보 인사로 인한 전문성 부족과 업무의 연속성 단절을 최소화한다. 이를 위하여 2003년(당해 연도) 전보자는 이번 인사 대상에서 제외하고 전보 범위를 과장급 보직의 50% 이내로 운영함을 원칙으로 했다.

인사에 앞서 사전에 의견 수렴을 거쳐 인사 기준을 정하고 인사 기준과 원칙을 인트라넷에 공개하고 그 기준의 적용 내역과 함께 인사 결과를 발표하였다.
아울러 2003년 4월 대규모 실무 인사 후 4월 22일부터 4월 25일까지 인트라넷을 통한 설문조사(본부, 6개 지방청, 노동위 등 400명 대상) 결과 본부 인사에 대하여 90.9%가 공정한 것으로 밝혀졌다.

방출용 승진 인사 관행 깨기 : 1+1 패키지(Package) 제안

또한 당시 업무상 무능력자라 하더라도 일단 본부 주무과 등 주요 부서에 사무관 등으로 진입하면 내보내기 어려운 분위기였는데, 그렇다 보니 억지로 방출용 서기관으로 '승진'을 시켜 비주요 부서로 전보하는 '온정주의' 인사 운영을 해오고 있었다. 실적과 능력이 아니라 무능한 사람을 승진시키면 조직 내에서 부정적인 효과만 초래하게 된다.

승진심사위원회를 실무적으로 뒷받침하는 간사(총무과장)였던 나로서는 그런 방식을 제안한 승진심사 인사위원에게 '해당 제안자'는 그 대상자가 공직에서 퇴직할 때까지 계속 함께 움직이기로 하는 1+1 패키지(Package) 방식, 소위 '제안자와 승진자를 하나의 패키지로 묶어 인사하기' 방법을 원칙으로 하자는 역제안을 하였다. 그랬더니 어떤 인사위원도 그 제안을 수용하지 않고 모두 철회하여 오랫동안 잘못된 부적절한 인사 운영 관행(룰)이 사라지게 되었다. 역시 인사 운영 혁신 기조는 무엇보다 제대로 실천하려는 의지가 중요했다.

이런 식으로 단행한 공정한 인사의 결과는 일로 기여(寄與)하지 않고 수혜(受惠)만 바라는 '무임승차'(無賃乘車)족의 자세와 인사를 둘러싼 부처의 온정적인 분위기가 확연히 달라지고 있었다. 그러나 실무를 담당하였던 사람에게 쏟아지는 원성(怨聲)은 하늘을 찌를 만큼 높았다.

예전에 행정관리담당관 시절 수년간 우리 부 서기관 이상 모든 간부에 대한 MBO 성과평가를 담당하였고, 장·차관이 주재하는 실·국장 회의의 당연직 멤버로 참석하여 간부들의 업무 행태를 자세히 지켜본 경험도 총무과장 업무를 수행하는 데 크게 도움이 되었다. 시중에 떠도는 일반적인 인사 평판과 그 실상은 굉장히 편차가 큰 경우가 많았기 때문이다.

참고로 우리 부처의 MBO 성과평가제도를 설계하고 초기 운영을 하는 시기에 담당관을 하면서도 공정한 평가에 조금이라도 흠이 되거나 부정적인 영향을 미치지 않기 위하여 상사의 반대에도 불구하고 나 자신에게는 일부러 낮은 등급으로 평가해 줄 것을 요청하였다. 그럴 정도로 나는 근무성적 평가를 잘 받으려고 일부러 애를 쓰거나 연연하지는 않았다.

결과적으로 우리 부 인사시스템과 운영 혁신을 통해 조직이 냉정하다는 평가를 받으면서도 '경쟁력 있는 조직'이 되어, 외부에서 "노동부는 일이 팽팽 돌아간다"라는 말을 들을 때 가장 즐겁고 기분이 좋았다. 자원의 배분 상태가 가장 효율적이고 최적(最適)의 상태를 이루는 조합을 파레토 최적(Pareto optimality)이라고 하듯, 인사 분야에서 제각기 재능을 가진 인재(人材)를 적재적소 배치(배분)하는 파레토 최적을 추구하려 했다.

다. 실·국장에게 4.5급(정책 서기관) 이하 전보권 위임 : 성과 지향 조직

당시 6급 이하 직원은 실·국장과 지방청장에게 전보권이 위임되어 있었다. 그러나, 5급(사무관) 직원은 장·차관이 직접 인사권을 행사하고 있었다. 그만큼 본부에서 정책 기획을 하거나 일선기관에서 과장을 맡아 핵심 관리자 역할을 하기 때문이었다.

중앙부처의 본부 실·국장은 각 실·국 조직을 총괄하는 책임자이며 부처를 운영하는 인사위원으로 사실상 기업의 임원에 해당한다. 그래서 5급(사무관)을 추가하여 5급 이하 모든 직원에 대한 실·국내 전보권을 명실상부하게 실·국장에게 위임하는 조치를 하였다.

이것은 2003년 11월 14일 제정한 노동부 인사 운영 규정에 따라, 실·국장이 소관 업무에 대한 지휘는 물론 필요한 직원의 선발(부처 내 선택)과 배치권을 부여하여 업무 성과 위주의 조직 운영을 최대한 뒷받침하려 한 것이다.

그런데 여기에서 한 걸음 더 나아갔다. 왜냐하면 본부는 4.5급(정책서기관)도 사실상 5급처럼 (4급) 과장의 지휘를 받는 실질적 성격을 감안하여, 실·국장 전보권의 대상을 5급 이하 직원에 그치지 않고 4.5급까지 포함하는 방향으로 인사권 위임의 범위를 더욱 확대하였다.

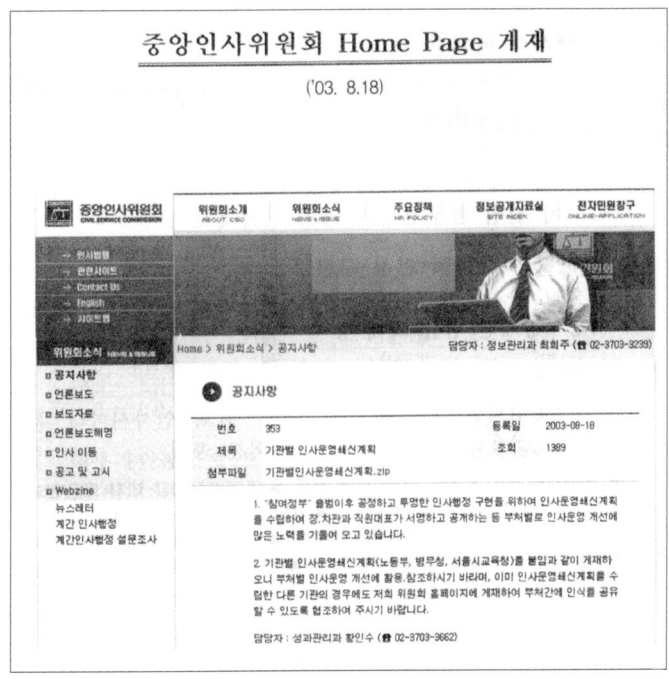

하지만 5급과 마찬가지로 4.5급에 대하여 실·국장에게 전보권을 위임하는 것은 모든 중앙부처에 적용하는 공무원 인사법령 규정에 위반될 소지가 있었다. 이유는 당시 공무원 인사 법령상 4.5급의 경우 근무성적평정에 대하여 5급이 아니라 4급(과장)에 준하여 적용하도록 하고 있었기 때문이다. 이것은 4.5급(정책서기관) 제도가 생기기 전에 제정된 국가공무원법의 인사 관련 규정상의 조항이었기에 흠결 상태가 된 것이었다.

「적소·적재·적시」인사 철학을 구현하는 데 관련 제도가 제때 보완되지 않아서 생긴 과도기적 문제였다. 어쨌든 인사법령의 준수 여부를 형식적으로 따지면 위반이었다. 만약 인사감사를 기계적으로 하였다면 내가 징계를 받을 수도 있었다. 하는 수 없이 우리 부에서 우선 장관 결재를 받아 일단 먼저 시행하고, 인사혁신처에 관련 제도를 고쳐줄 것을 건의하는 공문을 서면으로 보냈다. '선(先) 시행 후(後) 제도개선' 방식이었다.

이런 사정을 두루 감안하였는지 2003년 8월 18일 중앙인사위원회에서는 당시 우리 부의 인사 운영 혁신을 인사 혁신 수범사례 중의 하나로 선정하여, 중앙인사위원회 홈페이지에 게재하고 각 부처에서 인사 운영 쇄신에 활용토록 권장하였다.

라. 근평 최하위 등급 정기승급 제한과 온정적 문화 개선

공무원은 매년 6월과 12월 말에 근무성적 평가가 이루어진다. 직원마다 직속 상급자가 1차 평가를 하고, 차상급자가 2차 확인 평가를 하여 성과평가 결과가 축적된다.

공무원들이 거의 목을 매다시피 하는 승진 인사의 근간이 되는 것이 바로 근무성적 평가이며, 근평 제도의 취지 역시 근무실적을 중심으로 평가해야 하는데도 근속기간이 긴 '고참' 공무원에게 점수를 잘 주는 '아름다운 병폐'가 있었다. 경험이 많은 시니어(Senior) 공무원이 어려운 상황에서도 잘 극복하는 경우가 많지만, 문제는 모든 고참이 다 그렇지는 않기 때문이다.

제도적으로는 1년마다 한 호봉씩 올려주는 정기승급에서 근평 결과 최하위 등급(10%)에 해당하면 승급시킬 수 없도록 하고 있다(공무원보수규정 제14조).
그러나 필요한 경우 5가지 등급인 '수우미양가' 중에서 '최하위 등급'(가)를 따로 두지 않고 바로 위의 '하위 등급'(양)에 포함할 수 있도록 예외 규정을 두고 있다(공무원성과평가 등에 관한 규정 제16조 제2항 단서).

이를 근거로 '가' 등급을 매기지 않고 '양' 등급에 '가'를 포함하여 수우미양가를 2:2:3:2:1에서 2:2:3:3:0 비율로 평정하게 된다. 이렇게 하면 결과적으로 징계처분, 직위해제, 휴직 등 극히 문제가 있는 아주 특별한 경우 말고는 정기승급 제한 제도가 작동될 여지가 차단되는 결과가 된다.

그렇다 보니 정기승급 제한 제도가 있어도 근평 최하위 등급자라는 이유로 누락되는 사례가 없었다. 아쉽게 생각하는 것은 법령이나 정책이 국민을 위하여 본래의 취지대로 작동되어야 하지만 '좋은 게 좋다' 식으로 제대로 운영하지 않고 대충 넘어가는 온정적 공직문화가 걸림돌이었다.

공직에서도 '메기'의 역할을 하는 경쟁시스템이 작동되면 외국에 비해 우수인력이 많이 진입한 우리 공직 사회는 민간 분야 못지않게 역동적이고 창의적인 집단으로 변모하여, 복지부동이라는 비난의 소리도 줄어들게 될 것이다.

그렇지만 현재까지 우리 공직 사회는 어려운 여건에서 묵묵하게 일을 잘해도 인센티브는 미미하고, 일을 잘하지 못하는 소위 '꼴통'(문제) 공무원에겐 감사도 피해 가기 때문에 책임지지 않는 안이한 풍토가 심화되어 왔음을 부정하기 어렵다. 따라서 공직 사회가 적재적소 배치에다 근무성적에 따라 관리되고 급여(연봉)가 달라지는 정기승급의 제한 등 경쟁의 원리가 작동되어 보수, 승진 등 신상필벌 인사로 이어지면 연공서열 위주의 온정적인 공직문화의 병폐도 상당 부분 불식될 수 있을 것이다.

성과가 좋지 않은 공무원에게 승급 제한이라는 불이익이라도 있어야, 성과가 뛰어난 직원과 차별화할 수 있다. 아울러 주요 업무 추진 실적이 우수한 경우 근무성적평가위원회의 심사를 거쳐 1호봉 승급을 시키는 특별승급(공무원보수규정 제16조) 제도를 활성화하면 인센티브 효과가 배가될 것이다.

그런데 관련 규정이 있는데도 왜 작동되지 않게 되었는가? 무엇이 문제인가? 그것은 "악마는 디테일에 있다(The devil is in the details)"라고 하는 것처럼, 공무원 성과평가와 보수 관련 '예외 규정'이 악용되고 있기 때문이다.

잘못된 관행을 개선하기 위해 규정을 고치는 것은 어렵지 않다. 공무원성과평가 등에 관한 규정이나 공무원보수규정 개정은 국회를 거쳐야 하는 입법사항이 아니라 대통령령이므로 소정의 절차를 밟아 국무회의를 열어 얼마든지 고칠 수 있다.

중요한 것은 제도 자체보다 이를 운영하는 관리자의 철학과 의지였다. 여기서 관리자라 함은 조직을 운영하는 장·차관의 영향력이 가장 크겠으나, 근평은 직속 상급자와 차상급자가 각각 평가자와 확인자가 되어 그 역할을 분담하듯 사무관(일선기관)이나 과장(본부)인 중간관리자부터 실·국장에 이르는 고위 관리자 모두에게 달린 문제이다.

인사권 행사는 승진 임용을 결정하는 장관을 비롯해 흔히 상상하는 인사권자만이 아니다. 그뿐만 아니라 근무성적평정을 하는 관리자 모두의 소명(召命)이라고 생각한다. 통상적으로 업무 결재 시 행사하는 상사의 일반적인 지휘권한(權限)도 그 연장선이다.

마. 실무 위주 역량 평가(시험 출제)와 '3진 아웃제' 도입

고시원이나 독서실에서 승진시험 준비하는 관행 없애기

총무과장을 하기 전이었는데, 분명히 인사 발령은 났지만 사무실에서 보이지 않는 6급 고참 직원들이 더러 있었다. 매년 몇 달씩 얼굴을 볼 수 없는 유령(幽靈) 직원이 생기는 문제였는데, 해마다 이런 주인공의 얼굴만 바뀌었을 뿐 변하지 않는 오래된 관행이었다.

이유를 알아보니, 9급이나 7급 공무원으로 출발한 직원들의 평생소원이 사무관이 되는 것이었고, 그것을 '임관(任官)'이라고 말했다. 그래서 승진시험을 준비하느라 학원에 다니며 경제학·노동법 등 강의를 수강하느라 사무실을 비우고, 때로는 출장으로 달아놓고 독서실이나 고시원에서 공부만 한다고 했다.

6급 후배들은 이런 선배들이 머지않아 닥칠 자신의 미래로 생각하여 그러려니 했고, 선배들이 힘들게 공부하느라 고생한다며 위로하거나 학원비에 보태라고 가끔 성의 표시도 하고 있었다.

당연히 해당 업무는 고스란히 후배들의 몫으로 돌아갔다. 과의 정원만 잡아먹고, 엉뚱한 직원에게 업무 부담만 전가되니 말은 안 해도 다들 왕짜증이었다. 그것도 승진시험을 한두 번 만에 합격하면 다행이었지만 대체로 재수에 삼수를 기본으로 하고 있었다. 특히 합격할 때까지 근평을 잘 받아야 하니 주요 부서인 본부 주무과 자리는 계속 이들이 차지하고 있었다.

이런 관행은 직원들의 공통된 불만 요소였는데도 수십 년 된 오랜 전통이라 손쓸 생각도 못 하고 있었다. 심지어 고시 출신 젊은 사무관들은 이들 승진시험 후보자에게 특강까지 해주느라 일에 쓸 시간을 뺏기며 에너지까지 낭비하고 있었다. 이러한 현상은 노동부만 아니라 당시 대부분의 공직 사회가 비슷한 상황이었을 거라고 짐작이 된다.

그래서 인사시스템 개혁 차원에서 사무관 승진시험 제도를 개편하기로 했다. 일을 잘하는 사람이 승진시험도 잘 볼 수 있도록 시험문제 출제를 개편하는 방향으로 개선 방안을 준비했다. 굳이 자리를 비워가며 학원 다니느라 시간과 정력을 헛되게 할 필요가 없게 승진시험 출제 방식을 확 바꾼 것이다. 당장 희비가 갈렸다.

그동안은 경제학이나 노동법 등 교과서와 이론 위주로 승진시험 문제가 출제되었다. 하지만 현장에서 업무를 처리하는 과정에서 알아야 하는 각종 법령 내용과 정책사례별 질의회시, 행정해석 등 실무지식을 중심으로 역량평가 시험문제를 출제하니 굳이 학원 다니느라 자리를 비우던 사람보다 일 잘하는 직원들이 고득점으로 합격하였다.

이렇게 지침을 개정하고 공표한 다음, 이 방침에 맞게 출제 시스템을 짰다.

당장 바꾼 것은 출제위원을 외부 교수 등 인사(9명)보다 노동 행정 전문가(25명)를 더 큰 비중으로 많이 위촉하여 중심이 되도록 하였다. 역량평가 시험제도 개편에 김영미 교육담당 사무관(나중에 광주지방청장 역임)이 실무책임을 지고 출제 관리 등을 총괄하고 진행하였다.

역량평가 시험 합격자 중에서 권역별(본부, 6개 지방청, 노동위원회, 기술직 등)로 근평서열 60%와 다면평가 점수 40%를 반영한 5급 일반승진 임용 심사를 하였다. 2003년 11월 29일 처음 치른 이러한 직무수행 역량평가 결과에 따라 2004년 2월 26명의 사무관 승진 인사를 단행했다.

여기에다 연거푸 세 번 불합격하면 시험에 응시할 기회를 한 번은 쉬어 가도록 '3진 아웃제'를 도입하였다. 결과적으로 일을 잘하지 못하는 사람은 합격하기까지 오랜 시간이 걸렸고, 스스로 실력이 안 되면 유능한 후배에게 승진할 기회를 양보하라는 무언의 압력으로 작용하는 제도가 되었다.

이렇게 외부 평가관리 전문 기관과 협업하여 제도를 바꾸니 업무와 관련하여 실력 무장에 매진하는 조직 분위기로 바뀌었다. 여기에다 노동부에서 처음으로 공로연수(6개월) 제도를 도입·시행하니, 이 또한 인사에 신진대사로 작용하여 조직의 활력이 높아졌다.

단지 돛을 바꾸었을 뿐인데, 배는 아주 빠르게 순항했다.
개인이나 부서는 물론 부처의 역량도 개선되니 실로 일석삼조(一石三鳥)였다.

〈참고〉 인사는 양궁선수 선발하듯 해야 (이채필 페이스북 글, 2021년 7월 28일)

양궁은 대한민국 국가대표가 되는 것이 올림픽 금메달을 따는 것보다 더 어렵다는 얘기가 나왔을 만큼 엄청난 경쟁 속에 선발하여 오직 선수의 실력만으로 정해졌다. 그 결과 국제대회에서 많은 메달을 따내는 우리나라 양궁은 잡음이 전혀 없었다.

'대한민국 1등이 세계 1등' 듣기만 해도 기분 좋은 말이다.

스포츠에서는 양궁이 그 왕관을 쓰고 있다. 1988년 서울올림픽에서 양궁 단체전이 채택된 이후 우리나라 여자양궁 대표팀이 올림픽 9연패의 쾌거를 이루었다. 강채영, 장민희, 안산 세 명의 20대 궁사들이 코로나 여파로 1년 연기된 '2020 도쿄올림픽' 여자양궁 단체전 경기에서 러시아선수단을 누르고 금메달을 목에 걸었다. 이들의 선전이 코로나 팬데믹과 무더위에 지친 국민에게 청량제 역할을 했다.

무려 33년이라는 세월 동안 세계 정상의 자리를 굳건히 지킨 원동력은 '공정한' 선수 선발 원칙이 철저히 지켜졌기 때문이라고 한다. 온갖 비리와 추문이 끊이지 않는 여타 종목들을 보면서 많은 사람들은 양궁만큼만 하라고 한다. 양궁은 강하기만 할 뿐만 아니라 투명하고 모범적이기까지 하다.

오래전에 나는 "한국 양궁이 어떻게 이렇게 월등한 성적을 유지할 수 있는지?" 대한양궁협회 사무총장에게 물어보았더니, 양궁협회에서 매년 국가대표를 선발할 때 모든 선수에게 똑같은 조건으로 실력을 검증받게 한다고 답변하였다.

다른 종목에선 간혹 선수의 '이름값'을 고려해 대표선수를 추천하기도 하는데 그 과정에서 학연, 지연 등 파벌이 개입되는 경우가 많다고 했다.
양궁은 협회 운영 초창기에 올림픽 금메달리스트나 기존 국가대표에게 추천 선수 제도를 통하여 출전할 수 있게 했으나 공정성 이유로 폐지하였다고 했다.

즉, 2020년 국가대표 선발전까지 기존 국가대표는 1, 2차 선발전을 면제시켜 주는 시드권이 있었으나, 공정성을 이유로 2021년 선발전부터 없애 버렸다는 것이다.

실력 있는 선수는 '개천에서 태어난 용'으로 성장할 수 있었고, 직전에 세계 1위였어도 성적이 나쁘면 가차 없이 탈락시켜 버리니, 오직 실력만으로 선발되어 선수들의 불만도 있을 수 없고 피나는 노력에 매진하게 하는 시스템이었다.

2021년 열린 도쿄 올림픽에서 사상 첫 3관왕에 오른 안산 선수도 후반기 선발전에서 탈락했다. 다음 해 봄 대표팀에 들어올 수 있었다. 양궁에는 금수저도 없고 흙수저도 없다. 천하의 기보배가 아니라 기보배 할아버지라도 자기 관리를 못하여 떨어지면 나가야 한다.

요금 MZ 세대가 가장 목말라하고 분개하는 게 바로 기회와 공정이다. 우리 사회 전반에 이런 정신이 요구된다. 공정과 원칙이 지켜지지 않으면, 경쟁력이 무너지고 땀 흘려 노력하는 자만 허탈하게 되어 나라 전체가 점점 퇴보하게 된다.

한편, 우리 축구는 2002년 월드컵 4강 신화를 만들었다. 당시 전문가들은 한국 축구가 약한 것은 골대 앞에서 결정적으로 골을 넣지 못하는 문전 처리 미숙 때문이라고 지적했다. 그러나 거스 히딩크는 축구 전문가의 걱정과 조롱에도 선수들을 공정하게 선발하고 기초 체력과 집중력을 키우는 데 집중하여 역사상 가장 빛나는 성과를 이룬 바 있다.

몇 년 전 공채를 통해 정직원으로 입사한 자와 우회해서 채용된 비정규직을 정규직으로 전환하는 문제로 사회적 논란이 계속되었다. 건강보험공단 등에서 이것이 사회적 이슈로 되었다. 비정규직이 반드시 약자라는 보장도 없는

데, 무조건 그들만 우대해 준다면 취업 준비생들과 공기업의 정규직들에 상대적 박탈감을 주어 결과적으로 사회 전체가 말 그대로 '후지게' 된다.

가진 것이 없어도 노력해서 좋은 일자리를 얻을 수 있는 사회가 공정한 것이지, 돈이나 연줄 등으로 똑같은 기회를 차지한다면 그것이야말로 정의가 사라진 사회 아닌가? 이처럼 공정한 선발 방식과 철저한 관리로 갈등의 소지를 원천적으로 차단한 양궁협회와 거스 히딩크의 선수 '선발 방식'이 최고의 실적을 올렸듯 인사나 일자리 기회도 완전한 공정이 이루어져야 개인이나 공동체가 함께 발전할 수 있다.

노력하는 자와 게으른 자가 똑같이 결실을 나누어 가진다면, 그것은 환상 속의 공산사회가 아닐까? 그만큼 공정한 시스템이 중요하다.

03
발탁 인사와 일선 직원 특별승진으로
조직의 활력 도모

적재적소 배치는 기관의 전보 인사에 따라 좌우되는 용병술이다. 그런데 승진 인사 역시 전보인사 못지않게 중요하다. 근무성적평정을 바탕으로 하는 서열과 경력, 실적과 능력을 갖춘 구성원들에게 업무 비중이나 책임감이 무거운 자리에서 일할 기회를 부여해야 일 잘하는 조직과 활력있는 분위기를 기대할 수 있다.

이 경우 서열과 경력을 고려하되, 다소 서열이 늦거나 경력이 짧아도 실적과 능력이 출중한 것으로 입증된 인재를 발탁하는 일반승진 인사도 반드시 포함해야 성과 위주의 조직을 위한 동기부여가 된다.

그리고 특별승진도 이를 보강하는 차원의 인사이다. 2003년 12월 31일 노동부 역사상 6급으로의 '특별승진' 임용을 최초로 실시하였다. 노동부 인사 운영 혁신 지침에 따른 인사 운영 규정(훈령 제567호)을 근거로 특별승진(승진 가능 정원의 10~30%)할 수 있게 하였다.

절차는 각 소속 기관장의 추천을 받아 지방청별로 선발심사위원회의 심사를 거쳐 본부에서 복수로 추천받아 감사관실에서 추천 공적의 사실관계를 확인·조사하고 노동부 승진심사위원회를 개최하여, 업무처리에 특출한 공적을 쌓은 직원을 우리 부에서 처음으로 특별승진시켰다.

특히 의미 있는 점은 특별승진 임용자 전원을 본부(本部) 근무자가 아니라, 전국 현장의 일선기관에서 묵묵히 일 잘하는 직원으로 평가된 공무원 중에 선발함으로써 그간 본부 위주의 승진 인사 운영 관행을 바꾼 것이다. 이 또한 공정한 인사시스템의 작동과 신뢰를 쌓기 위함이었다.

이렇게 최초로 특별승진된 사람은 모두 일선기관 소속 7급 공무원이었다.
이들은 주요 정책의 추진이나 업무처리에 뛰어난 공적을 남겼기에 직원들의 귀감이 되도록 하기 위하여, 통상적으로 승진하면 원거리에 배치하는 관행과 달리 본인이 희망하는 부서로 배치하는 조치까지 하였다.

특별승진 제도를 새로 만든 취지를 살려 지속적으로 운영하는 것이 중요하다. 그러나, 필자가 부처를 떠난 이후 들려온 소문에 의하면, 일선기관에서 헌신적으로 탁월하게 일하는 직원에게는 특별승진의 기회가 돌아가지 않았다. 오히려 그 반대로 본부에서, 그것도 인사라인에 있던 직원들이 한 명은 특별승진으로, 또 다른 한 명은 일반승진을 시킬 만큼 본부 중에서도 특정 부서 중심으로 '챙겨주는' 통로로 악용되었다. 비록 제도를 잘 만들어 놓아도 어떻게 운영하느냐에 따라 결과가 전혀 판이하게 나타남을 재확인했다. 아쉽게 생각하는 지점이다.

〈참고〉 저성과자 역량 강화 프로그램 마련과 시행

한 후배 공무원이 일선 기관장(지청장)으로 근무하던 중 깜짝 놀랄 만한 사례가 있었음을 알려주었다. 참 황당했다.
"저는 승진은 원치 않으니 공무원 신분만 유지하게 해주면 만사 OK이고 업무 분장에서도 자신은 제외시켜 달라"라고 하는 간 큰 직원이 있었다고 했다.

무사안일 공무원이 존재하는 이유는 관리자들이 직원들의 직무성과와 능력,

근무태도에 따른 신상필벌 인사관리를 하지 않았기 때문이다. 좋은 게 좋다는 식의 '적당주의'에 젖거나, 모난 돌이 정 맞는다며 '소명 의식'이 부족해 관리자로서 감당해야 하는 역할이나 악역 기피 성향으로 '온정주의'가 쌓인 결과다.

인사의 근본은 근무평정에서 시작되는데, 중간 관리자들이 스스로 묶인 근평은 온정적이거나 변별력 없이 해놓고, 승진 인사 결과를 놓고선 발탁인사가 없다고 말하는 경우가 많다.

흔히들 승진(昇進) 인사 시에는 "다들 유능하다"라고 말하지만, 막상 전보(轉補) 인사를 할 때는 "쓸 만한 인물이 없다"라는 얘기를 자주 듣는다. 그래서 골치 아픈 인물에 대하여 관리자들이 제대로 지휘하거나 바로잡기 싫어서 "미운 놈 떡 하나 더 준다"라는 식으로 승진시켜 (웃으며) 내보내는 관행이 생겼던 모양이다.

직업공무원은 정치적 중립을 위한 신분보장 장치에 안주하면서, 노동조합의 보호까지 방패로 삼아 열심히 일하거나 창의적 공무원이 백안시당하는 역차별을 낳기도 한다. 이처럼 자리만 차지하고 자신의 역할은 하지 않는 공무원이 늘어나면 부서의 일하는 분위기를 해치게 된다. 마치 전염병 감염이 확산되는 것처럼.

못 말리는 '승포자'

조직을 운영하다 보면 실력이 모자라고 태도가 영 시원찮아 없느니만 못한 인물이 더러 있다. 정원(T/O)이 있어서 직원을 배치하였으나 비어 있는 경우보다 못한 '꼴통 인사'로 불리는 사람이 있다. 이런 직원들은 신분 유지와 급여 수령에만 관심을 둘 뿐 도무지 의욕이 없으니 상사의 지휘가 먹혀들지 않는다. 공무원 사회에서 '승포자'(승진포기자)만큼 지휘하기 어려운 경우가 없다.

요즘 우리나라도 많이 변하긴 했지만, 젊은이들이 선호하는 직업으로 공무원이나 공공기관이 꽤 높은 비중을 차지해 왔다. 대부분 공무원은 성실하고 우수하지만 건성으로 일하는 직원이 일부 있는 것 역시 부인할 수 없는 사실이다. 나 역시 직업공무원 출신이고 관리자를 지낸 지휘관의 한 사람으로 그 책임에서 전적으로 자유롭지는 않다.

사기업과 달리 세금으로 운영되는 공무원 조직이다 보니 공무원들이 타성적으로 일한다는 지적을 자주 듣는다. 부득이 그 대안으로 도입한 방안이 직무수행능력이나 실적이 극히 저조한 공무원에 대하여 평가(① 1년에 2회 이상 평가 + ② 지청별 단위 기관 평가 + 지방청 등 권역별 평가 + ③ 심층 다면평가)를 실시하고 그 결과를 본인에게 알려주고 상담하며, 직무수행 개선 방안(무능·태만 공직자 재교육·퇴출)을 마련하여 직무수행 역량을 향상시킬 수 있는 특별재교육 기회를 부여하는 방안 마련이었다.

구체적으로 해당 대상자에 대한 개별 컨설팅 및 특별 교육연수, 현장 지원 활동 기회를 모두 부여하고, 이후에도 개선되지 않거나 개선될 여지가 도저히 없으면 일정 기간 직무에서 배제하고, 마지막으로 직위해제 경과 후 징계위원회를 열어 직권면직하는 방법이다.

국가공무원법 제73조의 3, 제2호에 따른 직무능력 부족이나 근무 성적이 극히 나쁜 경우 일정 기간(3월) 대기시켰다가 직위를 해제하고, 국가공무원법 제70조의 규정에 따라 직위해제 기간 경과 후 복직이 부적합할 경우 징계위원회의 동의를 얻어 직권면직하는 방안이다. 특히 공무원 법령상 직권면직할 수 있는 근거는 마련되어 있었지만 공무원의 퇴출 장치로는 사문화되다시피 유명무실하여, 우리 부처가 중앙부처 최초로 인사 운영 혁신지침(2003.8.1. 노동부 훈령 제564호)에 반영하였다.

이러한 방침을 마련하는 것과 실제 시행(적용)하는 것은 전혀 별개 차원이었다. 방침을 마련하고도 실제 시행하기까지는 무려 7년이나 소요되었을 만큼 상당한 시일이 걸렸다. 이후 2010년 7월 5일 노동부에서 고용노동부로의 개편으로 업무 범위가 양적으로 확대되고 질적으로 크게 변화하면서 그에 걸맞은 인사 운영이 되도록 하고자, 2차례에 걸쳐 단계적으로 4~7급 44명(4~5급, 6~7급 각각 22명)을 대상으로 선정하여 이 방안을 처음 적용하였다.

우리 부에서 그간 일선과 본부 경험이 두루 있던 권오일 총무과장의 건의를 받고 시행에 필요한 치밀한 준비를 거쳐 실천에 나설 수 있었다. 전문 교육·특별연수 과정에 참여하고 일선 고객지원 업무를 거쳐 역량이나 자세가 개선된 사람에게는 다시 업무를 부여하고, 도저히 가망이 없는 '꼴통' 리더십이 드러난 공직자에 대하여 최종적으로 13명은 직위해제를 거쳐 보직을 유예(직권면직 2명, 사직 처리 11명)하는 절차를 진행하였다.

이렇게 무능·직무 태만 공직자 재교육·퇴출 과정을 운영한 결과, 조직의 안이한 근무 태세나 분위기가 확연히 달라졌으며, 관리자들의 근무 자세도 한층 긴장된 가운데 팽팽해졌다.

공직 사회에서 상시 퇴출 장치를 작동시키는 것은 어지간한 각오와 배짱, 뚝심이 없이는 도저히 감행하기 어려운 게 현실이다. 왜냐하면 엄격하게 평가하고 꼼꼼하게 따져가며 일하는 관리자일수록 하는 일도 많고, 칭찬에 인색하다 보니 자꾸 적이 생기고, 이들로부터 모함이나 투서를 받으면 해명하고 대처하는 것이 보통 피곤한 일이 아니다. 그러니 이런 대응을 하는 게 무서워서라기보다 귀찮고 부담스러워서 피하려고 하는 경향이 되고 만다.

그러니 개혁을 추진하는 도중에는 일부 잡음이나 소리가 난다고 하여 백안시하거나 감사라도 착수하면 개혁 작업이 정말 어려워진다. 무릇 개혁을 완수

할 때까지는 다소 잡음이 들려도 인내심을 가지고 기다려주는 것이 중요했다. 전쟁 중 장수를 함부로 바꾸지 않는 것처럼 문제가 있다면 연후에 다스려도 늦지 않을 것이다.

세 가지 인재 : 人財, 人在, 人災

능력이나 리더십에 문제가 많은 사람은 오랜 기간 누적되어 조직의 암적 존재가 되므로, 신상필벌 원칙에 따라 적재적소의 공정한 인사와 조직 관리를 구현하면 소위 '메기' 효과가 발휘되어 귀한 인재들이 가치를 발휘하는 조직 분위기가 될 수 있다.

결과적으로 직장의 인재(人材)는 ① 그 자체로서 재화(財貨)가 되는 인재(人財) ② 그냥 자리에 머물며 인건비 등 기회비용(opportunity cost)을 초래하는 인재(人在) ③ 존재 자체가 재앙(災殃)인 꼴통 인재(人災) 등 세 유형으로 설명한 직장 월례 특강(최종태 서울대 경영학과 교수) 내용이 생생하게 떠올랐다.

그래서 치관 재임 중 직무 역량이 매우 부족한 직원에 대하여는 직무수행능력 향상 특별재교육 과정을 운영하고, 끝내 적격 기준을 충족하지 못한 경우 부득이 직무 배제(직권면직)를 하는 등 나름 애를 썼다.

중요한 것은 재앙적 인재(人災)가 늘어나기 전에 적절한 상담과 재교육 과정을 마련하여 훌륭한 인재(人財)이자 인재(人材)가 되도록 꾸준히 노력하는 것이다. 이처럼 저성과자 역량강화 프로그램(Performance Improvement Program) 제도를 운영하면서 중점을 두었던 수안점에 대하여 오해가 없었으면 한다.

조직의 직무수행능력 향상을 위하여 이 방안을 실행할 당시에 장관과 고교 및 대학 동기에다 하숙집 룸메이트로 가깝게 지낸 간부 직원이 있었다. 인간적으로 고통스러웠지만 공정성을 기하기 위해 사적 인연을 이유로 예외로 할 수 없었다. 예전에는 매우 뛰어난 청년이었지만, 언젠가부터 정신이상 증세로 인해 공직 생활을 감당하기 어렵게 된 그는 안타까운 사연의 주인공이 되었다.

조직에 열심히 일하려 하기보다 골치 아픈 일을 미루거나 피하려는 분위기가 자리 잡기 시작하면 여기저기 꼴통들이 늘어나 기승을 부린다. 이럴 때 조직의 책임자는 분위기를 쇄신하고 일하는 조직이 되도록 동기부여를 하지 않으면 순식간에 망가지기 쉽다. 필자가 부처를 떠난 이후 아쉽게도 이러한 기조나 정신이 살려지지 않아 국민의 기대에 미치지 못하는 우물 안 개구리 조직이 되지 않을까 우려된다.

04
"승진했다기보다 직위해제 당한 기분입니다"

2008년 3월부터 노사협력정책국장(약칭 '노정국장')으로 동분서주하며 일하고 있었다. 그로부터 1년 남짓밖에 안 된 2009년 5월 1일(금) 10시 기획조정실장 승진 임용장을 받았다.

그날 이영희 장관께서는 실장 승진을 축하하는 의미에서 점심 식사 자리까지 마련해 주었다. 그런데 승진도 시켜주고 특별히 오찬 자리까지 대접하는데도 나의 표정은 여전히 시무룩했던 모양이다.

[장관] "이 실장, 승진도 했는데 기쁘지 않은가? 무슨 고민이라도 있는가?"

장관의 지적을 받고서야 비로소 나는 직업공무원으로서 최고 직급인 1급(고위공무원 가급) 승진에다 친히 축하와 격려를 해주시는 장관께 감사하다는 말씀조차 하지 않았음을 깨닫고, '아차~' 하는 기분에 어쩔 수 없이 나의 심경을 솔직히 말씀드렸다.

[나] "죄송합니다. 장관님께서 저를 실장으로 승진시켜 주셨으나, 저는 승진을 했다기보다 국상 직위해제를 당한 기분입니다."

장관께서 작년에 발령 낸 국장 업무를 열심히 하고 있지만, 우리 노사관계가 후진적인 노정관계에 머물러 진정한 노사관계로 본궤도에 오르려면 할 일이 많이 남아있습니다. 노사관계 개혁의 오랜 숙제인 복수노조 시행과 노조 전임자 급여 금지 문제의 해결 방안에 대한 논의도 아직 마치지 못했는데, 갑자기 자리가 바뀌어 제가 계획한 임무를 마치지 못한 채 손 떼야 하다 보니… 그렇습니다.

장관께서는 그제야 빙그레 웃으며,
[장관] "실장이 되어서도 노정국장 때 하던 일을 계속 챙겨달라"라고 말했다.

그러고는 "이 자리는 이 실장 '승진 축하'가 아니라 '승진 위로' 오찬"이라고 명명하면서 "이 실장, 승진 위로주 받으시게" 하며 가라앉은 분위기를 띄워주었다. 게다가 실장으로서 노정 업무 지휘에 도움이 되도록 실무자의 인선과 배치에 대한 나의 의견을 존중하겠다는 말씀까지 덧붙였다.

엉겁결에 나의 속마음을 들어놓게 되었지만, 실장으로 승진했다기보다 국장 직위해제를 당한 기분이라는 고백은 진심이었다. 결국 나는 실장이 되어서도 이후 노정 업무를 후임 국장에만 맡겨놓지 않고 직간접적으로 두루 챙길 일이 많았다.

나의 고유 임무인 기획조정실 업무는 물론 노사관계와 관련한 일도 계속 지원해야 했다. 노사관계 분야는 꼼꼼하게 챙길 일이 많아서 1명의 국장이 전담하는 체제로는 한계가 있었다. 그래서 1실 2국장으로 직제를 개편하여(노사협력정책국장 → 노사정책실장, 노사협력정책관 + 공공노사정책관) 업무 시스템이 자리잡히도록 지원하였고, 이후 2010년 2월 초대 노사정책실장 임무도 나에게 맡겨졌다.

〈참고〉 노동부 '태풍급' 인사 단행, 내일신문, 2009.4.29.

노동부 '태풍급' 인사 단행

기조실장에 이채필씨 파격승진 … 승진규모도 대폭

이채필 신임실장 · 전운배 신임국장 · 임무송 신임국장 · 임서정 신임국장 · 박화진 승진내정자

노동부가 '태풍급' 인사를 단행했다.

29일 노동부에 따르면 기획조정실장에 이채필(행시 25회) 노사협력국장을 5월 1일자로 승진 발령낸다. 이우봉(행시 24회) 고용서비스기획관과 조정호(행시 24회) 직업능력정책관도 승진해 중앙노동위원회 상임위원으로 옮긴다. 노동부는 또 핵심부서인 노사협력정책국·근로기준국 국장석에 전운배(행시 30회) 경기지노위 상임위원과 박화진(행시 34회) 차별개선과장을 고위공무원으로 승진시켜 배치한다. 박 과장은 내달 중순 역량평가절차를 남겨두고 있다. 임서정(행시 32회) 고용정책과장과 임무송(행시 32회) 근로기준과장도 각각 직업능력정책관과 노사정 위운영국장으로 발탁한다. 이재윤(행시 30회) 자격정책과장은 경인청장으로 승진한다.

◆ '기수 파괴' 파격 = 이번 인사는 파격이다. 기획조정실장은 노동부내 고위공무원 최고직으로, 이 국장이 24회 선배 기수들을 추월해 올랐다. 행시 24·25회가 주축이던 본부 핵심 국장석을 행시 30회 이후 기수들이 차지한 것도 기존 관행에서 크게 벗어난 것이다.

승진 규모도 대폭이다. 노동부는 이번 인사에서 대변인·감사관 등 지원업무를 제외한 77개 국장석중 5곳이나 교체했다. 전국 6개 지방노동청장도 절반이나 새 얼굴로 바꿨다.

인사폭이 큰 것은 정부 출범이후 없었고, 이영희 노동장관의 의지가 반영됐다는 게 중론이다. 노동부 한 간부는 "이번 인사는 사실상 '물갈이'에 가깝다"며 "공직 생활 이후 이런 대규모 인사는 처음"이라고 말했다.

◆ 업무 '공격성과 연속성' 강화 = 이번 인사는 노사·근로기준 부문은 전면 교체하면서도, 고용·산업안전 부문은 업무연속성을 유지토록 한 것이 특징이다. 노사부문에선 새 정부이후 '사업장 노사협력', '노사민정 협의체', '교섭 쟁의 질서', '노사 법제도개선', '외투기업 노무관리' 등 노사관계선진화정책을 주도한 이채필 국장이 기획조정실장으로 올랐고, 30대 기수 중 실력파 세 과장이 핵심국장으로 기용됐다. 대신 신영철(행시 24회) 고용정책실장과 이재갑(행시 26회) 고용정책관은 유임됐다. 정현옥(행시 28회) 산업안전국장도 산업안전 정책능력을 인정받아 그 자리를 지켰다.

◆ 공격형 정책추진 전환 = 이번 인사로 노동부 업무가 공격형으로 전환될 것'이란 평가가 지배적이다. 기수 서열을 뛰어넘는 '발탁 인사'를 통해 긴장감이 높아지고, 신예 국장라인들이 정책을 주도하기 때문이라는 것이다. 노동부 인사부서 관계자는 "이번 인사는 밑그림부터 인재 발탁까지 장관이 모두 챙긴 '이영희표' 인사"라고 설명했다. 그는 또 "새 정부 이후 지금까지는 새로운 노사관계정책을 위한 기초를 닦은 시기"라며 "새 간부라인이 더 세밀한 정책방향을 잡아나갈 것"이라고 말했다.

노동계는 단위사업장 복수노조 허용과 노조전임자 임금지급 금지, 비정규직 규제완화 등 노사간 첨예한 정책을 노동부가 더 강경하게 밀어붙일 것이라고 우려했다. 한국노총 관계자는 "지금은 안정된 노사관계가 필요한 시점인데 노동부 인사 이후 새로운 노동정책을 무리하게 추진할 경우 노사관계가 악화될 수 있다"고 말했다.

한편 이번 인사에서 부이사관에 △감사담당관 김성구 △운영지원과장 이태희 △고용보험정책과장 박형정 △사회적기업과장 나영돈 △노사협력정책과장 김 왕 △노사갈등대책과장 권혁태 등이 승진했다. 서기관엔 △박두하 △임관규 △김동옥 △서호원 △양연숙 △최배호 △박윤기 △윤수경 △장현석 등이 승진했다. 김경흠 기자 khkang@naeil.com

05

노동부에서 고용노동부로의 개편(Ⅰ)
: 고용정책 총괄 업무 중점 추진

고용노동부로의 개편을 추진하게 된 데는 그에 앞서 특별한 사연이 있었다. 필자가 기획조정실장을 하던 중 2009년 10월 임태희 장관으로부터 노동부를 고용노동부로 개편하라는 지시가 있었다.

장관의 지시 사항을 이행하기 위하여 고심을 거듭하다 한나라당 정책위원회 의장을 지낸 의원 겸직 장관의 영향력을 최대한 활용하는 것이 좋겠다고 판단하여 일단 의원입법으로 정부조직법 개정을 추진하는 것으로 가닥을 잡았다.

임 장관도 나와 함께 또는 따로 몇몇 의원들을 만나 정부 조직 개편의 취지와 내용을 설명하였다. 의원입법 발의 요건은 의원 10명 이상 서명을 받도록 하고 있었기 때문에 권영진, 권택기, 김성식, 김성태, 김세연, 박민식, 신성범, 윤석용, 정태근, 주광덕, 현기환, 황영철 등 개혁 성향의 「민본21」 의원 위주로 서명을 받아 법안을 의안과에 제출하여, 2009년 11월 20일 법안 발의 절차를 완료하는 등 입법 준비를 마쳤다.

장관의 꾸지람 : "그게 그렇게 어렵습니까?"

법안 발의에 필요한 절차와 입법 준비를 마쳤기에 절차가 순조롭게 진행될 줄 알았다. 그렇지만 2009년 12월 정기국회에서 이 안건은 다루어지지 않았다.

그 무렵 임태희 장관으로부터 "그게 (고용노동부로의 개편을 위한 정부조직법 개정이) 그렇게 어렵습니까?" 하는 짜증 섞인 독려와 질책을 들었다.

임 장관에게 노동부를 고용노동부로 개편하는 것은 시대적으로 요청되는 임무를 부처의 정체성(Identity)으로 삼아 업무를 확실히 챙기고, 가시적이고도 빠른 성과를 내기 위하여 중요하게 생각한 이슈였다.

노사관계 정책뿐만 아니라 고용정책의 비중이 날로 커졌기 때문이다. 좀처럼 싫은 소리 하는 것을 본 적이 없는 임 장관으로부터 처음으로 꾸지람을 들었다. 나는 고민에 빠졌다.

한편으로는 그 무렵 필자는 (노조 전임자 제도 폐지와 복수노조 제도 시행을 위한) 노조법 개정 실무 협상에 주력하느라 의원입법으로 정부 조직을 개편하는 것이 효과적인 방법으로 생각되었다.

법률을 만드는 입법 과정은 "법률안 입안 → 제출 → 심의 및 의결 → 법률안 공포 → 발효 단계"로 절차를 거치게 된다. 여기서 정부 제출 법률안(정부입법)의 경우 '법률안 입안' 단계에서 [법률안 준비 → 관계기관과의 협의 및 당정협의(약 30~60일) → 입법예고(약 40~60일) → 규제심사(약 15~20일) → 법제처 심사(약 20~30일) → 차관회의 심의(약 7~10일) → 국무회의 의결(약 5일) → 대통령 재가 및 국회 제출(약 7~10일)] 과정에서 여러 단계의 검토와 수정이 이루어진다.

하지만 의원발의 법률안(의원입법)은 입안 과정에 정해진 절차가 없다.

정부입법과 달리 입법예고와 각종 심사 등 세부적인 과정이 생략되어 비교적 손쉽게 그리고 빠르게 진행할 수 있다. 물론 법률안이 제출되면 이후 심의 및 의결 단계는 같은 절차와 방식으로 처리된다. 그래서 정부조직법 개정안을 의원입법으로 발의했다. 그러나 예상과 달리 국회에서의 입법 심의는 차일피일 미루어졌고 되는 게 없었다.

또 다른 한편으로는 해가 바뀌어 노조법 개정도 통과(2010.1.1.)된 마당에 정부의 조직, 인사, 운영 등에 관한 사항은 국회의원의 손을 빌려 발의하는 의원입법으로 추진하기보다 정부 스스로 국정의 방향과 의지를 가지고 정부 입법으로 하는 게 더 당당하겠다는 생각이 들었다. 정책적 사항이 아닌 행정부의 조직법 문제에 의원들의 힘을 빌리는 것은 좀 꺼림칙했고, 특히 고용정책의 중요성과 정부의 의지를 확실히 보여주지 못하는 것 같았다.

그래서 이제라도 정공법인 정부 입법으로 추진하는 것이 맞겠다는 생각을 임 장관에게 건의했다. 정부 입법을 추진하려면 행정안전부 등과 논의하는 등 관계 부처 협의와 입법예고를 해야 하므로 절차가 복잡하고 시간이 훨씬 더 소요되지만, 국민과 국회에 더욱 당당한 행정부가 되기 위하여 그렇게 추진할 것을 건의하고 필요한 작업을 착착 진행하였다.

결국 앞서 제출해 놓은 의원입법안도 나중에 정부 입법 제출 안건과 병합하여 심사되었고 통합·조정한 법안이 국회 행정안전위원회 대안으로 처리되었다. 관련 부처 협의가 이미 이루어졌기 때문에 나머지 절차는 어렵지 않게 마칠 수 있었다.

이를 계기로 느낀 점은 급하다고 바늘허리에 실을 꿰맬 수 없는 것처럼, 입법이든 뭐든 매사에 쉬운 길을 가는 것이 정답은 아니었음을 새삼 깨달았다. 좀 어려워 보여도 부딪치며 해결하는 게 해답이었다. 사람의 인생 역시 지름길은 없구나 싶었다.

노동부에서 고용노동부로의 정부 조직 개편은 단순히 부처의 명칭이나 포장만 바뀐 게 아니었다. 조직의 역량과 정책의 우선순위를 고용정책과 산업안전보건 등 패러다임(Paradigm)을 전환하고, 고용정책의 총괄부처로서 법적 위상을 확실히 함으로써 국가 고용정책에 대하여 고용노동부가 주도적인 역할을 할 수 있는 권능이 부여됐다.

당시 이명박 정부에서는 국무총리 이외에 부총리 부처는 하나도 없는 상황에서 고용정책 총괄의 중요성에 대한 국가적 인식을 나타냄으로써 고용노동부의 역할과 사명(使命)이 완전히 달라졌다.

노동계는 고용노동부로의 개편에 부정적이었다. 아무래도 고용을 중시하면 노동이 소홀해질 것이라는 우려가 있었다. 하지만 시대가 요청하는 일자리 업무의 중요성을 부처의 임무와 정체성으로 삼기 위함임을 설명하는 한편 본부의 3실(기획조정실, 고용정책실, 노사정책실) 체제에서 고용정책과 노동정책이 유기적이고도 균형 있는 추진을 밝히는 차원에서 기존의 '노사정책실' 명칭을 '노동정책실'로 조정하였다.

또한 인력수급정책관(고용정책실 소속)과 공공노사정책관(노동정책실 소속)을 신설하는 등 일자리 관련 중앙부처와 지방자치단체 및 민간 경제단체가 협업하는 가운데 일자리 정부 운영을 뒷받침하고 신뢰받는 고용노동 정책이 되도록 하였다.

우리가 당면하고 있는 고용 문제 해결을 최우선 과제로 삼아 일자리 주무부처로서 노사는 물론 민간과 지방정부를 적극적으로 활용하여 더 많은 일자리 더 나은 일자리 창출 정책을 펼쳐야 하는 것이 숙제였기 때문이다.

그렇기에 이러한 미션을 염두에 두고 도입하거나 시행한 정책이 늘어났다. 대표적인 사례로 고용영향평가 제도를 시행하고, 광역과 기초자치단체의 장이 지역 일자리 창출을 지원하기 위한 역량을 집중하는 일자리 목표 공시제를 추진하였다.

장관이 중심이 되어 중앙부처 차관과 17개 자치단체 부단체장이 모여 고용에 영향을 미치는 환경규제·출퇴근 교통·산업 입지·고용 세제·복지 정책 등 긍정적 요인은 키우되 부정적 요소를 제거하기 위한 '고용정책조정회의' 운영과 이를 실무적으로 뒷받침한 '일자리현장지원단' 활동으로 일자리정책을 추진하였다. 그해 2010년 이명박 대통령은 대한민국 정부를 일자리 정부로 천명하고 대통령 주재로 '국가고용전략회의'를 10회에 걸쳐 개최하며 20개 안건을 다루었다.

여기서 한 걸음 더 나아가 이러한 정책의 시너지 효과를 얻기 위하여 노동의 토대가 되는 일자리 창출에 고용 친화적인 정책을 만들고자 경제5단체장과 함께 고용노동부 장관 주관으로 '민관합동 일자리 창출협의회'도 수시로 이어가게 된다. 그 과정에서 고용노동 민간 전문가들과의 정책 포럼 운영, 정책자문회의 개최 등 다양한 의견 수렴과 개선을 위한 정책협의도 강화하였다.

흔히 행정가에게 익숙한 습관이 된 제도나 정책의 보편타당성에 너무 기대어 생기는 획일적인 적용상 문제점은 가급적 현장을 위주로 정책을 점검하고 계속 보완하는 노력이 중요했다.

2010년 7월 5일 고용노동부로의 개편으로 부처 현판을 바꿔 단 날

06
노동부에서 고용노동부로의 개편(Ⅱ)
: 고객과 소통하는 고용노동 행정

① New Employment & Labor Policy/Project 추진

고용노동부 출범을 맞아 국민이 요구하는 바가 무엇인지, 우리 부처 직원의 자세는 어떻게 변화해야 하는지에 대한 인식을 공유하기 위해 전국의 일선 기관장 등 전체 관리자가 참여하는 「2010년 3.13.~3.14. 고용노동부 관리자 합동 워크숍」을 개최하였다.

나아가 전국을 6개 권역으로 나누어 실시한 현장 의견 수렴, 전 직원 온라인 설문조사를 통하여 국민의 요구에 부응하려면 가장 먼저 바꾸어야 할 우리 내부의 문제점이 무엇인지 찾아내고 체질 개선을 하기 위한 쇄신안으로 「New EL Policy/Project」를 준비했다.

② 근무 실태 개선

기존 업무에 대한 정리·정돈 없이 새 사업이 추가로 신설되면 업무 부담만 많아지고 기존 사업은 더욱 부실화될 우려가 있다.

실효성 없는 업무를 발굴·정리하고, 업무량을 적정 수준으로 유지하기 위하여 각 과 단위 「업무 10% 자율감축」을 추진하고 습관성 초과근무로 인한 장시간 근로를 방지하기 위한 업무 프로세스 개선과 직원 업무 역량 강화에 힘썼다. 다만, 시간외 근무가 불가피한 경우(국회, 예산, 노사분규 상황 등)는 유연근무제(시차출퇴근제, 근무시간선택제 등)를 활성화하였다.

③ 정책자문회의 지역위원 위촉 확대

조직 외부의 전문성을 활용한 정책 역량을 강화하기 위하여 「고용노동 정책 자문회의」를 구성하여 운영해 왔다. 고용노동 정책 자문회의는 고용정책, 노사관계 등 고용노동 관련 각 분야의 권위 있는 전문가를 위원으로 위촉하고 분기별로 각종 이슈에 대한 다양한 의견 수렴으로 정책에 반영하였다.

그런데 지역적 한계를 뛰어넘어 더 많은 전문가들과 고용노동 문제를 허심탄회하게 논의하고자 수도권 위주의 기존 위원 위촉에서 벗어나 영·호남 지역의 젊은 교수 12명(전체 위촉 인원의 21% 해당)을 추가 위촉하여 다양한 제안들이 정책에 반영될 수 있게 하였다.

④ 현장 목소리를 수렴하는 고용노동 행정 옴부즈만

임금 체불, 실업의 고통을 겪고 있는 고객의 목소리를 올바로 듣기 위해 더 큰 노력을 하였다.

실업인정 절차, 외국인 고용허가 등 주요 서비스를 대상으로 다양한 현장의 내·외부 고객 의견을 수렴하여 소관부서에 피드백하는 한편 4급~7급 44명으로 「고객만족 현장지원단」을 구성·운영하여 고객 관점에서 고용노동 행정 개선 과제를 도출하기도 하였다.

학계, CS 전문가, 국민참여단 등으로 2009년 7월에 구성된 「고용노동 행정 옴부즈만」 전체회의를 2010년 4월, 12월에 개최하고 각 권역별 회의도 열어 옴부즈만 위원들의 현장 모니터링 평가 및 고용노동 행정서비스 개선을 위한 제언을 수렴하고 시행하여 고객서비스 개선에 주력하였다.

⑤ 고객 중심의 행정문화

고객을 중시하는 행정 패러다임에 따라 본부 및 일선 지방관서의 '민원실'

명칭을 '고객지원실'로 바꾸고 고용센터 민원업무 담당자 사기진작을 위해 민원업무 수당 지급 근거를 마련하여 2011년부터 시행했다.

우리 부의 고객만족도 지수를 분기마다 1회씩 점검하고 불만 요인을 분석하여 상시 개선하도록 하고, 임금 체불 사건 등 주요 민원서비스를 대상으로 기관별·개인별 만족도를 조사하여 고객의 불만 요인을 개선하는 노력도 게을리 하지 않았다. 그 결과 자체 고객만족도 지수는 2009년의 76.5점에 비해 2010년 83.4점으로 크게 향상되었다.

⑥ 과장실의 벽을 허물어 특이 민원 상담실로 활용

국민에게 전달되는 서비스의 품질은 고객과의 접점에서 직접 서비스를 제공하는 사람의 태도와 일선 현장의 분위기에 의해 좌우되므로 고객 접점의 역량을 강화하기 위한 조치를 취했다.

먼저 중간관리자와 일선기관 직원의 소통을 원활히 하기 위해 47개 지방관서의 과장실의 벽(壁)을 허물고, 그 공간을 '특이 민원 상담실'로 활용하였다.

⑦ 특별승진 인사 혁신

고용노동부는 지방에 소재하는 소속기관의 비중이 높고, 본부의 인력 비중(9.3%)이 낮은 특성상 직원 대부분이 일선에 근무하고, 6급 이하 직원이 전 직원의 87%를 차지하는 인력구조였다. 게다가 연공서열 위주의 인사 운영으로 승진적체가 심했기 때문에 우수 인재를 조기에 발굴하여 핵심 인재로 육성하고, 경쟁을 통한 조직의 활력을 제고하기 위해 특별승진 제도를 마련하고 시행하였다.

특별승진 제도는 본부 중심의 승진심사나 객관식 시험과 달리 (본부를 제외한) 일선 현장에서 특출하게 일 잘하는 직원을 대상으로 선발하고, 이렇게 뽑힌 직원은 별도의 경력관리를 통해 핵심 인재로 키우고자 했다. 그러나 2013년 필자가 퇴임한 이후에는 특별승진이 본부 직원을 우대하는 방향으로 운영되어 원래 취지가 많이 희석되고 말았다.

⑧ 직무수행능력 향상 제도 시행

일 잘하는 사람이 더욱 잘할 수 있게 끌어주는 특별승진제도와 함께 역량이 심히 부족하고 태만한 직원에 대한 지원 프로그램인 '직무수행능력 향상 제도'를 중앙부처 최초로 고용노동부에서 도입·시행하였다.

직무수행능력 향상 제도는 직무능력과 리더십이 현저히 부족한 일부 중간관리자(4~7급 공무원)에 대한 특별 프로그램으로 리더십, 직무능력 강화, 현장지원 프로그램 등을 통해 재도약하는 기회를 부여하는 제도로 운영했다.

⑨ 감사 패러다임 혁신

그간의 감사는 시행한 행위 자체를 사후에 적발하는 통제 위주의 감사로서, 일선 직원들 사이에는 "일 안 하면 감사받을 일도 없다"라는 인식이 팽배해 있었다.

따라서 소극적인 자세로 일하면 고객에게는 절실한 것이라도 감사에서 불이익이 두려워 규정에 명확하게 열거된 경우에만 서비스를 제공하는 등 행정의 품질이 점점 저하되는 악순환이었다. 근무 분위기를 쇄신하여 열심히 일하는 직원들이 적극적 행정을 수행할 수 있게 하고, 반대로 복지부동(伏地不動)하거나 일하지 않는 직원에 대하여 업무 의욕을 심어주도록 적발 위주 감사에서 문제 해결과 정책의 질을 높이는 '컨설팅 감사'를 강화하였다.

07
밑바닥 정신
: 평생 사무관으로도 감사

나는 사무관으로 시작하여 서기관, 과장, 부이사관, 국장을 거쳐 직업공무원의 정점인 고위공무원(가급)에 이르렀다. 이어서 정무직인 차관과 장관도 역임하였지만 그렇다고 해서 늘 선두 주자로 달린 것은 아니다. 특히 사무관이나 서기관 등 중간관리자 시절 일만 잔뜩 맡겨놓은 채 근무평정에 반영해 주거나 이렇다 할 인사상의 배려는 없었다.

흔히 "재주는 곰이 부리고, 실속은 왕서방이 챙긴다"라는 속담처럼 '일하는 사람 따로, 승진하는 사람 따로' 있던 그런 현실 속에서 상사의 '근무 지시'나 '직무대리 겸직', 파견근무 등 일 구덩이에 빠져 '조직에 최대한 헌신(獻身)하되, 혜택(惠澤)은 받지 못하는' 그런 존재에 불과했다.

사람들은 공무원을 '땡땡이'로 지칭한다는 얘기를 들었다. 그것은 시민들이 자주 접하는 구청 민원실 업무시간이 9 to 6이니 직원들도 아침 9시에 땡 하며 출근하고, 6시가 되면 땡 하고 퇴근하는 것으로 생각한 나머지 그렇게 인식된 것이었다. 하지만 출근하는 첫날부터 그것이 환상임을 나는 확실히 체험했다.

노동부에 배치된 이후 정책을 수립하는 본부에서 공무원 생활을 시작했다. 이후에도 현안으로 부대끼며 할 일은 많고 인기는 없는 '비선호 부시'나 '기피 부서'에 발령되길 반복했다. 이처럼 내가 일한 과(課)는 '비인기 부서'이다 보니 요령이 좋거나 출중한 사람들은 오지 않았다.

부처나 조직의 구성원은 자기가 원하는 일을 하는 것이 아니라 맡겨진 과업을 이루기 위하여 존재의 이유를 입증해야 한다. 나 역시 바라는 업무나 희망 부서가 아니라 현안을 처리하기 위하여 그때마다 조직이 부르는 곳에서 일한 경우가 대부분이다. 하지만 내 눈에는 어느 부서이든 장차관이나 언론의 주목을 받거나 깊은 관심을 받지 않더라도 사명감을 가지고 해야 할 정도로 할 일은 넘쳐났다. 일터가 바로 노다지였다.

어쨌거나 부처에서는 내가 도움이 되었는지 이런저런 현안을 해결해야 하는 자리에 기용하는 사례가 쌓이며 역량도 축적되어 갔다. 거의 모든 실·국의 사업(정책) 분야에 근무한 경험이 축적되고 현안 과제를 해결하는 실적이 쌓이면서 조금씩 인정받게 되었다. 그 덕분에 주요 실·국장 업무에서도 성과를 내는 등 자타가 공인하는 핵심 인재로 성장할 수 있었다.

예전에 선배들 가운데 승진만 하면 이런저런 핑계를 대며 현안이 적은 부서로 빠지는 관행이 있었다. 하지만 내 경우에는 승진은커녕 전보 인사에서도 골치 아픈 현안이나 여러 부서를 통폐합한 부서(한 예로, 2001년 보험제도과는 당시 사무관과 서기관이 9명으로 각각의 계를 담당하였는데, 현재 3개 과로 운영 중)에 배치하여 적정 통솔 범위를 넘는 등 일복 하나는 타고났다.

나 역시 한 인간으로서 때로는 서운한 마음이 들거나 흔들릴 때도 있었다. 하지만 필자는 초심으로 돌아가려고 애썼다. 왜냐하면 공무원 임용을 앞둔 채용 신체검사 시 (한쪽이 아닌) 두 다리가 모두 소아마비인 줄 알게 되었고, 그야말로 금수저나 은수저이기는커녕 무수저에 가까운 흙수저 출신으로 밑바닥(zero spec)에서 출발했기 때문이다.

그러니 공직에 헌신할 기회가 부여된 자체만으로도 소중했고, 더 이상 잃을 게 없던 나로서는 사무관으로 평생 일한다 해도 행운(幸運)으로 여긴 초심(初心)

을 잊지 않으려고 각오를 다졌다. 언젠가부터 스스로 맡은 일을 잘하는 것 외에는 뭘 바라거나 쪼잔하게 욕심내지 않게 되었다.

어려움에 처할 때마다 내가 버틸 수 있었던 원동력은 이런 '밑바닥 정신'이 아니었을까 싶다. 금수저나 은수저가 불을 만나면 녹아 버리지만 흙수저는 불로 구우면 더욱 강해져 도자기나 항아리가 된다. "세상에 헛된 고통은 없다"라고 말하듯 시련이 나를 죽이지 못하면 더욱 강하게 단련시켜 주었다. 그렇게 밑바닥 정신으로 과제에만 집중하다 보니 세상을 사는 든든한 언덕이 되었다.

중앙부처에는 어디를 막론하고 화려한 스펙을 자랑하는 공무원들이 아주 많다. 나는 행정고시(제25회) 차석 합격이라는 비교적 괜찮은 성적으로 출발하긴 했지만 그렇다고 해서 스펙이 빼어난 친구들처럼 장·차관이 될 생각은 꿈도 꿔 보지 않았다. 남들처럼 '무엇이 되기'(what to be) 위하여 아등바등하는 것보다 주어진 자리에서 '필요한 일(역할) 하기'(what to do), '원점에서 해법 찾기'(how to do)에 익숙해지고 습관처럼 되었다. 이런 성격이 Workholic(일중독) 인생의 궤적을 만들었는지도 모르겠다.

어쨌든 나는 인기에 영합하거나 영전에 목매지 않는 대신 양심과 소신에 따라 최선을 다해 실천하는 '단독자의 길'(zero to hero)을 걸어왔다. 커다란 조직이 나같이 작은 한 개인에게 신세를 지는 사례가 모일수록 시원찮은 대접도 불만으로 느껴지기보다 이상하게도 남에게 빚지지 않아 뿌듯해지는 기분이 들었다.

지난 세월을 돌이켜보면, 나의 경우 어릴 적 진학 정보의 제약과 선생님의 섬세하지 못한 진학 지도로 인해 체력장 제도가 시행된 첫해에 다들 만점을 받는 체력장(체육 점수)에서 밀리는 바람에 고교 입시에서도 낙방했다. 그렇지만 어느 날 아버지의 한약을 지어온 포장지(신문)에 실린 검정고시 기사를 읽고 공부한 덕분에 고교 과정을 마치게 되었고, 어느 날 라디오에서 흘러나온 "현대 국가는 행정국가"라는 아나운서의 멘트에 감동을 받아 당시의 진학 유행과는 다른 행보를 걷게 되었다.

"무식하면 용감하다"라는 말이 있는 것처럼 진학도, 전공도, 고시도, 희망 부처 선택도 제약된 정보 속에 무모하게 도전해 온 인생의 연속이다. 하여간 할 수 있는 최선은 다하되 결과는 하늘에 맡겼다. 의외로 이게 내 마음을 편하게 해주었다.

08
직원들이 일 잘하게 만드는 방법

사무관이나 과장 등 실무자 시절에는 자신의 능력 범위 안에서 부지런히 일하며 업무에 최선을 다했다. 하지만 국장이나 실장 등 부처를 지휘하는 관리자가 되어서는 내부 구성원은 물론 안팎의 의견을 두루 듣고 문제점을 챙기며 브레인스토밍하듯 토론하며 대안을 찾아가는 업무 분위기를 만들었다.

그런데 관리자가 되어서는 보고를 받거나 결재(의사결정)를 통하여 처리하는 업무가 많았다. ⓐ 업무가 미숙한 직원에게는 구체적으로 지시하고 제대로 하였는지 확인과 점검까지 해야 안심이 되었다. ⓑ 반면에 어느 정도 업무에 익숙한 직원에게는 업무 추진의 방향을 의논하여 정하고, 토론을 통하여 업무에 참여하게 하면서 더욱 능숙한 일꾼이 되어 가는 모습을 확인할 때마다 그렇게 즐거울 수가 없었다. ⓒ 특히 능력이 탁월하고 업무에 통달한 직원에게는 권한을 위임하다시피 하면서 우선순위와 핵심 위주로 챙기거나, 애로사항을 타개하는 지원에 주력하는 등 직원의 역량 단계와 업무 성격, 제약 요소에 맞게 리더십을 발휘하였다.

일 잘하는 진짜 선수는 뛰어난 사람들의 잠재 능력까지 발휘할 수 있게 분위기를 조성하는 리더였다. 깊은 강에는 돌을 던져도 물 흐름이 변하지 않는다. 그러나 작은 비판이나 지적에도 금방 마음이 동요되는 사람은 조그만 물구덩이와 같아, 일을 시원찮게 하여 때로는 화가 나도 최대한 인내하고 경청하며 학습시키는 자세가 중요했다.

개인적으로 일하면서 만난 사람 중 역량이 뛰어난 직원들은 ㉠ 깔끔한 인재 ㉡ 유능한 인재 ㉢ 스스로 일을 찾아서 하는 인재 등 세 가지로 구분할 수 있었다.

깔끔하게 일하는 직원에게는 기획 업무나 정책홍보 업무에 중점을 두었고, 유능한 직원에게는 당면 현안을 처리할 기회를 더 많이 부여하고, 스스로 찾아서 일하는 사람에게는 신임하고 맡겨주면 더욱 창조적인 업무 성과를 만들어 냈다. 나아가 혁신하는 조직이 되도록 하려면 앞서 나가는 사람을 고무하고 끌어주되, 뒷다리 잡지 않도록 방해물을 치워줄 때 살아 움직였고 업무 성과도 나아졌다.

그렇게 하는 방법은 쉽고도 어려웠다. 그것은 부담이 되는 걸림돌을 치우는 악역은 리더(상사)가 책임지고 솔선수범하며 신상필벌을 실천하는 것이었다. 다행스럽게도 나에게는 그게 어렵지 않았다. 적절한 임무 분담에다 따뜻한 가슴에만 머물지 않고 냉철한 머리로 평가하고 실행하니 더러는 인간적으로 안타까운 경우가 생기기도 했으나, 국민 전체에 책임지는 공직자에 주어진 사명에 충실하기 위하여 스스로 다독이니 어느새 평정심을 유지할 수 있었다.

문제의식과 동기부여

대학에 다닐 때 군대에 복무하고 복학한 학생한테서 들은 얘기가 있다.
군대에서는 이등병이나 일등병과 같은 졸병(卒兵)은 생각 자체를 하지 말아야 한다는 것이었다. 졸병은 오직 상사가 시키는 지휘명령에 충실해야 하는, 독자적인 '생각' 없이 움직여야 하는 존재였고, 나라를 지키기 위해 필요하다면 하나뿐인 목숨도 바쳐야 하는 그런 사병의 특성 때문이었다.

그러나 적극적인 행정은 이와 다르다. 일 잘하는 역동적인 정부가 되려면 이와 같은 졸병 의식으로는 어림도 없다. 세상을 더 나아지게 하는 행정은 '제도의 혁신'에서부터 시작되는데 그것은 창의적으로 생각하는 장군형 일꾼이나 고수가 중심이 되어야 한다.

일하면서 나는 막연히 "잘 되고 있다"라고 말하거나 "아무런 문제가 없다"라는 식으로 보고하는 부서나 직원일수록 현장을 확인하고 경계하며 가혹할 만큼 질문을 던졌다. 늘 원점에서 문제의식을 가지고 사안을 바라보는 사고방식이 기본이기 때문에 후배나 직원들이 현실에 안주하지 않고 한 걸음 앞서 나아가는 자세를 갖게 하는 데 유념했다.

정책이 국내외 여건 변화에 부응하는지 확인하고 시대정신(時代精神)에 맞는 정책이 되도록 혁신하는 자세가 해이해지지 않도록 긴장감을 불어넣으려 자극을 가했다. 우리는 사회의 제반 문제를 효율적으로 해결하는 '사회의 의사'인 공직의 가치를 높이기 위하여 내 일의 주인공이라는 자부심과 책임감으로 임하려 애썼다.

업무를 지휘하거나 분장 시 혁신에 의욕적인 직원일수록 더 많은 기회를 주고, 성과를 내면 비록 연차가 낮아도 근무평정, 성과급 나아가 전보인사, 승진 등 인사와 보상에 최대한 반영하도록 했다. 중앙부처인 만큼 정책을 설계하는 본부를 전통적으로 일선기관보다 우대하는 관행이 있었지만, 일선 근무자에도 소홀히 하지 않도록 특별승진 제도를 만들어 운영했다.

고용노동부에 근무하는 직원 구성을 보면 시점에 따라 다르지만, 최근에는 일선기관(7,051명)에서 일하는 직원이 본부(623명)보다 10배 이상이나 많을 정도로 일선기관에서 국민에게 성실하게 서비스를 제공하고 친절하게 집행하는 역할도 그만큼 중요해졌다.

공무원은 직급과 근무연수가 같으면 서울이든 울릉도나 땅끝 해남이든 같은 대우를 하고 있다. 경제활동인구나 행정 대상이 아주 많은 대도시와 중소자치단체, 밤낮없이 머리 싸매고 열심히 일하거나 게으름을 피워도 업무의 양과

질, 성과에 따른 차등 보상이 거의 없다.
 게다가 직업공무원에게 정치적 중립과 신분보장으로 업무의 일관성 유지나 행정의 안정성을 넘어 과거 선례를 답습하거나 현상 유지에 안주하는 등 복지부동 공직자의 출현 역시 부인하기 어려운 게 실상이다.

 (총무과장 시절부터) 업무 성과가 근무평정에 제대로 반영되고, 평가를 바탕으로 인사가 이루어지는 합리적인 평가 문화 시스템 정착으로 '일 따로, 승진(영전) 따로' 현상을 해결하려고 내 나름 무던히 애썼다.
 그럼에도 정치권 출신 등 인사권자가 누군지에 따라 온정적인 근무성적평정, 기계적인 연공서열 인사, 해야 하는 과업을 완수하기 위한 역량보다 인간관계 위주의 행태에서 탈피하지 못하는 관행이 반복되면서 국민의 눈총이 따가워지기도 했다.

 다시 느슨해진 조직의 분위기를 바꾸고 구성원들이 문제의식을 가지고 일하도록 정책·사업 실명제(實名制)를 도입 시행했다. 나아가 조직의 성과(과업)와 개인의 발전(의욕)이 조화되는 부처의 '일하는 방식'과 혁신적인 '조직문화', 창의와 열정으로 체화되는 '동기부여'에 힘썼다.
 그런데 박근혜 정부 이후 세종시로의 행정부 이전으로 길 국장, 카톡 과장 사태 야기 및 입법부 독주에 따른 행정부의 정책 주도권 상실 등으로 요즘 공무원에 대한 인기가 내려간 것은 사실이다. 예전에 정부 청사는 공무원들이 열심히 일하느라 밤낮없이 불이 꺼지지 않는 사무실이었다. 많은 국민은 공무원의 애국심과 열정을 믿고 저마다 생업에 충실하게 종사하는 측면도 있었다.

 나는 유능하고 부지런한 공무원 없이 부강한 나라가 된 경우를 여태 보지 못했다. 그 핵심은 바로 사명감 있는 스마트 공무원이 의욕적으로 활동하는 것이라고 생각한다. 국민이 선출한 대통령과 정부를 위해 열심히 일한 공무원에게 정권이 바뀌어도 부역자(附逆者)로 내몰지 않아야 한다. 특정 진영에 줄 세우기를 하거나 정치적 중립을 지켜주지 못하면 복지부동(伏地不動)하기 쉽다. 공무원이 제 역할을 해야 나라가 잘 사니 그들이 신바람 나게 뛰게 해야 한다.

〈참고〉 고용노동부를 시작으로 한 2012년 대통령 업무보고, 순서

이례적으로 2012년도 대통령 업무보고를 정부 부처 가운데 고용노동부를 시작으로 이루어졌다. 그간 대통령 업무보고는 국무총리실이나 기획재정부부터 시작했다. 뭐든 처음에 하는 주자는 새로운 전범을 만들어야 하기에 힘든 점도 있었다.

2011년 12월 14일 오전 8시부터 고용노동부 소관 2012년도 대통령 업무보고를 했는데, 업무보고 장소도 청와대가 아니라 '국민들이 이용하는 서울고용센터(서울지방고용노동청)'였고, 형식도 '대통령이 찾아가는 보고'로 진행하였다.

지금까지 대체로 정부조직법에 적힌 부처 건재 순으로 업무보고를 해 왔으나, 2012년 업무보고는 고용노동부를 시작으로 다음 순으로 진행되었다.

보고 순서	①	②	③	④	⑤
보고 일시	12.14. 오전	12.14. 오후	12.15. 오전	12.15. 오후	12.16.
해당 부처	고용노동부	교육부	지식경제부	공정거래위원회	농림수산식품부
	⑥	⑦	⑧	⑨	⑩	⑪
	12.21. 오전	12.21. 오후	12.23. 오전	12.23. 오후	12.26. 오전	12.26. 오후
	방송통신위원회	문화관광체육부	보건복지부	여성가족부	법무부	법제처
	⑫	⑬	⑭	⑮	⑯	⑰
	12.27. 오전	12.27. 오후	12.28. 오전	12.28. 오후	12.30. 오전	12.30. 오후
	환경부	국토해양부	행정안전부	국민권익위원회	기획재정부	금융위원회

⑱	⑲	⑳	㉑	㉒	
2012.1.4. 오전	1.4. 오후	1.5. 오전	1.5. 오후	1.6.	
국방부	보훈처	외교통상부	통일부	국가과학기술위원회	

고용노동부는 행정각부의 직제상 15개 부처 중 13번째였다.

참고로 이명박 정부 대한민국 대통령의 유고 시 직무를 대행하는 부처는 국무총리에 이어 (부총리 부처는 없었지만) → 1) 기획재정부 → 2) 교육과학기술부 → 3) 외교통상부 → 4) 통일부 → 5) 법무부 → 6) 국방부 → 7) 행정안전부 → 8) 문화체육관광부 → 9) 농림수산식품부 → 10) 지식경제부 → 11) 보건복지부 → 12) 환경부 → 13) 고용노동부 → 14) 여성가족부 → 15) 국토해양부 순이었다.

대통령 업무보고를 고용노동부부터 시작한 것은 역사상 전례가 없는 드문 사례였고, 이는 고용노동 업무가 그만큼 중요하고 대통령께서 열심히 하라는 독려를 최상급 의지로 표현한 것이었다. 특히 2012년에는 글로벌 저성장이 예상되는 가운데 경제 불확실성이 서민들의 고용불안으로 이어지지 않도록 신속하고도 면밀한 대응 체제를 갖추어야 하는 여건이 고려되었을 것이다.

이날 고용부는 핵심과제 추진계획 보고에 이어 일자리 창출을 위한 현장 활동 토론, 취업애로계층과의 간담회도 가졌다. 또한 업무보고의 진행 방법도 통상적으로 해오던 장관 단독 보고 형식이 아니라 국장과 젊은 사무관, 일선 지방 관서의 실무자와 함께하는 '대통령과 현장 공무원 간 열린 소통의 장'이라는 특징도 있었다.

또 다른 한편으로는 이명박 대통령이 2012년도 대통령 업무보고를 고용노동부부터 시작한 것은 전임 임태희 고용노동부 장관을 당시 대통령실을 총괄하는 대통령실장으로 임명한 것과 같은 맥락이라 생각했다. 고용노동 정책이 국정에서 차지하는 중요성을 누구보다 잘 알기에, 새해를 시작하며 대통령이 가장 먼저 업무보고를 받는 부서를 고용노동부로 선택함으로써 공직자들에게는 책임감과 자부심을, 국민들에게는 일자리 정부로서 최선을 다하겠다는 애국적인 소망을 부각하기 위해서였으리라.

李 대통령, 2012년 정부 부처 첫 업무보고 청취
(서울=연합뉴스) 김병만 기자 = 이명박 대통령과 김황식 국무총리가 14일 오전 서울 중구 서울고용센터 컨벤션 룸에서 열린 2012년 고용노동부 업무보고에서 이채필 고용노동부 장관의 보고를 받고 있다. 2011.12.14. kimb01@yna.co.kr

이채필 고용노동부 장관이 2011년 12월 14일 오전 서울 중구 서울고용센터 컨벤션 룸에서 2012년 고용노동부 업무보고를 하고 있다. 2011.12.14. kimb01@yna.co.kr

09
공무원이 업무에 전념토록 하는 정치권 대처법
: 책임(責任)은 장관이, 공(功)은 실무자에

우리나라 헌법은 입법부와 행정부, 그리고 사법부의 3권분립 체제를 규정하고 있다. 행정은 기관의 내부 통제 기능이 살아있어서 견제와 균형이 이루어지지만, 국회의원이나 법관은 개개인이 헌법기관의 성격상 직무의 독립성과 강한 신분보장으로 윤리적 통제 외에는 사실상 내부 통제 기능이 작동되지 않고 있다.

행정부에 대한 국회의 사후통제나 견제, 위임 입법 등에 대한 사법적 심사를 부인하는 것은 아니다. 최근 국회는 민주주의 원칙인 토론과 합의가 사라지고 다수당의 입법 독주로 헌법기관끼리 견제와 균형을 이루지 못하고 있다.

최근 국회는 입법부의 권능을 넘어 행정부의 영역을 침해하거나 고유 영역을 인정하지 않으려는 경향으로 가고 있다. 여야를 막론하고 질의라는 형식으로 견제를 넘어 지나치게 간섭하거나 사전 보고 또는 시행 협의를 요청하는 등 때로는 저의를 가지고 고유 업무에 제동을 가하기도 한다.

이에 선을 넘는 간섭의 빌미를 없애 직원들에게 가해질 부담을 막아주는 것이 급선무다. 직원들이 더 이상 그런 어려운 상황에 내몰리지 않도록 하려면 상사는 정치적 바람막이(보호막)가 되어주어야 한다.

또한 여기에서 한 걸음 더 나아가 열심히 일해 성과를 내면 당사자의 공적이 되도록 인사에 반영해 주어야 한다. 즉, 책임(責任)은 장·차관을 비롯한 상사가 져주고, 공(功)은 실무 당사자에게 돌아가게 해야 한다. 그러면 부처 직원들은 "우리는 맡은 일만 잘하면 된다"라고 자부하며, 부처의 책임자를 신뢰하는 가운데 신나게 일하니 하는 일의 속도와 성과도 나기 마련이다.

하지만 장관이 국회에만 가면 두루뭉술한 답변으로 일관하거나, 따로 보고 드리겠다고 하는 식으로 당시만 넘기는 식의 안이한 자세로 대처하기 시작하면, 이후에는 배가 산으로 가듯 업무는 옆길로 빠지거나 진전하기 어렵다.

졸지에 숙제를 떠맡은 세종에 있는 행정부의 실무자는 여의도 국회의원과 보좌진을 찾아 길거리를 오가며 설명하고 설득하느라 진이 빠진다. 정작 일하는 데 쏟아야 할 정력과 시간을 엉뚱하게 소모하게 된다. 왜냐하면 외부 압력은 막아낼 수 있지만 내부 구성원들이 심리적으로 무너지면 속수무책이 되기 때문이다.

그동안 부처에서 내가 직접 보좌한 장관만 헤아려도 25명 가까이 이르러 이와 유사한 문제의 심각성을 익히 알고 있다. 평소에는 아주 그럴듯한 분이었는데도 유독 '국회 앞에만 서면 작아지는' 장관의 나약한 대처나 답변 태도에 실망한 적이 한두 번이 아니다.

그렇기에 그동안 오랜 기간 지켜보고 경험한 바를 토대로 정치권에 대한 장관의 대처법을 소개한다. 가장 효과적인 방법은 부처의 최종 책임자인 장관이 그 자리에서 바로바로 부처의 입장을 명쾌하게 정리하는 등 악역을 자처함으로써 실무자들이 더 이상 힘들게 되지 않도록 하면 된다.

더러는 장관이 국회에서 너무 뻣뻣하게 발언(답변)하는 것은 정무적인 감각이 없는 것이 아닌가 하고 생각하는 사람들도 있지만, 당당한 답변으로 깐깐하다는 평을 받거나 때로는 불이익을 기꺼이 감수하는 게 길게 보면 더 나은 결과로 나타났다.

국회법상 국회의원의 질의는 질의서(상임위)나 질의 요지(본회의)를 사전에 정부 측에 보내주도록 하지만, 장관 재임 시 환노위 의원들 가운데 상당수는 그렇게 하지 않는 방법으로 장관을 골탕 먹이려 했다. 그렇지만 솔직히 그 정도로는 불편하지도 않았고 타격 효과도 없었다.

혹자는 부처 내부에서 실무자로 일해 온 경험상 실무를 잘 아니까 그렇게 할 수 있는 것이 아닌가 여길 수도 있으나, 전혀 그렇지 않다. 평소에 소관 업무를 챙기고 현장 위주로 확인·점검하면 문제 될 것이 없다. 심지어 국회에서 질의 요지를 미리 주지 않았음을 핑계로 (때로는 잘 알고 있는 사안이라도) "나중에 사실관계를 알아보고 적의 대처하겠다"라는 식의 전략적인 답변을 할 수 있는 여지가 되니 도리어 다양한 선택이 가능해졌다.

중요한 것은 국회와 행정부의 관계에서 "서로 좋은 것이 좋다"라는 식의 원만한 관계 지상주의로 무난하게 '편하게' 지내는 것보다, 장관에게 요구되는 소임을 다해 행정부 공무원들이 맡은 일을 창의적이고도 효과적으로 추진하는 데 걸림돌이 되지 않도록 하는 것이었다.

국회와 행정부가 견제와 균형, 상호 협의와 존중하는 가운데 제각기 할 일을 해야 한다. 그렇게 하지 못한 채 장관이 국회에 저자세로 일관하게 되면 정부의 정책도 인기 영합에 빠지는 등 국민의 신뢰를 잃거나 지휘하는 책임자의 위엄과 권위도 땅에 떨어지고 만다.

〈참고〉 20대 국회의원 지역구 전략공천 제안

"울산 남구 甲 지역에 '우선 공천'하려 합니다"

2016년 3월 12일(토) 11시경 한나라당 공천관리위원장으로부터 전화가 왔다. 공관위원장이 건넨 말은 4월 총선에 나서 달라는 요청이었다.

"당에서 '우선 공천'하려고 합니다. 지역은 울산 남구 甲입니다."

이날 '우선 공천'한다는 말은 선거에 출마하겠다는 의사를 밝힌 사람 중에서 경쟁력이 뛰어난 후보를 '단수공천'을 하는 그런 경우와는 달랐다. 당사자가 출마 의사나 공천을 신청하지 않았더라도 국회의원으로 영입할 필요가 있다고 봐서 당에서 후보자로 '전략공천' 하겠다는 의미였다.

당시 울산 남구 갑 지역은, 이를테면 서울의 서초구나 강남구 등에 해당할 만큼 이른바 보수권 인사가 출마하면 비교적 쉽게 당선 안정권에 들어가는 그런 지역구였다. 한마디로 말해서 당선하는 데 상대적으로 어려움이 덜한 지역구였다.

공관위원장은 개인적으로 나와 아는 사이가 아니었다. 다만 필자가 고용노동부 차관을 할 때 그는 한나라당 정책위 의장을 맡았고, 장관 시절에는 새누리당 원내대표를 수행하였기 때문에 당정 협의나 국회 본회의에 정부 당국자로 출석하여 의견 교환이나 질의에 답변하는 과정에서 업무상 접하여 안면은 있는 정도였다.

그렇기 때문에 나의 우선 공천은 대통령의 의중이 반영되지 않았을까 하는 생각이 들었다. 박 대통령은 대통령 후보 시절 공약사업 예산과 관련하여 당시 이주영 정책위 의장을 통해 나와 전화가 연결되어 논의한 적이 있었고 그때 의견의 합치를 이룬 적이 있다.

하지만 전략공천 하려는 이유는 언급하지 않았다. 정확하게 알 수는 없지만, 2016년 총선 관련하여 언론에 비친 당시 공관위원장의 거친 행태에서 유추하면 대통령의 뜻이 작용하지 않았더라면 어려웠을 것으로 짐작되었다. 내가 이전 정부의 정무직 출신이지만 국회 답변이나 업무를 수행하는 과정에서 나름 긍정적으로 평가한 결과 전략공천 대상에 포함되지 않았을까 싶다.

2013년 2월 이명박 정부의 임기가 거의 끝나갈 무렵 내 뜻과는 무관하게, 당시 고용노동부 장관은 다음 정부에서도 어떤 식으로건 중용되는 것이 아닌가 하는 얘기가 언론에 돌았다. 그것은 업무 추진력과 혁신적인 일 처리에다 재산도 얼마 되지 않는 등 능력과 비교적 청렴한 이미지로 중용설이 퍼졌다고 했다. 하지만 집권 초기 내부적으로 박근혜 정권에서 이명박 정부와는 워낙 거리를 두다 보니 기용하기 어려웠을 것이다.

그동안 나는 행정업무 외에는 생각해 본 것이 없다. 제로섬 게임에 치중하는 정치 일선에 나설 생각을 한 적이 없다. 거기에다 어릴 때 집안의 사촌 형님이 선거에 나갔을 때 가족의 일원으로 거들어 준 어머니의 불쾌한 경험에 비추어 우리 형제에게 당부한 말씀을 잊을 수 없다.

"우리 자식들은 앞으로 표 받는 일은 하지 마라."

한편. 그러던 중 울산에 사는 지인들로부터 전화가 빗발쳤다.
고향의 지인들이 알려준 소식은 "(내가) 총선에 출마하면 지지도가 어떨지를 조사하는 여론조사가 진행 중이다"라고 했다.

그 와중에 중학교 선배이자 고시 동기인 박 모 울산광역시장이 전화를 걸어와, 내가 '전략공천' 제의받은 것을 축하한다면서, 자신은 바로 옆 지역구(울산 남구 乙) 출마를 신청해 놓았으나 공천을 아직 받지 못하여 부럽다고 하면서, 앞으로 같이 의정활동을 잘해보자며 축하와 격려의 얘기를 해주었다.

하지만 나는 지역구 의원은 여러 면에서 내키지 않아 사양하고 있다고 하니, '지역구 의원'이 (비례대표보다) 힘이 있으니, 속히 수락하라며 출마를 권했다. 이어서, 역시 중학교 선배였던 정 모 의원(나중에 국회 부의장 역임)도 전화를 걸어와, 앞서 박 시장이 얘기한 취지와 비슷한 조언을 하였다.

선배나 지인의 얘기를 듣고 보니, 지역구 국회의원으로 '전략공천' 출마 제안을 받은 것은 비례대표 국회의원 공천보다 더 배려한 것이라는 생각에 고마움이 느껴져 내 마음 한구석이 흔들리는 갈대처럼 오락가락하기도 했다.

우리나라 헌법(제46조)상 국회의원은 국가이익을 우선하여 양심에 따라 직무를 행하여야 한다. 그러나 정책 제안, 예산심의나 국정감사 등의 실상을 보면 국회의원의 역할이 적합한지, 자치단체 의원이 아닌지 알 수 없을 정도로 별 차이가 없었다. 아무래도 현실적으로 한 기초자치단체에 여러 국회의원이 있어서 그런지 기초자치단체장과도 구분하기 어려울 만큼 지역의 이익에 매몰되어, 국가적 차원(국익)과 공익을 우선하는 의정 철학은 드러나지 않는 경우가 아주 많았다.

영국의 사상가이자 정치인으로 근대 '보수주의의 아버지'로 불리는 에드먼드 버크(1729~1797년)는 1774년 무역항 브리스톨(Bristol)에서 하원의원으로 선출되었다. 그는 '브리스톨의 유권자에게 드리는 말씀'이라는 제목의 당선 연설에서, "유권자 여러분은 의원을 선택하였습니다. 일단 여러분이 의원을 뽑고 나면 그 의원은 브리스톨 소속이 아니라 영국 의회 소속입니다"라고 말했다.

250년 전의 연설인데도 지역 유권자에만 매몰되는 허다한 경우와 대비되어 감동적인 느낌이 들었다. 국회의원은 국익을 위한 국민 전체의 입장을 대표해야 한다. 그러나 우리의 현실은 해당 지역구를 대변하는 책임도 부여된 이중적 존재임을 부정할 수 없다. 그런 연유에서 지역 유권자를 위한 서비스까지 해야 하는 지역구 의원의 역할은 대한민국의 모든 국민과 국익을 위한 정책을 고민해 온 나에게 지역구 의원은 좀 부담스러웠다.

솔직히 비례대표 의원이라면 정책 전문가로서 역량을 발휘할 자신이 있었다. 왜냐하면 30년 넘게 정부 정책을 설계하였고, 국무위원으로서 국정운영도 직간접적으로 경험하여 고용이나 노동뿐만 아니라 다양한 분야의 국정에 대한 안목도 형성되었다고 생각하기 때문이다.

그렇지만 지역구 의원은 맞지 않는 옷을 나더러 입으라는 것처럼 느껴졌다. 그래서 공관위원장에게 "지역구 의원은 유권자와의 유대나 관계를 중시하는 국민 정서와 풍토에 비추어, 저에게는 신체적 장애가 있어서 적절치 않을 듯합니다"라고 하며 사양의 뜻을 밝히려 하였다.

그랬더니, "생각할 시간을 드릴 테니 숙고해 달라"라고 말했고, 흔들리는 나의 의중을 짐작했는지 "(현재) 비례대표는 자리가 없는 상황입니다"라는 말을 덧붙였다.

다음날 또다시 공관위원장의 전화가 왔으나, "제 의사에는 변함이 없어, (출마) 제의는 사양하겠습니다"라고 답했다.
그랬더니 "좀 더 생각해 보세요"라고 하며, 말미를 더 주었다.

한편, 당시 울산 남구 갑 지역의 현역의원은 같은 항렬의 집안 형님이었다. 그러니 하필이면 내가 거기에 나간다는 것은 인간적으로도 내키지 않았다. 그는 광역의원과 기초단체장 출신으로 평소에 지역을 샅샅이 다니며 주민을 살피는 의정활동을 아주 부지런하게 하는 사람이었다.

그런 마당에, 내가 전략공천을 받으면 자신은 컷오프(cut-off)될 것이라고 하면서, (나를 만류하려) 집으로 오겠다는 의사를 종친회(학청회)의 한 지인을 통해 전해왔다.

"저는 이번 선거에 나설 생각이 없으니, 염려하지 마세요."
그랬더니 그 의원이 "정말이냐?" 하고는 공천심사장으로 달려가 본인에게 출마 의사가 없음을 확인하였다면서, 자신의 재공천을 요구하였다. 그렇게 하여 2016년 총선에서 그곳에 (2016년 3월 14일 저녁) 단수공천을 받았고, 내리 3선 의원이 되어 국회 상임위원장도 역임하는 등 민의를 대변하는 역할에 충실했다.

나는 (고용) 노동부에서 공직 생활을 시작하여 30년이 넘는 기간 동안 사무관, 과장, 대통령비서실 행정관(선임행정관 포함), 실·국장 그리고 장·차관에 이르기까지 행정이나 정책 외에는 거들떠보지도 않았다. 그냥 주어진 소명(召命)에 몰입하기에도 벅찼다. 물론 내 능력의 한계도 있었다.

솔직히 우리 정치는 국민의 앞서가는 의식 수준에도 한참 미치지 못할 뿐만 아니라, 인기 영합에 기대어 오히려 뒤처지게 하는 경우도 보았다. 3류 내지 4류 정치를 뜯어고칠 자신이 있어야 현실 정치에 나설 터인데, 나는 아직 국민을 위한 정치의 본령에 비추어 어려움을 이겨낼 각오가 서지 않았다. 그래서 가장 잘할 수 있는 분야에 주력하는 게 옳다고 생각하니, 남아있던 약간의 미련과 아쉬움도 훌훌 털 수 있었다.

10
대통령과의 첫 독대
: "이 장관, 대통령 할 생각 있나?"

2011년 5월 26일 장관 인사청문회가 열렸다. 국회 환경노동위원회에서 허무맹랑한 의혹과 논란이 제기되기도 하였으나 인사청문 보고서는 여야 합의로 채택되었다.

5월 31일 자로 국무위원이자 고용노동부 장관으로 인사 발령이 나서 공식적으로 업무를 수행하던 중 6월 1일 9시 30분 청와대 본관(2층 접실)에서 이명박 대통령과 처음 독대하는 자리가 만들어졌다. 이 자리에 대통령실장도 배석했다.

나는 이 대통령과의 개인적 인연이 전혀 없었기 때문에, 장관으로 임하는 각오나 포부를 밝히고, 대통령도 따로 당부할 무언가가 있어서 강조하기 위한 기회로 생각하고 그 자리에 참석했다. 그런데 대통령께서 나를 보자마자 꺼낸 말씀은 참으로 의외였다.

"나는 직업공무원을 장관으로 기용하지 않아"

"나는 직업공무원들은 개혁에 잘 나서지 않아 장관으로 기용하지 않는다. 그런데, 이 장관은 개혁적이라는 얘기를 들었다."

나는 인사청문회를 보지 않는다. 인사청문 진행 상황이나 결과는 참모로부터 보고받는데, 이 장관 인사청문회는 내가 다 보았다.
 이 장관은 내부 출신 1호 장관이라고 해서 분위기가 어떤지 보려고 했는데, 답변이 두루뭉술하지 않고 깊이가 있었다. 청문회가 진행될수록 결기와 새미가 있어 끝까지 다 보게 됐다고 하셨다.

 직업공무원들은 개혁에 잘 나서지 않아 장관으로 기용하지 않는다는 대통령의 말씀은 의외였다. 왜냐하면 공무원 개개인마다 자세나 기질이 다른 것으로 생각하고 있었는데, 대통령의 직업공무원에 대해 부정적인 인식을 갖고 있는 게 아닌가 생각되었기 때문이다.

 "이 장관, 대통령 할 생각 있나?

 좀 당황하고 있는데, 뜻밖의 말씀을 꺼냈다.
 대통령은 "이 장관, 대통령 할 생각 있나?"라는 질문을 하면서, 내 얼굴을 뚫어지게 바라보았다.

 나는 갑자기 왜 그 말씀을 하시는지 영문을 알 수 없었다.
 그동안 나는 행정업무 외에는 해본 게 없었다. 제로섬 게임에 치중하는 정치 일선에 나서는 것은 생각도 한 적이 없다.
 그러니 나는 국회의원을 비롯하여 선출직에 대하여 생각해 보지 않았다. 더구나 대통령을 해보겠다는 것은 꿈에도 없었기에 답변 또한 망설일 여지가 없었다.

 "아닙니다. 저는 지금까지 선출직이나 그 무엇이 되겠다고 생각한 적이 없습니다. 주어진 자리에서 필요한 일을 할 뿐입니다."

 대통령은 또다시 한참 동안 나를 꼼꼼히 살폈다.

한편으로는 그 자리에 배석한 대통령실장에게 이 장관을 많이 도와주라는 얘기를 덧붙이고는 자리에서 벌떡 일어섰다. 대통령과의 첫 독대는 그렇게 끝났다.

나는 장관으로서 역점을 둘 사항이나 각오를 말씀드릴 필요도 없었다.
대통령 역시 나에게 특별히 강조하거나 당부하는 말씀도 없었다. 인사청문회 방송 시청으로 나에 대하여 이미 파악하였기 때문에 믿고 맡기는 것처럼 보였다.

그날 대통령의 질문 취지나 의도가 무엇인지 나로서는 알 수 없었다.
전혀 예상치 못한 말씀에 두 가지 생각이 얼핏 떠올랐고, 솔직히 헷갈렸다.

인사청문회 의원들과의 공방 과정에서 '좋은 게 좋다'가 아닌 시시비비를 가리거나 공격하는 국회의원들(甲)에게 직업공무원 출신(乙)임에도 주눅 들지 않고 할 말 하는 강단(배짱)을 목격하면서, ① 만약 큰 정치에 뜻이 있는지 확인하고 정치에 도전할 생각이 있으면 꿈을 가져보라고 격려하였을지 ② 아니면, 개인의 입신·영달을 위하여 공직을 발판으로 삼지 말도록 경계하기 위함인지, 알 수 없었다.

정부과천청사로 돌아오는 차 안에서 혹시라도 내가 엉뚱한 방향으로 빠질까 염려하여 대통령께서 독려하고 당부한 것으로 내 마음을 정리했다.

"진짜 국민의 시각과 대통령의 입장에서 장관직을 수행해야지…"라고 생각하며 장관의 업무나 역할에 한 치 소홀함이 없도록 하기로 각오를 다졌다.

이명박 대통령으로부터 청와대 본관 인왕실에서
필자가 차관(위)과 장관(아래) 임명장을 받는 모습 (2010.3.23. 2011.5.31.)

〈참고 1〉 이채필 장관 내정자는? 매일노동뉴스, 2011.5.9.

이채필 장관 내정자는?
장애 딛고 노동부 최초 관료 출신 장관에 오른 입지전적 인물

이채필(55) 고용노동부 장관 내정자는 지난 6일 개각 발표 직후 "일자리를 위한 대안을 내놓겠다"라며 "노사관계 역시 일자리를 뒷받침할 수 있도록 해야 한다"라고 말했다. 울산 출신인 이 내정자는 세 살 때 소아마비를 앓았고, 지금도 다리가 불편하다. 3급 지체장애를 이기고 노동부 관료 출신 가운데 최초로 장관에 오른 입지전적인 인물이다. 이 내정자는 (중략) 1982년 노동부 사무관으로 공직 생활을 시작했다. 지난 30여 년간 노동부에서 주요 요직을 섭렵한 그는 **2008년 3월 노사협력정책국장에 임명됐고, 이듬해 2·23 노사민정 대타협을 이끌어 내는 데 숨은 산파역할을 했다.**

2009년 4월에는 선배 기수들을 제치고 노동부 서열 3위인 기획조정실장으로 선임돼 주목을 받았다. 특히 13년간 시행이 유예됐던 노동조합 및 노동관계조정법(노조법)상 전임자·복수노조 조항을 개정하는 데 핵심적인 실무 조정자 역할을 했다. 이 내정자는 지난해 3월 신설된 노사정책실장을 겸임한 지 보름도 안 돼 차관으로 발탁돼 노동부 파격 인사의 주인공이 되기도 했다.

업무 스타일은 빈틈이 없고, 치밀한 기획력과 추진력이 돋보인다는 평가다. 지난해 노동부에서 중앙부처로는 처음으로 13명의 공무원을 퇴출시킨 역량강화 프로그램을 도입한 장본인이다. 첫 노동부 관료 출신 장관이 나온 것에 대해서는 기대 반 우려 반의 목소리가 나온다. **노동부 관계자는 "30년 노동 행정의 역사가 이제야 빛을 발하게 됐다"**라고 기뻐했다. 노사관계에 밝은 한 교수는 "이명박 정부에서 사실상 노동부를 이끌어 온 장본인이 드디어 실권을 쥐고 전면에 나선 것이어서 정책 집행의 힘이 실릴 것으로 보인다"라고 말했다.

반면 노동계는 "노동의 '노' 자도 모르는 정치인 장관 대신 노사관계에 밝은 실무형 장관이 내정됐지만 노정관계가 경색된 현 국면에서 되레 운신의 폭만 좁아지는 결과를 초래할 수 있다"라고 우려했다.

김미영 기자

〈참고 2〉 대통령이 낙점한 기관장 후보 재고 요청

2012년 7월 김 모 청와대 인사기획관에게서 전화가 왔다. 이명박 대통령께서 낙점한 고용노동부 소속 또는 유관기관의 장관급 기관장 후보 명단을 알려주었다.

중앙노동위원장에 전 국회의원, 노사정 위원장에 전 노동계 출신 인사를 비중 있게 검토하고 있었다. 덧붙여 말하길 "대통령께서 이(李) 장관 생각이 어떤지 물어보라"라고 (지시)했다는 것이다.

그런데 (2010년 3월) 내가 차관에 임용된 이후 직전 노동부 차관이 중노위 위원장으로 발령 났으며, 노사관계 분야의 학계 원로를 노사정 위원장으로 모셔왔기에 두 자리 모두 아직 임기가 상당히 남아있었다. 게다가 특별한 귀책 사유도 없는 상태라 인사 대상이 아닐 텐데 하는 생각에 무슨 특별한 교체 사정이라도 있는지 알 수 없다.

"글쎄요, 노사관계를 담당하는 기관장은 노사 간 중립성과 공정성이 있는 인물이어야 노사와 국민이 신뢰할 수 있습니다. 현재 기관장은 임기도 남아있는 상황인데 혹시 다른 결격사유나 무슨 문제라도 생겼습니까? 두 후보는 이러한 기준과는 거리가 있어 보입니다"라고 하며 의견을 밝혔다.

그 후 관련 부서의 인사 자료를 받아 구체적으로 확인해 보니 중노위 위원장 후보와 노사정위 후보는 노동운동가들로 나도 잘 아는 나름 훌륭한 분이었다.

그런데 노사정위원장은 조만간 임기만료(2012년 9월)를 앞두고 있어서 필요한 경우에는 교체(시기)를 검토할 수 있었지만, 중노위 위원장은 임기가 1년 이상 남아있고(2013년 8월) 노동위원회법 제9조(위원장)와 제13조(위원의 신분보장) 규정에 따라 의사에 반해 면직되지 않도록 하는 신분보장이 되어 있으며, 공익위원이 될 수 있는 자격을 갖춘 사람 중에서 장관의 제청으로 대통령이 임명하는 자리였다.

청와대 인사기획관에게 전화로 다시 특별히 문제될 만한 사정이 있는지를 확인했다. 그러나 그 점에 대하여 구체적 언급을 하지는 않았다. 그 대신 "정무직은 대통령의 뜻을 알려주면 본인이 알아서 사표를 내지 않겠습니까?"라고 반문하였다. 그 말은 요령껏 주무장관이 사표를 받으면 되지 않겠느냐? 하는 눈치였다.

대통령께서 염두에 둔 중노위 위원장 후보는 다음 원칙과는 거리가 있다며 재고를 요청하는 의견을 재강조하였다.
① 노동위원회법상 신분보장 조항을 설명하며 "중노위 위원장은 임기가 1년 이상 남아있고, 노사를 비롯한 평(評)도 괜찮은 편"이다.
② 노사관계를 다루는 기관의 장은 노동계나 경영계 등 특정 진영의 인사로 임명하면 노사로부터 중립성이나 공정성을 의심받아 결국 인사권자인 대통령에게 부정적 여론이 형성되어 짐이 된다.

한편으로는 노사정 위원장으로 검토하고 있다는 후보는 나름 합리적이라는 평가를 받고 있다고 말했다. 그렇지만 노동 현장에 대한 다양한 의견을 수렴하거나 전달하는 자리에 활용하는 방안이 오히려 역할을 더 잘 발휘힐 수 있을 것이라는 의견을 덧붙이며, 대통령이 낙점한 기관장 후보에 대한 재고를 요청하는 인사 협의를 마무리하였다.

중요한 것은 자리와 사람의 궁합이 맞아야 적소·적재 인사원칙이 구현될 수 있을 것이라는 의견을 '재확인'해 주었다. 그 후 대통령께서는 주무장관의 의견을 존중하여 당시 중노위 위원장의 임기를 보장해 주었고 노사정위 위원장도 임기 보장과 더불어 연임 조치까지 하였다.

그러나 이후 박근혜 정부로 교체되고 나서 정치적으로 거취를 표명하여 사직한 것으로 들었다. 게다가 당초 노사정위 위원장 후보로 검토한 모 위원장은 '대통령 특별보좌관'으로 임명하여 (직위를 구체적으로 건의하지는 않았지만) 대안을 채택하여 배치되었다. 결과적으로 당사자의 경력관리에 유용해졌다.

이전까지 나는 역대 대통령의 인사 운영 관행상 국무총리의 국무위원 임면제청권 행사는 제청에 필요한 형식적인 요식 절차에 그쳤을 뿐, 실질적으로는 인사안을 알려주는 수준에 불과할 것으로 생각했다. 하지만 이명박 대통령은 고용노동부 소속 중노위 위원장과 대통령 자문기관이자 우리 부 유관기관인 노사정위 위원장 인사와 관련해 주무장관의 의견을 적극적으로 수렴해 주었다.

이처럼 인사권자였던 대통령께서 인사안을 마련하고서도 그대로 시행하지 않고 주무장관의 의견을 수렴하고 재검토한 것은 인사권을 대통령의 절대적 권한이 아니라, 일을 잘하기 위한 수단이라는 국정철학이 있었기에 가능한 결과로 보였다.

덧붙여 건의한 의견(대안)까지 수용해 준 것은 대통령이라 해서 국정운영을 독주하지 않고 관련 국무위원의 의견을 존중하는 의미 있는 사례였다.

이명박 대통령과는 개인적으로 나와 아무 인연이 없었다. 그럼에도 장·차관을 맡긴 것은 사심 없이 일하는 자세나 책임감 있게 업무를 수행하는 측면에서 신뢰와 기대가 생겼기 때문이었을 것으로 생각한다.

실무 공무원으로 출발한 나는 국민 전체에 대한 봉사자로서 맡은 임무에 충실하려고 노력했다. 맡은 분야에 전념할 수 있도록 대통령께서 배려와 지원을 아끼지 않았다. 정치적 중립과 신분보장이 되었기에 어느 정권에서든 소신껏 임해 나라의 근간이 되는 정책을 수립하고 국정을 운영하는 내각의 일원으로 일하기도 했다.

하지만 그 외 정부에서는 이와 달랐고, 그런 점에서 이 대통령께서는 구상한 인사에 대하여 주무장관에게 의견을 청취하고 배려한 것을 아주 감사하게 생각한다.

다른 정부에서 노사관계를 다루는 기관장 인사는 노사 간 중립성과 공정성을 위한 고려는 실종된 양상이었다. 예컨대 문재인[58], 윤석열, 이재명 정부의 첫 고용노동부 장관에 노동계 출신을 임명한 것은 정무직 인사이므로 논외로 한다. 그렇지만 경사노위 위원장에 특정 분야(민주노총 중앙파, 금속노조) 출신 인사를 임명하고 3회나 연임(2017년 8월~2022년 7월, 임기 각 2년) 발령을 내는 등 주요 인사에 진영 위주 인사를 하였다. 또한 주요 공공기관장인 산업인력공단 이사장에 전 한국노총위원장, 한국폴리텍 이사장에 전 민주노총 위원장을 임명한 사례 등에서 보는 바와 같이 '노동(조합) 우선'을 기치로 노동계 인사들로 채운 것

---

58. 최저임금의 급격한 인상과 노동('노동조합') 우선으로 일관하여 '공정한' 노사정책 추진 실패

이 아닌가 하는 의문이 들었고, 그 점에서 이명박 정부 시절 일을 잘하기 위한 적소·적재 인사를 한 것과는 크게 비교되는 국정운영이었다.

필자가 고용노동부 장관으로 일하면서, 단 한 번의 사례를 빼고는 주무장관으로서 제기한 의견과 판단을 대통령이 모두 존중해 주었다. 그럴수록 소신껏 일하고 결과에 책임지려고 했다. 또 다른 예로 비정규직 대책과 관련하여 청와대 담당 수석이 대통령께 보고하다가 중간에 막혀 보류되었을 때 대통령비서실의 SOS 요청에 따라 주무장관이었던 내가 대통령께 특별보고를 하였고, 그 취지와 구체적 내용에 대하여 납득이 되자 준비한 대로 바로 시행할 수 있게 힘을 실어주었다.

필자가 업무를 추진하면서 경험한 바에 의하면, 이명박 대통령의 인사 리더십은 '업무를 최우선'으로 하는 가운데 현실적인 사정을 충분히 고려할 수 있도록 배려해 주어 일하는 보람을 느낄 수 있었다. 대통령께서 다른 장관들에게도 그렇게 하였는지는 확인해 보지 않아 잘 모르지만, 어쨌든 나로서는 장관으로서 권한과 책임을 제대로 행사한 실질적인 책임 장관이었다고 자부한다.

덧붙이고 싶은 점은 이명박 대통령은 재임 중 글로벌 금융위기, 유럽 재정위기 속에서도 국민과 함께 어느 나라보다 빠르게 극복하였고, 위기 이전보다 고용 사정이 더 개선되었다는 평가를 국제노동기구(ILO), 경제협력개발기구(OECD), 세계은행(World Bank)으로부터 받았다. 또한 이전 정부에서 계속 유예되어 온 복수노조 시행과 노조 전임자 폐지를 위한 노동 개혁 완수, 신종플루에 대한 신속 기민한 대응, 최초의 한미 통화 SWAP 체결(2008년 300억 달러 규모), 물부족 국가인 우리나라에서 반복되는 가뭄과 홍수의 예방, 수자원 확보를 위한 4대강 사업(장차 한반도 대운하) 등에 발휘한 대통령의 경륜과 기여에 비해 너무 저평가되어 안타깝기 짝이 없다.

장·차관을 지낸 정무직 3년 기간을 포함하여 30년이 넘는 나의 공직 경험에 비추어 이전 정권과 대통령에 대한 단죄 관행, 정치·사회적 매도, 촛불 정권의 우리 사회 주류 세력 교체를 위한 '적폐 청산'을 맞아 가슴이 아프다. 하지만 혼돈과 광풍의 세월이 지나면 언젠가 제대로 재평가받는 역사의 시간이 올 것으로 기대한다.

노사관계 기관장에 대한 장관의 예우

세 가지 경험적 사례를 소개하려 한다.

첫째, 중노위 위원장은 고용노동부의 소속 기관장(장관급)이면서 부당해고와 부당노동행위 등을 심판하는 준사법적 행정기관이었기에 필자가 장관으로 재임하는 동안 노사 간 중립성과 공정성을 지키고, 업무상 위상을 견지할 수 있도록 최대한의 예우를 하려고 노력했다.

(장관급인) 중노위 위원장은 고용노동부 기관장 회의에 직접 참석하지 않아도 되도록 조치하고, 전국 소속 기관장 회의 시에도 꼭 필요한 경우에는 사무처장(1급)이 위원장 대신 참석하도록 배려하였다. 또한 장관 이·취임식에도 다른 소속 기관장이나 산하 공공기관장은 오더라도 중노위 위원장은 참석하지 않도록 했다.

둘째, 노사정위 위원장(현 경사노위)은 외견상 대통령 직속의 자문기관이었지만 소관 국회 상임위도 (대통령비서실을 담당하는 운영위원회가 아닌) 환경노동위원회였고, 고용노동부를 통하여 예산을 편성하는 등 고용노동부 산하기관과 비슷한 유관기관으로 운영되어 왔다. 매년 노사정 간부와 인사 수백 명이 함께 모여 인사를 나누는 노사정 신년교례회 행사를 고용노동부 주관으로 개최한다.

이 경우 노사정위 위원장과 중노위 위원장의 위상에 걸맞은 면모를 대내외에 과시할 수 있도록 주최자인 장관이 인사 말씀을 하고는 곧이어 이분들이 축사와 건배 제의를 할 수 있게 하는 등 최대한 예우하는 분위기로 이끌어갔다. 또한 관련 법령 제·개정이나 직제 개편, 예산 편성, 인력배치 인사 등은 고용노동부에서 필요한 역할을 해야 했다.

셋째, 나아가서는 고용노동 분야에 오랜 기간 출중하게 활동하여 전문성과 경륜이 있는 노동계와 학계, 정부 등 공익적 인사에 대한 역할과 예우에도 나름 신경을 썼다.

한 예로 박인상 전 한국노총위원장(노동계)은 노사발전재단 대표 이사장으로, 최종태 서울대 경영대학 명예교수(학계)는 노사정위 위원장으로, 유용태 전 노동부 장관(정부)은 한국기술자격검정원 이사장으로 각각 봉사(모두 비상근) 할 수 있는 기회를 만들어 우리 사회의 원로로서 후진들이 부족한 점을 조언하거나 가르침을 줄 수 있도록 배려하였다.

그 이유는 개인적인 호불호가 아니라 노사관계 정책이 그만큼 공정하고 균형되게 하기 위한 목적에서였다. 경륜 있는 사회 원로의 통찰력과 조언을 새기면 나의 모자란 점을 보태고 나라와 사회에 큰 도움이 되기 때문이었다. 결국 사람과 시스템이 가장 중하기 때문이다.

〈참고 3〉 김영삼 대통령의 여성 인재 발탁과 인사권 보좌 경험

대통령의 인사권 행사와 관련하여 보좌한 사례를 하나 더 소개해 본다.
1994년 3월 30일 박관용 대통령비서실장 직속의 김 모 기획조정 비서관이 주관하는 회의가 갑자기 소집되었다. 내가 소속한 경제수석실을 비롯하여 행정수석실, 정무수석실 등 관련 비서실의 행정관들이 여럿 모였다.

다룬 의제는 "여성 인재를 발탁하라"라는 김영삼 대통령의 지시를 받아 온 비서실장의 요청에 따라 이를 실행할 수 있는 아이디어를 찾기 위한 회의였다.

당시만 해도 공직 사회에 여성 인재가 드물어 대통령의 지시를 이행할 방법이 마땅치 않아 연 회의였는데, 한동안 침묵이 흘렀다. 대다수 공무원들은 여성 간부와 같이 일해본 경험이 없었다. 하지만, 나는 여성 공무원들과 함께 일한 경험이 있어 아이디어가 하나 떠올랐다. 당장 실현 가능한 방안이어야만 했다.

"정부의 인적자원 풀(Pool) 중에 능력과 리더십이 검증된 여성 인력을 기관장(機關長)에 발탁하거나, 파격적인 우대 인사를 하는 방안이 좋겠다"라는 의견을 냈다. 이에 더하여 "대표적으로 노동부 전 모 국장과 같은 사람을 원하는 자리에 배치하여 실력을 발휘할 기회를 주자"라고 제안했다.

내 말을 들은 기획조정 비서관이 빙그레 웃으면서, "그렇게 하면 되겠네" 하면서 회의를 마쳤다. 이후 총무처(현재의 인사혁신처)로부터 공무원 인사 기록 자료를 받아서 검토하고 후속 조치를 한 것으로 들었다.

이렇게 하여 1994년 4월 16일 전ㅇ희 노동부 직업훈련국장을 경기도 광명시장으로, 이ㅇ희 대구시 가정복지국장을 남구청장으로 여성 기관장 발탁이 이루어졌다.

대한민국 정부 수립 이래 최초의 내무부(현재의 행정안전부) 여성 기관장 임명이었다. 그것도 한꺼번에 두 명씩이나.

이 무렵 전 국장은 노동부에서 직업훈련국장을 하고 있었는데, 그는 부녀소년과장 시절 광명시에 근로자 임대아파트와 근로청소년 복지회관 사업을 추진한 경험이 있어서 비교적 잘 아는 지역을 선택한 것인데, 부처 간 1:1 인사 교류 원칙에 따라 내무부의 유ㅇ우 국장(男)이 자의 반 타의 반으로 노동부에 전입되어 공석이 된 그 자리를 맡게 되었다.

당시 노동부 국장이 내무부 기관장으로 깜짝 발탁된 내막은 지금까지 외부에 알려지지 않았다. 이처럼 김영삼 대통령의 여성 사회진출 기회 확대를 위한 인재 발탁 지시에 따라 참모진의 보좌로 현실화된 것이었다.

이후 그는 임명직 광명시장에서 1995년 지방자치 제도가 시행되면서 선출직 광명시장을 거쳐 비례대표와 지역구 국회의원을 거쳐 나중에 국무위원 겸 보건복지부 장관을 역임하였다.

노동부에서 그와 함께 일하면서 나는 그의 뛰어난 업무 역량과 일 욕심을 잘 알았기 때문에 주저하지 않고 추천할 수 있었다. 물론 개인적 친소 관계나 유불리가 작용한 것은 아니었다. 중요한 것은 누구든지 자신에게 주어진 소명이나 역할을 평소에 어떻게 해내느냐였다. 특히 공직자의 업무는 이렇게 360° 검증을 받아 가며 일하는 종사자였다.

어릴 적 어머니한테 들었던 나의 사주(四柱) 이야기가 생각났다.
"너는 다른 사람이 잘되도록 도와주는 '밑거름 팔자'라고 하더라."
내 이름에 '도울 필(弼)' 자가 있는 것도 그런 연유였나 보다.

참고로 예전에 나와 같은 국(局)에서 일한 선배들 가운데 주변 동료들에게 "승진하려면 그 부서에 이채필을 데려다 놓아야 안심이 된다"라고 말하는 것을 종종 들었다. 그 말에 일리가 있었는지 몰라도 잘 풀리지 않는 현안들은 필자가 관여하게 되면서 해결되는 경우가 많았고 함께 있던 분들도 잘되는 사람들이 늘어났다.

공직에서 은퇴한 어느 날, 둘째 딸이 아빠의 MBTI 성격유형이 무엇이냐고 물었다. 말이 나온 김에 즉시 실시해 본 검사에서 INFJ(옹호자)로 나왔다.
해설을 보니 "다른 사람의 삶을 더 낫게 만드는 일에 깊은 만족감을 느낀다"라는 유형이 INFJ(옹호자)였다. 이 유형은 전 세계 인구의 1% 정도로 희귀하다고 적혀 있다. 어쨌든 나는 자신보다 남을 더 잘 되게 돕는 '도우미 인생'이 맞긴 맞나 싶었다.

지나고 보니 어머니가 전해준 '밑거름 팔자'라는 의미는 누군가에게 잘되도록 '행운'을 갖다주는 도우미라는 뜻이었다. 혹시 '도울 필(弼)' 자가 아니라 '반드시 필(必)' 자였더라면 이와 달랐을지도 모르겠다.

* INFJ(옹호자)는 차분하고 신비한 분위기를 풍기는 성격으로, 다른 사람에게 의욕을 불어넣는 이상주의자이다. 매우 희귀한 성격임에도 불구하고 세상에 큰 영향력을 발휘하곤 한다. 이들은 이상주의적이고 원칙주의적인 성격으로, 삶에 순응하는 대신 삶에 맞서 변화를 만들어 내고자 한다. 이들에게 성공이란 돈이나 지위가 아니라 자아를 실현하고 다른 사람을 도우며 세상에서 선을 실천하는 일이다. 이들은 원칙과 완벽함을 중시하며 자신이 옳다고 믿는 일을 끝내기 전에는 만족하지 않는다. 세상을 더 나은 곳으로 만들기 위해 최선을 다한다. 이들은 불평등을 싫어하며 자신의 이익보다는 남을 돕는 일에 더욱 집중하곤 한다. 또한 창의력과 상상력과 세심함 등 자신의 강점을 다른 사람을 돕는 일에 활용해야 한다는 사명감을 느낄 때가 많다. 다른 사람을 돕는 일을 인생의 사명으로 생각하며 정의를 추구할 방법을 찾는다. 이들은 사회의 본질적인 문제를 해결하고 부당함을 해소하려는 열망이 있다. 그러나 가끔은 자신을 돌보는 대신 이상에만 집중하느라 스트레스나 번아웃으로 고생할 때도 있다.[59]

김영삼 대통령의 취임을 하루 앞둔 1993년 2월 24일 대통령비서실 현관에서
이진설 경제수석(앞줄 왼쪽에서 다섯 번째)과 최선정 보건사회비서관(맨 왼쪽),
이채필 행정관과 행정요원 등 경제수석실에 근무한 전 직원

59. https://www.16personalities.com/ko/%EC%84%B1%EA%B2%A9%EC%9C%A0%ED%98%95-infj

〈참고 4〉 이채필 장관, 핵심 보직에 女공무원 전진배치, 머니투데이, 2012.2.8.

〈이채필 장관, 핵심 보직에 女공무원 전진배치〉

고용노동부 여성 공무원들의 약진이 화제다. 2012.2.8. 이뤄진 올해 첫 과장급 정기인사에서다.

이채필 고용부 장관은 과장급 핵심 직위 중 하나인 감사담당관을 비롯해 청년, 여성, 장애인 등 최근 국정의 주요 이슈가 되고 있는 취약계층 지원 업무를 담당하는 과장 직위에 모두 여성들을 전진 배치했다. 고용부 내부에선 이례적이란 평가가 나오고 있다.

본부 과장급 총 39개 직위 중 7개(18%)에 여성 공무원이 임명됐는데, △박성희 규제개혁법무담당관 △장미혜 감사담당관 △이민재 청년고용기획과장 △이덕희 장애인고용과장 △윤영순 외국인력정책과장 △임영미 여성고용정책과장 △송민선 직업능력평가과장 등이다.

부드럽고 온화해 보이지만 치밀하고 냉철한 업무 스타일로 조직 내에서 인정을 받고 있는 장미혜(57세) 감사담당관이 눈에 띈다. 장 과장은 9급 공채 출신으로 지난해 2월부터 장애인고용과장으로 재직하면서 의무고용제도 확충, 맞춤형 취업지원 서비스 제공을 통해 장애인 고용인원을 지난 2007년 대비 44.9% 증가시키는 등 업무추진 능력이 탁월하다는 평가를 받고 있다.

무엇보다 고용부 내 부동의 청렴 이미지 1위로 인정받아 오는 등 전임 윤영순 과장에 이어 고용부 최초로 여성 공무원이 연속으로 감사담당관에 임용되는 기록을 만들어 내기도 했다. 지난 2년 7월 간 감사담당관으로 근무하던 윤영순 과장은 외국인력 분야 전문성을 살려 외국인력정책과장에 임명됐다.

이 장관은 지난해 5월 취임 이후 일 잘하는 고용부를 만들기 강조한 능력, 역량 중심의 인사원칙을 이번에 적용했다. 학벌이나 성별보다 능력과 실적에 따라 인사를 한 것이다. 이 같은 기조는 고위공무원단 인사에서도 나타났다. 국장급 가운데도 김경선(대변인) 국장과 하미용(국내훈련) 국장 등 2명의 여성 공무원이 있다.

이채필 장관은 "올해 핵심 국정과제인 국민이 체감하는 공생 일자리 창출 목표를 효과적으로 달성하기 위해 고시기수나 성별, 학벌에 관계없이 역량과 실적에 따른 직무 중심의 인사를 시행하고 있다"라며 "이번에 유능한 여성공무원들을 정책 일선에 배치한 것은 이들이 모두 부 내에서 외유내강형으로 평가받으면서, 현장감과 정책개발 및 업무추진 능력 등 삼박자를 두루 갖췄기 때문이다"라고 말했다.

11
우문현답(愚問賢答)
: (우)리의 (문)제는 (현)장에 (답)이 있다

가. '우문현답', '일취월장' 주문

2012년 1월 9일 경기도 수원에 소재한 경기중소기업지원센터에서 열린 '2012년 고용동향·일자리 현장점검 및 전국 기관장 회의'에서 "승진·전보 시 국민과 마주하면서 일과 실력으로 승부하는 직원을 최우선 고려하겠다. 실력 있고 청렴한 직원이 발탁되는 관행을 만들어 가겠다"라는 장관의 인사 방침을 분명하게 밝혔다.

이날 회의에 참석한 전국 기관장들에게 "국정의 목표는 첫째도, 둘째도 일자리"라면서, "올해 국민과 함께 공생 일자리 생태계를 만드는 데 최선을 다해 달라"라고 당부했다. 이어서 "경제 불확실성과 고용불안 조짐에 맞서 현장의 일자리를 지키고 근로자와 경영자, 구직자의 어려움을 푸는데 최우선을 두겠다"라며 "열린 노동시장을 확산하고 장시간 근로개선 등을 통해 생산성 제고와 일자리 창출, 근로 생활의 질 향상으로 이어지는 선순환 궤도를 구축하겠다"라고 덧붙였다.

그러면서 올해(2012년) '일 질하는 고용노동부'를 만들기 위한 4대 원칙으로 △현장 △열정 △청렴 △실력 등을 제시했다.

또한 이날 기관장들에게 각각 '우문현답(愚問賢答)'과 '일취월장(日就月將)'이 각각 새겨진 볼펜과 봉투 칼을 선물하면서 치열하게 일하기를 주문했다. "우문현답(愚問賢答)이란 어리석은 질문에도 현명하게 답한다는 사자성어 원래의 의미에다 '(우)리의 (문)제는 (현)장에 (답)이 있다'는 각오를 더한 것"이라며 "볼펜에 이를 새긴 것은 어디에서든 현장의 일자리를 위한 고용노동 정책을 써 내려가기 위한 출발점"으로 삼자고 당부했다.

아울러 "일취월장(日就月將)에도 나날이 새롭게 발전한다는 원래의 의미 외에 '(일)자리와 (취)업의 어려움을 (월)담하여 국민과 함께 (장)벽을 넘겠다'라는 의지를 담은 것"이라며 "봉투 칼에 이를 새긴 것은 실력을 갖춘 직원 누구에게나 승진의 기회를 열어 놓고, 부정의 유혹은 칼같이 잘라내는 청렴을 실천해 달라는 의미"라고 강조했다. 이날 고용노동부 기관장 회의에서 우문현답과 일취월장을 밝힌 이후 매월 1회 대통령이 주재하는 청와대(세종실) 국무회의에서 「우문현답 보고 회의」를 열어 부처별 추진계획과 진전 상황을 공유하였다. 현장 가까이에서 애로사항을 파악하고 신속·정확하게 해결 방법을 찾는 분위기 형성에 도움이 되었다.

2012년 우문현답 Day 주요 현장 방문

1.18. 자영업자 고용보험 1호 가입사업장 방문
2.23. 특성화고 현장 교원 직무연수 방문
3.8. 장시간 근로 개선 사업장 ㈜진유원 방문
4.5. 대구산재병원 방문
5.1. 근로자의 날 기념 장안동 자수공장 방문
6.25. 삼성중공업 현장 방문 및 조선업체 노사정 간담회
7.10. 자영업자 고용보험 1만 번째 가입사업장 방문
8.1. 사회적 기업 복합문화공간 개소식
9.6. 열린 고용 실천기업 ㈜펜택 김포사업장

2012년 8월 1일 서울 동작구 사당동 사회적기업 복합공간 '스토어 36.5' 1호점 오픈식에서 이채필 고용노동부 장관(오른쪽)과 정몽준 새누리당 의원을 비롯한 참석자들이 전시된 제품을 둘러보고 있다.

10.10. 새벽 건설인력시장 방문

11.20. 현대백화점 기업대학 출범기념식

12.4. 기능한국인 수기집 발간회

⇒ 현장의 영웅에게서 미래의 희망을 찾다

우문현답은 '우리의 문제는 현장에 답이 있다'라는 뜻이지만, 원래 우문현답(愚問賢答)이라는 고사성어에서 차용해 고용노동부에서 맨 처음 사용한 것이다. 이후 우리 부처의 '우문현답' 행정이 청와대에서 공유하면서 다른 부처와 전국 공공기관, 민간 주요 인사들에게 널리 퍼지는 계기게 되었다.

그런데 이 조어(造語) 사용을 처음 제안한 직원은 박종필 기획예산담당관(나중에 고용노동부 기획조정실장 역임)으로, 그의 재치 덕분에 많은 사람들이 공감을 이뤘다. 저작권은 좋은 작명을 한 그에게 있음을 밝힌다.

우문현답 Day 이채필이 만난 사람들 자료 (2012년)

우문현답 Day 현장 방문 활동 CD (2012년)

2012년 9월 21일 서울 동대문구 휘경동 경희대학교에서 열린 소셜 벤처 경연대회를 방문한 이채필 고용노동부 장관이 격려사를 하는 모습(왼쪽)과 '2012 소셜벤처 전국경연대회'에서 수상한 사람들과 함께 포즈를 취하고 있다(오른쪽).

청와대 세종실(국무회의장) 앞에서 이명박 대통령과 대화하고 있는 필자
(왼쪽부터, 이를 지켜보는 최광식 문화체육관광부 장관, 이 대통령 그리고 필자)

국무회의에 앞서 이명박 대통령과 국무위원들이 환담하고 있는 모습
(왼쪽부터 맹형규 행정안전부 장관, 유영숙 환경부 장관, 이 대통령, 최광식 문화체육관광부 장관 그리고 필자)

나. '인사라인 승진 없다', 우대 근평 폐지

전보 인사를 하게 되면 직원들이 선호하는 부서가 있다. 예전에 그렇게 손꼽히는 대표적인 곳이 대통령비서실(청와대), 장관 비서실, 총무과를 일컬어 공직 사회에서 흔히 '청·비·총'이라 불렸다.

대통령비서실 전입자의 경우 청와대 자체 정원에서 승진을 시켜 부처에 돌려보내고 다시 후임자를 데려오니 승진이 빠르고(다만, 파견자는 원소속 부처에서 인사관리를 하므로 사정이 다름), 장관 비서실이나 총무과에 근무하면 근무성적평정에서 우대 근평을 받는 등 눈에 보이지 않는 혜택을 받아 승진에 유리하니 인기부서가 되어 왔다.

또한 본부 실·국의 주무과에 근무하는 직원들은 자신이 밀릴까 봐 자신보다 고참 직원은 진입하지 못하게 아예 막는 경향이 있었다. 해당 부서에 먼저 진입한 선임 직원들의 근평이나 승진에 불이익이 생길 여지를 미리 차단하다 보니, 업무능력이 아무리 탁월해도 진입하지 못하고 연차가 낮은 후배만 유입되는 이상한 관행이 형성되었다.

게다가 예전에 정치인 출신 어느 장관은 장관실에 자신의 비서로 근무한 직원 대부분을 조기 승진을 시키고 희망부서 배치 등 무리한 인사와 특혜를 주는 것을 본 적이 있다. 이런 자의적인 인사는 특정인에게만 환호받았을 뿐 묵묵히 열심히 일한 다수의 직원에게는 상대적 박탈감만 안겨준 사례였다.

2012년 1월 9일 전국 기관장 회의를 열고 다음과 같이 장관으로서 입장을 밝혔다.
첫째, 앞으로 '인사라인은 승진 없다'라는 인사 방침을 대내외적으로 천명했다. 즉, 인사업무를 보좌하는 인사 부서에 근무하는 직원은 그 부서 재임 중에는 승진시키지 않겠다고 한 것이다. 승진하려면 다른 정책 부서나 일선기관에 가서 진짜 자신의 실력을 발휘하고 업무로서 실력을 인정받으라는 뜻이었다.

둘째, 인사 부서나 주무과 등 주요 부서에 근무하고 있다는 것 자체만으로 근평 시 우대 가점을 받는 관행도 폐지했다. 이유는 소속한 곳이 어느 부서가 되었든 해당 부서에서 고유 업무를 잘하면 되기 때문이다. 모든 부서는 나름의 중요한 미션이 있기에 존재하므로, 우수 인재들이 여러 부서에 골고루 배치되어 역량을 발휘함으로써 조직의 성과를 향상시킬 수 있다.

셋째, 각 실·국의 직제상 제1과(주무과)에 공석이 생기면 실·국내의 제2과나 제3과 등에 있던 직원이 제1과로 옮겨가기를 원하는 경우가 있어서 도미노처럼 불필요한 연쇄 이동과 잦은 전보 인사로 업무의 연속성과 전문성이 저하된다. 이에 전보 인사 시 선임 부서에 대한 우대 조치를 없앴다.

해당 부서장이나 실·국장이 성과와 능력보다 직원의 근평이나 인사관리를 온정적으로 하는 일이 반복되어 잘못된 관행이 형성되어 왔다. 특히 '원만하게 지내는 게 좋다'라는 식의 리더를 양산하는 조직일수록 더욱 그랬다. 으뜸 고객인 국민에 대한 서비스보다 내부 직원의 배려를 우선시하는 행정이 과연 국민을 위한 행정이 맞는가? 주객이 전도되어서는 안 된다고 보았다.

필자가 장·차관으로 있는 동안에는 이런 식의 우대 인사나 특혜가 없었다. 온정적인 인사 운영(우대 근평이나 연공 위주 승진)에서 탈피하고자 한 것은 주무과를 비롯한 선호부서 근무나 고참 직원이 아니라도 각 실·국이나 일선기관에서 묵묵히 현안과 고유 업무에 매진하여 성과를 내면 그에 상응하는 평가가 상시화되는 부처가 되도록 하기 위함이었다. 개인적인 친소 관계나 사적인 인연보다 공적 지향점과 성과를 중시하는 시그널이 필요했기 때문이었다.

그런데 결과적으로 장관실 근무로 인해 사실상 불이익을 본 사례가 생겼다.

장관 수행비서는 아침 일찍부터 저녁 늦게까지 장관의 일정에 따라 수행해야 하고 많은 일정을 뒷받침하느라 힘들어서 통상 6개월 정도 봉사하면 희망하는 부서로 가거나 승진이 되곤 했는데, 이 모 사무관은 2년 가까이 나한테 붙들려서 일했지만 아무런 혜택을 받지 않았다.

그는 정말 필요한 역할을 충실하게 잘 해낸 성실한 직원이었다. 하지만 장관이 '인사라인 승진 없다'라고 천명한 만큼 이를 솔선수범하다 보니 그렇게 되었다.

이것은 우리 부처 인사의 공정성을 기하려는 마음이 앞선 결과였고 개인적으로 그에게 참 미안하게 생각한다. 이 또한 공직자의 선공후사(先公後私)였다.

한편으로는 블로거와 언론에는 다음과 같이 평하는 기사도 있었다.

☆ 한 블로거가 자신의 블로그에 'MB정부에선 장관이 이채필 고용노동부 장관뿐이냐?'라는 글을 올려, "무생물 장관이 판치는 가운데 유일하게 존재하는 생명체 장관"(평범한 가정주부)

☆ "요즘 주변에서 '이 장관 취임 후 고용부가 국정 핵심 부처로 떠올랐다'라는 덕담을 많이 들었는데 실감이 났다." (고용노동부 A 국장)

☆ "지난해 여름 한진중공업 사태로 온 나라가 시끄러울 때 이 장관이 '노사가 알아서 해결하라'라는 메시지를 던지며 국회의 포퓰리즘에 맞선 모습이 일반 국민들에게 좋게 남겨졌는데, 평소 에너지 넘치게 일하는 모습이 국민들에게 좋게 비쳐진 것 같다." (고용노동부 A 국장)

☆ 고용부 B 과장은 "주변 사람들은 정권 말이라 일이 없을 거라고 하는데, 요즘 정권 초보다 오히려 더 바쁘다"라며 "매일 야근을 해도 모자라 주말까지 출근할 지경이다." (고용노동부 B 과장)

☆ 이 장관은 관가의 화제 : 청와대를 비롯해 정부 사이드에서 "이 장관은 성과를 바로바로 내는 장관"이라는 평가를 받는다. (언론의 평가)

☆ 이 장관에게서 나온 정책이 말 그대로 '빵빵' 터지고 있다. (언론의 평가)

〈참고〉 '필'받은 이채필 장관… '일복' 터진 직원들, 머니투데이, 2012.2.14.

'필'받은 이채필 장관… '일복' 터진 직원들
[관가(官家) 엿보기] 열린 고용 · 근로시간 단축 등 정책에 이명박 대통령 힘 실어줘

고용노동부 A 국장은 최근 고용부 관련 기사를 검색하다 흥미로운 글을 발견했다. 한 블로거가 자신의 블로그에 'MB정부에선 장관이 이채필 고용노동부 장관뿐이냐?'라는 글을 올린 것.

A 국장은 일반 시민 블로그에 고용부 장관 관련 글이 있다는 게 무엇보다 신기했다. 기획재정부나 지식경제부 등 다른 경제부처 장관보다 국민에게 노출될 기회가 적어서다.

평소 고용부의 정책이 외부에선 어떻게 평가받는지 궁금했던 이 국장은 글을 읽어보고 놀랐다. "무생물 장관이 판치는 가운데 유일하게 존재하는 생명체 장관"이라

고 이 장관을 극찬했기 때문이다. 그는 혹시 글쓴이가 고용부 직원이 아닐까 하고 작성자에 대한 정보를 찾아봤다. 평범한 가정주부였다.

A 국장은 "요즘 주변에서 '이 장관 취임 후 고용부가 국정 핵심 부처로 떠올랐다'라는 덕담을 많이 들었는데 실감이 났다"라고 말했다.

지난해 5월 이 장관 취임 후 △복수노조 시행 △열린 고용사회 구현 △비정규직 대책 △근로시간 줄이기 △휴일근무 연장근로 포함 등 내놓는 정책마다 모두 차질 없이 시행에 들어갔다. 특히 이들 정책은 이명박 대통령이 국무회의를 비롯해 기회가 있을 때마다 힘을 실어줘 주요 국정과제로 정해졌다.

A 국장은 "지난해 여름 한진중공업 사태로 온 나라가 시끄러울 때 이 장관이 '노사가 알아서 해결하라'는 메시지를 던지며 국회의 포퓰리즘에 맞선 모습이 일반 국민들에게 좋게 남겨졌는데, 평소 에너지 넘치게 일하는 모습이 국민들에게 좋게 비춰진 것 같다"라고 말했다.

이 장관이 관가에서 화제다. 청와대를 비롯해 정부 사이드에서 "성과를 바로바로 내는 장관"이란 평가가 나오고 있어서다. 그래서인지 다른 부처 정책보다 우선순위로 주목받는 사례가 잇따르고 있다. 지난해 말부터 이뤄진 대통령 업무보고도 고용부가 재정부, 지경부를 제치고 1순위로 했다.

고용부 안팎에선 이채필 장관이 자신의 이름에 있는 단어처럼 '필(Feel)' 받았단 얘기가 나온다. 이 장관에게서 나온 정책이 필 그대로 '빵빵' 터지고 있기 때문이다.

이 장관 스스로도 이런 평가를 인정했다. 그는 최근 사석에서 기자와 만나 "일자리가 시대적 화두라서 그런지 정책적으로 고용부가 다른 부처를 리드하는 게 많다"라며 "국민들에게 좋은 일자리를 하나라도 더 만들어 주기 위해 최선을 다하고 있는 모습이 좋게 비쳐진 것 같다"라고 강조했다. 그는 "지금 이 순간에도 일자리가 없어 고생하는 국민들을 위해 밤낮없이 뛰어다니는 우리 고용부 직원들에게 고맙다"라고 말했다.

하지만 정작 장관이 칭찬한 직원들은 시쳇말로 '죽을 맛'이다. 이 장관이 오고 나서 업무량이 대폭 늘어서다. 고용노동 분야에서만 30년 일한 이 장관의 기준에 맞추려면 '적당히' 해선 욕먹기 십상이다. 장관에게 직접 올라가는 서류는 최소 5번 검토는 기본이다. 일선 부서에선 "국민들의 근로시간을 줄여주려다가 우리 근로시간이 늘어난 것 같다"라는 말이 나올 정도다.

고용부 B 과장은 "주변 사람들은 정권 말이라 일이 없을 거라고 하는데, 요즘 정권 초보다 오히려 더 바쁘다"라며 "매일 야근을 해도 모자라 주말까지 출근할 지경이다"라고 귀띔했다. (머니투데이 정진우 기자 | 입력 2012.2.14.)

〈참고〉 임기말 '뚝심의 장관' 4인, 머니투데이, 2012.10.3.

머니투데이 2012년 10월 03일 수요일
004면 종합

박재완 장관   서규용 장관   홍석우 장관   이채필 장관

"설렁설렁 끝내지 않을것"
임기말 '뚝심의 장관' 4인

"어차피 장관 한번 하지, 두 번 하겠느냐. 훗일에 국가를 위해 열심히 일했다는 게 가문의 영광이 되지 않겠느냐?" 홍석우 지식경제부 장관은 지난 7월 18일 제주 서귀포시 롯데호텔에서 대한상의 주최로 열린 제37회 제주하계포럼 특강 후 가진 일문일답에서 이렇게 목소리를 높였다. 그는 "이번 정부는 대통령을 비롯한 각료들이 남은 6개월을 그냥 정치권 분위기에 맞추고 슬슬 시간 보내며, 마치는 일은 없을 것"이라고 결기를 다쳤다. 실제로 홍 장관은 공석·사석을 가리지 않고 현 정부의 국정과제와 지경부의 현안들을 설명하고 홍보하기에 여념이 없다.

임기 말 대통령에게 이렇게 열심히 하는 장관들 만큼 고마운 존재는 없다. 청와대의 힘이 빠질수록 정치 바람을 비교적 덜 타는 장관들의 역할이 더 중요해지기 때문이다.

현 정부 인사들은 총리, 장관 등 국무위원들 가운데 가장 잘된 인선을 꼽으려면 주저 없이 김황식 국무총리를 꼽는다. 김 총리는 사실 이명박 대통령이 원했던 1순위 후보는 아니었다. 김태호 국무총리 후보자가 낙마하면서 대안으로 급작스럽게 임명됐기 때문이다. 하지만 전화위복이 됐다. 김 총리는 외유내강형 리더십으로 잡음없이 국정을 다잡았다. 청와대 관계자는 "이해력과 순발력이 뛰어나고 모든 보고서를 꼼꼼히 볼 정도로 성실하다"며 "앞으로도 이만한 사람은 찾기 어려울 것"이라고 말했다.

대표적 이론가 중 한명인 박재완 기획재정부 장관도 임기 말 이 대통령의 든든한 방패가 되고 있다. 현 정부 출범 때부터 2년6개월 동안 정무수석과 국정기획수석으로 일하며 청와대를 든든히 지켰다. 4대강사업, 세종시 수정안 추진 등 현 정부가 역점을 뒀던 국정과제들이 그의 손길에서 조율됐다. 2010년 8월부터는 고용노동부 장관을 지내며 타임오프제와 복수노조 도입 등 정부의 노사관계 선진화 방안을 뚝심있게 끌고 갔다. 경제파트의 선임인 재정부 장관에 임명되고서는 여야의 경쟁적인 복지 포퓰리즘에 맞서는 '전사' 역을 마다하지 않고 있다. 국민들에게 선심성정책의 심각성을 일깨우는데 상당한 기여를 했다는 평가다. 대통령선거를 앞두고 추가적인 선심공약들이 계속될 전망이어서 박 장관의 어깨는 더욱 무겁다.

최우선 국정과제인 일자리 창출의 주무부서인 고용노동부 이채필 장관도 누구보다 열심히 뛰고 있다. 지난해 5월 취임 후 △복수노조 시행 △비정규직 대책 △근로시간 줄이기 △휴일근무 연장근로 포함 등 내놓는 정책마다 차질 없이 시행에 옮기는 뚝심을 보였다. 일자리를 강조하는 이 대통령도 국무회의를 비롯해 기회가 있을 때마다 이 장관에게 힘을 실어주고 있다는 전언이다.

서규용 농림수산부 장관도 소신있는 장관의 면모를 보여주고 있다. 지난 4월 미국 캘리포니아의 한 목장에서 광우병 소가 나왔다는 소식에 전해졌을 때 여론의 집중포화 속에서 '검역 중단'이나 '수입 중단'이 아닌 '검역 강화'를 밀어붙인 게 그다. 발병의 형태, 미국 쇠고기의 안전, 그리고 한·미 무역마찰까지 종합적으로 고려해 내린 결론이었다. 지난 1월 초 소값 폭락으로 축산농민들이 정부 수매를 요구하며 소를 끌고 서울로 올라오려 했을 때도 "자리를 걸고 부당한 요구는 받아들일 수 없다"고 선언하기도 했다.

진상현 기자 jjsa@

12
잦은 공무원 순환 전보 문제
: 국장급 공무원 교육 제도 고쳐야

　일반직 공무원들은 정기 또는 수시로 바뀌는 전보 인사가 있다. 그렇다 보니 외부에서는 담당 공무원을 알만하면 보직자가 교체되기를 반복하는 등 업무의 일관성과 전문성이 저하되는 사례가 많다.

　이처럼 공무원의 잦은 전보인사를 초래하는 원인은 현재와 같은 방식의 국장급 교육 제도를 장기간 운영해 온 탓이 가장 큰 비중을 차지한다.
　중앙부처의 국장급 공무원(고위공무원)이 되려면 최소 20년 이상 걸리기 때문에 에너지가 고갈되는 등 재충전이 필요할 때가 있다. 또한 여러 부처의 국장들이 교육을 함께 받으면서 자연스럽게 인적 네크워크가 형성되어 부처 간 업무 협조가 원활해지는 측면도 있다.

　그러나 국장급 공무원을 대상으로 1년마다 교육과정 운영을 반복하다 보니 부처별로 2~3명씩 참여하는 국장급 교육생을 매년 교체하고 재배치하는 과정에서 부처마다 국장급 다수를 포함하여 3급 부이사관, 4급 과장, 4.5급 정책서기관, 5급 사무관, 6~9급 주무관 승진과 전보 인사 등 도미노처럼 연결되어 연쇄적인 순환 전보 인사가 매년 반복되고 있다.

　말하자면 한두 명의 고위공무원 교육 운영에 따른 7배 이상의 승수효과에 조직문화까지 퇴행시키는 문제가 있다. 눈사람이 처음엔 조그맣게 시작해도 굴릴수록 커지는 것과 같은 이치다.

인사관계 법령상 1년 과정 교육은 기존의 국장 외에 별도 정원(T/O)이 인정되기 때문에 그만큼 부처의 국장급 인사상 '운영 정원'이 늘어나는 효과가 있다.

그 결과 당사자는 교육을 받아서 좋고, 해당 부처는 국장급 운영 정원이 늘어나 조직의 인사 관리상 숨통이 트이니 예산·인사 등 소위 힘센 부처일수록 1년 이상 기간의 교육 인원뿐만 아니라 각종 국외연수, 지방자치단체 부단체장 전출, 해외 주재관 파견, 국제기구 고용 휴직 등 별도 정원으로 인정되는 '인공위성' 자리가 자꾸 늘어난다. 그렇기 때문에 인사에 미치는 영향이 큰 국장급 교육 제도를 바꾸는 게 여간해선 쉽지 않다.

현행 국장급 교육은 교육 자체보다 조직의 인사관리 측면에 미치는 영향이 커 본말이 전도된 결과를 초래하였다. 어쨌든 교육의 취지가 전도되지 않도록 하는 것이 중요하다.

따라서 전문성 축적에 도움이 되는 인사체계를 구축하고 일하는 방식을 획기적으로 개선하는 방향으로 현행 교육과정의 운영 방법과 기간을 개편할 필요가 있다. 예컨대 ① 업무를 전폐하고 장기간 집체 위주의 국장급 교육 대신에, 일하면서 교육도 받는 온-오프라인 결합 방식으로 교육 방법을 바꾸고, ② 교육 기간도 별도 운영 정원으로 인정되지 않도록 6개월 이내로 줄여야 한다. 참고로 미국의 고위공무원 교육 방식도 일하면서 교육받는 방법으로 진행 중이다.

13

공공기관 임원 임용과 위선적 공모제
: 누구를 위하여 종은 울리나?

정부 산하 공공기관장과 임원에 대한 공모제는 공정하고 투명한 절차를 거쳐 적임자를 임용하기 위해 도입된 제도이다. 주요 내용은 공공기관장 등의 임용 자격요건을 정하고 공개 모집과 소정의 전형 절차를 거쳐 진행하는 임원추천위원회 구성·운영 등에 관한 사항을 마련하였다.

즉, 해당 직무수행에 요구되는 요건을 구체적으로 정하고 국민의 참여를 바탕으로 적합한 인재를 발탁하여 후보자의 적격성을 객관적으로 평가하여 성과 관리와 책임성을 확보하려는 취지였다.

공공기관장 공모제의 연혁은 정부 부처나 청와대에서 일방적으로 낙점하는 '임명제'의 폐단을 없애고 '공기업' 경영을 혁신하기 위해 김대중 정부 시절 기획예산처에서 처음 도입(1999년)하였고, 노무현 정부에서 중앙인사위원회 주관으로 낙하산 인사를 배제하고 외부의 유능한 인재를 영입하기 위한 취지로 '정부 산하 공공기관'으로 확대 적용하였다.

이후 이명박 정부에서 행정안전부로 소관이 이관(2008년)되었다가, 공공기관 운영에 관한 법률(공공기관 운영법)이 개정(2009년)되면서 기획재정부에 '공공기관운영위원회'가 설치되어 공공기관별 임원추천위원회(임추위)에서 임원 선출과 관련한 업무를 맡도록 했다. 즉, 임추위가 기관장 등 공공기관 임원 후보자를 공개 모집하고 후보자를 추천하면 주무 기관장이나 대통령이 임명하는 방식이다.

가. 공공(公共)기관 : 이름뿐인 껍데기 '공공(公空)기관'?

우리나라에는 2025년 3월 말 기준으로 중앙부처 산하에 331개의 공공기관에 42만 6천여 명의 임직원이 종사하고 있다. 그중 상임 임원은 831명에 달한다. 그 외에도 지방자치단체 산하 1,268개의 지방 공공기관이 있는데 그 특징은 비슷하다.

한편, 산하 공공기관 임원 자리는 정부의 대표적인 논공행상(論功行賞) 자리로 꼽힌다. 대선 캠프 출신이나 여당 인사 등 정권 창출에 공을 세운 인물에게 포상으로 돌아가는 자리로 활용되는 경우가 많다.

공모제가 인사의 투명성을 높이고 널리 유능한 인재를 초빙하기 위한 인사개혁의 핵심으로 출발했으나, 공모 공고가 시작되면 내정 소문이 나 정작 유능한 인물은 들러리 서는 게 싫어 응모 자체를 기피하기도 한다.

문재인 정부 초기 공공기관장을 지낸 한 인사가 특정 정부 부처에서 임기가 남은 기관장들에게 우회적으로 사퇴를 종용했다는 언론 보도가 있었고, '환경부 블랙리스트' 사건으로 법정 구속된 김 모 환경부 장관도 법정에서 "전 정권에도 있었던 관행"이라고 공공연히 말할 정도였다.

김 장관 판결문에도 청와대와 환경부가 점찍은 인사에게 높은 점수를 주도록 임추위 위원인 환경부 실·국장에게 지시한 혐의가 적시됐다. 정권과 국정운영 철학을 같이하지 않는 인사를 내치는 '블랙리스트' 못지않게 코드인사를 가능케 하는 '화이트리스트'가 작동하는 문제도 심각했다.

공공기관 임원 공모제가 본격 시행된 이후 문화계 블랙리스트 파문을 겪고도 유사한 문제가 반복되니 정치권력에 대한 국민적 신뢰 회복은 쉽지 않을 듯하다.

"이 사람을 뽑아야 한다"라는 청와대(대통령비서실)의 메시지가 내려오면 임추위가 있어도 청와대 주문대로 이뤄질 수밖에 없는 상황이 되면서 낙하산 인사로 인사의 공정성이 무너지고 만다. 특히 적폐 청산을 제1호 국정과제로 내세운 정부에서 코드인사 관행을 대수롭지 않게 생각했다는 것은 의외였다.

현행 공공기관 운영법에는 임추위 구성과 운영, 공모직 선발 과정에서 비위(非違) 행위가 발생할 경우 처벌할 수 있는 별도 규정이 결여되어 있다. 따라서 윗선에서 부적절한 임원 임명을 강요해도 제동을 걸 수 있는 규정이 없다 보니 공공기관 임원이 직원 채용 과정에서 비위를 저지를 경우 수사 또는 감사를 의뢰한 뒤 그 결과에 따라 해임할 수 있도록 규정했을 뿐이다. 이것이 '제2의 환경부 사태'에 대한 우려가 계속되는 이유다. 이러한 맹점을 보완하기 위한 입법적 시도가 있었으나 아직 결실을 맺지 못한 상황이다.

나. 공모제, 명실상부한 실행 의지 없으면 중단해야

정부 산하 공공기관장을 임명제에서 공모제로 바꿀 당시의 명분은 전문성 없는 인사가 낙하산을 타고 내려오는 폐단을 시정하기 위한 것이었다. 그러나 형식은 공모제였지만 일부 예외는 있어도 실질은 코드에 맞는 사람을 낙하산 인사로 앉히기 위해 단지 공모라는 모양새로 포장(包藏)한 경우가 많았다.

정실 인사를 배제하고 공정하고 투명한 인사를 하겠다고 도입한 공모제가 허울만 남아서는 안 된다. 국가경쟁력 제고를 위해 정부 산하 공공기관과 공기업 경영의 효율화가 시급한 과제이기에 낙하산 인사의 눈속임용으로 공모제가 악용돼선 안 된다.

공공기관을 전국 혁신도시로 이전하면서 해당 지역의 정치인들이 낙하산으로 진출하는 교두보가 되거나 공공기관 임원 인사에 엽관주의적 특성이 더욱 강화되는 양상이 나타나기도 한다. 자질과 능력, 전문성을 기준으로 하는 적재적소 인사시스템을 확립하여 명실상부한 공모제가 되어야 한다.

하지만 정부 당국이 코드에 맞는 사람을 사전에 내정하거나 낙점하고 다른 후보를 들러리 서게 한다든지 그것도 잘 안되면 재공모하는 등 임원추천위원회 절차를 무력화하는 등 공모제의 탈을 쓰고 위선(僞善)을 부리려 한다면 차라리 공모제를 중단함이 마땅하다.

공공기관 임원에 대한 공모 절차를 금지할 필요는 없지만 생략할 수 있게 할 필요가 있다. 이것은 마치 대통령이 장관을 임명할 때 공모를 거치지 않는 이치와 같다. 왜냐하면 설령 공모한다고 해도 그 직무에 가장 적합한 인물이 지원하는 것도 아니다. 이러한 사정에서 볼 때 공공기관 임원에 대한 공모 절차는 사실상 불필요한 요식행위로 행정력을 낭비하는 경우가 많다. 말하자면 현재의 공공기관장 임명제도는 상당수가 무늬만 공모제로서 책임 소재만 희석하고 있을 뿐이다.

다. 공공기관장 임기제 보완

공모제를 명분상 허울로 내세운 채 이런 사정도 모르는 선량한 지원자에게 '희망 고문'만 안기거나 임원추천위원회 위원을 괜한 허수아비로 만들지 않기를 바란다.

자칫하면 공공기관 경영평가 항목(정성적 평가)에 정치적 목적이나 충성도 지표가 들어가지 않을까 우려되기도 한다. 왜냐하면 공공기관 경영평가 결과 2년 연속 D(미흡)등급을 받거나 E(아주 미흡)등급을 받으면 즉시 해임 대상이 되기 때문에 이를 편법으로 활용할 수도 있다.

어려운 여건에서 대대적인 공공기관의 혁신을 이루었거나 아주 훌륭한 성과평가를 받는 기관장의 경우 임기를 당초 3년에다 +1년 연장에만 그치지 말고, 아예 임기를 다시 연장(+3년)해 주는 것이 바람직하다.

그러나 공모제의 취지를 충분히 살리지 못한다면 전면 재검토가 필요하다.
만약 허울뿐인 공모제로 운영된다면 임명권자의 권한과 책임 아래 적합한 인물을 기용하고 거둔 성과에 따라 국정운영 평가를 받도록 제도와 운영을 개선할 필요가 있다.

임명권자의 인사 철학이 고스란히 반영될 수 있도록 하는 방안은 두 가지가 있다. 하나는 현행 임기 규정을 삭제하여 임명권자의 인사 철학이 고스란히 반영될 수 있도록 하는 것이다. 즉, 새 술은 새 부대에 담을 수 있게 하는 방안이다.
또 다른 방안은 임기제는 그대로 두되, 정권 교체 시에는 재신임을 받도록 하는 단서 규정을 두어 재신임을 묻는 방법도 있다.

이처럼 형식적인 공공기관장 임기제는 재검토할 필요나 추진 방법은 있다.
그러나, 정치적 중립성을 보장하기 위한 준사법적 기관이나 합의제 기관은 그 성격이 전혀 다르다.

공공(公共)기관이 이름뿐인 껍데기 '공공(公空)기관'으로 전락하지 않도록 하려면, 그리고 진정으로 국민 무서운 줄 안다면 해답은 저절로 나온다.
공모제, 과연 누구를 위하여 존재하는가?

〈참고〉 공공기관의 '(경)영(평)가를 위한' 경영평가 관행 문제

2007년 4월 이후 기획재정부에서 매년 공공기관에 대하여 현재와 같은 경영평가를 시행하고 그 결과에 따라 6가지의 등급(S : 탁월, A : 우수, B : 양호, C : 보통, D : 미흡, E : 아주 미흡)을 매겨 기관장의 인사와 임직원의 성과급에도 반영하고 있다.

그런데 경영평가의 기준이 정권마다 바뀌고 정치적인 고려를 합리화하기 위하여 평가 기준을 심지어 연도 중에 변경하여 소급 평가하기도 하니 해당 기관에서는 이러한 고무줄 평가 결과를 내심 승복하기 어려운 상황에 직면하기도 한다.

경영평가 본래의 취지는 해당 공공기관이 존재하는 이유이자 본연의 목적(미션) 사업에 주력하도록 하기 위함이다. 그러나 현실은 그렇지 않다.

당연히 해당 기관의 고유한 목적사업 수행과 경영 효율화, 재정 건전성, 노사관계의 합리적 운영이 그 기관의 경쟁력이므로 핵심이 되어야 함에도 부수적 지표에 따른 평가 결과 차이(변별력)로 국민이 진정으로 바라는 경영평가가 되기 어렵다.

한 예로 '사회적 기여' 내지 '사회적 가치 구현'(평가점수 총점 100점 중 최대 25점 차지 : 일자리 창출, 균등한 기회와 사회통합, 안전 및 환경, 상생협력 및 지역발전, 윤리경영 등)을 강조하여 관련 비중을 너무 높게 부여하거나 주관적인 요소가 많아 변별력도 여기서 생긴다. 그러니 공공기관 경영진은 본질적 요소보다 부수적인 지표에 주력하여 이른바 '경영평가를 위한 경영'을 하게 된다.

공공기관은 좋은 평가를 받기 위하여 형식적인 평가지표에만 매달리는 등 본말이 전도된 지 오래다. 가장 유능한 직원이 고유한 목적사업에 배치되어

이에 매진하기보다는 1년 내내 경영평가 준비에만 매달리는 경우가 만연하다고 한다.

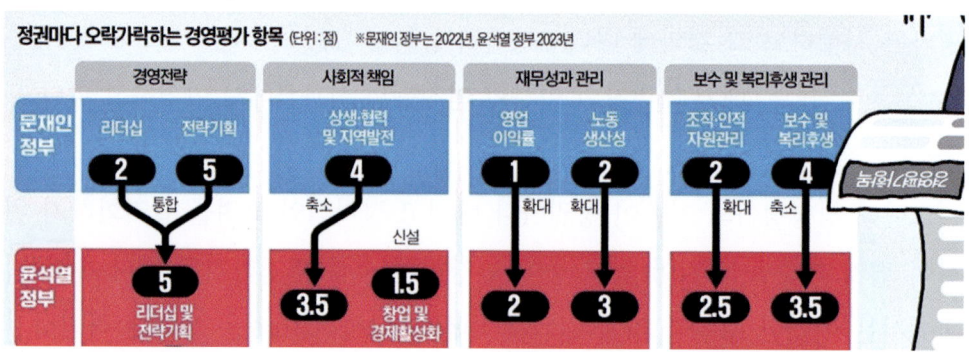

게다가 어렵게 기관의 혁신을 이루거나 훌륭한 성과 평가를 받는 기관장이라도 임기는 당초 3년 +1년 연장에 불과하다. 그러니 동기부여 요인으로 작용하기에는 아주 미미한 수준이다. 결국 임기 동안 노조와 '좋은 게 좋다'는 식으로 원칙 없이 담합하며 무난하게 임기나 채우려는 유혹에 빠지도록 하기 쉽다.

경영평가보다 '지도·감독'이 우선돼야

평소에 작은 문제를 고치지 않고 더 크게 악화시켜 해결할 기회를 영영 놓치거나 실기하는 어리석은 결과를 만들 수 있다. 문제가 켜켜이 쌓이고 누적되면 결국 또다시 공공기관 개혁이란 칼을 빼야 하는 상황에 직면할 수밖에 없다.

주인 없는 공공기관에 대한 획일적인 경영평가에 앞서 정부의 지도·감독이 우선돼야 한다. 공공기관이 설립 배경이나 취지에 맞게 목적사업이나 본연의 서비스 제공이 충실한지, 국민을 위한 공단에서 이탈하지 않고 노사 간의 조직 이기주의적 행태나 담합이 발생하지 않도록 하려면 주무 부처의 '지도·감독'이 효과적이다.

그런데 현실은 어떤가? 각 부처에서는 공공기관에 대한 갑(甲)질로 비칠까 봐 몸을 사리며 소임을 다하지 않으려는 경향이 만연한 상태이다. 기재부 역시 당연히 해야 할 산하 공공기관에 대한 고유한 임무(지도·감독)는 사실상 방치하면서, 모든 부처의 공기업과 준정부기관 등 공공기관을 대상으로 하는 경영평가 업무를 총괄하느라 에너지를 소진하고 있다. 이러니 기재부의 오지랖만 넓어 보인다.

경영평가에 긍정적 효과가 있긴 하지만 심각한 역기능을 빚고 있다면 적당히 땜질로 미봉할 것이 아니라 근본적인 재검토가 필요하다. 범정부적으로 이루어지는 경영평가가 본래 취지에 맞게 개선해야 한다.

14
친(親) 노동, 친(親) 경영, 친(親) 일자리 장관

가. 노사단체의 정부 의존적 경향

　필자가 노사관계 실무를 맡고 있던 시절의 노사단체는 상당히 정부 의존적이었다. 물론 약간의 차이는 있었다. 노동계는 경영계와 달리 투쟁하면서도 이와 병행하여 자신들이 유리하게 정부가 개입하도록 다양하게 요구하는 행태가 두드러졌다.

　민간 기업 노사가 대립과 투쟁을 벌일 때 노동계는 정부와 별도의 비공식 대화(노정 간담회 또는 노정 교섭 채널)를 요구하거나, 한쪽만 편들어 달라고 요구하는 사례가 많았다. 이는 지금도 여전하다.

　싸움판을 먼저 벌여놓고, 노사가 자율적으로 풀어야 할 노사관계를 '노-정' 간의 문제로 치환하여 정부에 기대어 자신들이 유리하도록 해달라는 뒷거래, 즉, '앞에서는 파업, 뒤로는 딜'을 주문했다.

　노동운동이 제자리에 서지 못하면 노동운동에 대한 국민적 불신으로 이어지고 궁극적으로는 조합원의 이탈이나 참여를 주저하게 된다. 노동운동과 정치운동의 '이상한' 결합은 상식의 눈으로 볼 때 좋아 보이지 않았다. 부적절한 행태들이 반복되지 않도록 하려면 노동운동가는 물론 정부, 여야 정당 역시 숙고해야 할 점이 여전히 많다.

한 예로 2013년 60세 이상으로의 정년 연장 입법 시 여야가 정치적 타협으로 호봉제가 많은 상황에서 임금체계 개편을 의무가 아닌 사실상 노력 조항으로 명시한 결과, 노동시장의 활력을 저하한 점을 부인하기 어렵다.

정부가 할 일은 바람직한 방향으로 가도록 사회적 분위기를 조성하고 필요한 지원과 장려책으로 고양시키는 것이다. 가령 최저임금 준수와 지급 의무를 비롯한 최소한의 사항 외에는 정부가 이래라저래라 할 수 있는 영역이 아니다.

이처럼 정책 방향은 정부나 국회의 의지로 설정하지만, 근로자에 대한 기업의 구체적인 임금체계는 해당 기업의 고유한 인사 노무에 관한 경영활동이며, 얼마를 줄 것이냐 하는 금액뿐만 아니라 합리적인 지급 제도 도입과 개선은 행위자인 기업의 몫이다.

사용자단체는 기업의 경쟁력 강화와 근로자의 삶의 질 개선을 위하여 회원사가 합리적인 사업장 임금체계, 노동시간 관리, 생산적인 노사관계 형성에 나서도록 실질적인 안내와 지원활동에 더 많은 비중을 두는 것이 바람직하다.

결국 많은 기업에서 직급과 근무연수에 따른 연공급(호봉제)에 익숙했고, 그때그때 산발적인 수당 신설 등 미봉책으로 대응했다. 근로자의 개인별 성과평가와 향상을 위한 동기부여 등 직무성과급 요소를 고려하기보다 상여금도 직급이나 연공에 따라 획일화하는 등 기업의 임금체계는 걸레보다 더 누더기로 통상임금의 범위를 복잡하게 하였다.

기업을 회원사로 하는 사용자단체(경제단체)는 노사 문제 해결에 스스로 발 벗고 나서서 서비스하기보다 정부의 법령과 정책 제도 개선에 의지하거나 안주하려는 경향이다. 변화하는 국내외 여건과 기업 특성에 맞는 합리적인 노무관리, 지속가능한 임금체계를 갖추도록 기업 스스로 HRM(인적자원 관리)을 강화하도록 해야 한다.

노사단체에 대한 바른말 쓴소리

노동단체는 물론 사용자단체에 대하여 정부에 의존하려는 행태나 뒷북을 치는 자세에서 벗어나 노사단체 본연의 역할에 충실할 것을 강조하지 않을 수 없었다. 깐깐하게 바른말로 지적하니 노동계는 물론 경영계도 부담스러워했다. 생각이 있는 분이나 실력 있는 전문가들은 나의 진의를 이해하는 편이었다.

하지만 그런 사람들은 많지 않았다. 일례로 매년 초 주무 부처 장관을 초청하여 당해 연도 정부의 정책 방향을 설명(특강) 하는 관행이 있는데, 필자가 장관으로 재임한 기간에는 아예 초청도 하지 않는 노사단체가 있었다. 노동계보다 노사 문제 전문 사용자단체에서 더욱 그랬다.

그 이유는 노사를 가리지 않고 평소에 할 말을 거침없이 하니 단체의 집행부로서 회원단체 참석자들 앞에서 그런 지적을 듣기 싫었기 때문이다. 대신 집행부 위주의 비공개 간담회 자리를 마련하여 비판적 지지(지적질)를 듣는 척하기는 했다.

노사정 당국자의 한 일원이던 나로서는 노사단체의 불합리한 자세에 대하여 언론을 통하는 등 다양한 방법으로 조언과 비판을 반복해야 했다. 왜냐하면 노사 모두에 애정이 있었기 때문이다. 그럴수록 노동단체나 사용자단체와 같은 이익단체에서는 내가 제기한 주장이나 행동을 금기시하거나 공적(公敵)으로 매도하기도 했다. 바른말이나 옳은 지적일수록 더욱 그랬다.

나. 고용노동 행정의 정체성을 찾아서 : 노동행정과 노사단체의 관계

고용노동부 공직자는 의당 친(親)노조 반(反)기업 처세를 하는 것이 당연한 것처럼 생각하기도 한다. 1987년 민주화 이후 언론의 논조나 사회적 분위기가 그렇게 휩쓸려 가니 공직자와 지식인들도 부지불식간에 그런 인식이 화석처럼 굳어져 갔다. 그러니 직원들도 노동단체에 부담 주는 일을 하지 않으려 하고 호의(好意)가 계속되니 배려를 넘어 권리(權利)가 되었다.

예전에 노동단체를 출입한 직원(근로감독관)은 노동계 내부 동향이나 정보를 파악하고 필요한 지원도 했다. 종합 일간지에서 노동계 동향이나 뉴스를 다루지 않아도 노동 전문지가 발간(1992년 7월 매일노동뉴스 창간)된 이후에는 웬만한 정보가 폭넓게 공유되어 전문매체에서 접하는 수준에서 벗어나지 못하게 되었는데도 여전히 과거의 관행이나 '연락관' 역할에 머무르는 상황이었다. 과거 이들은 노동단체의 민원에 대한 심부름꾼 역할도 하는 등 이익단체의 입장으로 기울어진 관계가 유지되곤 했다.

하지만 고용노동부 공직자는 모름지기 親 노동 親 경영이자 親 근로자 親 구직자 親 구인자, 그리고 親 일자리 인사가 되어야 한다. 일을 통해 따뜻한 공정사회를 이룰 수 있도록 끊임없이 고뇌하고 노력해야 한다. (2011년 5월 26일 고용노동부 장관 국회 환노위 인사청문회 발언 취지)

고용노동부는 근로자의 개별적 근로조건 등 근로자를 보호하고 지원하며, 노동조합의 역할이 보장되도록 한다. 자본주의 사회를 지속 가능하게 하려면 사용자의 부당노동행위나 부당해고 등 불공정한 노동 행위가 없도록 하고 노동조합과 단체협약의 긍정적 기능이 존중받도록 해야 한다. 또한 근로자(노동자)의 근로조건 유지·개선과 경제적·사회적 지위 향상을 도모하고, 노사 간 힘의 균형을 유지할 수 있도록 집단적 노사관계를 공정하고 중립적으로 대하여야 한다.

다. 고용노동 정책 추진에 대한 오해

그런데 고용노동부가 근로자와 노동조합을 보호하기 위한 부처인데, "왜 회사(사업주)를 때려잡지 않느냐?"라고 비판받거나, 노동계(勞動界)의 입장에서 노동계를 위하여 노동단체를 (일방적으로) 대변해 주지 않는다면서 노동단체의 공적(公敵)으로 지목당하기도 했다.

또한 노사 간 자율적 노사관계와 공정하고 합리적인 평가 문화 개선에 경영계(經營界)가 앞장설 것을 당부하면 사용자단체로부터 고용노동부가 노동조합의 이익 보호에 치중해 기업경영을 어렵게 하면서 노동계만 끼고돈다는 비판도 받았다.

인간 사회에서 서로 원만하게 좋은 관계로 지내는 것은 언제나 환영한다.
그런데 이해관계나 입장이 상반되는 집단적 노사관계 업무를 하면서 깨달은 게 있다. 親 구직자(노동), 親 구인자(고용), 親 일자리 공직자가 되길 각오하고 진짜 공정하게 일하면서 비난받지 않은 사람을 여태 보지 못했을 정도로 노사단체를 공정하게 대할수록 욕을 먹는 사람이 많다는 사실이다. 결과는 그러했다.

자기 (집단의) 이익만 챙겨주기를 바라는 자(者)에게 좋은 사람으로 평가받는 건 어쩌면 줏대 없이 굴었거나 같이 나쁜 짓을 한 것과 같은 이치다. 그래서 노사에 공정하게 대하고도 그런 자(者)에게 미움받는 것은 괜찮다고 여기기로 마음먹었다. 터무니없는 인신공격을 하거나 지도부에서 다른 목적으로 위력을 행사하면 더욱 그랬다. 실은 노사단체 어느 한쪽이 아니라 양쪽에서 불만이 있으면 오히려 공정하다는 뜻이었다.
그러니 '좋은 사람한테 좋은 놈으로 평가받고 나쁜 사람한테 나쁜 놈'이라는 소리를 듣는 게 잘사는 인생이 아닐까? 하는 생각마저 들었다.

결과적으로 노동계와 경영계 양측으로부터 비판과 반발을 받았으니 역설적으로 이는 노사(勞使) 모두를 공정(公正)하게 대한 것으로 볼 수 있다. 어쩌면 이것이 근로자의 권익은 철저히 보호하되 집단적 노사관계에서 힘의 균형을 유지해야 하는 고용노동 행정의 정체성(正體性)을 지키는 고용노동 공직자의 길이자 노사관계업무를 다루는 공무원의 숙명이기도 했다. 당연한 것 같지만 현실적으로는 쉽지 않다.

공무원(公務員)은 인기를 먹고 사는 연예인(演藝人)이 아니며, 존경받는 성직자(聖職者)는 더더욱 아니다. 행정가(行政家)는 표(票)를 먹고 사는 정치인(政治人)이 되어서도 안 되며, 국민 전체에 대한 봉사자이기에 "비록 욕을 먹더라도 할 일은 하는 사람"이어야 했다.

이렇게 나는 웰빙(well-being)족 공무원과는 더욱 멀어지는 바람에 우리 가족에겐 미안할 따름이다. 아내와 자식들에게는 낙제점 남편이자 아빠임에 틀림이 없다.

필자는 일하면서 우리의 문제는 현장에 답(실마리)이 있다는 '우문현답'의 자세로 고질적인 문제 해결에 실사구시적으로 접근하는 것이 유효적절한 고용노동 정책이자 해법이라고 생각한다.

〈참고 1〉 민주노총의 안하무인 행태에도 끌려가는 정부와 정치권

2017년부터 2022년 사이에 우리나라 노동조합의 조직세는 빠르게 증가했다. 한국노총의 조합원은 2016년 84만 2천 명에서 2022년 123만 8천 명으로 47% 증가했고, 민주노총은 64만 9천 명에서 121만 3천 명으로 87% 증가했다.

그런데 민주노총은 한미 군사훈련 중단, 주한미군 철수, 국가보안법 폐지, ○○○ 정권 퇴진 등을 주장하며 민주노총 내 '통일위원회'를 중심으로 관련 사업을 진행해 왔다. 민주노총 인사들은 1999년과 2006년 등 여러 차례 북한을 찾아 혁명열사릉 등을 참배했다. 2018년에는 '노동자가 알아야 할 북녘 이야기'라는 북한 찬양 일색의 소책자를 발행하기도 했다.

친북 성향의 배후에는 1980년대 학생운동권을 양분했던 주사파 성향 NL(민족해방) 세력이 자리 잡고 있다는 게 정설이다. 민주노총은 탄생 과정에서부터 운동권 내 NL과 PD(민중민주) 세력이 경쟁했고 NL이 주도권을 잡고 있다. 역대 위원장도 대부분 NL 출신이다. NL은 PD와 달리 "남조선은 미제 식민지"라는 북한 주장을 따른다. 노골적인 친북 행보는 노동운동계는 물론 진보 진영 안에서도 논란이 되고 있다.

근로자의 권익을 위하여 결성된 노동조합(민주노총)이 본래의 취지를 벗어나 정치 행동에 치중하고 있다면 안팎으로부터 진정한 노동단체가 맞는가 하는 의혹과 비판을 불러온다. 사실이 이렇다면 이들은 노조지만 1980년대 운동권식 세계관에 빠진 정치·이념 집단에 가깝다고 본다. 노동 문제와 상관없이 한미동맹 해체를 주장하고 북한의 입장을 앵무새처럼 대변하는 것도 그 때문인지 모르겠다.

2018년 1월에는 청와대에서 민주노총 지도부 초청간담회를 개최했는데, 여기서 문 대통령은 "청와대에서 대통령이 민주노총을 만난 게 무려 11년 만이라는 보도를 봤습니다. 참여정부 때는 청와대에서도 꽤 여러 번 만나고, 마치면 밖에 나가서 소주도 한잔하고 그랬습니다. 제가 비서실장이었고 이석행 위원장이던 시절에 만났던 게 마지막이었던 것 같은데, 그게 참여정부에서만 마지막이 아니라 그 이후 10년 이상 그런 자리가 없었다는 게 진짜 놀라웠습니다"라고 했다.

2019년 1월 민주노총은 요구사항을 관철하기 위하여 전례없이 한 해 4번의 총파업을 예고하고, 김명환 위원장은 그것도 모자라 "한국 사회 전반을 뒤흔들겠다"며 투쟁 수위를 높였다.

이 무렵 문성현 경제사회노동위원장이 동아일보와의 인터뷰에서 "기득권 노조가 자기네 임금만 올려 격차가 심해지는 것이 민주노조운동이었다면 1980년대로 돌아가더라도 노동운동을 하지 않겠다"라고 밝혔다.[60] 1980년대 전노협(전국노동조합협의회)을 이끌며 노동운동을 주도한 문 위원장은 민주노총의 초석을 닦은 자타공인 노동계 원로인데 그가 통탄스럽다고 할 정도였으니, 기득권에 취한 대기업 거대 노조의 문제가 얼마나 심각한지를 강조한 것이다. 그것은 40년간 노동운동에 헌신한 결과가 기득권 노조의 배 불리기로 귀착됐다는 원로의 자성이었다.

2022년 8월에도 대규모 집회를 열고 "미국에 맞서 싸워야 한다"라며 "우리는 반미다"를 외쳤다. "미국과 싸우자"라는 반미는 근로자의 이익에도 반하는 반노동적 주장이다. 왜냐하면 한미동맹이 흔들리면 경제가 악화되고 일자리도 줄 수 있기 때문이다. 노동단체라고 주장하면서도 근로자의 권익을 반미·종북 아래에 두는 것이 민주노총의 실체이다. 따라서 민주노총이 근로자단체라는 것은 절반만 진실이라는 지적이 나온다.[61]

민주노총은 입으로는 노동자가 주인인 세상을 말하지만, 다수 근로자의 이익을 진정으로 대변하는 행동을 한다고 볼 수 있을까? 함께 일하는 비정규직 근로자를 정규직 노조의 조합원으로 가입시켜 주지도 않았으니 더욱 그렇다.

---

60. 문성현 경사노위 위원장도 통탄한 거대 노조의 기득권 향유, 동아일보, 2019.1.15.
61. 괴물이 된 민노총에 날개까지 달아주기, 조선일보(박정훈 칼럼), 2022.8.19.

2022년 초 CJ대한통운을 쑥대밭으로 만든 민주노총 조합원은 1,600명이 전부였다. 택배 기사 2만 명 중 92%는 일하고 싶다고 했지만 8%의 소수가 다수를 제압하고 택배 망을 마비시켰다. 대우조선과 협력업체 근로자 10만 명은 조업을 원했지만 1%도 안 되는 116명이 작업 라인을 56일간 멈춰 세웠다.

2022년 3월 이후 하이트진로 공장과 본사 등을 상대로 계속됐던 민주노총 화물연대의 파업이 노조 측 요구를 대부분 수용한 노사 합의로 6개월 만에 끝났다. 화물연대는 운송료 30% 인상 등을 요구하며 하이트진로 공장의 제품 출하를 막고 본사에 난입해 옥상을 불법 점거한 채 농성을 벌여왔다. 노조원들은 인화 물질을 반입해 "경찰이 진입하면 일을 벌이겠다"라는 협박까지 했다.

하이트진로와 화물연대는 9월 9일 협상을 최종 타결지었으나, 합의안은 화물연대의 요구를 대부분 수용한 것으로 손해배상 소송과 가압류 철회, 민형사상 고소·고발 취하, 해고자 복직 등에 합의한 것으로 밝혀졌다. 사측은 당초 불법 주동자 25명에 대해 28억 원의 손해배상 청구 소송을 제기했으나 이를 취하하고 앞으로도 일체 민형사 책임을 묻지 않겠다고 합의해 주었다. 사실상 항복선언이었다.

이것은 만일의 불상사만 걱정하며 불법 옥상 점거를 24일이나 방치한 정부와 공권력의 자세도 일조한 결과였다. 강성노조가 아무리 불법을 저질러도 면죄부를 주는 관행이 반복된 것이다. 사측은 확실한 재발 방지를 전제조건으로 손해배상을 면제해 준 것이라 했지만 화물연대가 이 약속을 지킬 것으로 믿기는 어렵다. 민주노총과 그 산하 노조들의 불법 투쟁으로 회사 측에 거액의 손실을 입히는 일이 끊임없이 이어져 왔기 때문이다. 택배노조의 CJ대한통운 파업으로 100억 원의 손해가 났고, 금속노조 하청지회의 대우조선해양 점거 농성은 8,000억 원의 생산 차질을 빚게 했다. 이번에 하이트진로가 또 면죄부를 주고 넘어갔으니 민주노총의 불법점거는 계속 반복될 것이다. 하이트진로로선 적당히 타협해서라도 하루라도 빨리 점거 파업을 끝내고 싶었을 것이다. 그러나 손해배상은 강성노조가 가장 두려워하는 수단이다. 경영 차질이 심각해도 원칙대로 대응하여 불법의 악순환을 끊었어야 한다는 언론 보도도 있었다.[62] 사실상 주인 없는 경영에다 원칙 없는 노사관계에서 비롯된 결과였다.

2020년 4월 17일 김명환 민주노총 위원장이 정세균 총리에게 코로나19로 인한 비정규직 해고 전면 금지와 사회안전망 전면 확대를 압박하는 노사정 대타협을 제안했다. 그러나 그는 기존의 경제사회노동위원회라는 사회적 대화의 마당이 있는데도, 여기에는 들어오지 않고 별도의 대화 테이블을 만들라는 주문을 하였다. 이에 대하여 문재인 대통령은 즉각 O.K. 사인을 보냈으나 결과적으로 그동안 경사노위에 참여한 멤버와 한국노총은 봉이 되고 말았다.

당시 김명환 위원장의 제안은 다소 이례적으로 보이기까지 했다. 하지만 결과는 김명환을 비롯한 민주노총의 사회적 대화 요구는 전략적 공세와 다름이 없었다. 2020년 7월 60%가 넘는 민주노총 대의원이 김 위원장의 제안에 반대할 정도로 사회적 대화나 대타협은 민주노총의 오랜 '금기어'로 재확인되었다. 민주노총은 1995년 설립 후 전투적 노동운동을 전개해 왔는데, 외환위기 직후인 1998년 2월 노사정 합의안(정리해고와 파견 노동을 법제화하는 대신, 전교조를 합법화하고 직장·지역별 조합으로 나뉜 건강보험을 통합)이 대의원대회에서 부결된(반대 67.6%) 것을 시작으로 당시 배석범 민주노총 위원장 직무대행 등 지도부가 총사퇴했다. 어려운 경제를 살리기 위해 노사정이 머리를 맞대자는 취지로 1998년 1월 출범한 노사정위원회에서 정리해고제 도입, 임금체계 개편, 기업 구조조정 원칙과 방향 등을 담은 총 90개 항에 이르는 '경제위기 극복을 위한 사회협약'에 합의했지만 내부 반발로 내홍을 겪게 된다.

---

62. 민노총 불법에 또 면죄부 준 하이트진로 사태, 조선일보, 2022.9.13.

민주노총은 2년이 채 안 되는 활동을 뒤로하고 1999년 2월 노사정위원회 탈퇴를 선언했다. 이후 4반세기 넘는 세월이 흘렀지만, 노사정위원회(경제사회노동위원회 시절 포함)에 복귀하지 않았다. 민주노총은 무엇이든 대외적으로 양보하기 어려워 대화를 거부하거나 책임지는 의사결정을 하지 못하게 되어, 정부로서는 믿을 만한 협상 파트너로 삼기 어려워졌다. 확실히 얻을 가능성이 없으면 사회적 대화 무대나 협의에 진정으로 참여하지 않는 경향이며, 비록 들어왔다가도 뜻이 맞지 않으면 입장을 조정하기보다 탈퇴를 반복할 것으로 우려된다.

하지만 민주노총이 근로자의 대표 집단임을 자임하는 노동조직이라면, 취약 근로자들을 위한 사회적 대화에 참여하여 다양한 의제를 열린 시각으로 논의하는 등 대화와 타협에 나서는 책임감이 있어야 한다. 사회적 책임 없이 과실만 추구하는 '체리피커'(cherry picker)와 같다는 지적을 받지 않도록 발전적인 방향으로 변화하길 기대해 본다.

한편, 민주노총이 강력하게 '투쟁'하면 한국노총은 그걸 의식하여 민주노총의 요구를 일정 부분 반영하는 방식으로 '타협'(교섭)을 담당하면서 서로 차별화하였다.

집회 현장은 살벌했다. 정부 청사와 대검찰청을 점거하고, 국회의 담장도 무너뜨리고, 지역 이권에 개입하기 위해 구청을 점령했다. 민간 기업의 임원을 폭행하고, 공장의 생산라인을 멈춰 세우고, 대기업 사옥 앞에서 하루 종일 확성기를 틀어 장기 농성을 하면서, 기업주의 사저 앞에 텐트를 치고 삼겹살을 구우며 소주를 마시고, 도심의 도로를 점거하고 노숙하며 술판을 벌이고 방뇨를 해도 문재인의 경찰은 그들을 제지하지 않았다.

2023년에 적발된 민주노총 간첩단 사건의 재판 결과를 보면 조직쟁의국장 등 민주노총과 산하 노동조합 내 전·현직 간부들이 2017~2022년 기간 노조 활동을 빙자하여 북한의 지령에 따라 총파업을 하는 등 간첩 혐의로 중형을 선고받았다. 그 외에도 미국 바이든 대통령 방한 반대, 한미 연합훈련 반대, 이태원 참사 반정부 시위도 하였다.

심지어 북한의 지시에 따라 선거에 개입한 정황도 드러났으며, 2022년 대선 직후에는 "대통령 탄핵의 불씨를 지피라"라면서 구체적인 행동 지령까지 내려와 2022년 3월 26일 '윤석열 선제 탄핵' 집회가 열렸고, 2024년 12월 초까지 무려 178회의 대통령 퇴진 탄핵 집회가 열렸다. 민주노총 산하 건설노조, 언론노조 등에서도 이 집회에 참여했고 일부 야당 의원도 발언대에 올랐다.

그런데도 당시 정부는 민주노총이 정권 창출의 주역이라도 되는 듯 민주노총의 행태에 관대했다. 청와대, 여당, 국회, 검찰 모두가 민주노총에는 뼈도 못 추린 이유가 무엇일까? 역대 정부 가운데 노동단체의 불합리한 행태에 대하여 문재인 정부처럼 굴복한 경우는 없다. 비록 사건화하고 어렵게 기소해도 김명수 사법부는 기껏해야 집행유예를 선고하여 풀어주었다.

당시 경제부총리는 물론 고용노동부 장관, 법무부 장관, 행안부 장관, 검찰총장, 경찰청장도 제 역할을 다하지 못하고 끌려가는 모양새를 취하기는 마찬가지였다. 대통령, 서울시장과 민주노총이 같은 이익을 추구해서 그런지 얄팍한 속셈을 알면서도 속수무책(束手無策)이 되고 말았다.

그야말로 문재인 정부의 시대는 (취약한 근로자가 아닌) 막강한 노동조합의 시대였다. 무슨 거래나 약점이 있었길래 그랬을까? 광장에서의 집회와 파업을 통한 요구 관철 투쟁은 여전히 변함이 없는데, 말려들며 굴복하는 정부와 여당이니 이들의 떼쓰기와 살기(殺氣)는 더욱 세어진 것이다. 불법 시위꾼들은 '민주열사'가 되고 위법 행동을 막는 경찰은 '노동자의 몽둥이'였기에 국민의 눈에 비친 문재인 정권은 민주노총의 불법을 방관하고 보호하는 기관이었다.

불합리한 노사관계를 바로잡으려면 누군가는 포청천이 되어야 한다. 노동단체가 북한을 맹목적으로 추종하는 등 자주성을 상실하면 노동운동의 종말이 머지않을 것이다. 일하는 사람이 사회적으로 우대받아야 하며, 정치나 행정은 그런 사람을 위하여 힘써 뒷받침해야 한다.

쉬운데도 하지 못하는 데는 반드시 숨은 사연이 있는 법이다. 그러나 이를 해결할 방법이나 길은 반드시 있다. 좌고우면(左顧右眄)하지 않고 법령과 직업적 양심에 따라 정도(正道)와 원칙(原則)대로 묵묵히 가면 된다. 그래도 자랑스러운 대한민국 공무원이 아닌가?

노동조합 보호 위주였던 미국 와그너법(1935년)에서 '노조'의 부당노동행위를 신설한 태프트 하틀리 법(1947년), 노동조합의 민주적 운영과 투명성 보장을 위한 노조 운영과 재정을 공개하는 랜드럼 그리핀 법(1959년)을 제정 운영한 점에도 유의할 필요가 있다. 또한 프랑스의 경우 단체교섭을 할 수 있는 노동조합이 되려면 '공화국(共和國) 가치'의 존중, 자주성, 재정적 투명성 등을 갖추게 한 정책적 시사점도 잊지 않아야 한다.

〈참고 2〉 한국노총과 민주노총의 총파업 공조

한국노총과 민주노총은 사용자단체와 달리 전투적이고 필요한 경우 함께 연대하여 움직인다. 하지만 두 가지 간극이 존재한다. 하나는 양대 노총이 과연 우리나라 근로자 전체의 목소리를 대변하고 있는지 '대표성'의 위기이고, 다른 하나는 '현장과 집행부'의 괴리 문제다. 이에 노동운동이 어려움을 맞을 때마다 양대 노총이 손을 맞잡고 국면을 전환한 공조 사례를 살펴볼 필요가 있다.[63]

---

63. 직업이 위원장인 양대 노총 집행부…노동계 대표성도 없어, 매일경제, 2014.12.6. 노동운동 위기 때마다 손 맞잡고 협상 국면 열어, 매일노동뉴스, 2013.12.26.

첫째, 양대 노총 공동투쟁의 역사는 김영삼 정부와 신한국당이 정리해고 법제화와 변형근로제 도입 등을 담은 노조법을 강행 통과시킨 1996년으로 거슬러 올라간다. 민주노총은 그해 12월 26일 '노동법 개악 저지 총파업'을 선언했다.

이어서 한국노총이 가세하면서 정부의 간담을 서늘하게 했다. 박인상 한국노총위원장과 권영길 민주노총위원장은 명동성당에서 손을 맞잡고 연대투쟁 의사를 분명히 했다.

양대 노총은 1997년 1월 말까지 3,206개 노조, 연인원 359만 7천 명을 동원하여 6·25전쟁 이후 최대 규모의 정치 총파업을 벌였다. 1997년 1월 7일 신년 기자회견에서 근로자들의 파업을 강하게 비난했던 김영삼 대통령은 결국 1월 21일 "국회에서 통과된 노동법을 재논의하겠다"라며 한발 물러섰다. 이것은 현직 대통령이 공포까지 한 법률을 국회로 다시 돌려보낸 전무후무한 사건이었다. 양대 노총이 뭉쳤을 때 생기는 사회정치적 파급력이 처음 확인된 사례였다.

둘째, 양대 노총이 다시 손을 잡은 것은 2004년 정부가 공무원의 노동3권 가운데 단체행동권을 제한하는 공무원노조법과 파견 허용 업종을 확대하는 비정규직법을 추진할 때였다. 한국노총과 민주노총은 2004년 10월 비정규직법 강행 처리 반대와 공무원 노동3권 보장을 내걸고 공동투쟁본부를 꾸렸으며, 이어서 총파업도 불사하겠다고 선언했다.

셋째, 2004년 11월 15일 공무원노조가 사상 최초로 총파업에 돌입하는 등 노동 문제가 정국을 흔들었다. 그러자 양대 노총의 공동투쟁 수위가 점점 높아졌다. 11월 26일 이부영 열린우리당 의장은 양대 노총 위원장과 회동하고 "비정규직 관련 법안은 충분한 대화와 토론이 필요하다"라고 밝히며, 정부의 비정규직법 연내 처리 방침이 꺾였다.

넷째, 2005년 국회에서 비정규직법 논란이 일자 양대 노총 위원장은 함께 단식농성에 돌입하는 등 공동투쟁의 보폭을 이어 나갔다. 우여곡절을 겪은 끝에 기간제 근로자 보호를 위한 비정규직법은 2006년 12월 21일 비로소 국회를 통과하여 2007년 7월 1일부터 시행되었다.

다섯째, 2009년에는 사업장 단위 복수노조 시행(교섭창구 단일화)과 사용자의 노조 전임자 급여 지급금지(근로시간면제 제도 도입)를 둘러싼 노동 개혁에 대하여 양대 노총이 공동투쟁에 나섰다.

10월 21일 장석춘 한국노총위원장과 임성규 민주노총위원장이 공조하며 양대 노총 '연대투쟁' 방안에 대한 합의사항을 발표하는 등 한목소리를 냈다. 이때 양대 노총의 공조는 국민의 지지를 받지 못해 오래가지 못하고 12월 4일 한국노총이 노사정 합의안에 서명하면서 2010년 1월 1일 13년간 유예되었던 노조법이 가까스로 개정되었다.

여섯째, 양대 노총의 공조는 2011년에도 재가동되었다. 2011년 7월 복수노조 시행을 앞두고 시행 재유예를 위한 노조법 재개정을 부르짖었다. 다시 한국노총위원장으로 취임한 이용득과 민주노총위원장 김영훈은 그해 4월 공동 시국선언을 통해 "이명박 정부가 국정운영 기조를 전환(노조 간부의 기득권 보장)하지 않으면 노동계의 강력한 투쟁에 직면하게 될 것"이라고 경고했다.

일곱째, 2013년 철도노조 파업 관계자의 민주노총 사무실 은신에 따라 12월 21일 경찰력이 진입한 사태와 관련한 민주노총의 총파업에 문진국 한국노총위원장도 동참할 것이라고 하며, 양대 노총은 정부가 노동계에 사과하고 반노동 정책을 버리지 않는다면 노사정 대화 기구에 불참하겠다는 입장을 밝히기도 하였다.

노동운동에 현장의 요구보다 이념이 앞서면 조합원 다수에 의한 노동운동이 아니라 소수에 의해 다수가 끌려가는 기형적인 집단이 되어 버린다. 민주노총에는 온건 합리주의 노선을 견지하고 있는 사람들이 다수지만 그들은 침묵하는 다수로 남아 있고 목소리가 큰 소수가 이념 지향적 노선으로 내몰고 있다.

실리 추구 위주의 한국노총에 비하여 민주노총은 제도권 내 대화 창구를 통한 합의가 어렵다 보니 대중투쟁을 통한 요구 관철에 주력한다. 민주노총은 사회적 대화를 강조하는 지도부가 강경 투쟁을 주장하는 범좌파 진영의 힘에 밀려난 역사가 있다. 이러한 다툼 때문에 위원장 선거 때마다 과도한 편 가르기가 반복되며 내부 권력을 얻기 위해 비정규직 등 약자보다 대기업과 공기업 노조 등 강자의 눈치를 보는 일이 잦다.

이용득 한국노총위원장은 복수노조 시대에 양대 노총 체제로 가거나 제3노총의 출현은 노동계의 발전에 장애물이라고 주장하며 '1국 1노총'으로 통합하는 길만이 해답이라고 했다. 그렇지만 복수노조 제도는 노동기본권 차원에서 사업장뿐만 아니라 상급단체 모두에 열려 있어야 하고 선의의 조직경쟁은 불가피하므로 마땅히 감수해야 하는 것이다.

조합원이 선택할 상급단체가 존재할 때 '노조 간부'가 아닌 '조합원'을 위한 노조의 건강한 서비스 경쟁이 될 수 있으므로 복수노조는 조합원이 스스로 가입하거나 선택할 문제이지 획일적으로 판단하거나 누군가 강제할 문제가 아니다.

이처럼 확연히 다른 양대 노총의 이념 성향이나 투쟁 노선의 차이 등을 잘 알면서도 단일 노총 체제 구축을 강조하는 것은 시대착오적이거나 노동운동 역사의 아이러니라 하지 않을 수 없다.

15
"아직도 한국에서 기업을 하십니까?"
: 기우(杞憂)가 되길

    2020년 우리나라가 외국인의 투자를 받은 금액보다 국내기업 등이 해외에 직접 투자한 금액이 4.95배쯤 많았다. 반기업 정서가 국내기업 투자의 탈 한국화를 가속하고 있다는 지적이 나오고 있다.

    외국인 직접투자 규모의 증가에 비하여 국내기업의 해외 직접투자는 빠른 속도로 증가하고 있다. 기획재정부 통계에 의하면 2022년 기준 국내기업의 해외 직접 투자액은 764.4억 달러(약 100조 원 상당)이다. 심지어 국내 중소기업조차 국내 설비투자는 줄이고 있는 반면에 해외 투자액은 빠른 속도로 늘이고 있다.

    현대차와 기아차의 국내(國內) 생산과 판매의 비중은 2001년 생산 96% 판매 45%, 2011년 생산 53% 판매 18%, 2021년 생산 39% 판매 19%로 국내에서 생산하거나 판매하는 비중은 이미 크게 줄었다. 또한 전자업체의 전체 공장 중에서 해외공장이 차지하는 비중(2022년)은 삼성전자가 32개 중에서 26개이며, LG전자는 30개 중에서 25개가 해외공장일 정도로 해외공장이 차지하는 비중은 압도적인 규모로 바뀌었다.[64]

    그만큼 국내 제조업 일자리(2020년 7만 2천 개)가 해외로 빠져나가 우리 일터에 공동화(空洞化) 현상을 가져올지 걱정이 된다. 곧 일자리의 터전이 사라질 수 있

---

64. "대한민국 경제의 기둥뿌리가 뽑히고 있다. 가속되는 제조업 해외 탈출", 유재일 유튜브, 2022.9.11.

다. 기껏 유지된다고 해도 무인 자동화나 세계에서 가장 빠른 로봇 사용의 증가추세로 인해 인력을 최대한 절감하는 쪽으로 가게 될 것이다.

"잘나갈 때 빼먹자", "질긴 X이 이긴다" 구호

근로자의 노동권 행사와 노동에 대한 정당한 평가, 충실한 대우는 당연히 이루어져야 한다. 하지만 노동계는 기업의 탈(脫) 한국화에 대하여 예외적인 경우(전략적 공세 등)를 빼고는 짐짓 모른 척한다. 때로는 한술 더 떠 '(회사가) 잘 나갈 때 빼먹자'라거나 '질긴 놈이 이긴다'라는 구호를 내걸고 대화나 협상보다 강성투쟁을 부추기기도 한다.

"아직도 한국에서 기업을 하십니까?" 우려

노동계와 경영계의 입장이나 시각 차이가 커 "아직도 한국에서 기업을 하십니까?" 하는 문제 제기를 부인하기 어려운 것이 작금의 상황이다. 이런 문제에 대한 우려나 대비에 경영계와 노동계의 몫은 각각 어느 정도일까? 노동시장과 노사관계 개혁이 끊임없이 필요한 이유이면서 동시에 그 추진이 어려운 배경이기도 하다. 이것은 단순히 옳고 그름이나 선악의 문제가 아니다. 어떤 정책이나 개혁이 실익이 있느냐인데, 성장-고용-분배(복지)의 선순환에 어느 것이 더 도움이 되는가에 달려있다.

우리는 과도한 노동 규제 탓에 쇠락해 가는 유럽을 반면교사로 삼아야 한다. 그동안 한국의 롤 모델이었던 독일을 비롯한 유럽은 주 40시간 근무제를 시행하는 데 비하여 정치권에서는 주 4일제나 주 4.5일 근무제 도입으로 단순히 노동시간을 더 줄이려 한다. 미국은 엔비디아·애플·마이크로소프트 등 시가총액 2조 달러가 넘는 기업이 수두룩하나 유럽은 세계적 테크 기업 시총 상위 10위 명단에 이름을 올린 기업이 하나도 없는 실정이다. 근로 시간의 제약을 뛰어넘어 첨단 연구개발을 할 수 있는 환경 여부가 차이를 만들었다. 노동의 형태가 크게 달라진 인공지능(AI) 시대에 컨베이어 벨트 시절의 규제는 혁신하고 재조정해야 하는 이유다. 하지만 노동계와 정치권은 노사관계의 과도한 사법화와 정치화를 불러올 '노란봉투법'까지 만지작거리고 있다.

웩시트와 탈한국 행렬

한편으로는 요즘 '웩시트(WEXIT)'라는 신조어가 유행이다. 부자(Wealthy)의 자국 이탈(Exit)을 합성한 단어로 자국을 떠나가는 부자가 늘어나고 있다는 뜻이다.

최근 영국의 투자이민 자문사 헨리 앤드 파트너스는 '부의 이동 보고서'를 발표했는데, 부동산을 제외한 금융자산 100만 달러(약 13억 5천만 원)를 넘는 사람이 6개월 이상 타국에 거주하는 경우로 한국은 2,400명(2024년)으로 나타났다.

국제적으로 비교해 보면 백만장자가 가장 많이 이탈하는 국가 1위는 영국(1만 6,500명), 2위 중국(7,800명), 3위는 인도(3,500명)이다. 우리나라는 전쟁 중인 러시아(5위, 1,500명)보다 많은 세계 4위 부자 순유출국이다. 인구 대비로는 영국 다음으로 한국이 세계 2위 수준이나, 2022년 400명에서 2024년 무려 2,400명에 이르러 한 해 동안 해외로 빠져나가는 자산만 152억 달러(약 20조 6,000억 원)로 추산된다.[65] 더욱 문제는 우리나라의 경우 이탈하는 속도가 다른 나라보다 유독 빠르다는 데 있다. 만약 이들 부자의 대부분이 기업가라면 우리나라의 일자리 사정은 갈수록 어려워지게 된다. 가령 기업인 1명당 100명 정도의 근로자가 일한 일터가 사라진다면 줄어드는 인원은 연간 24만 명에 이를 것으로 추산된다.

잘나가는 기업은 탈한국 행렬로 치닫고, 기본소득은 배급제로, 기본주의는

---

65. 세계 4위 부자 유출국, 한국 떠나는 사장들, 동아일보, 2024.7.10.

사회주의의 또 다른 모습으로 다가올지 우려된다. 그럴수록 "3일만 참으면 다 지나갑니다"라고 하며, 정부에 통 큰 양보를 주문한 어느 노동계 인사의 말이 아직 생생하다. 이런 상상이 부디 쓸데없는 기우(杞憂)가 되기를 바랄 뿐이다.

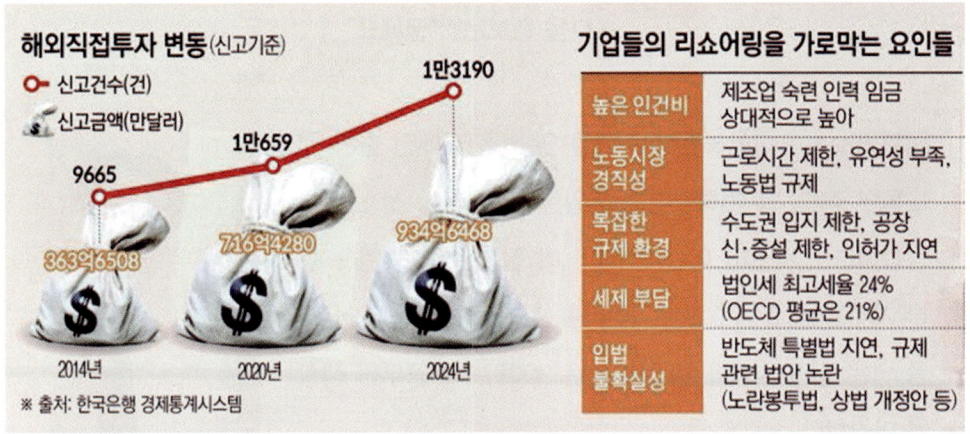

〈참고〉 [이채필 고용노동부 장관] "욕먹더라도 할 일은 하는 장관이고자 했다"
… 다음 행보는? "글쎄요", 매일노동뉴스, 2013.2.5.

[이채필 고용노동부 장관] "욕먹더라도 할 일은 하는 장관이고자 했다"
… 다음 행보는? "글쎄요"

이채필(57·사진) 고용노동부 장관을 만났다. 장애인 출신 첫 노동부 장관, 그 기록보다는 유일한 관료 출신 첫 노동부 장관이라는 사실이 더 유명했다. 이 장관은 1982년 노동부 사무관(행정고시 25회)으로 공무원 생활을 시작했다. 한 달쯤 남은 장관 임기를 채우면 그는 30여 년의 공무원 생활을 마감한다.

▲ 정기훈 기자

지난달 30일 딱딱한 정부과천청사 장관실이 아닌 서울 여의도 한 음식점에서 박운 본지 편집국장이 이 장관을 만났다. 밥을 먹고 술을 한두 잔 기울이자 그의 이야기보따리가 풀렸다. 일부 답변은 서면인터뷰 내용을 인용했다.

강건하고 꼼꼼한, 그러나 일밖에 모르는?

〈매일노동뉴스〉가 퇴임을 앞둔 노동부 장관을 인터뷰한 적이 있었던가. 임태희 전 노동부 장관이 2010년 7월 2일 본지 인터뷰에서 당시 떠돌던 국무총리 혹은 대통령실장 임명설에 대해 부인하고는, 일주일 만인 같은 해 7월 8일 대통령실장이 돼 노동부를 떠난 적은 있었다. 뜻하지 않은 퇴임 인터뷰가 된 셈이다.

이번에는 만나자고 요청했다. 인간적이고 솔직한 이야기를 듣고자 했다. 의도대로 잘 풀리지는 않았다. 최근 박근혜 정부의 조각이 늦어지면서 연임 풍문이 돌기에 "퇴임 인터뷰인지 연임 인터뷰인지 잘 모르겠다"라고 농담을 건네자 "현직 장관 인터뷰를 해 달라"라고 했다. 그러면서 "남은 임기가 하루든 한 달이든 관계없이 최선을 다해 일하겠다"라고 했다. 너무나 정석적인 대답들, 역시 딱딱했다. 사람 이야기보다는 일 이야기가 그에게는 편한 것 같았다.

함께 일했던 공무원들도 이 장관을 "강건하고 꼼꼼한 스타일"이라고 표현한다. "일 밖에 모른다"라는 설명이 뒤따른다.

지난해 6월 일주일에 걸쳐 국제노동기구(ILO) 총회와 독일 고용노동현황을 둘러보는 유럽 출장길에 몇몇 기자들이 이 장관과 동행했다. 그때도 그는 하루 일정이 늦게 끝나면 새벽 1시까지도 그날 했던 일과 결과를 보고받고 논의했다. 같이 출장을 온 사람들끼리 술 한잔하면서 회포를 풀 만도 하건만. 출장 내내 그렇게 하는 것을 보면서 기자들도 혀를 내둘렀다. 그는 **국회 환경노동위원회에서도 '깐깐한 장관, 맞서는 장관'으로 유명하다.**

"국회에서는 왜 그렇게 뻣뻣하신지요. 사람들이 다들 궁금해해서"라고 질문을 던졌다. 그러자 "진실된 장관이고 싶어서"라는 답변이 돌아왔다. "구렁이 담 넘듯 '예, 예' 하고 넘어가는 것보다는 질문에 대해 성실하게 답을 하는 게 행정부의 자세 아니냐"라는 설명이었다. "그게 책임 있는(지는) 모습"이라고 강조했다.

몇몇 국회 환노위원들도 사석에서 "장관이 회의장에서는 깐깐하지만 돌아가면 일은 잘하더라"라는 평가를 내놓곤 한다. 까칠한 도시남의 묘한 매력이랄까.

"욕도 먹었지만 최근엔 칭찬도 받았어요."

▲ 정기훈 기자

일단 욕먹은 이야기부터 해 보자. 이 장관은 취임 후 수많은 논란의 중심에 있었다. 복수노조와 근로시간면제(타임오프) 제도 안착을 이유로 **쌍끌이식 근로감독을 펼쳐 노동계의 반발을 샀다. 노동시간단축과 불법파견 특별감독을 추진하면서 경영계**에서도 그다지 환영받지 못했다. 꼼꼼한 업무 스타일 탓인지 힘들어한 공무원도 한둘이 아니었다.

이 장관은 선배 기수들을 제치고 2009년 기획조정실장에 올랐다. 이후 노사정책실장과 차관을 거쳐 2011년 5월 장관이 됐다. 그가 추진한 휴일근로를 연장근로에 포함하는 내용의 노동시간단축 정책은 대선 기간 동안 여야 후보의 공통된 공약으로 채택됐다. 관련법안까지 국회에 제출돼 있다.

지금은 어떨까. "노동계나 경영계, 양쪽으로부터 환영받지 못한다는 사실은 알고 있습니다. 한때는 노동계의 공적으로 몰리기도 했죠. 나쁜 놈, 죽일 놈, 타도 대상 1호. 별의별 소리를 다 들었습니다."

그래서 "혹시 욕먹는 걸 즐기시냐?"라고 물었다. "그런 걸 좋아하는 사람은 없죠"라는 답변이 돌아왔다. 어쨌든 그도 인간이다. 그러면서 이 장관은 "저는 당당하다"라고 말했다.

"경영계는 노동계 입장을 너무 두둔한다고 얘기하고, 노동계는 경영계 입장을 너무 고려한다고 합니다. 정부는 노사뿐만 아니라 국민 전체를 바라봐야 합니다. 때로는 노사 어느 한 쪽에서 자기 이해관계와 거리가 있는 정책을 펴면 비판과 혹평을 하기 마련이죠. 가야 할 방향이 맞다면 노사 모두에게 쓴소리도 마다하지 않습니다."

이 장관은 평소에 본지 기자들이 "매일노동뉴스를 열면 장관님 욕밖에 없다"라고 타박하면, "욕을 먹을 상황이 생기면 욕먹는 것이고, 욕을 먹더라도 해야 할 일이 있으면 해야 하는 것 아니냐"라고 반문하곤 했다.

이날이라고 예외는 아니었다.

"공무원은 연예인이 아닙니다. 개혁을 추진하면서 비판과 혹평을 받는 것은 오히려 공무원의 피할 수 없는 운명이죠. 일희일비하기보다는 길게 보고 정책을 폈다고 생각합니다. 그에 대한 평가를 받는 게 맞습니다. 그래서인지 요즘에는 칭찬을 해주는 노사 관계자들도 있어요." (웃음)

강직함은 그의 가장 큰 특징이다. 강직함이 그로 하여금 여러 사람들과 대척점에 서게 만들지만 한편에서는 정책을 일관되게 펴는 원동력이 되기도 한다.

노동부는 지난해 제조·금융·식품업종 등에서 200여 곳의 사업장을 감독해 불법파견 458건을 적발하고 181건을 사법처리했다. 2천489명을 직접고용하도록 조치했다. 특히 연중 수시로 벌였던 장시간 노동 감독은 사용자의 경각심을 일깨우는 데 일조했다. 핵심직무역량 평가모델 개발과 중소기업 인력 빼 가기 제재와 같은 그의 아이디어들은 모두 정책으로 만들어졌다.

이 장관은 "아이디어가 아이디어 차원에서 머무르는 게 아니라 실질적으로 실현되는 것을 매우 중요하게 생각한다"라고 말했다. 행정의 특성상 일순간에 모든 것을 완결할 순 없었을 것이다. 이 장관도 "국회에 법안이 발의돼 있긴 하지만 노동시간 단축이나 출퇴근재해 산재인정을 마무리하지 못한 것은 아쉽다"라고 했다.

"현대차 불법파견, 이젠 풀어야 … 노사 피장파장"

그는 임기 내내 현대자동차와 악연이었다. 이 장관이 핵심적으로 추진했던 장시간 노동 개선은 물론이고 사내하청·불법파견은 여전히 노동부의 발목을 잡고 있는 문제다. 노동부는 현대·기아차가 장시간 노동을 개선하지 않자, 당시 김억조 현대차 부회장과 이삼웅 기아차 대표이사를 소환조사한 뒤 검찰에 기소의견으로 송치하는 뱃심을 보였다.

지난해 11월 이 장관이 울산에 내려가 "현대차는 대법원 판결을 조속히 이행하라"라고 촉구했던 일화도 빼놓을 수 없다. 이 장관은 "3천 명 신규채용은 미흡하고 더 많은 노동자를 더 빨리 고용하는 한편 근로자의 근무경험(경력)을 인정하는 방안을 생각해야 한다"라고 현대차에 주문했다.

이 장관은 노동계에도 비판의 날을 세웠다. 현대차 노사가 논의 중인 3천500명 신규채용안에 '경력인정'만 되면 노사합의로 문제를 풀 수 있지 않느냐고 반문했다. "대법원 판결이 난 최병승 씨는 당연히 정규직으로 채용해야죠. 그런데 나머지는 아직 소송 중이고 언제 결론이 날지 모릅니다. 경력인정 신규채용은 내용상 정규직 전환과 마찬가지예요. 일단 사전 해결책으로 (노조가) 이를 받아들이되, 소송은 소송대로 진행하면서 결과가 나오면 반영하는 식으로 문제를 푸는 게 순리라고 생각합니다."
최병승 씨 고공농성도 문제 삼았다. "최근 유행처럼 고공농성이 번지는데 그것은 개인에게 너무 큰 고통과 부담을 주는 겁니다. (문제를 풀어야 할) 노조가 자기 역할을 못하고 있다고 스스로 고백하는 것이기도 하고요."
이 장관은 "최병승 씨가 대법원 판결을 이행하라고 농성을 시작했다면 현대차가 (법대로) 정규직 발령을 낸 만큼 농성을 풀고 일터로 돌아가는 사리에 맞다"라고 주장했다. 이어 "농성이 더 필요하다면 최병승 씨 외에 다른 사람도 있지 않냐"라며 "함께 풀자고 했으면 함께 책임지는 모습을 보여야 한다"라고 목소리를 높였다.
이 장관은 노동계에 할 말이 많은 듯했다. "고공농성을 한다고 안 될 게 되고, 농성을 안 한다고 될 게 안 된다면 그것이야말로 문제라고 생각합니다. 고공농성을 하든 안 하든, 될 건 되고 안 될 건 안 돼야 이치에 맞는 사회 아닐까요."
그래서 "사측에 문제가 많지 않느냐"라고 물었는데 "현대차는 노나 사나 양쪽 다 피장파장"이라는 답변이 돌아왔다.
이 장관은 "법과 원칙은 노조뿐만 아니라 사용자도 반드시 지켜야 한다"라며 "최근 사용자의 부당노동행위가 문제가 되고 있는데 이는 반드시 도려내야 할 노사관계의 암세포라는 생각으로 강력히 대응하고 있다"라고 말했다.

아버지로부터 물려받은 강건함

그의 다음 행보가 궁금했다. 먼저 가족 얘기부터 들어보자. 이 장관의 외할머니는 이야기꾼이었다고 했다. 저녁 때면 외할머니댁에 동네사람들이 모여 이야기꽃을 피웠단다.

"사랑방이랄까요? 사람들을 잘 모으고 조직도 잘하시고. 그런 반면 살림은 잘 못하셨지요.

"옛 이야기에 이 장관의 얼굴에 모처럼 웃음꽃이 폈다. 희끗희끗한 머리카락도 외가의 영향이라고 했다.

그런데 성격은 외할머니와 달랐다. 직설적이고 강직한 면은 정치꾼보다는 행정가와 닮았다. 이 장관의 아버지가 그랬다고 한다. 아버지는 누나를 제외하고 4형제 중 막내였지만 의견을 조율하고 합리적 대안을 내는 데는 일가견이 있었단다. 속된 말로 "끗발은 가장 아래지만 말발은 가장 앞섰다"라고 했다. 이 장관의 어릴 적 별명은 '작은 용걸'(아버지 성함)이었다. 일례가 있다. 그는 1994년 "울산지청장으로 가겠냐"라는 제안을 받았다. 어머니가 돌아가시고 아버지 홀로 울산에 살고 계신 것을 감안해 울산에 가기로 마음먹었다. 그런데 의외로 아버지가 반대했다. "오지 마라. 여기 오면 친인척에 선후배에 밟히는 게 아는 사람인데, 일을 공정하게 처리할 수 있겠느냐"라는 논리였다.

이 장관은 결국 울산 옆 양산지청장을 택했다. 운이 좋았던 것인지 나빴던 것인지 몰라도 그가 양산지청장을 맡던 시절에 큰 사건이 터졌다. 당시 양산의 한 전자업체에서 여성노동자 23명이 집단적으로 무월경증(난소기능 저하증)으로 불리는 생식기장애 직업병이 발생한 것이다. '2-브로모프로펜'이라는 화학물질이 원인이었다. 역학조사 결과 해당 물질은 남성의 정자생성 기능까지 약화시키는 것으로 확인됐다. 당시 그 공장에서 일하던 33명의 노동자 중 남성 8명을 포함해 31명이 산재를 인정받았다. 우리나라에서 처음으로 유해성을 입증해 유해물질로 등록했다. 말 그대로 세계 최초였다. 그는 이 성과로 나중에 산업보건과장을 했다.

"정치요? 안 하렵니다"

"정치를 할 생각은 없으신가요. 19대 총선 때도 비례대표 이야기가 나왔었는데."(박운 편집국장)

"어머니가 예전부터 표 받는 일은 하지 말라고 하셨어요."(이채필 장관)

"울산시장 출마 이야기도 있던데요"라고 되물었다. 같은 대답이 돌아왔다. 그는 "현직 장관으로서 지금 하는 일에 최선을 다하고 싶다"라며 "퇴직 이후 일은 생각하지 못했다"라고 말했다.

다만 그는 "다음 생에 태어난다면 노조간부는 한번 해 보고 싶다"라고 강조했다. 상급단체보다는 단위노조에서 일하면서 비정규직 등 노조가 포괄하지 못하는 노동자들과 함께하는 노동운동을 하고 싶다고 했다. "간부가 된다면 정부에만 요구하지 않고 스스로 문제를 해결하는 노동운동을 펼치고 싶다"라고도 했다. 실제 노조간부를 하고 싶다기보다는 아마도 그런 노동운동을 펼쳐 달라고 노동계에 전하는 메시지 같았다.

이 장관은 "매일노동뉴스도 상급단체보다는 다양한 노동자의 목소리를 함께 담아주는 폭넓은 매체가 됐으면 한다"라고 주문했다.

그는 '노사'보다는 '국민'이라는 표현을 더 많이 사용하는 장관으로 알려져 있다. 자신은 물론 노사가 국민을 바라보고 활동을 펼쳤으면 좋겠다는 바람을 담은 것이라는 설명이라고 노동부 관계자들은 해석했다.

이 장관의 뚝심은 많은 혹평을 듣는 원인으로 작용했다. 그런데 최근에는 그의 뚝심을 높게 평가하는 사람이 여럿 생겼다고 한다. 상층단위 노사관계는 그다지 좋지 않았지만, 최저임금·근로기준과 같은 개별노동자 보호와 한국형 실업부조(취업성공패키지) 도입 등 고용정책에서 사회적 약자를 고려하는 정책을 펼쳤다는 평가도 있다. 그런 이 장관이 어떤 행보를 이어갈지 관심이 모아진다.

[에필로그]
가지 않은 길

만약이란 단어를 쓸 때는 이왕지사 그리되지 않았기 때문에 가정하는 경우다. 내가 만약 장애가 없는 인생을 살았다면, 그리고 다른 부처에서 공직을 수행했더라면… 지금과 얼마나 다른 상황에 살고 있을까?

어쩌면 내 성향상, 장애로 인한 실패와 좌절 없이 승승장구한 인생이었다면 지금보다 더 많은 실수와 실패를 경험하지 않았을까? 옳다는 신념이 생기면 그대로 직진하는 성정에다 자신이 스스로 옳다는 확신으로 인해 주변 말을 잘 듣지 않는 독불장군식이었을 것이다.

"의논이 없으면 경영이 무너지고, 지략이 많으면 경영이 성립한다"라는 잠언의 말씀처럼, 장애는 나를 더 진중하게 만든 브레이크 역할을 했다는 생각이 든다.

또한 행정부 공무원, 그것도 고용노동부에 가지 않고 다른 부처나 일반 기업에서 삶의 대부분을 보냈더라면 지금과는 다른 환경이 펼쳐졌을지도 모른다.

돌아보니 공직은 내가 가진 능력을 더 많은 사람에게 직접적으로 영향력을 미칠 수 있는 직업이기에 나의 이상과 부합하는 직업이었다. 고용노동부를 선택하고 젊음을 바쳐 일한 것도 그 시기에 새로 출발하다시피 한 부처에서 나의 재능을 맘껏 펼칠 수 있는 블루 오션의 영역이었기에 나로선 아주 적질한 길이었다고 자평한다.

물론 그 길을 갔다가 남들이 겪지 않을 어려움도 간간이 겪었다.

그러나 부끄러운 행위를 하여 그런 것이 아닐뿐더러 언젠가는 진실이 밝혀질 것이기에 훗날 나에 대한 평가는 그리 박하지는 않을 것으로 기대해 본다.

끝으로, 로버트 프로스트(1874~1963)의 시로 나의 심정을 대신한다.

"숲속에 두 갈래 길이 있었고, 나는 사람들이 적게 간 길을 택했다. 그리고 그것이 내 모든 것을 바꾸어 놓았다."

[출간후기]

"진심은 결국 길을 만든다"

권선복(도서출판 행복에너지 대표이사)

한 사람의 진심은 세상을 바꾼다. 그리고 그 진심이 흔들림 없이 이어질 때, 그것은 하나의 길이 되고, 세대의 등불이 된다. 『이채필이 던진 짱돌 2』는 그 길 위에서 피어난 한 인간의 신념과 사랑, 그리고 양심의 기록이다.

이채필 전 고용노동부 장관의 삶은 결코 평탄하지 않았다. 불편한 몸으로 세상과 맞서야 했던 어린 시절, 그는 누구보다 일찍 세상의 냉혹함을 배웠다. 그러나 그는 결코 주저앉지 않았다. 넘어지면 다시 일어섰고, 무너져도 다시 걸었다. 그의 인생은 불가능을 가능으로 바꾸는 의지와 믿음의 여정이었다.

소년은 성장하여, 대한민국 노동행정의 중심에서 시대를 움직이는 개혁자가 되었다. 그가 던진 '짱돌'은 분노가 아닌 각성의 돌, 세상을 향한 외침이 아닌 사람을 향한 호소였다. 그 돌은 세상을 깨뜨린 것이 아니라, 사람과 제도, 국민과 공직을 잇는 다리의 첫 조각이 되었다.

이채필 전 장관은 언제나 말한다.
"정책의 중심에는 반드시 사람이 있어야 한다."

그의 행정은 책상 위의 논리가 아니라, 현장의 땀과 눈물 속에서 태어났다. 노동자와 기업, 청년과 중장년이 교차하는 현장에서 그는 갈등을 조정하고, 상생을 이끌어 내며, 끝내 사람을 향한 행정을 실천했다.

그는 공직의 무게를 짊어진 채, 묵묵히 국민의 속도로 걸어왔다. 빠르지도, 느리지도 않게, 그저 국민의 발걸음에 맞춰 걷는 것이 그의 철학이자 사명이었다. 그의 리더십에는 언제나 공감의 온기와 정의의 냉철함이 공존했다. 그것이 바로 '사람 중심 행정'의 완성형이었다.

『이채필이 던진 짱돌』은 회고록의 범주를 넘어, 대한민국에서 공무원을 희망하거나, 공직은 과연 어떻게 수행하는 것인지에 관심이 있는 분이라면 반드시 읽어야 할 필독서라고 생각한다.

특히 이 책은 공직의 모든 단계에서 길잡이가 된다. 신규 공무원에게는 초심을 일깨워주는 첫 교과서가 되고, 중견 공무원에게는 원칙을 지키라는 경고이자 스스로를 점검하는 거울이 되며, 고위 공무원에게는 국민 앞에 선 지도자로서 책임과 무게를 일깨우는 나침반이 될 것이다.

그리고 그 모든 시간 속에서 그의 곁을 지켜준 한 사람이 있었다. 바로 어부인 하혜숙 여사다. 하혜숙 여사는 한결같은 사랑으로 남편의 곁을 지켜온 진정한 동반자이자 인생의 등불이었다. 그녀는 남편의 영광 뒤에서, 조용히 그러나 누구보다 강한 빛으로 그를 받쳐왔다. 수많은 밤, 남편이 국가를 위해 잠을 줄이며 일할 때 그녀는 묵묵히 기도했고, 때로는 한마디의 위로로, 때로는 눈빛 하나로 남편의 어깨를 다시 일으켜 세웠다.

그녀는 세상의 찬사나 명예를 바라지 않았다. 그저 남편이 국민을 위한 길을 뚜벅뚜벅 걸어가기를, 그 길이 정의와 희망의 길이 되기를 진심으로 바랐다. 그녀의 헌신은 화려하지 않았지만, 그 조용한 사랑이야말로 이채필 장관의 리더십을 지탱한 보이지 않는 힘이었다. 그 사랑은 바람에도 꺼지지 않는 등불이었고, 그 믿음은 세월에도 변치 않는 약속이었다.

이채필 전 장관의 인생에는 눈부신 영광보다 더 깊은 가치가 있었다.

그것은 사람에 대한 신뢰, 그리고 진심으로 살아온 흔적이었다.

『이채필이 던진 짱돌 2』는 그의 삶을 통해 우리 모두에게 묻는다.

"당신은 오늘, 진심으로 살고 있는가?"

책장을 덮는 순간, 우리는 깨닫게 된다. 진심은 결국 길이 되고, 그 길 위에서 한 사람의 용기가 다른 세대의 희망으로 이어진다는 것을. 그의 짱돌은 세상을 흔드는 돌이 아니라, 세상을 깨우는 사랑의 증거였다.

끝으로, 이 귀한 책이 세상에 나오기까지 윤문과 교정·교열에 온 열정과 정성을 다해 작품의 품격을 완성해주신 최상륜 박사님께 깊은 감사의 마음을 전한다. 그분의 세심한 손길과 학문적 통찰이 있었기에 이 책은 한층 더 빛나고 품격 있는 기록으로 승화되었다.

이채필 장관의 양심의 용기, 하혜숙 여사의 사랑의 헌신, 최상륜 박사의 정성 어린 열정, 그리고 이를 세상에 전하는 행복에너지의 믿음— 이 네 가지의 진심이 모여 『이채필이 던진 짱돌 2』라는 거룩한 결실을 이루었다.

이 책이 앞으로도 수많은 독자들의 가슴 속에서 희망의 불씨가 되고, 감동의 파문으로 번져, "행복이 샘솟는 책, 에너지가 넘치는 책으로 승화되리라 믿어 의심치 않는다."

〈이채필이 던진 짱돌〉 1권

추천 서문
추천사
프롤로그 그럼에도 불구하고

제1장
짱돌의 시작 – 나의 선택, 노동행정

01 나는 이방인, 짱돌에서 찾은 희망
02 어머니의 외상값 받아내기
03 소 막걸리와 밀주 단속
04 감옥에 갈 뻔한 개구쟁이 악동
05 장애로 입은 좌절과 실패, 그리고 적응
06 한약 봉지와 검정고시, 그리고 대학 진학
07 행정고시를 치르던 날
08 운명처럼 만난 아내
09 내가 노동부를 선택한 이유
10 고용노동부의 임무
11 고용노동부와 소속 공무원의 역할에 대한 오해
12 시작부터 사고뭉치
13 첫 경험: 행정은 '사회의 의사'
14 '취업알선장'과 '취업알선자 명단' 창(窓) 봉투 개발 사용
15 공무원도 외화를 벌 수 있다

제2장
일자리와 현장 – 정책은 사람을 향해야 한다

01 "아빠, 내일 와": 장애인고용촉진법 제정
02 누구를 위한 고용센터(Ⅰ): "이런 사무실이 좋습니다"
03 누구를 위한 고용센터(Ⅱ): 직원 위주에서 고객 중심으로
04 대통령 주재 행사 사회를 보던 중 목이 날아갈 뻔
05 외국인력 활용과 고용허가제로의 통합
06 지역 일자리 목표 공시제 도입
07 일자리 정부 천명과 대통령 주재 국가고용전략회의
08 민간 전문가들과 함께하는 '정책 포럼' 운영
09 고용보험 제도 시행 관련 부처의 반대와 대통령의 결단
10 모성보호급여를 고용보험 기금에서 부담하게 된 사연
11 청년의 창조적 도전 : 글로벌 청년취업(GE4U)과 K-평화봉사단
12 '선(先) 취업, 후(後) 진학'과 고졸 청년취업 활성화
13 숙련기술 장려 분위기 확산
14 직업능력개발계좌제 도입 : 수요자 중심의 직업능력개발훈련
15 제100차 ILO 총회 기조연설 : '성장-고용-복지'의 균형이 지속 가능한 성장 이끈다

제3장
소용돌이의 노사관계 – 법과 갈등 사이의 줄타기

01 호랑이 차관에 들이받은 하룻강아지 사무관
02 임금 체불 시 지연이자 부과 제도 마련 착수
03 취약 근로자를 위한 노동변호사와 공인노무사 합동 서비스
04 근로자의 날 변경과 노동절 : 3월 10일에서 5월 1일(May Day)로
05 분수령을 이룬 현대중공업 장기 파업과 노사정 대응
06 무노동 무임금 원칙과 '가정통신문'
07 아버지의 심모원려
08 J 철강 노조의 파업과 '법대로', '자율로'
09 '민주노총' 창립과 지역 노사정 협력

10 "한국노총은 정치활동에 정도(正道)를 지켜라"
11 쌍용차 사태에 대한 단상: 67년 역사의 '쌍용차' 사라져
12 한진중공업 사태에 대한 정부의 역할과 손해배상청구권 제한
13 야당 정치인들의 장관실 항의 방문
14 '국제노동기준과 한국의 노사관계'에 관한 국제토론회
15 '노란봉투법' 정치적 추진과 노동 약자에 미치는 영향

제4장
13년 만의 노동 개혁 – 복수노조 시행과 노조 전임자 폐지

01 노동계 인사의 기행(奇行): "3일만 참으면 다 지나갑니다"
02 LP 판(板) 위의 CD : 법과 원칙의 틀 내에서 노사자율적 해결
03 개별 노사관계에 대한 정치권의 섣부른 개입
04 노동조합의 운영 실태와 노동법의 비중 변화
05 복수노조 허용, 노조 전임자 문제에 대한 해결 의지
06 노동 개혁 공감대 형성과 노사정위원회 논의 : 공익위원 합의안 도출
07 탁월한 리더십과 정치력을 발휘한 임태희 장관과의 의기투합
08 노사정 합의 모색 : 전임자 폐지 대안과 복수노조 시행 안전판
09 「2009.12.4. 노사정 합의」
10 험난했던 입법 과정: 환노위 위원장의 정치적 과욕
11 환노위 위원장의 결자해지 : 소속 당의 반대에도 노조법 의결
12 근로시간면제심의위원회 위원 위촉과 노동계의 꼼수 대응
13 근로시간면제 제도 도입과 노조 활동 실태
14 복수노조 허용과 교섭창구 단일화 제도 시행
15 복수노조 허용과 노조 전임자 개혁의 의미

출간후기

좋은 **원고**나 **출판 기획**이 있으신 분은 언제든지 **행복에너지**의 문을 두드려 주시기 바랍니다.
ksbdata@hanmail.net   www.happybook.or.kr   문의 ☎ 010-3267-6277

'행복에너지'의 해피 대한민국 프로젝트!

<모교 책 보내기 운동> <군부대 책 보내기 운동>

한 권의 책은 한 사람의 인생을 바꾸는 힘을 가지고 있습니다. 한 사람의 인생이 바뀌면 한 나라의 국운이 바뀝니다. 그럼에도 불구하고 많은 학교의 도서관이 가난하며 나라를 지키는 군인들은 사회와 단절되어 자기계발을 하기 어렵습니다. 저희 행복에너지에서는 베스트셀러와 각종 기관에서 우수도서로 선정된 도서를 중심으로 <모교 책 보내기 운동>과 <군부대 책 보내기 운동>을 펼치고 있습니다. 책을 제공해 주시면 수요기관에서 감사장과 함께 기부금 영수증을 받을 수 있어 좋은 일에 따르는 적절한 세액 공제의 혜택도 뒤따르게 됩니다. 대한민국의 미래, 젊은이들에게 좋은 책을 보내주십시오. 독자 여러분의 자랑스러운 모교와 군부대에 보내진 한 권의 책은 더 크게 성장할 대한민국의 발판이 될 것입니다.